Robert Waterman

Die neue Suche nach Spitzenleistungen

Robert Waterman

Die neue Suche nach Spitzenleistungen

Erfolgsunternehmen im 21. Jahrhundert

Deutsch vom Team Ursel Reineke

ECON Verlag
Düsseldorf · Wien · New York · Moskau

Inhalt

Als Service haben wir die wesentlichen Gedanken des Buches für Sie zusammengefaßt.

Diesen Schnell-Lesedurchgang finden Sie in roter Farbe am Fuß jeder rechten Seite.

Kapitel 1

1

Erfolg kommt nicht von ungefähr

Menschen, Strategie, Organisation und Kunden miteinander verbinden

Sinn und Zweck dieses Buches sind einfach: Es geht darum, die strategischen und organisatorischen Faktoren zu ergründen, warum eine Handvoll überall bewunderter amerikanischer Unternehmungen so gut abschneidet.

Das Thema entspricht allem, was ich, angefangen mit *in Search of Excellence* (dt. *Auf der Suche nach Spitzenleistungen,* München 1989), geschrieben habe. Von den Besten lernen! Rollenvorbilder finden und es ihnen nachtun! Dies ist wohl die effektivste Art des Lernens. Im Wirtschaftsleben jedoch funktioniert das immer noch nicht besonders gut. (Eher gilt dort immer noch: Probieren geht über Studieren.)

Der Unterschied zwischen diesem und meinen früheren Büchern besteht darin, daß ich zahlenmäßig zwar weniger Organisationen untersuche, dabei aber sehr viel mehr in die Tiefe gehe. Für diesen Ansatz habe ich mich aus mehreren Gründen entschieden. Vor allem möchte ich unter der Oberfläche schürfen. Schaut man sich die Spitzenunternehmen an, erscheinen immer wieder dieselben generellen Leitsätze – Mitarbeiter und Kunden sind gut zu behandeln, dann werden im allgemeinen auch gute Ergebnisse erzielt.

»Von den Besten lernen« war schon das Thema des ersten Weltbestsellers »Auf der Suche nach Spitzenleistungen« der Autoren Robert Waterman und Tom Peters. (Gesamtauflage 7 Millionen Ex.)

Diese Leitmotive verstehen die meisten Manager. Was viele jedoch nicht begreifen, ist, *wie* gut die bestgeführten Firmen das komplizierte Zusammenspiel zwischen Menschen, Strategie, Organisationsstrukturen und Kunden beherrschen. Ihre Fähigkeit und Behendigkeit in dieser Arena unterscheidet sie vom Rest der Masse. Spitzenfirmen schneiden deswegen so gut ab, weil sie ständig intensiv daran arbeiten, äußerst unterschiedliche und häufig miteinander kollidierende Interessen zur Übereinstimmung zu bringen. Es ist wie in einer guten Ehe: Sie leben glücklich und zufrieden, weil sie ständig an ihrer guten Ehe arbeiten. Es ist Liebesmühe – aber in jedem Fall Mühe.

Ein weiterer Grund dafür, warum ich mich mit weniger Unternehmen, dafür aber tiefergehend mit ihnen befasse, besteht darin, daß ich stinksauer bin über die kurze Aufmerksamkeitsspanne der meisten Führungskräfte und über ihre ständige Suche nach »magischen Lösungen«. Ganz achtbare Ideen – wie etwa absolute Qualität – werden für die meisten zum bürokratischen Alptraum, weil Führungskräfte sehen, wie diese Ideen anderswo funktionieren, aber nicht begreifen, welche umfassenden Bemühungen dahintersteckten, diese Ideen effektiv umzusetzen. Im Laufe dieses Buches werden wir sehen, wie vieler Jahrzehnte Liebesmühe es etwa bedurfte, umfassende Qualität bei Motorola Wirklichkeit werden zu lassen, die Selbststeuerung in den Produktionsstätten von Procter & Gamble zu verwirklichen oder ein Bündel edler Ansprüche bei Levi's in die Tat umzusetzen.

Mein letzter Grund für eine tiefergehende Untersuchung über einen längeren Zeitraum hinweg ist der Wunsch, das herauszufiltern, was wahre, anhaltende Wettbewerbsvorteile sind, und das aufzuzeigen, was sich lediglich als Eintagsfliege erwiesen hat. Aus Untersuchungen in den hochindustrialisierten Staaten geht schlüssig hervor, daß Amerika auch weiterhin einen wesentlichen Produktivitätsvorsprung vor Deutschland, Frankreich, Japan und Großbritannien hält. – Sie haben richtig gelesen! Amerika führt immer noch, und daß ein anderes Land aufholen könnte, ist nicht in Sicht. (Siehe Kasten 1 am Ende dieses Kapitels.)

Die Rechercheure des McKinsey Global Institute, die von Nobelpreisträger Robert Solow vom MITunterstützt wurden, und weitere Ökonomieprofessoren waren so verblüfft von diesen Untersuchungsergebnissen, daß sie ergründen wollten, was dahintersteckte. Nach näherer Beschäftigung mit der Sache kamen sie zu folgendem Schluß: Der amerikanische Vorsprung konnte nicht zurückgeführt werden auf Unterschiede in der Technologie, in der Verfügbarkeit von Kapital, nicht auf Unterschiede in den Märkten, auf verschiedene Ausmaße gewerkschaftlicher Organisierung, auf Größenvorteile, unterschiedliche Produktionsprozesse oder eine andere Kapitalintensität und auch nicht auf Unterschiede in Fähigkeiten und Kompetenz der Mitarbeiter. Diese Faktoren liegen in allen hochindustrialisierten Staaten mehr oder weniger auf gleichem Level. Sind sie es nicht, wird der Vorsprung von den anderen sehr schnell aufgeholt. Kapital, Technologie und Ideen fließen heute wie Quecksilber über nationale Grenzen hinweg.

Dadurch, daß all diese Faktoren ausgeschlossen werden konnten, folgerten die Forscher, müsse der Hauptgrund für Amerikas Vorsprung in den unterschiedlichen Organisationsweisen der amerikanischen Gesellschaft liegen. Es bestehen Unterschiede in der Regulierung der Wirtschaft durch den Staat (weniger Staatslenkung in den USA) und Unterschiede in der Art und Weise, wie Unternehmen und Menschen geführt werden (höhere Flexibilität in den USA).

Ihre Schlußfolgerungen zogen die Forscher nicht nur durch ihre Betrachtung der Wirtschaft insgesamt, sondern auch durch Untersuchungen einzelner Branchen – Bankwesen, Einzelhandel,

Inwieweit diese Thesen noch heute gültig sind oder ob sie nach eineinhalb Jahrzehnten neu formuliert werden müssen, ist das Thema des vorliegenden Buches.

Fluggesellschaften usw. –, und das gründlich: Einzelfall für Einzelfall.
In meinen eigenen Untersuchungen finden sich einige markante Parallelen. Die erste ergibt sich aus dem methodischen Ansatz mit Fallstudien und tiefergreifenden Untersuchungen. Die zweite Parallele zeigt sich in den Ergebnissen. Ich komme zu folgendem Schluß: Was die besten Firmen so herausragen läßt, kann nicht zurückgeführt werden auf solche Faktoren wie exklusive Technologie, eine brillante Idee, ein strategisches Geheimnis oder der Einsatz eines besonderen Instrumentes (wie etwa umfassende Qualitätssicherung) und ist noch nicht einmal – vor allen Dingen nicht – auf eine sklavische Befolgung der in *Auf der Suche nach Spitzenleistungen* niedergelegten Leitlinien zurückzuführen. Diese Dinge stehen allen zur Verfügung, die sich nur die Mühe machen, sie anzuschauen. Solche Ideen fließen genauso leicht über Unternehmensgrenzen hinweg, wie Kapital nationale Grenzen überschreitet.
Die Unterschiede, die die Spitzenunternehmen auszeichnen, liegen meiner Meinung nach hauptsächlich darin, *wie* sie ihre Organisationen ausgerichtet haben. Vor allem geht es dabei um folgendes:

- Sie sind darauf ausgerichtet, den Bedürfnissen der bei ihnen Arbeitenden besser gerecht zu werden. Dadurch
  - gewinnen sie letzten Endes bessere Mitarbeiter als die Wettbewerber, und
  - diese Mitarbeiter sind, gleich was sie tun, naturgemäß eher motiviert, qualitativ hochwertige Arbeit zu leisten.
- Sie sind von der Organisation her mehr darauf ausgerichtet, den Bedürfnissen ihrer *Kunden* besser zu entsprechen. Dadurch sind

- sie durchgängiger innovativ auf Vorwegnahme der Kundenbedürfnisse ausgerichtet,
- sie unermüdlich und zuverlässig in der Erfüllung der Kundenerwartungen,
- die aufgelaufenen Gesamtkosten, ehe sie ein Produkt liefern oder eine Dienstleistung erbringen können, geringer,
- oder es trifft eine Kombination aller genannten Faktoren zu.

Ein Unternehmen so zu organisieren, daß es den Bedürfnissen der eigenen Mitarbeiter gerecht wird, scheint zunächst simpel. Das ist es jedoch ganz und gar nicht. Diese Idee bedeutet zu verstehen, was Menschen motiviert und wie Unternehmenskultur, Systeme, Strukturen – genauso wie Mitarbeiterfähigkeiten und die Aufmerksamkeit der Unternehmensführung – auf Dinge auszurichten sind, die von innen heraus motivieren. Dies ist eine radikale Abkehr von den gemeinhin üblichen Führungskonventionen.
Der alten (und immer noch weit verbreiteten) Maxime zufolge heißt es, die Aufgabe einer Führungskraft sei es, Mitarbeitern zu sagen, was sie zu tun haben. Meine Untersuchungen besagen, die wesentliche Aufgabe einer Führungskraft ist es – zu führen. Führungspersönlichkeiten (so würde Procter & Gamble es ausdrükken) erkennen den Grundgedanken, daß die Bedürfnisse des Unternehmens und die Bedürfnisse der Mitarbeiter untrennbar miteinander verbunden sind. Und sie setzen diese Idee um!

Die Organisation an den Menschen ausrichten

Was bedeutet es, die Organisation an den Bedürfnissen der Mitarbeiter auszurichten? Es bedeutet, diese Bedürfnisse zu begreifen. Mit am wichtigsten dabei ist eine Frage, die zu wenige Manager

Kernpunkt aller Überlegungen ist die Ausrichtung eines Spitzenunternehmens, einmal an die Bedürfnisse seiner Mitarbeiter, zum anderen an die Erwartungen seiner Kunden.

stellen, geschweige denn zufriedenstellend beantworten. *Was motiviert Menschen?*
Menschen motiviert vielerlei. Jeder Mensch ist ein einzigartiges Individuum. Was mich motiviert, mag Sie anwidern. Aus Gesprächen mit gewerblichen Arbeitnehmern, Managern, Vorständen, Psychologen und Karriereberatern entnehme ich jedoch eine Reihe gemeinsamer Themen. Die deutlichsten Faktoren, die ich in den Unternehmen entdecke, die Spitzenleistungen erbringen, sind die Selbständigkeit der Entscheidung, der Glaube an den Wert der Arbeit, die Bereitschaft, sich Herausforderungen und lebenslangem Lernen zu stellen und der Wunsch nach Anerkennung.

Selbständigkeit der Entscheidung: Menschen, die spüren, daß sie zumindest einen Teil ihres Lebens »unter Kontrolle« haben, sind meistens gesünder, glücklicher und effektiver. Manager des alten Stils glaubten, ihre Aufgabe sei es, andere zu steuern und zu kontrollieren. Führungskräfte von heute jedoch begreifen, daß sie diese Kontrollfunktion aufgeben müssen, um Resultate erzielen zu können. Darum wird so viel über »Mitbestimmung« und selbstverantwortliche Entscheidungsbildung gesprochen.
Wir gehen aber immer noch lange nicht so weit, wie wir gehen könnten. In diesem Buch werden wir beispielsweise prüfen, warum Procter & Gamble zum einen nicht nur zufriedenere Mitarbeiter hat, sondern zum anderen auch noch 30 bis 40 Prozent Produktivitätsvorsprung durch Mitarbeiter erzielt, die im wesentlichen selbstgesteuert arbeiten. Sie haben auch ihre Vorgesetzten, stehen aber nicht unter der im konventionellen Sinn üblichen täglichen Aufsicht.
Die Steuermechanismen nach unten – ja sogar in die Hände des Kunden – zu verlegen, dürfte wohl die radikalste Abkehr von den Führungsgepflogenheiten der Vergangenheit sein. Sie ist auch die

wichtigste. Dieses Thema wird sich wie ein roter Faden durch das Buch ziehen.

Eine Sache, an die man glauben kann:
Die Menschen wollen spüren, daß ihr Unternehmen für etwas Wichtiges steht. Sie möchten gerne glauben, daß das, was sie jede Woche fast vierzig Stunden lang tun, einen Unterschied ausmacht, etwas bewirkt. Die Schwierigkeit ist jedoch, daß die Börsianer genauso wie Vorstände und Geschäftsführer und zuschauende Experten vor allem von der »Gewinnverantwortung« sprechen, die meisten Mitarbeiter aber nichts damit anfangen können. Dieses Stichwort ist nicht visionär genug. Es hat nichts von der emotional anrührenden Qualität, die man in einem wahrhaft herausragenden Unternehmen findet.
Die aus kleinen Anfängen gewachsene AES Corporation dagegen scheint es voll begriffen zu haben, was es für ihre Mitarbeiter heißt, vom Wert ihrer Arbeit überzeugt zu sein. AES (früher Applied Energy Services) produziert preiswerte, saubere, nicht nukleare Energie. 1982 gab es das Unternehmen noch nicht. 1992 aber, kurz nach seinem Gang an die Börse, wurde es aktienmäßig auf einen Wert von über 2 Milliarden Dollar geschätzt.
Großartige Strategie? Zum Teil schon. Die Gründer des Unternehmens hatten sich jedoch nicht zum Ziel gesetzt, ein Unternehmen mit Milliardenumsatz hochzuziehen. Sie wollten vielmehr eine Firma aufbauen, auf die sie – und alle Mitarbeiter – stolz sein konnten. Soziale Verantwortung und Spaß an der Arbeit sind die wichtigsten Werte, die dieses Unternehmen seit seiner Gründung vorangetrieben haben.
Auch Levi's versteht das Bedürfnis seiner Mitarbeiter, an das zu glauben, wofür das Unternehmen steht, und vom Wert dessen, was sie tun, überzeugt zu sein. In diesem Buch werden wir detailliert

Wenn Sie diese Bedingungen erfüllen, besteht die Chance, daß Ihr Unternehmen zu einem Top-Unternehmen wird. Erfolgreiche Beispiele aus der Praxis sollen Ihnen dabei helfen.

feststellen, wie dieses Unternehmen sich bemüht, das, was Vorstandsvorsitzender Bob Haas »Seele« nennt, in ein Unternehmen einzuhauchen, dessen Branche im Grunde eher für das Wort »Ausbeuterbetrieb« steht. Am Beispiel von Levi's werden wir sehen, was Vision wirklich bedeutet, und wir werden die harte Arbeit genauso miterleben wie das Hochgefühl, das entsteht, wenn man eine Vision von der ersten schriftlichen Fixierung bis zur Umsetzung in das Gewebe einer Unternehmenskultur begleitet.

Herausforderung:
Viele von uns laufen zur Hochform auf, wenn sie eine Herausforderung bestehen sollen. John Gardner hat es in seinem Buch *Morale* zutreffend formuliert: »Wir suchen Probleme ... Wenn sich Probleme nicht einfach ergeben, erfinden wir sie. Die meisten Gesellschaftsspiele sind erfundene Probleme, und viele Menschen füllen ihre sogenannte Freizeit mit Tätigkeiten aus, die sich von ihrer Arbeit nur mit der einen Ausnahme unterscheiden, daß sie sie aus eigenem Antrieb tun und dafür nicht entlohnt werden. Alle, die jemals einem kleinen weißen Ball über einen Golfplatz gefolgt sind, begreifen das Prinzip.«[1]
Diesem Motiv begegnen wir immer wieder in den Profilen der einzelnen Unternehmungen. Eine Herausforderung für die Menschen bei AES lautete offensichtlich, aus kleinsten Anfängen ein Unternehmen mit Milliardenumsatz aufzubauen. Für die Leute bei Merck ist es wiederum der Kitzel der Arzneimittelentdeckung, und für die Mitarbeiter bei Rubbermaid ist es die Spannung und Begeisterung der ständigen Innovation.

Lebenslanges Lernen:
Eng mit der Herausforderung verknüpft ist die unerhörte Idee, daß Menschen gerne dazulernen und dies auch während ihres

Berufslebens können. Für eine drastisch steigende Zahl der Mitarbeiter in den Firmen, mit denen ich mich gründlich befaßte, bedeutet Arbeit nicht mehr lediglich, seinen Arbeitsplatz am Montageband zu besetzen oder den ganzen Tag Papiere zu wälzen. Für einen Kurier oder Paketsortierer bei Federal Express könnte Arbeit etwa bedeuten, sich zum Manager fortzubilden (die meisten Manager bei FedEx haben sich von der unteren Ebene her – z. B. aus der Kurierposition – hochgearbeitet). Für einen AES-Mitarbeiter kann Lernen die Gelegenheit bedeuten, an einen anderen Ort zu ziehen und beim Aufbau eines neuen Werkes mitzuarbeiten.

Bei Motorola ist das lebenslange Lernen unverrückbarer Bestandteil des kulturellen Unternehmensgewebes. In den Organigrammen der Motorola erscheint die Verpflichtung zum Lernen in Form der Motorola-Universität. Was aus den Organigrammen jedoch nicht hervorgeht, ist, daß jeder Mitarbeiter dort, gleich auf welcher Ebene er tätig ist, pro Jahr mindestens eine Woche in einem vom Unternehmen bezahlten Aus- und Weiterbildungsprogramm die Schulbank drückt.

Anerkennung:

Die meisten unter uns möchten sich nicht nur auf irgendeine Art und Weise als Individuum hervorheben, sondern wollen dafür auch anerkannt werden. Das Gegenteil davon – und das kommt auch sehr häufig vor – ist die immer wiederkehrende Quelle der Unzufriedenheit, daß »ich nur dann Aufmerksamkeit erhalte, wenn ich etwas falsch mache«.

Geld kann eine Quelle der Anerkennung sein. Aber wir verlassen uns zu sehr darauf. Gehaltserhöhungen und Gratifikationen gibt es nicht so oft, wie Menschen Anerkennung brauchen. Die Entlohnung, die dem Menschen ausgezahlt wird, hat nur zum Teil mit

Eine Sache, an die man glauben kann, Herausforderungen, lebenslanges Lernen und Anerkennung sind entscheidende Motivationsfaktoren, um diese hochgesteckten Ziele zu erreichen.

der Anerkennung der Leistung des einzelnen zu tun (auch die allgemeine Wirtschaftslage, die Finanzstärke des Unternehmens im laufenden Jahr und ähnliche Faktoren bestimmen die Höhe der Entlohnung und die Höhe der Erfolgsbeteiligung). Von so unterschiedlichen Organisationen wie Levi's und P. S. 94 in der Bronx werden wir über die Macht einfacher, bargeldloser Anerkennungssysteme erfahren.

Mit der Ausnahme einiger noch in den Kinderschuhen steckender Programme bei Sun Microsystems, Intel, Coors und Apple Computer bleibt ein Bereich mit einem riesigen Potential für die Anerkennung individueller Leistung zum größten Teil noch unangezapft. Dabei geht es um folgendes: Wir werden zwar generell von ähnlichen Faktoren motiviert, sind aber dennoch alle sehr verschieden voneinander. Die Unternehmen brauchen daher Programme, die den Menschen dabei helfen, diese Unterschiede zu verstehen und – individuell angepaßt – »Nägel mit Köpfen« zu machen.

Marcie Menconi war Verwaltungsassistentin (sprich Sekretärin) bei Apple. Sie leistete gute Arbeit, aber sie haßte ihren Job. In den meisten Organisationen wäre sie in dieser Position und Funktion steckengeblieben. Einer Zufallsbegegnung mit einem professionellen Karriereberater ist es jedoch zu verdanken, daß sie immer noch bei Apple beschäftigt ist – jetzt jedoch als Elektrikerin. Mit überströmender Energie arbeitet sie in ihrer neuen Funktion. Sie profitiert davon genauso wie die Firma Apple.

Wir werden uns noch genauer anschauen, wie der Prozeß der Anerkennung individueller Unterschiede für Frau Menconi und für viele andere funktioniert und zur Erschließung neuer Energien geführt hat.

Dies als Beispiel dafür, was die meisten Unternehmen tun sollten.

Organisation und Strategie

Die Organisation so zu gestalten, daß die Bedürfnisse des Kunden vorweggenommen und erfüllt werden, die Organisation so zu gestalten, daß der Kunde ihren Erfolg anstrebt – das klingt ebenfalls wie eine simple Idee, ist es aber nicht. Sie bildet mehr den Kern dessen, was wir unter *Strategie* verstehen sollten. Auch diese Idee bricht eindeutig mit den meisten althergebrachten Managementtheorien.

Für viele Manager bedeutete Strategie – eine Metapher aus dem Militärwesen – entweder die zündende Idee oder die Niedermachung der Konkurrenz (oder beides). Strategiedenker bezeichnen Strategie als »nachhaltigen Wettbewerbsvorsprung«. Nun, zur Hälfte haben sie recht.

Die Unternehmen, mit denen ich mich befasse, bemühen sich tatsächlich um einen nachhaltigen Wettbewerbsvorsprung. Sie verhalten sich jedoch nicht wie Einheiten, die immer und ewig darauf aus sind, die Konkurrenz zu schlagen. Wonach sie suchen, ist der Wettbewerbsvorsprung, wie er vom Kunden gesehen wird. Im übrigen erlangen sie diesen Vorsprung nicht aus der brillanten Idee heraus, sondern aus der Art und Weise, wie sie sich organisieren. Sie beharren, wo andere aufgeben. Sie verwirklichen den schwierigsten Teil der Strategie: die Durchführung. Sie sorgen dafür, daß eine häufig simple Idee umgesetzt und richtig umgesetzt wird.

Strategien, die zum Erfolg führen, sind organischer Natur. Sie entwickeln sich im Sinne einer Evolution. Sie schlingen sich um Probleme, Herausforderungen und Chancen, machen Fortschritte und münden in neue Strategien ein.

Ein Teil der konventionellen Managementweisheit, der in der Vergangenheit hervorragend funktioniert hat und auch weiterhin funktionieren wird, ist das auf den Markterfordernissen gründen-

Was Sie vor allem anderen brauchen, ist eine erfolgreiche Strategie. Diese aber muß organischer Natur sein, sich evolutionär entwickeln und in neue Strategien einmünden.

de System für die Entscheidungsfindung. Es ist dies kein »Laissez-faire-System«. Wenn uns die achtziger Jahre etwas gezeigt haben, war es das Bedürfnis nach einer Marktordnung mit Regeln. Daß wir den kalten Krieg gewonnen haben, war nicht sosehr der Sieg der kapitalistischen Macht über die feste Entschlossenheit der Kommunisten, sondern vielmehr der Sieg der Marktwirtschaft über die staatlich gelenkte Planwirtschaft. (Keiner der mir bekannten Führungskräfte würde diesem Argument widersprechen. Ich staune und amüsiere mich jedoch immer wieder über die Zahl der Führungskräfte, die die Marktwirtschaft rühmen, während sie gleichzeitig danach streben, ihre eigenen Unternehmen einer zentralen Planung zu unterwerfen.)
Die Vorarbeiten zu diesem Buch haben ergeben, daß hinter dieser Strategie weniger (aber auch mehr) steckt, als auf den ersten Blick ersichtlich ist. Die erfolgreichen Unternehmen, mit denen ich mich näher befaßte, scheinen ihren Erfolgsvorsprung auf der Grundlage einer oder einer Kombination dreier fundamentaler Faktoren wahren zu können:

Kontinuierliche Innovation:
So unterschiedliche Unternehmen wie Rubbermaid, Procter & Gamble und Merck bleiben strategisch an der Spitze, weil sie die seltene Fähigkeit besitzen, mit ihren Innovationen der Konkurrenz immer um eine Nasenspitze voraus zu bleiben. Wenn wir uns mit den Unternehmen im einzelnen befassen, werden wir große Ähnlichkeiten in ihrem Umgang mit Innovationen feststellen. Wir werden auch Unterschiede erkennen, die aber hauptsächlich mit dem Ausmaß der technologischen Schwierigkeiten zusammenhängen, vor denen diese Firmen individuell stehen.
Zwei Muster für innovative Prozesse dürfen wir auf keinen Fall außer acht lassen. Erstens müssen wir uns dessen bewußt sein, daß

diese Firmen nicht einfach nur »Dinge erfinden«: Sie innovieren. Damit konzentrieren sie sich auf die Kunden und den wirtschaftlichen Erfolg. Ihre Antriebskräfte stammen eher aus der positiven Energie, die mit dem Schaffen von Dingen einhergeht, die ihre Kunden wünschen (oder wollen würden, wenn sie sie sich nur vorstellen könnten), als aus dem in sich schon negativen Antrieb, nur der Konkurrenz eins auszuwischen. Auch die Spitzenunternehmen siegen über die Konkurrenz. Das gelingt ihnen jedoch, wie ich meine, weil sie sich mehr um ihre Kunden kümmern als um den Wettbewerber.

Das zweite Muster zeigt sich darin, wie sie die Organisation als wichtige strategische Waffe nutzen. Andere entschließen sich, auf Innovation zu setzen, haben Glück und erfinden tatsächlich ein innovatives Produkt oder eine innovative Dienstleistung. Spitzenunternehmen sind ständig innovierende Unternehmen. Daß sie das sind, liegt an ihrer organisatorischen Beschaffenheit.

Wenn wir uns später mit Unternehmen im einzelnen befassen, werden wir ihre organisatorischen Strukturen untersuchen und feststellen, warum sie mit genau diesen Strukturen zuverlässige Innovatoren sind.

Umfassende Kundenbeziehungen:

Viele Jahre lang hat Motorola an einer umfassenden Qualitätssicherung gearbeitet. Die Firma hat damit Milliarden eingespart und kann in einem Ausmaß von Zuverlässigkeit liefern, das noch vor einem knappen Jahrzehnt unvorstellbar gewesen wäre. Federal Express hat etwa dasselbe mit der Zuverlässigkeit seiner Dienstleistungen erreicht. Zudem können Firmen wie diese, wenn sie ihren Ehrgeiz weiter in Richtung umfassende Qualität oder umfassende Dienstleistung entwickeln, drastisch die Zeit verkürzen, die erforderlich ist, auf den Markt zu reagieren – ob es dabei

Drei Faktoren (allein oder in Kombination) bestimmen den Erfolgsvorsprung Ihres Unternehmens: kontinuierliche Innovation, umfassende Kundenbeziehungen, kostenbewußtes Denken.

um etwas so Einfaches wie eine Auftragsbearbeitung oder etwas so Schwieriges wie eine Konstruktionsänderung geht.

Wir müssen allerdings immer bedenken, daß Programme, die zu umfassender Qualität, umfassendem Service und schnellen Zykluszeiten führen, keine strategischen Programme an sich sind. Strategisch werden sie erst, wenn sie eng an die Bedürfnisse der Kunden angekoppelt werden. Darum heißt das entsprechende Programm bei Motorola auch »Total Customer Satisfaction« – umfassende Kundenzufriedenheit.

Strategisch gesehen besteht das, was diese Unternehmen tatsächlich hinsichtlich umfassender Qualität tun, darin, solche Beziehungen zu Kunden aufzubauen, in denen es Wettbewerber ihnen kaum gleichtun können. Ein Programm zur Lieferung umfassender Qualität oder zur Erbringung eines umfassenden Service ist entweder leichtfertig – oder es steckt eine Strategie dahinter. Der Unterschied besteht darin, wie intensiv sich das Programm auf die Bedürfnisse des Marktes konzentriert und wie geduldig das Unternehmen die Instrumente und Ideen an die eigene Situation angepaßt hat.

Wie bei den Innovatoren liegt die Kraft der auf eine umfassende Kundenbeziehung hinarbeitenden Strategen an der Art und Weise, wie sie die Organisation ausrichten. Wir werden noch sehen, daß Motorola in seinem Programm zur Durchsetzung umfassender Qualität nur wenig Fortschritte erzielt hätte, wenn sich das Unternehmen nicht jahrelang bemüht hätte, Entscheidungsbefugnisse soweit wie möglich nach unten zu verlegen. Selbst das hätte aber ohne ein parallel laufendes Weiterbildungsprogramm nicht funktioniert. Von vielen Mitarbeitern bei Motorola habe ich gehört, daß man Entscheidungsbefugnisse nicht übertragen kann, ohne Mitarbeiter auch zu Entscheidungen zu befähigen – und mit »befähigen« meinen sie Fortbildung.

Bei Federal Express besteht der an der Oberfläche sichtbare Wettbewerbsvorteil aus absoluter Zuverlässigkeit. Der dieser Zuverlässigkeit zugrundeliegende Wettbewerbsvorteil ist die Organisation. In diesem Falle nimmt die Organisation die Form eines Bündels von Systemen an, die die Mitarbeiter auf viererlei Arten und Weisen zu denjenigen machen, die im Unternehmen das eigentliche Sagen haben.

Kosten:
Kunden immer wieder zufriedenzustellen bedeutet auch, Preise immer von neuem wettbewerbsfähig zu gestalten (es müssen nicht unbedingt die niedrigsten Preise sein). Das heißt, ein Unternehmen muß sich ständig darum bemühen, die Kosten niedrig zu halten (jedoch nicht unbedingt am niedrigsten). Auch hier finden wir wieder eine enge Verbindung zwischen einem nachhaltigen Kostenvorteil und der Ausrichtung der Organisation. Procter & Gamble erarbeitet sich die Kostenvorteile durch die enormen Produktivitätszuwächse aufgrund selbstbestimmter Arbeit. Motorola gewinnt den Kostenvorsprung durch die Einsparungen, die sich ergeben, wenn man etwas von vornherein richtig tut.
Für die meisten Unternehmungen in diesem Buch sind die Kosten zwar von entscheidender Bedeutung, sie nehmen aber nicht die wichtigste Stellung in ihrer Gesamtstrategie ein. Dafür gibt es einen Grund. Kunden, die sich beim Einkauf nur vom Preis leiten lassen, also nur von dem Lieferanten kaufen, der den niedrigsten Preis anbietet, sind keine loyalen Kunden. Eine Niedrigkosten-/Niedrigpreis-Strategie ist daher nur schwer durchzuhalten.
Einige Unternehmen haben jedoch keine Wahl. Solche Unternehmen finden sich meistens im Rohstoffbereich, z. B. im Bergbau. Die von ihnen angebotenen Produkte sind Massengüter, und die

Nur wenn alle Mitarbeiter Ihres Unternehmens diese Ziele zu ihren ureigenen machen, kann eine umfassende Kundenbeziehung strategisch auch langfristig verankert werden.

Entscheidungen des Kunden müssen sich vor allem nach dem Preis richten: Kupfer bleibt Kupfer.

Wir werden uns kurz mit der Kostendimension der Strategie auseinandersetzen und erklären, welche Meinung Spitzenunternehmen dazu haben. Der wichtigste Gedanke zu diesem Bereich lautet: Kosten unter Kontrolle halten, aber – wenn möglich – bloß keinen Preiswettbewerb eingehen. Für die meisten Unternehmen, deren Profil wir hier nachzeichnen, ist die Wettbewerbsfähigkeit auf Basis der Kosten ein natürlicher Ableger ungewöhnlich produktiver Organisationsanordnungen.

An dieser Stelle sollte ich ganz klar definieren, was ich unter den Begriffen »organisieren« und »Organisationsanordnungen« oder »-ausrichtungen« verstehe. Ich verstehe darunter weder Organigramme noch Organisationsstrukturen. Ganz klar auf den Punkt gebracht hat dies der belgische Surrealist René Magritte im Jahre 1926, als er auf einem Gemälde eine Pfeife wiedergab und die Zeichnung mit den Worten betitelte: *Ceci n'est pas une pipe.* (Dies ist keine Pfeife.) Ein Abbild des Gegenstandes ist nicht der Gegenstand.[2]

Organigramme und Organisationsstrukturen sind lediglich Versuche, eine Organisation abzubilden. (Bei den Firmen, die wir in diesem Buch vorstellen, kommt im übrigen auch nur ein recht ärmliches Bild heraus.) Unter Organisation verstehe ich die Ausrichtung auf alle die Dimensionen, die es braucht, einer Unternehmenseinheit in schnellebigen Zeiten einen Richtungssinn zu vermitteln.

Das mindeste dabei sind die Systeme und Prozesse, die allen gemeinsamen Wertvorstellungen innerhalb der Unternehmenskultur gemeinsam sind, die Art und Weise, wie die Führung zeigt, was sie für wichtig hält, die verschiedenen Fähigkeitenbündel der Mitarbeiter *und* die Struktur.

Und die Gewinne?

Eine Botschaft läuft wie ein roter Faden durch meine Untersuchungen und die anderer: Den Gewinn nicht an die erste Stelle setzen! Die Spitzenunternehmen von heute leisten die beste Arbeit für ihre Anteilseigner, wenn sie sie nur als eine von vielen Gruppen betrachten, die für ihren Erfolg maßgebend sind. Die beiden weiteren wichtigen Gruppen sind eindeutig Mitarbeiter und Kunden.

Die Anteilseigner werden deswegen jedoch keineswegs ignoriert. Es geht vielmehr darum, daß dic Anteilseigner verstehen, daß sie mit ihren Interessen im selben Boot sitzen wie die übrigen Beteiligten. Diese Idee bedeutet eine radikale Abkehr von der konventionellen betriebswirtschaftlichen Binsenwahrheit, die erste Aufgabe des Managements sei es, Gewinne zu maximieren. Die Unternehmen jedoch, die die besten Ergebnisse für ihre Anteilseigner erzielen, berücksichtigen sie nur als eine unter mehreren gleich wichtigen Interessentengruppen. Ein schockierender Gedanke, aber . . .

Neuere Forschungsarbeiten aus den betriebswirtschaftlichen Fakultäten in den USA untermauern dieses Leitmotiv. Über elf Jahre hinweg, von 1977 bis 1988, haben beispielsweise die beiden Harvard-Betriebswirtschaftler John P. Kotter und James L. Heskett Unternehmenswertvorstellungen und Unternehmenskultur und deren Zusammenhang mit Unternehmenserfolg untersucht. Sie suchten nach einer positiven Korrelation zwischen starken Unternehmenskulturen und Unternehmenserfolg – sie fanden sie nicht.

Starke Unternehmenskulturen können ein Unternehmen genauso in Schwierigkeiten bringen wie es unterstützen. (Beispiele sind General Motors oder IBM.) Bei tiefgründigerem Schürfen aber

Natürlich dürfen Sie bei allem Idealismus nicht die berechtigten Gewinninteressen der Anteilseigner aus den Augen verlieren, aber deren Prioritäten müssen nicht Ihre Prioritäten sein.

fanden Kotter und Heskett den Typus stark kulturspezifisch bestimmter Unternehmungen, die sich in ihrer Leistung tatsächlich aus der Menge hervorheben. Es sind dies Unternehmungen, die alle Gruppen von Beteiligten und Betroffenen – Mitarbeiter, Kunden, Anteilseigner – gleichermaßen berücksichtigen. Kotter und Heskett stellten fest, daß Unternehmen, die seltsamerweise ihre Aktionäre nicht an die erste Stelle setzten, im Ergebnis für ihre Anteilseigner besser abschneiden als Organisationen, die ihre Aktionäre in der Reihe der Interessenten auf Platz eins setzen.[3] (Siehe Kasten 2 am Ende dieses Kapitels.)

Ihre Stichproben von Unternehmen mit breitgefächerten, starken Unternehmenskulturen schnitten bei den Börsenkursen zwölfmal besser ab, beim Erlöswachstum viermal besser, bei der Schaffung von Arbeitsplätzen fast achtmal besser und verblüffende 756mal besser bei den Reingewinnsteigerungen. In ähnlichen Untersuchungen von Kotter und Heskett, die schon vor Jahren bei Johnson & Johnson durchgeführt wurden, und in ziemlich parallel laufenden Forschungen von Jerry Porras und Tim Collins (Stanford Business School) stellen wir zwingende Gründe fest, die die Hypothese dieses Buches untermauern: Die Organisation an den Bedürfnissen der Menschen ausrichten – an denen der Mitarbeiter und an denen des Kunden – macht sich immens bezahlt.

*

Wenn ich großartige Unternehmen als beispielhaft schildere, sollten Sie diese Vorbilder aber nicht einfach kopieren. Ihr Stil und Ihre ganz persönliche Unternehmenskultur ist anders als die der von mir herausgestellten Firmen. Worauf es mir ankommt ist, genügend anschauliche Beispiele vorzustellen, um Ihnen zumindest ein paar gute Ideen zu vermitteln. Ideen, die Sie aufgreifen

und auf Ihr eigenes Ziel, Spitzenleistungen in der Unternehmensführung zu erreichen, anpassen können.
Lassen Sie mich noch ein paar warnende Worte aussprechen. Bei der Auswahl der in diesem Buch behandelten Unternehmen stellte ich mir zwei Hauptfragen: Sind es Firmen, auf die Amerika stolz sein kann? Und: Würden wir sie vermissen, wenn es sie nicht mehr gäbe? Auf beide Fragen antwortete ich mit einem klaren Ja. Es ist jedoch eine sehr persönliche Antwort. Viele Ihrer Lieblingsunternehmen entsprachen zwar auch den Kriterien, wurden jedoch nicht berücksichtigt. Und sicherlich gibt es auch Firmen, die Sie nicht vermissen würden, ich aber sehr wohl. Beinahe zehn Jahre haben die Vorarbeiten zu diesem Buch gedauert. Dennoch ist es – am durchschnittlichen akademischen Standard gemessen – kein wissenschaftliches Werk. Die Grundlage für die von mir getroffene Auswahl ist unwissenschaftlich. Wissenschaftlich fundierte Paarvergleiche werden Sie bei mir nicht finden.
Andererseits bin ich nun schon seit über dreißig Jahren in der Unternehmensberatung tätig. In dieser Tätigkeit und als Mitglied von Aufsichtsräten, aber auch während meiner eigenen Forschungsarbeit habe ich das Gute, das Schlechte und das Häßliche erlebt. Meine eigene Version der Paarvergleiche besteht darin, die Organisationen, die ich ausgewählt habe, mit all den anderen nicht so »spitzenmäßigen« zu vergleichen, die ich erlebt und häufig gründlich analysiert habe.
Ich kann die Behauptungen, die ich in diesem Buch aufstelle, nicht beweisen. Es würde mich jedoch sehr wundern, wenn sie weit von der Wahrheit abwichen.
Die großen und wohlbekannten Firmen, die ich herausstelle – Procter & Gamble, Levi's, Federal Express, Rubbermaid, Merck und Motorola –, sind auch nicht als unfehlbarer Inbegriff der Unternehmensführung gedacht, genausowenig wie die kleineren,

Selbstverständlich können Sie die hier geschilderten Vorbilder nicht einfach kopieren. Aber Sie können Ideen aufgreifen, um Ihr Unternehmen in eine Spitzenposition zu führen.

weniger wohlbekannten Beispielunternehmen – die AES Corporation, P. S. 94 in der Bronx oder die Steadman Hawkins Clinic. Alle haben ihre Schwächen. Jedes Unternehmen aber ragt heraus aufgrund seiner Leistung. Und alle können uns viel lehren.

Eine letzte Bemerkung noch: Dieses Buch bestätigt, daß wir ein produktives Land sind und ein großes Potential haben, um noch produktiver werden zu können. Das erreichen wir, wenn wir in Menschen investieren. Damit schaffen wir Reichtum – das ist die Definition der Produktivität, und das ist die gute Nachricht.

Produktivität bedeutet möglicherweise jedoch auch Arbeitsplatzverlust und soziale Zerrüttung. Wenn wir uns anschauen, wie sich Spitzenunternehmungen heutzutage für ihre Arbeit organisieren, muß man unbedingt auch sehen, daß wir am Vorabend einer Revolution stehen könnten, die genauso tiefgreifend sein wird wie die, die die Landarbeiter in Scharen in die Fabriken strömen ließ. So wie wir heute die gesamten landwirtschaftlichen Produkte Amerikas mit nur einem Bruchteil der gesamten Arbeitnehmerschaft produzieren, können wir auch einen großen Teil der industriellen Fertigprodukte (und einen relativ großen Anteil der Dienstleistungen) mit weniger Arbeitskräften herstellen.

Was soll der Rest tun? Uns mangelt es wahrhaftig nicht an Problemen, die der Lösung bedürfen – und daher auch nicht an potentieller Arbeit. Wie sollen wir das aber bezahlen? Es dürfte eigentlich nicht allzu schwer sein. Produktivität schafft Reichtum, so lautet die Definition. Wie aber lösen wir die Probleme sozialer Zerrüttung? Wie bringen wir die Bedürfnisse freigesetzter Arbeitnehmer in Amerika (und in der Welt) in Einklang mit den dringendsten sozialpolitischen Anliegen? Wie bewerkstelligen wir all das ohne massive staatliche Eingriffe?

Dies dürften wohl die wichtigsten und gleichzeitig schwierigsten

Fragen sein, die wir bis zum Jahre 2000 und darüber hinaus beantworten müssen. In diesem Buch wagen wir nicht einmal, solche vielschichtigen Fragen zu beantworten. Nur im letzten Kapitel versuchen wir, diese Probleme in ihrer Perspektive und Dringlichkeit aufzuzeichnen.

Wenn wir in Menschen investieren, schaffen wir letztlich Reichtum – das ist die Definition der Produktivität, und das ist die simple Wahrheit, an die wir uns halten können.

Kasten 1

Eine Überraschung: Amerikas Wirtschaftsstärke

Ende des Jahres 1991 sickerten einige Zahlen allmählich aus der in Washington beheimateten *Organization for Economic Cooperation and Development* (OECD) heraus. Den konventionellen Ansichten wurde damit ein Schlag versetzt. Die Zahlen besagten nämlich, daß Amerika im Jahre 1990 immer noch einen hohen Vorsprung besaß vor Japan – und Deutschland – und Frankreich – und Großbritannien . . .
Im besonderen führte die OECD-Studie auf, daß die Wertschöpfung pro Kopf in Amerika 16 Prozent höher war als in Westdeutschland, 23 Prozent höher als in Japan und Frankreich und um 36 Prozent höher als in Großbritannien.[4] Verblüffend! Konnte das stimmen?
Vielleicht. Andere Forscher kamen zu ähnlichen Ergebnissen. Dirk Pilat und Bart van Ark, beide Wirtschaftswissenschaftler an der Universität von Groningen, veröffentlichten Anfang 1992 eine Studie, die sich ausschließlich mit der Produktivität des verarbeitenden Gewerbes in den Vereinigten Staaten, Deutschland und Japan befaßte. 1987 (dem letzten Jahr, für das ihnen Daten zur Verfügung standen) lag der in den USA pro Arbeitsstunde erarbeitete Mehrwert 27 Prozent über dem von Westdeutschland und 32 Prozent über dem von Japan. Im übrigen war die deutsche Produktivität, die mit der der USA im Jahre 1980 ziemlich gleichauf lag, seitdem stark zurückgegangen, und die Produktivität Japans, die in

den siebziger Jahren schnell zu der der USA aufgeschlossen hatte, hatte in den achtziger Jahren stagniert.
Die tiefstgehende und nachdenklichste Betrachtung der Situation fand sich in einer Studie des McKinsey Global Institute, einer Einrichtung des weltweit renommierten Beratungsunternehmens. Die OECD-Studie war ihr Ausgangspunkt. Die Ergebnisse der OECD-Studie verblüfften nicht nur die Forscher bei McKinsey, sondern auch den externen Brain Trust, auf den das Beratungsunternehmen zurückgriff. Darunter waren solche Berühmtheiten wie der Nobelpreisträger Robert Solow vom MIT, Martin Bailly vom Brookings Institute und der University of Maryland und Francis Bator von der Harvard University. Sie standen vor einem Rätsel. Vor fast fünfzig Jahren war der Zweite Weltkrieg zu Ende gegangen. Kapital floß inzwischen wie Quecksilber über internationale Grenzen hinweg. Technologien waren mobil. Die Arbeitnehmerschaften in den hochindustrialisierten Ländern waren von der Ausbildung und von ihrem Gesundheitszustand her vergleichbar. Also müßten doch hochindustrialisierte Staaten Güter und Dienstleistungen mit ähnlicher Effizienz herstellen? War das nicht der Fall, stellte sich die Frage: Warum nicht?
Das Team machte sich an ein einjähriges Projekt, dessen Ergebnisse im Oktober 1992[5] veröffentlicht wurden. Folgende Fragen wurden gestellt: Wie steht es um die weitverbreitete Überzeugung, daß Amerika zurückfällt? Was hat es mit den wilden Ausschlägen in den Wechselkursen verschiedener Währungen auf sich? Welche Auswirkungen haben die Staatsausgaben in verschiedenen Ländern? Wie steht es um die

Entgegen allen konventionellen Ansichten belegen wissenschaftlich verifizierte Daten, daß Amerika immer noch einen großen Vorsprung vor Japan und den europäischen Nationen besitzt.

Produktivität im zahlenmäßig sehr schwer zu messenden Dienstleistungssektor? Am wichtigsten aber war folgende Frage: Handelt es sich um reale Differenzen – und wenn ja, was verursacht sie?
Als erstes schloß das Team die hohen Wechselkursschwankungen aus. Wie sich herausstellte, hatte die OECD diese Ausschläge schon durch Kaufkraftvergleiche der verschiedenen Währungen bereinigt. Die Produktivitätsuntersuchungen der OECD bezogen sich nicht nur auf pro Kopf erarbeitete Yen in Japan oder pro Kopf erarbeitete DM in Deutschland usw. Wie schon in den Studien von 1980 und 1985 hatte die OECD die Zahlen darum bereinigt, was Japaner, Deutsche, Franzosen, Briten oder Amerikaner tatsächlich für ihre Yen, DM, Francs, Pfund oder Dollar kaufen konnten.
Als nächstes untersuchte das Team die Beschäftigungslage. Es könnte ja sein, daß das Pro-Kopf-Vermögen der falsche Maßstab für die Produktivität ist, da es in den Vereinigten Staaten mehr Doppelverdienerehepaare gibt als in anderen Ländern. Außerdem tragen nicht alle Beschäftigten direkt zur Vermögensbildung bei. Unberücksichtigt bleiben müssen auch diejenigen, die beim Staat, im Bildungs-, Gesundheitswesen und im Immobiliensektor beschäftigt sind. Berücksichtigt werden sollten daher nur diejenigen, die in der vom Team so genannten »Marktwirtschaft« beschäftigt sind.
Diesem Gedankengang folgend, wurde die Produktivität am Mehrwert gemessen, der von den in der »Marktwirtschaft« beschäftigten Personen erarbeitet wurde. Die so ermittelten Zahlen bestätigten den Vorsprung Amerikas, waren jedoch überraschend für Frankreich und Japan. Nach diesem Maß-

stab liegen die USA mit 19 Prozent vor Frankreich, mit 25 Prozent vor Westdeutschland, mit 39 Prozent vor Großbritannien und mit entsetzenden 64 Prozent vor Japan. In einem für diese gesetzte und seriöse Firma ungewöhnlich emotionalen Ausbruch fragte McKinsey: »Wie kann das angehen, wo doch der japanische Moloch im Ausland weiterhin Marktanteile hinzugewinnt [im Bereich Autos beispielsweise] und selbst ganze Branchen verdrängt [beispielsweise die früher in den USA beheimatete Unterhaltungselektronik]?«[6]

Ein Teil der Antwort liegt in der großen Disparität der Industriebranchen in Japan. Die besten japanischen Hersteller dominieren tatsächlich den Rest der Welt. Jeder, der sich je mit den Japanern befaßt hat, weiß aber auch, daß diese Firmen nur einen kleinen Bruchteil der japanischen Wirtschaft ausmachen. Die japanische Produktivität ist jedoch vor allem im Dienstleistungssektor – wie wir noch sehen werden – sehr gering.

Ein weiterer Teil der Antwort liegt in den geleisteten Arbeitsstunden. Die Amerikaner nehmen weniger Urlaub als die Europäer. Werden die Zahlen um diesen Faktor bereinigt, schließen Frankreich und Westdeutschland näher zu den USA auf. Bereinigt um die Zahl der abgeleisteten Arbeitsstunden, werden die Japaner weiter nach hinten abgeschlagen, weil die Japaner zwar sehr viel mehr Stunden arbeiten als der Rest der industrialisierten Welt, sie aber hinterherhinken, wenn es um die Schaffung des Mehrwerts pro Arbeitsstunde geht. Gleichgültig wie die Daten auch aufbereitet werden, McKinsey stellte fest: Die USA führen vor Europa, und Europa führt vor Japan. Warum?

Die Gründe dafür sind vielfältig, so ist beispielsweise der Mehrwert pro Arbeitsstunde in den USA höher als in den zum Vergleich herangezogenen Nationen Westeuropas und Ostasiens.

Um diesen Dingen auf den Grund zu gehen, beschlossen die Forscher, sich auf den Dienstleistungssektor zu konzentrieren, der mindestens 60 Prozent der Beschäftigung in den hochindustrialisierten Staaten ausmacht. (Deren tatsächlicher Wert dürfte höher liegen, da ein beträchtlicher Teil des in der Herstellung und Verarbeitung geschaffenen Mehrwertes Dienstleistung ist, aber als Produktion gewertet wird.) Die Produktivitätszahlen zum Dienstleistungssektor sind bekannt/berüchtigt vielschichtig. Darum untersuchte das Team repräsentative Dienstleistungsbranchen in Fallstudien: Luftverkehr, Bankwesen, Gastronomie, Einzelhandel und Telekommunikationswesen.

Die Ergebnisse verliefen parallel zu den Branchen im allgemeinen mit Ausnahme der Gastronomie (sehr geringe Produktivitätsunterschiede zwischen den verschiedenen Ländern) und mit Ausnahme Japans (wo die Dienstleistungsproduktivität nur halb so groß zu sein scheint wie in den USA). Wiederum jedoch stellte sich die Frage: Warum gab es überhaupt Unterschiede?

Das Team befaßte sich gründlich mit verschiedenen Dienstleistungssektoren in den einzelnen Ländern. Überall gab es branchenspezifische Besonderheiten. Sie fanden jedoch ein allgemeines Muster, das für die gesamte Dienstleistungsbranche galt. Unterschiede in der Produktivität ließen sich generell nicht auf Unterschiede in Technologie, Verfügbarkeit von Kapital, auf den Markt, das Ausmaß der gewerkschaftlichen Organisierung, Größenvorteile, Produktionsprozesse, Kapitalintensität oder Unterschiede in den Fähigkeiten der Mitarbeiter zurückführen. Die Unterschiede

lagen vielmehr darin, was im Bericht als »Arbeitsteilung«, »Führungsverhalten« und »Staatliche Politik und Regulierung« bezeichnet wurde. Was sie damit meinten, ist folgendes: In allen untersuchten Branchen ist Amerika besser darauf ausgerichtet, höhere Renditen auf seine Investitionen in Humankapital zu erzielen. Die Arbeitskräfte insgesamt sind mobiler und flexibler. Die Einstellungen des Managements sind weniger starr. Dies liegt zum Teil daran, daß Manager weniger vor Konkurrenz geschützt sind, und zum anderen daran, daß sie eher bereit sind, mit neuen Organisationsformen zu experimentieren. Sie werden durch den Staat und die Regulierungspolitik weniger eingeengt.
Inzwischen befaßt sich das Team mit der verarbeitenden Industrie und untersucht auch sie im Branchenvergleich. Die ersten Anhaltspunkte zeigen, daß die Ergebnisse in dieselbe Richtung gehen werden.

Ein weiterer Faktor ist der Dienstleistungssektor. Höhere Renditen auf Investitionen, eine größere Mobilität der Arbeitskräfte und flexiblere Einstellungen des Managements sichern hier Amerikas Vorsprung.

Kasten 2

Den Gewinn nicht an die erste Stelle setzen

Die Arbeiten von Kotter, Heskett, Porras und Collins gehen auf wichtige historische Wurzeln zurück. Kurz nach Ende des Zweiten Weltkrieges gab ein junger Brigadegeneral seine Position als Chef des »Small War Plants Board« auf, tauschte seine Sterne gegen Zivilkleidung ein und kehrte als Leiter seines Familienunternehmens ins Wirtschaftsleben zurück. Er schrieb: »Öffentliche und private Institutionen bestehen, weil die Menschen sie wollen, an sie glauben oder zumindest willens sind, sie zu tolerieren. Die Tage sind vorbei, in denen ein Unternehmen eine private Angelegenheit war – wenn es jemals eine war. In einer Unternehmergesellschaft hat jeder unternehmerische Akt soziale Konsequenzen und kann öffentliches Interesse hervorrufen. Jedesmal, wenn ein Unternehmen in der Wirtschaft Mitarbeiter einstellt, etwas baut, verkauft oder kauft, handelt es für die Menschen genauso wie für sich selbst, und es muß die volle Verantwortung für sein Handeln akzeptieren ...«[7]

Sein Name ist Robert Wood Johnson. Sein Unternehmen heißt: Johnson & Johnson. Er schrieb diese Aussage als Präambel zum heute berühmten Credo des Unternehmens, der Unternehmensphilosophie, in der die Mitarbeiter, die Kunden und das gesellschaftliche Umfeld Vorrang haben vor dem Gewinn.

James E. Burke, langjähriger Vorstandsvorsitzender von

Johnson & Johnson, wiederholt die Empfindungen des Generals Johnson mit anderen Worten: »Ich hege seit langem die Überzeugung, daß die meisten erfolgreichen Unternehmungen in diesem Lande – diejenigen, die hervorragende Leistungen über eine lange Zeit erbracht haben und erbringen – von einem simplen moralischen Imperativ geleitet werden: der Öffentlichkeit im breitest möglichen Sinne besser zu dienen als ihre Wettbewerber.«

Burkes Team arbeitete mit »der« Arbeitsgruppe Unternehmensverantwortung des *Business Roundtable* (Task Force on Corporate Responsibility) und dem *Ethics Resource Center* in Washington zusammen. Sie erstellten eine Liste der Firmen, die soziale Verantwortung praktizieren. Die Gruppe fand 26 Unternehmungen, die zwei sehr strenge Kriterien erfüllten: Das erste Kriterium war ein schriftlich niedergelegtes kodifiziertes Prinzipienwerk, in dem stand, daß der Dienst an der Öffentlichkeit zentraler Punkt ihres Daseins sei. Als zweites bedurfte es fundierter Anhaltspunkte, daß diese Ideen und Prinzipien seit mindestens einer Generation verkündet und praktiziert wurden.

Fünfzehn Firmen wurden sorgfältig daraufhin untersucht, wie sie sich während der vergangenen dreißig Jahre verhalten hatten. (Elf mußten vorher von der Liste gestrichen werden. Einige waren noch nicht so lange im Geschäft.) Die Gruppe stellte in ihrer Untersuchung der fünfzehn Unternehmen, die den Kriterien genügten, folgendes fest: Während der Dreißigjahresperiode schnitten sie um 7,6mal besser ab als die durchschnittliche in den Dow-Jones-Index eingegangene Unternehmung. (Allerdings suchten sie sich einen Zeitraum

In einer Unternehmergesellschaft hat jeder unternehmerische Akt soziale Konsequenzen und kann öffentliches Interesse hervorrufen. Nur wenige Firmen genügen bisher allerdings dieser Forderung.

aus, in dem der Dow- Jones-Index unterhalb seines langfristigen Durchschnitts abschnitt. Hätte der Dow-Jones-Index dem langfristigen Durchschnitt entsprochen, wäre der Faktor für die ausgewählten fünfzehn Unternehmungen »nur« 3,4mal besser gewesen.)

Anmerkungen

1 Gardner, John, *Morale,* S. 58.
2 Foucault, Michel, *This Is Not A Pipe,* University of California Press, 1983.
3 Kotter und Heskett, *Corporate Culture and Performance;* das Zitat stammt von S. 11. Generell beziehe ich mich auf das Buch insgesamt und meine Gespräche mit Kotter.
4 OECD National Accounts Vol. 1, 1992; Eurostat.
5 McKinsey Global Institute; Service Sector Productivity, Oktober 1992.
6 McKinsey Report, S. 4.
7 James E. Burke, *The Leverage of Goodwill,* Rede vor dem Advertising Council, 16. November 1983

Kapitel 2

Jeder ist eine Führungskraft

2

Behalten Sie die Kontrolle – indem Sie sie abgeben

Tom Tribone hatte als frischgebackener Chemieingenieur seinen Abschluß von der Case Western Reserve University in Cleveland in der Tasche, als er seine Schockbehandlung in amerikanischem Management erhielt. Der gebürtige Pittsburgher, der während seiner Schulzeit in den Sommerferien in den Stahlwerken schwitzte, trat seine erste Ganztagsstelle bei einer der großen Ölgesellschaften an. Er arbeitete daran mit, den Schaumstoff zu entwickeln, aus dem Kaffeebecher und Behälter für Essen zum Mitnehmen hergestellt werden.

Das ist fast zwanzig Jahre her. Heute ist Tribone, ein schlanker Mann mit eulenhafter Brille und einer Leidenschaft für Bücher und Sport, Vorstandsmitglied bei AES. Tribones Auffassung von Management ist seinen Erfahrungen bei den Öl- und Stahlunternehmen um Lichtjahre voraus – von einem Großteil des amerikanischen Managements kann man das leider nicht behaupten. Selbst heute noch steht Tribones erster Arbeitsplatz als Metapher für alles, was in den Unternehmen unseres Landes gut sein könnte, aber oft schlecht ist.

Die Erfahrung, die Tribone die Augen öffnete, begann ein Jahr nach Aufnahme seiner Arbeit bei der Ölgesellschaft. Er wurde

Bei den Unternehmen, die zu dieser Gruppe gehören, stellt man fest, daß sie über ein schriftlich kodifiziertes Prinzipienwerk verfügen und zudem diese Ideen seit mindestens einer Generation vertreten.

unerwartet zum Manager einer kleinen Tochtergesellschaft des Unternehmens befördert, einem Chemiebetrieb in der Gegend von Pittsburgh, der Latex für Teppichunterlagen und als Bindemittel für Farben herstellte. »Da stand ich nun, ganze 24 Jahre alt, und war für diesen Betrieb und seine 130 Mitarbeiter verantwortlich, von denen die meisten weitaus älter und erfahrener waren als ich«, erinnert sich Tribone. »Sie sahen mich an, als ob dies das Lächerlichste war, das sie je erlebt hatten – zumindest kam es mir damals so vor.«

Tribone glaubt, daß er diesen Posten nur deshalb erhielt, weil es der Firma eigentlich völlig egal war. Die Fabrik war ein winziger Teil einer kleinen Sparte und hatte ständig Verluste gemacht. Sie war dem Unternehmen so gleichgültig, daß der neue Manager fast völlig unbeachtet und unbeaufsichtigt blieb. Heute sagt er: »Das war die beste Gelegenheit, die ich je zum Experimentieren und Lernen hatte.«

Das Werk hatte trotz einer geschätzten Kapazität von etwa 4 Millionen Pfund Latexmasse pro Monat nie mehr als 2 Millionen Pfund produziert. Anfänglich war dies unter Tribones Leitung auch nicht anders als bei seinen Vorgängern. »Ich machte alles so, wie ich es bei anderen Betriebsleitern gesehen hatte, gab den Mitarbeitern also detaillierte Anweisungen: ›Geben Sie in diese Charge jene Zutaten, tun Sie dies nicht, übertragen Sie jenes, ändern Sie die Mischung in dieser Charge.‹ Manager verhielten sich nun einmal so, weil sie die Ingenieure und die Klügeren waren. Sie waren diejenigen, die die Chemie verstanden.«

Tom Tribone ist aber einer der Menschen, die sich gegen den Status quo wehren. Er hat eine gute Portion einer Eigenschaft, die ich nach dem etwas vertrottelt wirkenden, aber ebenso zähen wie erfolgreichen Titelhelden einer amerikanischen Krimiserie den *Columbo-Faktor* nenne. Wenn etwas keinen Sinn ergibt, fragt er nach dem »Warum« und gibt nicht auf, bis er eine Antwort erhält. Was in diesem Fall keinen Sinn ergab, waren die Unterschiede im Produktausstoß.

Obwohl die Maschinen 24 Stunden täglich und sieben Tage die Woche liefen und es gute wie schlechte Tage gab, wurde fast immer am Wochenende am effektivsten gearbeitet.

An guten Wochenenden erreichte der Ausstoß fast die geschätzte Kapazität von 4 Millionen Pfund. Tribone fand diese Zahlen verblüffend. Was war nur das Besondere an den Wochenenden? Was nur?

Die zwingende Schlußfolgerung lautete: Die Fabrik produzierte effektiver – genauer gesagt, doppelt so gut –, *wenn er selbst nicht anwesend war.*

Binnen kurzer Zeit stellte der Betrieb Produktionsrekorde auf. »Die wirksamste Anweisung, die ich meinen Mitarbeitern geben konnte, bestand darin, über die eingehenden Aufträge Buch zu führen und diese Daten schlicht weiterzuleiten«, sagt Tribone. »Diese Leute wußten, wie der Betrieb zu laufen hatte. Wenn sie mitbekamen, was der Kunde wollte, und wenn ich mich nicht zuviel einmischte, wurde die Arbeit getan.«

Tribone hatte in jenem Augenblick die wichtigste Managementlektion von heute begriffen: Um eine echte Führungskraft zu sein, muß man die Kontrolle in einem sehr engen Sinn abgeben – um Kontrolle in einem viel weiteren Sinn ausüben zu können.

Heute mag diese Einsicht einigen schon ganz selbstverständlich vorkommen. Es steht aber in scharfem Gegensatz zu allem, was die herkömmliche Vorstellung von Management seit Jahrhunderten besagt, daß es nämlich Aufgabe des Chefs sei, den Mitarbeitern zu sagen, was sie tun sollen.

Als Tribones Erfolg bei der Muttergesellschaft auffiel, wurde ihm prompt die Leitung der größten Polystyrolanlage des Konzerns

Tom Tribone, Vorstandsmitglied bei AES, ist einer der Mustermanager der neuen Generation.

Sein beispielhafter Aufstieg begann bei einem Zweigwerk in einem amerikanischen Provinznest.

übertragen. An seinem neuen Arbeitsplatz wurde er genauestens von oben beaufsichtigt. »Mein Chef konnte es einfach nicht fassen, daß ich keine ausführlichen Anweisungen gab«, beklagt er sich heute. Es war nicht möglich, seine Erfahrungen mit der Latexfabrik auf das Polystyrolwerk zu übertragen – seine Vorgesetzten ließen es nicht zu.

Ein für schlimmstes Management im alten Stil bezeichnender, ungeheuerlicher Zwischenfall verleidete Tribone endgültig die Lust an seinem Job. Sein Chef wies ihn an, einen Brief an einen Mann zu schreiben, der einen Fehler gemacht hatte. »Und da muß drinstehen: ›vorbehaltlich von Strafmaßnahmen bis hin zur und einschließlich Ihrer Entlassung‹«, wurde ihm aufgetragen.

Tribone sah sich den Zwischenfall und den Mitarbeiter, um den es ging, genauer an. Der Mann hatte, wie seinen Akten zu entnehmen war, dreißig Jahre lang untadelig für das Unternehmen gearbeitet und nun einen einzigen kostspieligen Fehler gemacht. Tribone entwarf einen Brief, in dem er den Mann für seinen in der Vergangenheit geleisteten Beitrag lobte, seine eigene Analyse des Zwischenfalls gab und Korrekturmaßnahmen vorschlug.

»Meine Vorgesetzten nahmen diesen Brief«, sagt Tribone, »und änderten ihn total. Jetzt stand drin: ›Sie haben das und das falsch gemacht, und Sie werden mit Maßnahmen bis hin zur und einschließlich Ihrer Entlassung bestraft, sollte Ihnen dieser Fehler noch einmal unterlaufen.‹« Das brachte für Tribone das Faß zum Überlaufen. Er haßte es, kontrolliert zu werden, er haßte es, etwas zu tun, von dem er wußte, daß es falsch war, und er haßte es ebenso, wieder in die Kommando- und Kontrollrolle gedrängt zu werden. Tribone fühlte sich zeitlich in die Stahlwerke von Pittsburgh zurückversetzt – ein *Déjà-vu*-Erlebnis.

»In dem Augenblick, als mir klar wurde, daß diese Typen alles unterlaufen würden, was ich erreichen wollte, beschloß ich, erst einmal wieder Ingenieur zu werden.« Er zog sich aus dem Management zurück und ließ die Finger davon, bis er zu AES kam. Tribones Erfahrungen spiegeln genau das Problem wider, mit dem fast alle Manager, die ich kenne, heute kämpfen. Kaum jemand weiß instinktiv, wie er seinem Wunsch nach Machtausübung Grenzen setzen kann. Eine der wichtigsten Herausforderungen für künftige Führungskräfte ist es aber zu wissen, wann man Anweisungen geben und wann man sich zurückhalten und gar nichts sagen sollte.

Jeder braucht das Gefühl der Kontrolle

Zu unseren stärksten Bedürfnissen gehört der Wunsch, zumindest teilweise die Kontrolle darüber zu haben, was mit uns geschieht. Es gibt im Überfluß Literatur zu dem, was die Psychologen das »Entscheidungszentrum« nennen. Dort wird aufgezeigt, daß Menschen, die glauben, ein Mindestmaß an Kontrolle über ihr eigenes Leben zu haben, gesünder, glücklicher und produktiver sind.
Am besten belegt wird diese These durch das Experiment »Stelle den Lärm ab«, über das der Forscher Herbert M. Lefcourt erstmalig 1976 berichtete und das seither oft mit gleichbleibendem Ergebnis wiederholt wurde.[1]
Bei diesem Experiment mußte eine Gruppe Erwachsener eine Reihe von Aufgaben lösen. Unter anderem waren einige Puzzles zusammenzulegen (von denen zwei nicht lösbar waren) und ein Text Korrektur zu lesen. Die Sache hatte nur einen – wichtigen – Haken: Im Hintergrund wurden zu beliebigen Zeiten irritierende Geräusche abgespielt. Genauer gesagt: Die »Hintergrundmusik«, bei der die Testpersonen arbeiten sollten, bestand aus einer Kako-

Er stellte fest, daß der Produktionsausstoß dann am größten war, wenn sein direktes Eingreifen und seine Kontrollfunktionen am wenigsten spürbar waren, beispielsweise an Wochenenden, wenn er nicht da war.

phonie zweier Spanisch und eines Armenisch sprechenden Menschen und lautstarken Büromaschinengeräuschen.
Die Testpersonen wurden in zwei Gruppen aufgeteilt. Den Personen in der ersten Gruppe wurde gesagt, sie sollten ihr Bestes tun, die gestellten Aufgaben zu lösen. Den Personen in der zweiten Gruppe wurde die Möglichkeit gegeben, den Lärm per Knopfdruck abschalten zu können. Es kann kaum überraschen, daß die Gruppe, die über den Knopf verfügte, besser abschnitt. Sie versuchte fast fünfmal so oft wie die andere Gruppe, die unlösbaren Puzzles zu lösen, und beim Korrekturlesen unterliefen ihr kaum Fehler. Überraschend war allerdings, daß die Testpersonen, die den Knopf hätten drücken können, dies nie taten. Wichtig war einfach das Wissen darum, daß sie diese Möglichkeit der Kontrolle hatten.
Um die Qualität der Arbeit zu verbessern, macht man sich dieses Prinzip neuerdings weitgehend zunutze. In Motorola-Fabriken finden sich beispielsweise überall Knöpfe, mit denen man das Fließband anhalten kann. Dies dient einem doppelten Zweck. Zunächst einmal ist der Arbeitnehmer am Fließband aller Wahrscheinlichkeit nach der erste, der einen Fehler entdeckt. Es ist wesentlich billiger, wenn er selbst das Band umgehend abschaltet, statt darauf zu warten, daß ein Kontrolleur den Fehler später entdeckt und das Produkt entweder fortwirft oder zur Überarbeitung zurückschickt. Was aber noch wichtiger ist: Dem Arbeitnehmer wird die Verantwortung für diese Entscheidung übertragen. Gibt man ihm diese Möglichkeit der Kontrolle über die Qualität seiner Arbeit, wird er viel mehr Wert darauf legen, ein gutes Produkt herzustellen.
Es scheint, daß wir alle glücklicher und produktiver sind, wenn wir über etwas in der Art des »Stell-den-Lärm-ab«-Systems verfügen. Daraus folgt, daß wir alle, wenn wir in einer Organisation die inne-

re Einstellung, die Arbeitsmoral und das Engagement stärken möchten, einen gewissen Einfluß auf die Dinge brauchen, die uns betreffen.

Die Quintessenz dieser Idee ist das sich selbst führende Team – Gruppen von drei bis zehn Mitarbeitern, die ohne unmittelbare Beaufsichtigung arbeiten.

Das Konzept ist einfach: Organisieren Sie Mitarbeiter in Gruppen, die alte Grenzen überschreiten können. Bilden Sie sie aus. Geben Sie ihnen Arbeit, bei der sie ihre Fähigkeiten voll ausschöpfen müssen. Geben Sie ihnen alle notwendigen Informationen. Erläutern Sie ihnen klipp und klar, was es zu erreichen gilt. Und dann – lassen Sie sie in Ruhe.

Sich selbst führende Teams treffen Entscheidungen über die täglichen Aufgaben, sie setzen sich ihre Ziele selbst und übernehmen die Verantwortung für die Qualitätskontrolle und den Einkauf. Sie sind zuständig für den Krankenstand und für das Verhalten der Mitarbeiter. Von den Mitgliedern des Teams wird erwartet, daß sie alle Arbeiten ausführen lernen, die im Arbeitsbereich der Gruppe anfallen.[2]

Der Erfolg von weitgehend sich selbst führenden Teams belegt eindeutig, wie wirksam es ist, Kontrolle über Menschen abzugeben, um im Gegenzug Kontrolle über Ergebnisse zu erhalten. Werden solche Teams richtig eingesetzt, steigern Produktivität und Arbeitsmoral ganz gewaltig.

Dazu einige Beispiele:

- Procter & Gamble berichtet, daß die Produktivitätssteigerung in Betrieben, die auf Teambasis arbeiten, um 30 bis 40 Prozent über der vergleichbarer Unternehmen liegt.
- Sich selbst führende Teams bei General Mills in Covington/Georgia produzieren qualitativ weitaus bessere Frühstücksflok-

Die Quintessenz dieser Erfahrung ist das sich selbst führende Team, Gruppen etwa von drei bis zehn Mitarbeitern, die ohne unmittelbare Beaufsichtigung arbeiten. Die ersten Erfolge waren bahnbrechend.

ken als andere Betriebe. Die Qualität der Verpackung zum Beispiel wird daran gemessen, wie gut sie versiegelt ist, wie leserlich der Aufdruck ist und so weiter. Covington schneidet dabei um fast 15 Prozent besser ab als andere. Außerdem gibt es bei den »Big-G«-Flocken aus Covington die wenigsten Kundenbeschwerden.

- Bei Chaparral Steel in Midlothian/Texas bilden die Stahlarbeitnehmer Teams für spezifische Projekte. Unter anderem reisen sie auf der Suche nach der besten Ausrüstung selbst um die ganze Welt. Das trägt dazu bei, daß Chaparral einer der effektivsten Stahlproduzenten der Welt ist.
- Bei Tektronix Inc. in Beaverton/Oregon stellte ein sich selbst führendes Team in drei Tagen ebenso viele Produkte her wie früher an einem ganzen Fließband in vierzehn Tagen.
- Bei Shenandoah Life in Roanoke/Virginia stellte man fest, daß man mit eigenverantwortlichen Teams, die dort Mitte der achtziger Jahre eingeführt wurden, 50 Prozent mehr Schreibarbeiten mit 10 Prozent weniger Mitarbeitern als früher erledigen konnte.
- In den kanadischen Betrieben von General Electrics verbesserten sich selbst führende Teams von vier bis zwölf Mitarbeitern die Produktivität der Kreditorenbuchhaltung, der Gehaltsabrechnung und anderer Aufgaben in der Finanzbuchhaltung. Außerdem empfanden die Mitarbeiter ihre Arbeit als sinnvoller.

Die Zeitschrift *Fortune* schätzt, daß etwa die Hälfte der amerikanischen Großunternehmen mit sich selbst führenden Teams experimentiert. Das Magazin schwärmt, solche Teams »könnten *der* Produktivitätsdurchbruch der neunziger Jahre sein«.[3] Wie immer man diese Teams auch nennen mag – sich selbst führende Teams, selbstgesteuerte oder selbstverwaltete Teams, Technikersysteme, Hochmotivationssysteme oder sogar Superteams –, es kann kaum Zweifel daran geben, daß sie eine der neuen Grenzen für Spitzenleistungen definieren und ihre Auswirkung auf die Zukunft gar nicht überschätzt werden kann.

Genau da liegt aber auch der Hund begraben. Nach einer Studie des »American Productivity & Quality Center« in Houston aus dem Jahre 1990 sind heute lediglich 7 Prozent der amerikanischen Belegschaften in echten sich selbst steuernden Teams organisiert.[4]

Warum sind selbstgesteuerte Teams trotz ihrer verblüffenden Ergebnisse noch nicht so an der Tagesordnung, wie es sein sollte? Wie wir in diesem Kapitel sehen werden, läßt sich die Selbstführung nur durch jahrelange Anstrengungen und mit äußerster Entschlossenheit in die Praxis umsetzen. Die meisten mir bekannten Manager sind aber eher daran interessiert, die Gewinne des nächsten Vierteljahres zu sichern – und wenn sie dafür ein Kaninchen aus dem Hut zaubern müßten. Es mag paradox klingen, aber dieses strategische Wettrennen in unserer schnellebigen Zeit, in der alles in ständigem Wandel begriffen ist und alles eigentlich schon gestern geschehen sein sollte, wird von den eher Langsamen, Beharrlichen gewonnen werden. Bedenken Sie:

- Um bei der Umstellung auf selbstgesteuerte Teams erfolgreich zu sein, muß *jede einzelne* bisherige Annahme über die Motivation von Menschen und über Arbeitsmethoden in Frage gestellt werden. Alte Vorstellungen müssen aus dem Fenster geworfen werden. Informationen, Systeme und der Zugang zu ihnen sollte jedem einzelnen Mitarbeiter ohne jede Einschränkung zur Verfügung stehen.
- Wegbereiter wie Procter & Gamble experimentieren und ver-

Inzwischen experimentiert etwa die Hälfte aller amerikanischen Großunternehmen mit sich selbst führenden Teams. »Fortune« sieht sie als wichtigen Grund für den Produktivitätsdurchbruch der 90er.

feinern das Konzept des selbstgesteuerten Teams seit über dreißig Jahren. Hier erkennen wir allmählich die enge Verbindung zwischen Strategie und Organisation. Der strategische Erfolg von P & G ist weitgehend auf das unablässige Streben des Unternehmens zurückzuführen, die Selbststeuerung zu einer Realität des Managements werden zu lassen.

Pioniere der Selbststeuerung

Procter & Gamble verfügt über eine innovative Einstellung zum Geschäftsleben, die uns im Kapitel über den Umgang mit der Forschung wiederbegegnen wird und die eine wichtige Rolle für die unveränderte Dynamik der in Cincinnati/Ohio ansässigen Firma spielt.

Das Unternehmen ist ein echtes Phänomen: Nur wenige erreichen Spitzenleistungen, und noch viel weniger Firmen gelingt es, diesen Standard über Jahre hinweg zu erhalten. Es ist schwer, erfolgreich zu sein oder gar herausragende Leistungen zu erbringen. Nicht eben viele der Unternehmen, die auf der »Fortune-500«-Liste stehen, können sich dort länger als höchstens einige Jahrzehnte halten.

P & G schafft es entgegen jeder Wahrscheinlichkeitsrechnung seit über 150 Jahren nicht nur, im Geschäft zu bleiben. Das Unternehmen ist nach wie vor auch eines der angesehensten der Welt und liegt bei den Verbrauchsgütern mit einem Umsatz von weltweit über 20 Milliarden Dollar beständig mit an der Spitze.

Inzwischen sprechen offizielle Vertreter von P & C ganz offen über die lange und erfolgreiche Geschichte ihrer selbstgesteuerten Teams. Als das Unternehmen aber das Konzept zu Beginn der sechziger Jahre entdeckte, fand man die Ergebnisse derart verblüffend, daß sie als wesentlicher Wettbewerbsvorteil angesehen wurden – das Unternehmen erklärte die neue Methode folgerichtig auch sofort zum Betriebsgeheimnis.

Gefordert: Umdenken

Die Saat für die Selbststeuerung wurde bei P & G gestreut, als der junge David Swanson 1953 zu dem Unternehmen stieß. Swanson, der im Mai 1990 nach einer 37jährigen Karriere aus dem Unternehmen ausschied, ist schon rein äußerlich eine beeindruckende Erscheinung.
Er ist groß und muskulös und sieht mit seinem silbergrauen Haar und seiner metallischen Brille aus wie die Idealvorstellung eines Besetzungsbüros, das einen geeigneten Schauspieler sucht, um die Rolle des Direktors im geheiligten elften Stock dieser Bastion des amerikanischen Unternehmertums – nämlich der P&G-Zentrale – zu übernehmen. Auch seine Referenzen stimmen. Nach seiner Entlassung aus dem Militär legte Swanson zunächst eine erste Prüfung an der Yale University ab und erlangte anschließend seinen Master in Chemotechnik am MIT (Massachusetts Institute of Technology).
Begegnet man Swanson persönlich, setzt er rasch sein freundliches Lächeln ein und seine sehr enthusiastische Art, eine Geschichte zu erzählen, die er bereits tausendmal erzählt hat. Automatisch denkt man: »Für diesen Mann würde ich gern arbeiten.« Es leuchtete also rasch ein, warum er eine so ausschlaggebende Schlüsselrolle als Wegbereiter einer Produktionsmethode spielte, die im 21. Jahrhundert wohl die Norm werden wird.
Swanson erzählt, daß ihn seine Erlebnisse im Koreakrieg zur Idee der Selbststeuerung inspirierten. Die Vorstellungen, mit denen

Eines der Pionierunternehmen, das diese Prinzipien der Selbststeuerung verwirklicht hat, ist die Firma Procter & Gamble. Seit Jahrzehnten liegt sie in der Spitzengruppe der Verbrauchsgüterproduzenten.

Swanson aus diesem Krieg zurückkehrte, unterschieden sich allerdings gewaltig von den Vorstellungen, die andere Manager mit nach Hause brachten. Viele übernahmen das Militärmodell so, wie es war. Swanson hingegen erwartete bei seinem Abschied vom Militär, daß damit auch die Zeit der gebellten Befehle, der von vorgesetzten Offizieren willkürlich auferlegten Zwänge und der starren Strukturen des Militärlebens vorbei sein würde.

»Etliche von uns gingen nach dem Militärdienst zu Procter & Gamble«, erinnert er sich. »Wir waren sehr überrascht, wie sehr sich die Strukturen und das Verhalten im Militär und in der Industrie ähnelten. Das hatten wir nicht erwartet, vor allem nicht in einem Unternehmen wie Procter & Gamble, das im Ruf stand, sehr aufgeklärt zu sein.« Es schien, als hätten Strukturen und Systeme nur einen Sinn: Menschen engen Beschränkungen zu unterwerfen. Endlose Prozeduren wurden in Verhaltensrichtlinien, Verträgen und Geschäftsordnungen festgehalten. »Das System«, so Swanson, »gab den Menschen keinerlei Gelegenheit, das zu tun, was sie tun konnten – ganz im Gegenteil: Es legte ihnen Fesseln an.«

Es ehrt Procter & Gamble, daß das Unternehmen diese Unzufriedenheit auf Film bannte, und zwar lange vor dem Zeitalter der Videokamera und lange vor der Zeit, da Unternehmen auch die geringste Beschwerde eines verstimmten Mitarbeiters zur Kenntnis zu nehmen bereit waren. Swanson zeigte mir Teile eines Films von 1961, in dem Arbeitnehmer die vorherrschende Stimmung beschreiben.

»Wir brauchen nur hier zu erscheinen und dann wieder nach Hause zu gehen«, sagte einer von ihnen. »Wirklich Leistung erbringen müssen wir nicht. Wir bringen keine Ideen ein, und wir strengen uns nicht an. Das Unternehmen ist groß, und es fällt nicht auf, wenn ich kaum etwas tue.«

Was diesen Arbeitnehmer jedoch ganz besonders aufregte, war das Verhalten des typischen Vorgesetzten. Dieser (es waren praktisch ausschließlich Männer) kam im allgemeinen im Alter von etwa 23 frisch von der Universität in den Betrieb. Wie Tribone begann der neue Manager dann, Entscheidungen zu treffen und Anweisungen zu geben. »Dann gerät er ganz schnell in eine Klemme und hofft darauf, daß Leute wie ich ihn herausholen. Was ich damit sagen will ist, daß es uns allen verflixt viel bessergehen könnte, wenn er sich mit uns in Verbindung gesetzt hätte, bevor er Entscheidungen trifft.«

Ein anderer Arbeitnehmer meinte einfach: »Wenn man einen Vorschlag macht, denken sie, man will sich bloß beschweren.« Welches Gefühl der Hilflosigkeit und des völligen Verlustes jeglicher Kontrolle spricht aus dieser Bemerkung!

Swanson erinnert sich an eine Fabrik im Mittelwesten, bei der offenbar Beschwerden, Schlichtungsverfahren und Klagen über unfaire Arbeitskampfmethoden häufiger »produziert« wurden als Produkte. »Den Zustand der Arbeitgeber-/Arbeitnehmer-Beziehungen maß man dort anhand der Zahl der allwöchentlichen Prügeleien im Werk.«

»Während eines der zahlreichen Streiks in dieser feinen Fabrik«, berichtet Swanson mit einem Schuß Ironie, »flogen wir Manager ein, um die Leitung an den Fertigungsstraßen selbst zu übernehmen.« Sie kamen über den örtlichen Flughafen nicht hinaus. Arbeitnehmer mit Jagdgewehren hatten den Flughafen mit ihren Kleinlastern umzingelt. Am gleichen Tag warf jemand eine Bombe in die Lagerhalle. »Wir befanden uns im Kriegszustand«, sagt Swanson.[5]

Was Swanson da beobachtete, war natürlich das unmittelbare Ergebnis des Befehls- und Kontrollsystems jener Zeit. Er meint: »Besonders übel stieß dieses System einer Gruppe junger Mitar-

Zu Beginn der 60er Jahre begann die Geschichte des Umdenkens bei P & G. Sie ist untrennbar mit der von David Swanson verbunden, der die damals gängigen Befehlsstrukturen nicht akzeptierte.

beiter auf, jungen Führungskräften genauso wie jungen gewerblichen Arbeitnehmen. Sie alle hatten in Kämpfen auf anderen Kontinenten soeben eine neue Weltordnung geschaffen und gingen davon aus, daß sie nun die Chance erhalten würden, die Welt und ihre Heimat auch in friedlichen Zeiten gestalten zu können.

Einstellungen ändern

Die Entwicklung der Selbststeuerung bei P & G beweist, wieviel ein einziger visionärer Mensch erreichen kann, selbst innerhalb einer riesigen Organisation wie P & G und selbst dann, wenn er noch gar nicht lange dabei ist.
Ein Professor, den Swanson während seiner Zeit am MIT erlebte, beeindruckte ihn tief. »Er vertrat eine Theorie, die für uns zunächst befremdlich klang, andererseits aber mit dem vereinbar war, was uns vorschwebte.« Dieser Wissenschaftler bezeichnete die konventionellen Managementthesen seiner Zeit als »die Annahme von der Mittelmäßigkeit der Massen«. Ihre wichtigsten Eckpfeiler seien demnach:

- Die meisten von uns arbeiten im Innersten ungern und gehen der Arbeit – wann immer möglich – aus dem Weg.
- Deshalb müssen wir gemaßregelt, beaufsichtigt, angewiesen und mit Bestrafung bedroht werden, wenn wir eine angemessene Leistung erbringen sollen.
- Die Mehrzahl der Menschen braucht Anweisungen, will sich vor Verantwortung drücken, entwickelt relativ geringen Ehrgeiz und ist vor allem an Sicherheit interessiert.

Diese Annahmen nannte der Professor »Theorie X«. Seine eigenen Überzeugungen, die er »Theorie Y« taufte, waren dem diametral entgegengesetzt:

- Sich bei der Arbeit körperlich und geistig anzustrengen ist ebenso natürlich wie Freude am Spiel oder an der Muße.
- Es trifft nicht zu, daß die meisten Menschen im tiefsten Innern ungern arbeiten. Allerdings weist man ihnen häufig Arbeitsplätze zu, an denen sie mit gutem Grund unglücklich sind.
- Steuerung von außen und Strafandrohungen sind nicht der einzige Weg, uns zur Arbeit zu bewegen.
- Das Ausmaß des Engagements für bestimmte Ziele ist unmittelbar mit der Belohnung für das Erreichen dieser Ziele verknüpft. Die wichtigste Belohnung: die Befriedigung unserer Ich-Bedürfnisse.
- Unter günstigen Bedingungen akzeptieren die meisten Menschen es nicht nur, Verantwortung zu tragen, sondern bemühen sich auch ganz gezielt um Verantwortung.
- Die Fähigkeit, selbst Phantasie, Einfallsreichtum und Kreativität zu entwickeln, ist in der Bevölkerung durchaus nicht dünn gesät, sondern weit verbreitet.[6]

Swansons Professor war natürlich niemand anderes als Douglas McGregor, der mit seinem bahnbrechenden Buch *The Human Side of Enterprise* die Befehls- und Kontrollstrukturen in der Unternehmenswelt scharf angriff. Der krasse Kontrast zwischen seiner Theorie Y und Theorie X besteht in nichts Geringerem als einer völlig unterschiedlichen Auffassung vom Menschen. Wenn der Wandel, den McGregor predigte und an den Swanson glaubte, möglich werden sollte, war die Voraussetzung dafür ein Wandel in der Einstellung der Führungskräfte wie auch der Mitarbeiter.
Die Gelegenheit dazu ergab sich 1961. Swanson war in diesem Jahr

Am MIT geriet er unter den Einfluß von Professor Douglas McGregor, der die »konventionellen Managementthesen seiner Zeit als die Annahme von der Mittelmäßigkeit der Massen« brandmarkte.

an der Planung für eine neue Waschmittelfabrik in Augusta/Georgia beteiligt. Damals besaß P & G nur zwanzig Werke, alle in den USA. Swanson und seine Kollegen waren überzeugt, daß sich ihnen hier eine Gelegenheit bot, wirklich etwas zu bewegen, eine Gelegenheit, die man höchstens einmal alle zehn Jahre erhält. Mit seinen eigenen Worten: »Hier hatten wir das Gefühl, etwas einmal ganz anders und viel besser angehen zu können als bisher.«

Das neue Werk, so die allgemeine Stimmung, sollte zur »Tabula rasa« werden, auf der Swanson und sein Team die Anfänge des Industriemodells der Zukunft realisieren könnten.

Swanson brachte McGregor zu P & G. Gemeinsam besuchten sie Betriebe und hörten den Mitarbeitern zu. Was sie erfuhren, entsprach haargenau den Thesen der »Theorie X«. Beide waren fest überzeugt, daß jeglicher Wandel, sofern er überhaupt denkbar war, mit der neuen Waschmittelfabrik in Augusta beginnen müßte.

Die Konstruktion eines »offenen Systems«

Swanson und McGregor machten sich an die Arbeit und begannen die Planung der Fabrik in Augusta. Was ihnen vorschwebte, war eine auf Teamarbeit beruhende Organisation, in der es dem einzelnen möglich sein würde, seinen bestmöglichen Beitrag für den Betrieb zu leisten.

»Das bedeutete, daß unser System offen sein würde«, erklärt Swanson. Heute ist dieser Begriff nicht mehr neu, aber damals war er es. Konkret hieß das, daß die Kommunikation nach oben, unten und seitlich fließen würde, und zwar ganz selbstverständlich und ohne jede Einschränkungen.

Für das Werk in Augusta wurden Konferenzräume als Ort der Begegnung für die Mitarbeiter eingeplant. Aus heutiger Sicht ein kleiner Schritt, aber in keinem der anderen Werke gab es Konferenzräume – denn wer brauchte sie schon in einem Befehls- und Kontrollsystem?

Als nächstes änderten sie den Schichtwechsel so, daß sich alle Schichten um eine halbe Stunde überlappten. »Alle Mitarbeiter des Werkes«, so Swanson, »begannen ihre Schicht in Augusta mit einer halbstündigen Kommunikationssitzung.« Diese Praxis funktionierte nicht nur, sondern ist noch heute die Norm in den meisten P&G-Betrieben.

Außerdem wurde den Mitarbeitern, meist »Techniker« genannt, in Augusta nichts an Informationen vorenthalten. Swanson berichtet, in anderen P&G-Betrieben habe man den Mitarbeitern traditionell fast ausschließlich gute Nachrichten übermittelt, woraus die Arbeitnehmer schlossen, daß sie Teil eines äußerst gewinnträchtigen, unsinkbaren Erfolgsschiffes seien. »Das Ergebnis war«, sagt Swanson heute, »daß sie zu der Überzeugung gelangten, was sie auch unternähmen, es könne sowieso nichts bewirken.« Die Mitarbeiter glaubten: »Da oben ist jemand, der es schon am besten wissen wird. Mir hören sie nicht zu, mich beteiligen sie nicht an Entscheidungen, mich brauchen sie nicht.« Von dieser Auffassung ist es nur ein kurzer Weg zu Spannungen und Unzufriedenheit – mit sich selbst, mit der Arbeit und mit dem Unternehmen. In anderen P&G-Betrieben – denen mit den Prügeleien – wurde dies überdeutlich.

In Augusta begann man damit, sämtliche Neuigkeiten mit den Mitarbeitern zu teilen. Ob die Neuigkeiten nun gut oder schlecht waren – worauf es ankam war, den Wissensstand der Arbeiter über ihr Unternehmen dem der Manager anzugleichen.

In den Teams unterhielt man sich über sämtliche Themen, angefangen bei den Ereignissen der Schichten des Vortages bis hin zu den augenblicklichen Gewinnspannen bei Waschmitteln und den Plänen für das nächste Jahresbudget. Ganz großer Wert wurde auf

Bei P & G erhielten Swanson und McGregor die Chance, ihre Thesen in die Praxis umzusetzen. In Augusta/Georgia entstand ihr erster Musterbetrieb, der zunächst mit Mißtrauen betrachtet wurde.

den weiteren Ausbau von Fertigkeiten gelegt, und ein Mitarbeiter oder eine Mitarbeiterin, der (oder die) sich neues Wissen aneignete, durfte mit einer Gehaltsverbesserung rechnen. Ziel war es, das Werk in Augusta so unstrukturiert wie möglich zu gestalten. »Wir versuchten, Verhaltensvorschriften aus dem Verkehr zu ziehen und Verfügungen durch Prinzipien zu ersetzen. Dahinter stand als Hypothese unser Wunsch, daß sich Menschen Verantwortung suchen sollen«, sagt Swanson heute.

Die Mitarbeiter nahmen unverzüglich fast alles in die Hand, was zum Betrieb des Werkes in Augusta erforderlich war. Sie legten den Zeitplan für die Waschmittelproduktion fest, stellten neue Mitarbeiter ein, begutachteten ihre Kollegen und Vorgesetzten und führten Einstellungsgespräche mit potentiellen neuen Mitarbeitern.

In Augusta – wie in anderen »Technikerbetrieben«, die im Anschluß entstanden – entschieden Fähigkeiten in möglichst breit gestreuten Bereichen und nicht das höhere Dienstalter oder die traditionelle Hierarchie über bessere Bezahlung und einen höheren Status. Und: Es war keineswegs der Chef, der über eine Beförderung entschied. Ein Gremium von Kollegen befand über die Qualifikation eines Mitarbeiters in bezug auf ein höheres Gehalt und einen höheren Rang (d. h., in einem auf Sachkenntnissen und Fertigkeiten basierenden Entlohnungssystem vorwärtszukommen). Dasselbe Gremium organisiert auch das Fortbildungsprogramm und das Qualifikationssystem.

Alle Mitarbeiter arbeiteten in Teams, die rund um alle Aspekte der Waschmittelproduktion gegliedert waren. Meist führten sich die Teams, die aus bis zu einem Dutzend Mitarbeitern bestanden, selbst. Swanson meint dazu: »Es gibt so gut wie nichts, was im alten System von Managern gehandhabt wurde und was heute nicht routinemäßig von allen erledigt wird.«

Natürlich gibt es in Augusta noch Manager. Die Atmosphäre insgesamt aber ist von Gleichberechtigung geprägt, und es gibt kaum mehr greifbare Trennwände. Manager und Mitarbeiter tragen die gleiche Kleidung und teilen sich die gleichen Parkplätze. Ihre Sozialleistungen sind fast identisch, und die gewerblichen Arbeitnehmer werden nicht mehr nach Arbeitsstunden bezahlt, sondern sind genauso Gehaltsempfänger wie die Manager.

Ergebnisse und Hürden

David Swansons Experiment mit dem Waschmittelwerk in Augusta entwickelte sich rasch zu einer phantastischen Erfolgsstory. Mitte der sechziger Jahre führte der Betrieb in Atlanta – gemessen an fast jeder Produktivitätsnorm, die sich Swanson und seine Kollegen einfallen ließen – um etwa 30 Prozent vor jeder anderen P&G-Fabrik.

Wichtiger noch als die bloßen Zahlen war laut Swanson die Flexibilität des Augusta-Systems. Die Erwartung, daß Wandel etwas Selbstverständliches sei, wurde in der Organisation verankert. Die Mitarbeiter wurden dazu ausgebildet, in großem Rahmen zu denken und bei neuen Entwicklungen in ihrer Branche rasch zu handeln. (Dieser Aspekt des P&G-Systems der Selbststeuerung scheint mir als Pluspunkt fast noch wichtiger als die Produktivitätszuwächse selbst. Mehr darüber, wie dieses System funktioniert, erfahren wir im nächsten Kapitel über den P&G-Betrieb in Lima/Ohio.)

Während das Experiment in Augusta lief, begann Procter & Gamble mit der Expansion. Das Unternehmen erwarb die Charmin Paper Company und streckte seine Arme nach anderen Industriezweigen aus. Bisher hatte man alle zehn Jahre ein neues Werk ge-

In diesem »offenen System« arbeiteten gleichberechtigte Teams, die vom Zeitplan für die Waschmittelproduktion über den Vertrieb bis hin zur Personalpolitik alles eigenverantwortlich organisieren.

baut. Nun begann das Unternehmen, alle fünfzehn Monate einen neuen Betrieb hochzuziehen, und das zwei Jahrzehnte lang. Die meisten dieser Fabriken wurden überdies von Grund auf neu gebaut (»auf der grünen Wiese« nannte man das). Jedes neue Werk konnte das organisatorische Wissen seines Vorgängers verwerten. Augusta wurde zum ersten Procter-&-Gamble-»Lernlabor«.

»Uns war klar, daß wir auf der richtigen Fährte waren«, stellt Swanson fest, »und wenn dies so gut für die Fabriken auf der grünen Wiese war, wo man alles vom ersten Tag an richtig machen konnte, wie war es dann um das übrige System bestellt?« P & G war sich der Schwierigkeiten bewußt, bestehende Managementstrukturen bei etwa zwanzig Betrieben – die nicht den Vorteil der Neugründung auf ihrer Seite hatten – auf das neue Modell umzustellen. Einige dieser Anlagen waren hundert Jahre alt. Die Einstellung und das Verhalten des Managements wie auch der Mitarbeiter waren in traditionellen Vorstellungen über Spezialisierung am Arbeitsplatz und Autoritätsstrukturen erstarrt. Die P&G-Pioniere mit ihren Ideen zur Selbststeuerung müssen den Menschen dort wie fremde Wesen von einem anderen Planeten vorgekommen sein.

P & G investierte reichlich Zeit und Geld in den Versuch, auch in den alten Anlagen mit den dort herrschenden altmodischen Einstellungen eine Umwälzung zu schaffen. »Ich würde gerne sagen können, daß unsere Bemühungen gleich zu Anfang von Erfolg gekrönt waren«, meint Swanson, »wir tappten aber zunächst in sämtliche nur denkbaren Sackgassen hinein.«

Das neue System verängstigte Arbeitnehmer, die befürchteten, daß sie nicht in der Lage wären, ihre Fähigkeiten auszubauen. Es schreckte Manager ab, die sich die Frage stellten, was ihnen noch zu tun bleiben würde, wenn sie systematisch alles delegierten, was sie bis dato selbst erledigt hatten. P & G stieß außerdem die

Gewerkschaften vor den Kopf: Sie befürchteten, das Engagement für Aus- und Fortbildung könne den Mitarbeitern den Eindruck vermitteln, die Fabrik »gehöre nun ihnen« – und wenn die Arbeiter die Besitzer des Betriebes sind, wer bräuchte da noch Gewerkschaften?

Der Umstellungsprozeß dauerte ein gutes Jahrzehnt, angefüllt mit vielen Rückschlägen und Experimenten. Selbst heute noch kann sich der Betrieb in einigen der älteren P&G-Anlagen nicht mit der Effektivität der auf der grünen Wiese entstandenen Neugründungen messen. Immerhin aber kommen sie diesem Ideal nahe. Hier sieht man erneut die enge Verbindung zwischen Strategie und Organisation: Der wahre Hemmschuh für den Fortschritt lag für P & G in der Schwierigkeit, die Psychologie der Arbeit zu verändern.

Ein »kriegerischer« alter Betrieb im Mittelwesten war besonders problematisch. Swanson bat einen seiner erfahrensten Fabrikleiter, diesen Betrieb auf das neue »Technikersystem« umzustellen. Er fügte hinzu: »Sie haben meine Erlaubnis, zu scheitern. Versuchen Sie zwei Jahre lang Ihr Bestes, und wenn es dann noch nicht klappt, machen wir den Betrieb dicht.«

Die Beschwerden und Prügeleien, die dem Betrieb seit Jahren zusetzten, hielten ein weiteres Jahr lang an. Schließlich schloß der Manager die Fabrik einfach und traf sich zwei Wochen lang mit Mitarbeitern, wobei er möglichst viele Informationen über ihre Einstellung sammelte. Er erläuterte das Szenario, das den neuen Betrieben zugrunde lag. Er nannte den Mitarbeitern den zwingendsten Grund, ihre Fabrik zu ändern: Sie standen nur wenige Zentimeter vor dem Abgrund. Er legte ihnen Beispiele ihrer eigenen Denkweise vor, bewies, daß sie mit dem Status quo ganz offensichtlich unzufrieden waren, und erklärte ihnen, wie er ihnen bei der Umstellung helfen würde. Als die Fabrik wieder eröffnet wurde, hatte sie sich selbst führende Technikerteams.

In derartige Prozesse muß man viel Zeit investieren. Bei P & G dauerte der Umstellungsprozeß ein gutes Jahrzehnt, angefüllt mit Rückschlägen und Experimenten, Besinnungsphasen und neuem Durchstarten.

Es dauerte weitere fünf Jahre, bis sich die Wogen geglättet hatten und die Produktivität wie erhofft um die erwarteten 30 Prozent stieg. Dies war die erste der alten Anlagen, die den Umschwung schaffte. Die Mitarbeiter machten stolz bei dem Film mit, den ich Jahre später sah. Die Arbeitnehmer in jenem Betrieb wollten, daß sich sämtliche Mitarbeiter von P & G diesen Film ansähen. Sie wußten, daß sie die »bösen Buben« des Unternehmens gewesen waren, und wollten dieses Image ändern. Das funktionierte. Es entbehrt nicht der Ironie, daß der schlimmste aller P&G-Betriebe zum Rollenvorbild für alle anderen wurde.

Lektionen aus diesen Erfahrungen

P & G verfügte so über eine Kombination an unterschiedlichen Erfahrungen: das Experiment in Augusta, neue Fabriken, die an diesem Modell ausgerichtet waren, und die Umstellung alter Betriebe auf das Technikersystem. Aus der Summe dieser Erfahrungen lernten die Mitarbeiter bei P & G genug, um *das* Lehrstück darüber zu verfassen, wie man eng definierte Kontrolle über Menschen aufgibt, um die Kontrolle über die Ergebnisse zu erhalten. Aus ihren Erfahrungen und denen einiger anderer Unternehmen ergeben sich einige wichtige Lektionen:

- Wie Tribone in seiner Latexfabrik begriffen P & G und einige wenige andere, daß Manager im herkömmlichen Sinne *überflüssig* sind. Die Technik, besser ausgebildete Mitarbeiter und hochentwickelte Systeme für die Erledigung der Arbeit (wie der »Techniker«-Ansatz) lassen den alten Typ des Chefs, der den Mitarbeitern sagt, was zu tun ist, verschwinden.
  Führungskräfte brauchen wir allerdings nach wie vor. Beim

Technikersystem von P & G geht es nicht um weniger Manager, sondern um mehr Führungskräfte. In einem solchen System übernimmt jeder einzelne Management- und Führungsverantwortung. Wie wir im nächsten Kapitel sehen werden, ändert sich wenig an der Zahl der Menschen, die den Titel »Manager« tragen. Ihr Arbeitsplatz allerdings verändert sich, und zwar zum Positiven. Für die Techniker sind sie »Coaches«, Trainer – Menschen also, die Unterstützung bieten und für die Ressourcen sorgen. Die Firmenleitung erwartet von ihnen, der neuen Strategie Leben einzuhauchen.

Obwohl seine Tage nachweislich gezählt sind, hat das Modell »Chef des alten Typs« ein zähes Leben. Tribone wie auch Swanson mußten feststellen, daß ein Geruch davon in der Luft hängenbleibt, wie eine Art »Eau d' Stinktier«. Der Grund liegt klar auf der Hand: Manchmal kommt es einem zwar nicht so vor, aber Chefs sind auch nur Menschen. Sie haben ein Bedürfnis nach Kontrolle wie jeder andere auch, wahrscheinlich sogar ein eher stärker ausgeprägtes. Die meisten Chefs unterscheiden nicht zwischen der Kontrolle über Menschen und der Kontrolle über Ergebnisse.

Dieses Phänomen eröffnet verrückterweise eine großartige strategische Gelegenheit. Die Entwicklung hin zur Selbstführung ist schwierig – und daher auch schwierig nachzuahmen. Auch hier sehen wir wieder die enge Verknüpfung zwischen organisatorischen Gegebenheiten und Strategie.

- Wie P & G bei seinen älteren Werken lernte, ist es um ein Vielfaches einfacher, etwas *von Anfang an* richtig zu machen, als es später korrigieren zu wollen. Ich habe meine Karriere als Berater damit verbracht, diese einfache Wahrheit zu ignorieren, und ich weiß bis heute nichts Rechtes damit anzufangen.

In einem solchen System geht es nicht darum, die Zahl der Manager zu reduzieren, sondern vielmehr, daß jeder einzelne Management- und Führungsverantwortung zu übernehmen bereit ist.

Sind Situationen denkbar, in denen es besser ist, ein Werk ohne den Versuch der Erneuerung zu schließen und einfach ganz von vorne anzufangen? Wie ließe sich so etwas in einer Finanzanalyse verarbeiten? Könnte man das Alte einfach »in die Luft jagen« und etwas Neues aufbauen, dabei aber human verfahren? Für kleine und mittlere Unternehmen bietet es eindeutig Vorteile, mit einer Sache völlig von vorne anzufangen. Ein gutes Beispiel ist die AES Corporation (Kapitel 5), die mit »Low-Tech« Gewinne wie in der Hochtechnologie erzielt. Selbst die AES, die überwiegend neue Werke baut und betreibt, stieß bei der nachträglichen Umrüstung und Erneuerung alter Fabriken auf Schwierigkeiten.
In diesen Zeiten der »kontinuierlichen Verbesserung« täten wir alle vielleicht gar nicht schlecht daran, uns einmal verstärkt Gedanken über eine »diskontinuierliche Verbesserung« zu machen. Zunächst einmal wären die Voraussetzungen für die dynamische Investitionsrechnung zu bedenken, auf deren Basis wir beurteilen, ob sich Investitionsaufwendungen lohnen. Solche Berechnungen stellen selten Vergleiche darüber an, ob es sinnvoller ist, das alte Werk zu reparieren, oder es einfach abzureißen und ein neues hochzuziehen. Die traditionelle Analyse wird immer der Möglichkeit den Vorzug geben, eine alte und vollständig abgeschriebene Anlage zu reparieren, anstatt etwas völlig Neues zu bauen. Ein weiterer Schritt wäre die Wiedereinführung einer beschleunigten Abschreibung von Neuinvestitionen.
Den Luxus eines völligen Neubeginns werden wir allerdings keinesfalls in allen Fällen haben. Was hat man bei P & G über die Veränderung des Alten gelernt? Swanson sagt dazu: »Als erstes lernten wir, daß man für einen Wandel einen klaren, logisch vorgebrachten und emotional zwingenden Grund braucht.« Man

darf den Wandel nicht einfach als etwas präsentieren, das ganz nett wäre. Er muß eine Überlebensfrage sein. Swanson meint dazu, es gäbe auf der ganzen Welt kein einziges Unternehmen, das nicht in spätestens zwei Jahren vor einer Katastrophe stehen würde – es dürfte also niemals allzu schwerfallen, einleuchtend zu belegen, daß ohne einen Wandel die Krise unmittelbar vor der Tür stehe.
Außerdem stellte man etwas fest, das heute – im Gegensatz zu damals – eine weitverbreitete Einsicht ist, daß man nämlich die ganze Organisation ändern muß. »Wir hatten uns ausschließlich auf die Planung und die Struktur der Arbeitsplätze außerhalb des Führungsbereiches konzentriert. Die Arbeitsplätze im Führungskräftebereich haben wir quasi übersehen«, sagt Swanson. Die Vorgesetzten, die jede Änderung scheuten, behielten nach wie vor zu viele Informationen für sich und waren nicht willens, die Macht zu teilen. Sie bremsten das Wachstum des Prozesses, der Mitarbeiter und ihre eigene Weiterentwicklung. Ihre persönliche Ausbildung war ebenso wichtig wie die der Mitarbeiter (hatte allerdings andere Inhalte, das heißt: wie man sich wie ein »Coach« statt wie ein Chef verhält, wann man eingreifen und wann man ein Problem ans Team zurückverweisen sollte). Selbst bei intensiver Weiterbildung waren einige Manager nicht imstande, den Wandel mitzuvollziehen. Allerdings stellte P & G erfreut fest, daß die Quote weitaus niedriger lag, als man befürchtet hatte. P & G gibt an, daß das Unternehmen nur etwa 5 Prozent seiner Manager aufgrund ihrer bloßen Unfähigkeit zum Wandel verlor.

- Anfänglich hielt P & G die Mitarbeiter in den einzelnen Werken des Unternehmens voneinander getrennt – eine Praxis, von der Swanson heute zugibt, daß sie ihm »die Schamröte ins Gesicht

Die Veränderungen müssen die gesamte Organisation erfassen. Auch die Führungsebene muß in das System der selbstverantwortlichen Teams einbezogen werden: Der Chef wird zum »Coach«.

treibt«. Er befürchtete damals, daß die Arbeitnehmer aus den alten Fabriken möglicherweise die Denkweise in den neuen, auf der grünen Wiese entstandenen Werken vergiften und in eine »reine« Umgebung archaische Praktiken einführen könnten. »Für jemanden wie mich, der fast sein ganzes Leben damit verbracht hat, diese Systeme zu verbreiten«, erklärt er, »war dies ein klassischer Fall von mangelndem Vertrauen in die eigene Sache. Als ich endlich aufwachte und die Tore öffnete, geschah das genaue Gegenteil.«

Schließlich begann P & G damit, Mitarbeiter aus den alten Werken gezielt in die neuen Fabriken zu schicken, und zwar nicht nur für einen kleinen Spaziergang durch die Werkshallen, sondern indem sie den neuen Werken für zwei oder drei Wochen zugeteilt wurden. Den Visitanten wurde ein bestimmtes Projekt zugewiesen, aber sie konnten über ihre Zeit frei verfügen, sich Tag und Nacht überall im Werk bewegen und mit allen Menschen jederzeit sprechen. Während sie im neuen System lebten und arbeiteten, begegneten ihnen Menschen, die tatsächlich gern zur Arbeit kamen. Es gab einen weiteren, unerwarteten Pluspunkt: Die Techniker der Werke auf der grünen Wiese – die nie etwas anderes als ihr eigenes System gekannt hatten – wußten es jetzt besser zu würdigen.

- Die letzte Entdeckung, die Swanson machte, war, wie störrisch die alte Werkskultur sich hielt, vor allem das Element des Mißtrauens, das in den althergebrachten Werken gang und gäbe war. »Wir begriffen nicht, daß wir in die neueren Werke das Vertrauen von vornherein mit eingebaut hatten«, meint Swanson. Die Menschen glaubten an das Management. Es gab keine Grenzen zwischen »wir« und »sie«. In den älteren Werken war es dagegen ein qualvoller Prozeß von fünf bis zehn Jahren Dau-

er, die alten Barrieren niederzureißen und eine Basis des Vertrauens zu schaffen.
Einer der wichtigsten Aspekte beim Aufbau einer Vertrauensbasis war es, die Menschen davon zu überzeugen, daß es nicht das Ziel des neuen Systems war, sie aus ihrem Arbeitsplatz »herauszudrängen«. P & G garantiert zwar keinen Arbeitsplatz, verspricht den Mitarbeitern jedoch, daß das Unternehmen dank der neuen Systeme wettbewerbsfähiger ist – und dies ist die einzige wirkliche Sicherheit.

*

»Vor kurzem frühstückte ich mit einer Gruppe von Mitarbeitern in unserem Werk in St. Louis«, erinnert sich Swanson. »Es war eines der ältesten und stursten Werke des Unternehmens gewesen. Und jetzt saßen Mitarbeiter um den Tisch und erzählten Geschichten über ihr neues Leben unter dem neuen System, wobei die Geschichten immer besser wurden. Schließlich kam die Reihe an die Frau, die die Sitzung leitete. Ich erinnerte mich nicht, ihr je zuvor begegnet zu sein.
›Vielleicht erinnern Sie sich, Mr. Swanson, daß Sie mich hier vor ungefähr fünf Jahren gesehen haben‹, sagte sie. ›Ich war damals Köchin in der Werkskantine. Bis dahin war das Kreativste, was ich bei Procter & Gamble tun durfte, ein Omelett zu braten.‹«
Als Swanson ihr dieses Mal begegnete, war sie eine der höchstqualifizierten Ausbilderinnen bei P & G. Ihre neue Aufgabe bestand darin, im ganzen Unternehmen umherzureisen, Seminare durchzuführen und praktischen Unterricht im »Total Quality Management« (TQM – Umfassendes Qualitätsmanagement) zu erteilen!

Wichtig ist der »lange Atem« (u. U. auch über mehr als ein Jahrzehnt): Es gilt, das Vertrauen der Mitarbeiter zu gewinnen, sonst sind alle Bemühungen, das neue System durchzusetzen, vergeblich.

Von der Werksköchin zum weltläufigen Guru der Unternehmensqualität – dies war möglich unter dem Selbstführungssystem von P & G, das den Menschen überall die Kontrolle einräumt, die sie benötigen, um sich wohl fühlen und ihre persönliche Höchstleistung erbringen zu können.

Anmerkungen

1 *Locus of Control: Current Trends in Theory and Research,* 2, 1982, Lawrence Erlbaum Associates, N. J., S. 3 f.
2 Edward Lawler in: »The New Plant Revolution Revisited«, Organizational Dynamics.
3 *Who Needs a Boss?,* Fortune, 7. Mai 1990.
4 Orsburn, Jack D., *Self Directed Work Teams,* Irwin, S. 5–6.
5 Dies alles geschah keineswegs um die Jahrhundertwende, sondern bei P & G zu Anfang der sechziger Jahre. Wem auch dieses Datum noch zu weit in der Vergangenheit liegen sollte, dem kann ich gern mit einer Situation dienen, bei der ich 1982 Zeuge war. Ein hochangesehenes Nahrungsmittelunternehmen hatte eben eine Tochtergesellschaft erworben. Die Arbeitsmoral in dem neuen Betrieb war schlecht; das Unternehmen untersuchte die möglichen Ursachen. Bei Arbeitskämpfen hielt es der Betriebsleiter für eine Lösung des Problems, die Beschwerdeführer vor die Tür zu setzen und sie auf dem Parkplatz verprügeln zu lassen. Noch 1991 fiel mir eines der »Fortune-500«-Unternehmen auf, das bei dem Versuch, einen seiner großen Betriebe zu erneuern und schlanker werden zu lassen, die Forderungen der Arbeitnehmer völlig ignorierte. Bis es schließlich zur Lösung des Problems kam, hatten Gewalttätigkeiten, Schießereien und Bombenanschläge den Beteiligten Verletzungen beschert; an Todesfällen kam man nur knapp vorbei, Sachschaden und verlorene Arbeitszeit summierten sich auf Werte in Millionenhöhe.
6 Douglas McGregor, *The Human Side of Enterprise.*

Kapitel 3

Die Lernorganisation

3

Das Teamsystem bei P & G in Lima/Ohio

»Dies ist möglicherweise die bestgeführte Fabrik, die ich je gesehen habe«, bemerkte ich zu einigen Kollegen, nachdem ich einige Tage in diesem Werk verbracht hatte. Ich meinte damit nicht die – ganz offensichtlichen – Qualitäten der jungen Betriebsleiterin, Cathy Oxner, die ausgezeichnete Arbeit leistet. Ich meinte das System, das vor 25 Jahren eingeführt wurde und es allen 350 Mitarbeitern des Unternehmens ermöglicht, Führungspositionen einzunehmen.

Der aufschlußreichste Beweis dafür, daß alle am Führungsprozeß beteiligt sind, wurde mir erst wirklich deutlich, nachdem ich an etwa vier Sitzungen teilgenommen hatte, bei denen sowohl Arbeiter wie auch Manager des Betriebs anwesend waren. Nach jeder dieser Sitzungen mußte ich fragen, wer denn nun die Manager waren! Normalerweise läßt sich dies nicht übersehen: Die Manager kleiden sich anders und wissen sich oft gewandter auszudrücken. Die Menschen begegnen ihnen mit Respekt. Sie leiten die Sitzungen. Bei diesem Unternehmen konnte ich keinen Unterschied feststellen, und zwar deshalb, weil die Arbeiter hier einen guten Teil der Führungsverantwortung übernehmen.

Das Werk, das mich derartig verblüffte, ist die Anlage von Procter

Ein Unternehmen nahe am Idealzustand ist das Zweigwerk von Procter & Gamble in Lima/Ohio. Arbeiter und Manager sind gleichberechtigte, auch äußerlich kaum unterscheidbare Partner.

& Gamble in Lima/Ohio. Das Unternehmen stellt hier Wasch- und Bleichmittel und Weichspüler her – Produkte, die jeder Amerikaner regelmäßig im Fernsehen und im Supermarkt zu sehen bekommt und neben seiner Waschmaschine stehen hat.
Wenn jemand darauf besteht, rückt Oxner ein mehr oder weniger der Norm entsprechendes Organigramm heraus und zeigt dem Besucher die Struktur. Ihr sind Menschen unterstellt, die für die wichtigsten Produktserien verantwortlich sind: »Heavy Duty Liquids« (HDL), besonders starke, flüssige Waschmittel, zu denen die meisten P&G-Waschmittel zählen, aber auch flüssige Weichspüler, vor allem die verschiedenen Downy-Produkte, und die »Biz«-Bleiche. Außerdem unterstehen ihr eine Reihe von Spezialisten für bestimmte Fachfunktionen (Personal, Finanzen, Logistik) sowie einige Mitarbeiter, die für ein Sonderprojekt mit dem Namen »Organisatorische Effektivität« zuständig sind.
Betrachtet man diesen Aufbau im klassischen Rahmen, gibt es nur drei Ebenen: Werksleitung, Meister und Techniker. Oxner betont jedoch rasch: »Wir zeigen solche Diagramme, weil Nichteingeweihte danach fragen. Diese Diagramme sagen rein gar nichts darüber aus, wie dieses Werk wirklich funktioniert.« Das hätte sie mir nicht einmal zu sagen brauchen – die Tatsache, daß ich nicht in der Lage war, die Sitzungsteilnehmer »einzuordnen«, hatte mir dies schon mehr als ausreichend verdeutlicht.

Teams bei der Arbeit

Wie aber funktioniert das Werk dann? Um dies zu verstehen, beginnen wir am besten da, wo ich selbst begann – mit einer Sitzung des Downy-Produktions-Teams von insgesamt sechzehn Personen, morgens um 7.30 Uhr. Die Nachtschicht ging eben zu Ende.

Die Tagschicht begann. Alle Mitarbeiter beider Schichten waren in einem Sitzungsraum versammelt. Zunächst ergriff ein Techniker aus der Nachtschicht das Wort und berichtete über ein hartnäckiges Problem mit einem Steuerungsventil. Die Tagschicht nahm es zur Kenntnis.

Als nächstes erinnerte Barbae Avery, eine Technikerin in der Tagschicht, alle daran, ihr »BOS«-Wissen auf den neuesten Stand zu bringen. (»Behavioral Observation of Safety«, also etwa: Beobachtung und Einhaltung der Sicherheit.) »BOS« ist Teil eines das gesamte Unternehmen umfassenden Sicherheitsprogramms, das einen der wesentlichen Grundsätze bei P & G untermauern hilft: Nichts bei der Arbeit ist so wichtig, daß man deswegen Verletzungen riskieren müßte. Diese Grundeinstellung, auf die Mitarbeiter wie Avery immer wieder hinweisen, erklärt wohl weitgehend den Rekord des Werks: Es produziert seit vier Jahren, ohne daß es einen einzigen meldepflichtigen Unfall gegeben hätte.

Danach kam man auf anderes zu sprechen: Ein Techniker, der zum Team stoßen würde, wurde vorgestellt. Probleme mit einem Meßgerät für die Wasserbehandlung kamen zur Sprache. Es wurde angekündigt, daß einige Mitarbeiter von Allen Bradley an diesem Tag kommen und ein Verkaufsprogramm vorlegen würden. Schließlich ging die Sitzung zu Ende. Die Nachtschicht ging heim. Die Tagschicht machte sich daran, Downy herzustellen, zu verpakken und zu verschicken.

Solche halbstündigen Sitzungen finden bei jedem Schichtwechsel statt und zeigen besser als jedes Organigramm, wie Lima wirklich funktioniert. Niemandem muß gesagt werden, was er zu tun hat. Die Prioritäten sind klar: Sicherheit, Produktionsziele, Qualitätsziele, die notwendige Verbesserung des Dienstes am Kunden stehen obenan. Wie man nun eine bestimmte Schicht organisiert, um diese Ziele zu verwirklichen, was also konkret mit dem Steuerungs-

Bei jedem Schichtwechsel finden halbstündige Sitzungen der Produktionsteams statt, in denen alle inhaltlichen und organisatorischen Probleme, die aufgetaucht sind, besprochen werden.

ventil zu geschehen hat, oder ob an diesem bestimmten Tag etwas zu tun war, um die Sicherheit zu verbessern, wie Avery vorschlug – diese Aktivitäten und mehr bleiben völlig dem Team überlassen. Kurz gesagt: Die Mitarbeiter des Teams steuern und führen sich selbst.

Jerry Schonhoft ist als Vorstandsmitglied in Cincinnati unter anderem für den Betrieb in Lima zuständig. Er erklärt, daß er, Oxner und andere Manager viel über das »Warum« sprechen. Beispiel: Warum ist es notwendig, ein neues Produkt möglichst rasch auf den Markt zu bringen? Warum muß der Service bei einem so riesigen Kunden wie WalMart verbessert werden? Warum braucht eine größere Vielfalt mehr aktives Tun? Diese »Warum« gibt die Führung unmißverständlich weiter. Wie sie dann umgesetzt werden – und gelegentlich sogar die Frage, ob Schonhoft, Oxner oder gar der Vorstandsvorsitzende Arzt das »Warum« richtig definierten –, bleibt unbestritten den Technikern überlassen.

»Jedesmal, wenn wir uns in das ›Wie‹ einmischen«, so Schonhoft, »handeln wir uns Ärger ein.« Das System in Lima gerät also mit anderen Worten aus den Fugen, sobald sich Manager als Bosse aufspielen. Der ehemalige Werksleiter in Lima, Bob Tharp, berichtet ähnliches, wenn er mit seinen sogenannten »Tut-weh!«-Geschichten kommt. Diesen Geschichten liegt ein gemeinsames Thema zugrunde. Wenn es hart auf hart zugeht, also beispielsweise eine Produktionsrate beschleunigt werden soll, reagiert das ehrgeizige Management tyrannisch und tritt das Lima-System mit Füßen – was sich jedesmal unweigerlich rächt. Das wenigste ist noch, daß in solchen Fällen nicht einmal die Produktionsziele erreicht werden. Schlimmer ist, daß eine Saat des Mißtrauens gestreut wird, die die außergewöhnliche Produktivität in Lima und die Grundsätze, auf denen sie ruht, aufzehrt. Deshalb nennt Tharp solche Vorkommnisse seine »Tut-weh!«-Geschichten.

Das Lima-Konzept

Manager und Techniker bedienen sich häufig des Begriffes *Lima-Konzept,* wenn sie um eine Erklärung gebeten werden, wie und warum ihre Fabrik denn nun eigentlich funktioniert. Was sie damit meinen, ist ein Bündel gemeinsamer Wertvorstellungen, die bei der Eröffnung des Werks vor 25 Jahren eingeführt wurden und seither in regelmäßigen Abständen aufpoliert und neu definiert wurden. Mehrere Techniker bemühten sich geduldig, mir das Lima-Konzept zu erklären. Auf den einfachsten Nenner gebracht, steht es für: *Erzielt Ergebnisse. Tut, was richtig ist. Arbeitet zusammen.*

In der Praxis wird man diese knappste Definition gemeinsamer Wertvorstellungen aber doch ausfeilen und ergänzen müssen, wenn sie allen 350 Mitarbeitern gerecht werden soll, die heute in jenem Werk beschäftigt sind. Schließlich befinden sich die Dinge im Fluß. Das Werk wächst, die Kunden werden anspruchsvoller, neue Generationen von Arbeitskräften übernehmen die Arbeitsplätze im Werk, und Prioritäten wie etwa die bessere Führung einer diversifizierten Belegschaft rücken in den Vordergrund.

All diese Entwicklungen zwangen die Mitarbeiter in Lima dazu, sich immer wieder mit der ursprünglichen Definition ihrer Wertvorstellungen auseinanderzusetzen und sie aufzufrischen. Das letzte Mal geschah dies 1991, als ein aus Managern und Technikern bestehendes Team (was sonst?) eine Unterlage mit folgendem Titel ausarbeitete: »Organisatorische Prämissen in Lima«. Es folgen die zehn in dieser Unterlage enthaltenen Voraussetzungen, die der »Lima-Kultur« zugrunde liegen:

① *Wir glauben an ein Umfeld, in dem es den Menschen erlaubt ist und von ihnen erwartet wird, ihren Beitrag als Unternehmens-*

Bei Procter & Gamble spricht man inzwischen vom sogenannten »Lima-Konzept«. Auf den einfachsten Nenner gebracht steht es für: Erzielt Ergebnisse. Tut, was richtig ist. Arbeitet zusammen.

eigner zu maximieren und selbstverständlich zum Erfolg des Unternehmens beizutragen. (Alle Mitarbeiter besitzen P&G-Aktien; »Unternehmenseigner« in diesem Zusammenhang soll jedoch heißen: »Verhalten Sie sich, als ob dieses Unternehmen Ihnen gehört.« Alle Mitarbeiter sind sich darüber im klaren, daß eines ihrer wichtigsten Bedürfnisse, nämlich die Auszahlung ihres Gehaltes, vom Erfolg des Unternehmens abhängig ist.)

② *Eine Kultur ohne Barrieren, die es jedem einzelnen ermöglicht, einen sinnvollen Beitrag zu leisten, wird wirtschaftlich am erfolgreichsten sein.* (Dies ist die unauflösbare Verknüpfung der Bedürfnisse der Mitarbeiter mit denen des Unternehmens, die auch in vielen der folgenden Aussagen zu beobachten ist.)

③ *Wir glauben, daß die Fähigkeit der Organisation, sich rasch zu verändern, an unsere individuelle Fähigkeit und an unsere Bereitschaft zum Wandel geknüpft ist.* (Die Mitarbeiter bei Lima sind sich der Anforderungen eines wettbewerbsintensiven, schnellebigen globalen Markts bewußt.)

④ *Die langfristigen Bedürfnisse und der langfristige Erfolg des Unternehmens und seiner Mitarbeiter sind untrennbar miteinander verbunden. Das Unternehmen braucht langfristige Gewinne. Die Mitarbeiter brauchen physische und psychische Sicherheit, Wachstum, Anerkennung und Einkommen.* (Hier werden gleichermaßen die Bedürfnisse des Unternehmens wie auch die der in ihm arbeitenden Menschen betont; ein Grundtenor, der – wie wir noch bei einigen anderen Unternehmen sehen werden – die besten visionären Ansätze bietet.)

⑤ *Für den Erfolg des Unternehmens und seiner Mitarbeiter ist es unerläßlich, daß alle ihren Gedanken und Ideen offen und konstruktiv Ausdruck verleihen können und gleichzeitig ein offenes Ohr für abweichende Meinungen haben.*

⑥ *Ein hohes Selbstwertgefühl und eine hohe Wertschätzung für andere ist für den Erfolg des Unternehmens ausschlaggebend.*

⑦ *Menschen, die dafür ausgebildet, motiviert und belohnt werden, das Unternehmensziel zu erreichen, werden die Unternehmensergebnisse maximieren.*

⑧ *Achten Sie auf die Werkssicherheit, und seien Sie ein guter »Bürger des Unternehmens« – damit erreichen Sie die besten wirtschaftlichen Erfolge.*

⑨ *Organisatorische Effektivität erzielen wir am ehesten, wenn wir uns die Vielfalt und Kreativität unserer Belegschaft zunutze machen, um bessere Lösungen zu erzielen.*

⑩ *Um den Erfolg des Unternehmens und seiner Mitarbeiter zu gewährleisten, gibt es in einem gesunden Unternehmen auf allgemein bekannten Grundsätzen beruhende Grenzen, die, falls sie als unpassend empfunden werden, mittels bestimmter Verfahrensnormen geändert werden können.* (Diese einigermaßen rätselhafte Aussage besagt lediglich, daß die Lima-Mitarbeiter – so autonom sie in mancher Hinsicht sein mögen – nicht völlig nach eigenem Gutdünken verfahren können. Es gibt einen gewissen vernünftigen Rahmen – Betriebssicherheit, Erscheinen am Arbeitsplatz, Unterstützung anderer Teammitglieder, das Erreichen von Zielen –, innerhalb dessen der Mitarbeiter seinen eigenen Arbeitsstil entwickeln kann. Verliert eine einmal festgelegte Rahmenbedingung ihren Sinn, gibt es ein System, sie mit Erfolg in Frage zu stellen.)

Bei der Überarbeitung des Lima-Konzepts bewies das Lima-Team ein bemerkenswertes Verständnis all dessen, was eine erfolgreiche Unternehmenskultur ausmacht. Die Mitglieder des Lima-Teams begreifen Konzepte, die einige der brillantesten Denker im Unternehmensbereich niemals erfaßten.

Wichtige organisatorische Prämissen für dieses System sind: Alle Mitarbeiter sollen sich so verhalten, als ob P & G ihnen gehört; Bereitschaft zum Wandel setzt ein hohes Selbstwertgefühl voraus.

Zunächst einmal demonstrierten sie, für wie wesentlich sie einmal schriftlich festgelegte Grundsätze halten. (Manche Organisationen bringen es noch nicht einmal bis zu diesem Punkt.) Zweitens sprechen sie – wie es Forscher im Bereich erfolgreicher Unternehmenskultur wie Kotter und Heskett empfehlen – mit diesen Grundsätzen die Bedürfnisse aller Beteiligten an. Drittens – und hier hinken andere Unternehmen hinterher – zeigen sie die Bereitschaft, diese Aussagen immer wieder zu hinterfragen und zu überprüfen.
Auch andere, allen voran Thomas Watson Jr. von IBM, vertraten die Auffassung, daß sich in einem Unternehmen alles ändern könne – mit Ausnahme der grundlegenden Überzeugungen. Angesichts sich ständig wandelnder Bedingungen scheint jedoch ein Mangel an Bereitschaft, »Glaubenssysteme« in Frage zu stellen, Schwierigkeiten für Unternehmen, politische Parteien, Länder und sogar für organisierte Religionen mit sich zu bringen.

Qualifikation und Entlohnung

Bisher haben wir uns bei unserem Versuch, das Lima-Konzept zu verstehen, ein System – die überlappenden Schichten – und eine Erklärung über die gemeinsamen Grundwerte angesehen. Betrachten wir nun einige weitere Systeme, die dafür sorgen, daß das Unternehmen die Nase vorn hat. Dabei kommt unausweichlich und ganz zu Anfang jeden Gesprächs zur Sprache, wie die Techniker entlohnt werden. Man spricht hier von einem »Entlohnungssystem auf Basis von Fertigkeiten«. Diesem System liegt der Gedanke zugrunde, daß die Menschen für das entlohnt werden, was sie wissen und was sie leisten können. Keine Rolle spielt hingegen die Dauer der Beschäftigung des Mitarbeiters bei dem

Unternehmen oder seine Position in einer willkürlichen Karrierepyramide. Noch nicht einmal an die Produktivität oder an außergewöhnliche Leistungen geknüpfte Gratifikationen gibt es in diesem Entgeltsystem.

Die Gehaltsstruktur umfaßt fünf Ebenen (und natürlich einen gewissen Spielraum innerhalb dieser Ebenen). Theoretisch kann jeder Mitarbeiter des Werks die Spitzenebene erreichen. In der Praxis sind 165 Techniker in der Spitzengruppe, das sind 60 Prozent der Belegschaft. Jede Ebene wird als ein »Q-Block« (für »Qualifikationsblock«) bezeichnet. Um in die nächste Ebene aufsteigen zu können, muß der Mitarbeiter sich qualifizieren. Gil Francis, ein junger Techniker, der in der Downy-Verarbeitung praktisch groß geworden ist, demonstrierte mir die ganze Prozedur Schritt für Schritt.

Die Eingangsstufe in das Downy-Verfahren nennt sich Bedienungsperson »B«. Dieser Mitarbeiter arbeitet zunächst als Mitglied des Arbeitsteams in der Steuerwarte und lernt das Herstellungsverfahren von Downy von der Pike auf. Nach etwa einem Jahr ist die Bedienungsperson »B« so weit, sich als Bedienungsperson »A« zu qualifizieren, das heißt, den nächsten Q-Block zu erreichen. Um diesen Sprung zu schaffen, müssen die Techniker ihren Teamkollegen beweisen, daß sie über gründliches Wissen und die notwendigen Fertigkeiten verfügen, um Downy herzustellen. So müssen sie zum Beispiel ein Diagramm über jedes Element des Herstellungsprozesses von Downy anfertigen und darüber berichten. Sie müssen einen Datenflußplan für eine Charge Downy erstellen, der die für jeden Schritt erforderlichen Rohstoffe, Temperaturen und Zykluszeiten enthält. Außerdem müssen sie die Qualitätsparameter für das fertige Produkt und die Variablen angeben, die das Betriebspersonal steuern kann, um ein bestimmtes Qualitätsniveau zu gewährleisten. Das System für die Wasser-

In einem Unternehmen muß sich alles ändern können – mit Ausnahme der grundlegenden Überzeugungen. Selbst heikle Themen wie die Gehaltsstruktur dürfen keine Tabuthemen sein.

behandlung und das Brandschutzsystem müssen beschrieben werden... Die Liste ist endlos.
Wie alles in diesem System wird auch die Entscheidung über den Aufstieg in die nächste Ebene vom Team getroffen. Bei den Downy-Mitarbeitern gehört zu der am Qualifikationsprozeß beteiligten Gruppe zunächst natürlich der Mitarbeiter, der bewertet werden soll, außerdem der Mitarbeiter, der am engsten mit dem Kandidaten (oder der Kandidatin) zusammenarbeitet, ein bereits qualifizierter Mitarbeiter, der Manager dieser Verarbeitungsabteilung und weitere bereits qualifizierte Mitarbeiter, die der Kandidat selbst auswählt. Auch Personen in der Ausbildung dürfen an solchen Qualifikationssitzungen teilnehmen, um Erfahrungen mit diesem Verfahren zu sammeln. Allerdings dürfen sie nicht an den Gesprächen teilnehmen und nur dann dabeisein, wenn es der Kandidat gestattet.
Nach ungefähr einem weiteren Jahr kann die Bedienungsperson »A« so weit sein, daß sie sich für die nächste Stufe, den »Allgemeinen Techniker«, qualifiziert. Auch hier muß er oder sie unter Beweis stellen, daß er oder sie über fundiertes Wissen und Kompetenz bei der Herstellung von Downy verfügt, diesmal allerdings auf einer sehr viel höheren Ebene. Als ich Lima besuchte, hatte Gil Francis soeben den Sprung zum »Allgemeinen Techniker« geschafft. Er erzählte mir, daß man für die nächste Ebene über Fertigkeiten und Wissen verfügen müsse, die über die alltägliche Herstellung von möglichst vollkommenen Downy-Chargen hinausgehen. Er selbst arbeitete nun in der Kesselführung. Das ist der Teil des Lima-Werks, der den Betriebsdampf für alle dort hergestellten Produkte liefert, den Dampf wiederaufbereitet, die Kessel wartet, dafür sorgt, daß das in die Kessel einfließende Wasser pH-neutral und frei von Schmutzpartikeln ist und daß alles in die Kanalisation eingeleitete Wasser umweltverträgliche Werte einhält.

Off line, on line und wie man sich eine Sache zu eigen macht

Der Schritt in die höchste Qualifikations- und damit die höchste Einkommensstufe bedeutet in den meisten Fällen, daß der Techniker *on line* wie auch *off line* zu arbeiten versteht. Im Klartext bedeutet »on line« alle Arbeit, die unmittelbar mit der Herstellung, Verpackung und dem Versand von Produkten zu tun hat. »Off line« umfaßt alle andere Tätigkeiten. Ron Sails zum Beispiel verließ für zwei Jahre seinen Arbeitsplatz bei einem speziellen Herstellungsverfahren und leitete in dieser Zeit ein kleines Team von ganztägig mit einem Projekt beschäftigten »Off-line«-Technikern. Das Team hatte die Aufgabe, Möglichkeiten für ein vielseitiges Ausbildungsprogramm zu entwickeln und dann im ganzen Unternehmen durchzuführen. Als er diese Aufgabe abschloß, hatte jeder einzelne Mitarbeiter in Lima sein neues, außerhalb der Firma abgehaltenes, viertägiges Programm absolviert und gelernt, wie man sich die Vielfältigkeit am Arbeitsplatz zunutze macht, statt sie als Problem zu sehen.

Brian Smith, ein anderer Techniker, hatte eben seine »On-line«-Stellung in der HDL-Verpackung aufgegeben, um eine »Off-line«-Stellung als Ausbildungskoordinator zu übernehmen. Wie einige andere glaubte auch er, daß trotz eines Systems, das Fertigkeiten belohnt, diejenigen der Mitarbeiter in Lima in Bereichen wie Computer- und Druckluftsteuerung und Laser-Scanning nicht auf dem aktuellsten Stand waren. Bisher hatte man sich in Lima bei der Aufgabe, die technischen Kenntnisse der Mitarbeiter auf dem neuesten Stand zu halten, mehr oder weniger auf die inhärenten mechanischen Fertigkeiten der Arbeitskräfte im eigenen Haus sowie auf die Weiterbildung am Arbeitsplatz verlassen. Dieser relativ lockere Ansatz reicht heutzutage aber nicht mehr aus, und

Das Einkommen muß an die Qualifikation für die ausgeübte Tätigkeit gekoppelt sein. Wesentliches Qualifikationsmerkmal wiederum ist die Bereitschaft des einzelnen zu ständiger Weiterbildung.

in Brian Smith verfügt Lima über einen enthusiastischen, hochmotivierten Mitarbeiter, der sich der Sache der Fortbildung engagiert widmet.

Der Techniker Tim Bible, ein »alter Hause« im Werk in Lima, sagt, er könne den Erfolg dort mit einem Wort umschreiben: *ownership* – sich die Sache zu eigen machen. Seiner Meinung nach wird ein Programm fast zwangsläufig effektiv sein, wenn jemand wie Eric sich der Vielfältigkeit oder jemand wie Brian sich der Fortbildung annimmt, weil diese Programme von Menschen entwickelt wurden, die auf reichhaltige Erfahrung in der Linie (»on line«) zurückgreifen können. Es ist eher unwahrscheinlich, daß das Betriebspersonal in Lima oder sonstwo sich ein Programm, das ihnen vom Management aufs Auge gedrückt, von firmenfremden Stäben entwickelt oder von einem Berater von außen vorgeschlagen wurde, so intensiv zu ihrer ureigensten Sache machen würde.

Dieses Ausmaß des »Zu-eigen-Machens« ist aber immer dann sehr hoch, wenn »Off-line«-Programme von »On-line«-Mitarbeitern entwickelt werden. Erstens einmal kennen die Programmentwickler die Bedürfnisse des Betriebspersonals in Lima in- und auswendig, da sie ja selbst vor kurzem noch in diesem Bereich arbeiteten. Zweitens wirken sie glaubhafter – schließlich ist es hier »einer von uns«, der das Programm entwickelt. Und letztendlich gilt: Das Programm muß einfach gut sein, denn die »Off-line«-Entwickler finden sich früher oder später in der Linie wieder und müssen mit dem leben, was sie da eingeführt haben.

Dieses Konzept, sich »eine Sache zu eigen zu machen«, verkörpert niemand besser als Bible selbst. Am 15. November wurde ihm die Leitung eines Teams übertragen, das einen »Downy-Umbau« durchführen sollte. Ziel dieses Projekts war es, einen Großteil der Downy-Produkte in konzentrierter Form herzustellen. Zum einen wollte man so an der Verpackung sparen, zum anderen gestiegenen Umweltanforderungen gerecht werden (von der Einfach- zur Dreifachkonzentration). Dieses Konzept mag einfach klingen, aber zu seiner Realisierung mußte man das gesamte »Innenleben« des Downy-Herstellungsverfahrens herausreißen und durch neue Herstellungsprozesse ersetzen. Das Gesamtbudget für das Projekt betrug knapp 5 Millionen Dollar.

Als er mir diesen Betrag nannte, schluckte ich zum ersten, aber nicht zum letzten Mal. Wie oft begegnen Sie einem Mitarbeiter aus der Linie, der nicht zum Management gehört, aber ein Projekt leitet, und dann gar ein Projekt von dieser Größenordnung, das für den Unternehmenserfolg von solch weitreichender Bedeutung ist? Sollte Bible auf die Nase fallen, lägen die Kosten, die bei dem Unternehmen an entgangenem Umsatz, verlorenen Kunden und verlorenen Marktanteilen anfallen würden, allerdings noch wesentlich höher als 5 Millionen Dollar.

Schon bei den Schritten, die zu Bibles Ernennung führten, können wir etwas beobachten, das für das Lima-System typisch ist. Die Mitarbeiter sprechen alle von einer Idee, die sie »den Schwarzen Peter zurückgeben« nennen. Techniker, die nicht mit Entscheidungen des Managements einverstanden sind, sollen sich wehren, mit anderen Worten: die Autorität in Frage stellen, selbst wenn es sich um den Vorstandsvorsitzenden Arzt handelt. »In der Realität«, sagt Jane Ballard, die 1968 bei der Eröffnung des Werks die erste Mitarbeiterin war, »geben wir allerdings den Schwarzen Peter viel eher an Cathy (Oxner) oder an Jerry (Schonhoft) zurück als an Mr. Arzt.«

Im Falle Downy waren sich die Techniker nicht sicher, ob das Konzentrat eine gute Idee war. P & G hatte etwas Ähnliches vor zehn Jahren schon einmal versucht. Das Produkt hatte sich auf dem Markt nicht durchsetzen können, und Mitarbeiter wie Bible erinnern sich noch deutlich daran, wie sie auf einem Haufen unnützer

Mitarbeiter, die mit den Entscheidungen des Managements nicht einverstanden sind, sollen sich wehren. Procter & Gamble liefert dazu eine ganze Reihe von Beispielen auf jeder Ebene der Hierarchie.

Maschinen sitzenblieben, welche Verluste sie damals hatten und daß Entlassungen drohten.
»Wir mußten all unsere Marktdaten und alle Argumente vorlegen«, sagt Schonhoft. Selbst dann weigerten sich die Techniker so lange, die Konversion vorzunehmen, bis die Betriebsführung zustimmte, ein Band für das Einfachkonzentrat offenzulassen, auf das man zurückgreifen könnte, falls das dreifach konzentrierte Produkt sich nicht verkaufte. (Das erwies sich als gute Idee. Das Dreifachkonzentrat wurde zwar ein durchschlagender Erfolg, aber ein beträchtliches Marktsegment kauft nach wie vor ausschließlich das ursprüngliche einfach konzentrierte Produkt.)
Als sie erst einmal vom Erfolg des Dreifachkonzentrats überzeugt waren, gingen Tim und seine Leute an die Arbeit. Sein erstes Problem bestand darin, Platz für sein Team zu finden. In der Fabrik fand er nichts. Daher mietete er kurzerhand einen Wohnwagen und stattete ihn aus. Dieser Wohnwagen wurde zur Projektzentrale für den Umbau. Etwa zur gleichen Zeit führten er und sein Team in Zusammenarbeit mit P&G-Ingenieuren aus Cincinnati Gespräche mit einigen Baufirmen und wählten die Bauunternehmung aus, die ihnen für das Projekt als geeignet schien. (Auch hier wieder ein krasser Gegensatz zur Konvention. In fast allen Unternehmen wäre es Sache der Ingenieure und Manager in der Unternehmenszentrale gewesen, den Bauunternehmer unter Vertrag zu nehmen – keinesfalls aber Sache der Techniker.)
Zu diesem Zeitpunkt erkannte das Team, daß sie in zwei Bereichen Hilfe von außerhalb brauchen würden, um den Umbau möglichst rasch über die Bühne zu bringen: bei der computergestützten Konstruktion und der Dokumentation der technischen Einzelheiten. Ersteres beschleunigte das Konstruktionsverfahren, letzteres diente dazu, schon während ihres Entstehens Schulungsmodelle für die neue Fertigungsstraße zu erarbeiten. Das Team stellte

für diese beiden Aufgaben je einen Mitarbeiter ein. Anfang Dezember, nur wenige Wochen nach Projektbeginn, hatten sich Bible und das ganze Team (einschließlich der Mitarbeiter von außen) in ihrem Wohnwagenhauptquartier vergraben, entwarfen die neue Fertigungsstraße und planten die Umstellung.

Die Konstruktionsphase dauerte keine drei Monate: von Anfang Dezember bis Mitte Februar. Während dieser Zeit arbeiteten die Mitglieder des Teams nicht nur mit Papier und Computer, sondern bauten auch Modelle der Schlüsselelemente der neuen Fertigungsstraße. Beispielsweise baute man gleich zu Beginn Rohrleitungen aus Teflon ein. Die Mitarbeiter in Lima hatten keine Erfahrung mit diesem relativ neuen Produkt. Es war daher wichtig, es früh einzubauen und so rasch wie möglich testen zu lassen. Neue Wärmeaustauscher waren bestellt, aber für das Team nicht rechtzeitig verfügbar. Also improvisierte man, baute »Wärmeaustauscher« aus Sperrholz und konnte so weiterbauen und sicherstellen, daß später die echten Wärmeaustauscher in die Rohrleitungen passen würden.

Mit großem Stolz verwiesen Bible und Oxner auf folgende Tatsache: Vom Baubeginn bis zu dem Tag, als das qualitativ einwandfreie Downy-Konzentrat an die Supermärkte ausgeliefert wurde, vergingen gerade elf Wochen.

Elf *Wochen*! Ich hatte auf meinem Block bereits »elf Monate« geschrieben. Ich schluckte ein zweites Mal und strich »Monate« durch. Dies war nicht nur ein schlagender Beweis für die Effektivität von Teams, die von Technikern geleitet werden, sondern es zeigte noch etwas anderes. Solche Mitarbeiter scheinen das, was die Wirtschaftspresse, die Theoretiker, Berater und leitenden Manager *time to market* (Zeit von der Entwicklung bis zur Marktreife) nennen, völlig verinnerlicht zu haben: Beschleunigung des Konstruktionskreislaufs, Kappen der Zeit zwischen dem Erken-

Wenn alle Ebenen Kritik und Anregungen einbringen, bedeutet das nicht unbedingt eine Verschleppung der Innovations- und Produktionsprozesse. Im Gegenteil: Viele Verfahren können verkürzt werden.

nen einer Marktlücke und der Vermarktung des entsprechenden neuen Produkts, entschlossener Einsatz dieses entscheidenden Wettbewerbsvorteils.
Während die meisten Firmen immer noch »time to market« diskutieren, hat man in Lima mit der neuen Version des »Lima-Konzepts« – in der die Rede vom »rapiden Wandel« ist – diese Strategie längst verwirklicht. Als »Unternehmenseigner« und Menschen, für die »die Bedürfnisse und der Erfolg des Unternehmens und seiner Mitarbeiter untrennbar miteinander verknüpft sind«, integrierten das Managementsystem in Lima und seine Mitarbeiter die schnelle Reaktion unmittelbar in das Verhalten der Techniker.
Natürlich ist Bible mehr als nur ein – wenn auch ausgezeichneter – Durchschnittstechniker des Unternehmens. Er ist seit vielen Jahren dabei und hat während dieser Zeit eine Reihe von Linienpositionen ausgeübt, sich mehrfach für die höchste Ebene qualifiziert und andere Projekte geleitet. Und ihm zur Seite stehen viele andere mit Projekterfahrung, von denen einige wie Brian Smith erst seit neuerem solche Aufgaben übernehmen, andere aber alte Hasen bei der Erstellung und beim Umbau von Fertigungsstraßen sind.
Das Beispiel des Downy-Konzentrats zeigt uns zumindest ansatzweise, welche Bedeutung es hat, sich, wie Bible meint, »eine Sache zu eigen zu machen«. Hätten die Manager ohne die Möglichkeit der Rückgabe des Schwarzen Peters einfach befohlen: »Machen Sie das!«, wäre das Projekt für die Techniker kein »Lima-Projekt«, sondern statt dessen ein »Cincinnati-Projekt« geworden. Der Wille, es erfolgreich zu Ende zu bringen, wäre geringer gewesen. Hätte Oxner – vielleicht mit Hilfe firmenfremder Bauunternehmen – das Projekt in die Hand genommen, hätte es wahrscheinlich – wie bei solchen Projekten gemeinhin üblich – zu Anfang zahllose Pannen gegeben, und die Techniker hätten händeringend nach Entschuldigungen dafür gesucht, daß nichts funk-

tionierte. Wenn Bible und seine Mannen bloße »Off-line«-Mitarbeiter ohne ihre gemeinsamen Erfahrungen in der Linie gewesen wären, wären solche Dinge wie die frühzeitige Entwicklung des Ausbildungshandbuches übersehen oder zu spät in Angriff genommen worden.

In Lima bedeutet dieses »sich eine Unternehmenssache zu zeigen machen« aber noch etwas anderes. Niemand kann dort als reiner »Off-line«-Mitarbeiter, also ausschließlich in Stabsfunktionen, Karriere machen. Irgendwann rotieren selbst so erfahrene Projektleiter wie Bible wieder zurück in die Linie. Jeder, mit dem ich in Lima sprach, hielt diesen Teil des Systems für ein unverzichtbares Kernstück. Man geht dort davon aus, daß »off liner« ihre Verwurzelung in der Arbeit in der Linie zunehmend vergessen, sich mehr wie Mitglieder des Stabes zu verhalten beginnen (so scheint es den anderen), immer stärker von der Produktionsseite abheben und Wir-/Sie-Konflikte verursachen, die dem Konzept der »Eigenschaft« jeglichen Sinn rauben.

Oxner und andere warnen uns davor, ein Gleichgewicht »On-« und »Off-line«-Arbeit für eine einfach zu lösende Aufgabe des Managements zu halten. Es gibt zwei problematische Aspekte dabei. In Lima wird von allen Technikern in der Linie erwartet, daß ihre Schichten rotieren: mehrere Wochen Tagschicht, mehrere Wochen Nachtschicht usw. Oft wird für die Projektarbeit eine Ausnahme von dieser Regel der Schichtrotation gemacht, und das könnte zu einem angenehmeren Leben und einem gewissen Widerwillen führen, in die Linie zurückzukehren. Ernster ist das zweite Problem: Viele der Techniker arbeiten mit großer Freude an besonderen »Off-line«-Aufgaben. Solche Aufträge sind nicht jedermanns Sache, aber viele Mitarbeiter finden sie äußerst anregend. Die Rückkehr zur Arbeit in der Linie erscheint manchem im Vergleich dazu etwas langweilig.

Das offene System bei P & G bedingt natürlich auch, daß man bereit ist, seinen Arbeitsplatz häufig zu wechseln, z. B. einige Monate in der Produktion und dann wieder im Management zu arbeiten.

Für die meisten Techniker, mit denen ich sprach, stellte dies allerdings kein Problem dar. Der Grund dafür ist hauptsächlich darin zu suchen, daß es für die meisten so etwas wie reine Arbeit in der Linie gar nicht gibt. In den herkömmlichen Unternehmen in der ganzen Welt kommt ein technischer Mitarbeiter tagein, tagaus zur Arbeit, nimmt seine Position in der Linie ein und tut tagein, tagaus so ziemlich das gleiche. In Lima hingegen – und das ist der große Unterschied im Vergleich zu den herkömmlichen Unternehmen – sind die meisten Techniker an einer Anzahl von Sonderprojekten beteiligt, für die sie quasi für eine gewisse Zeit eine »Off-line«-Teilzeitbeschäftigung übernehmen.

Gleichzeitig: »on line« und »off line«

Ein Beispiel: Ein Techniker ist Mitglied eines Ausschusses, der Mitarbeiter einstellt. Dieser Ausschuß hat achtzehn Mitglieder, die all die unterschiedlichen Gruppen im Werk in Lima und deren Interessen bei der Einstellung neuer Mitarbeiter vertreten. Es gibt verschiedene Möglichkeiten, Mitglied dieses Ausschusses zu werden. Einige melden sich freiwillig für diese Aufgabe. Andere werden von ihren Kollegen in den diversen Abteilungen gewählt. Wenn das Werk neue Mitarbeiter einstellt (als ich es besuchte, war dies nicht der Fall), wird ein Einstellungsausschuß eingerichtet und hält Sitzungen ab. Einige der Mitglieder waren vielleicht schon früher einmal dabei, andere sind neu.
Der erste Schritt ist ein zweitägiges Ausbildungsprogramm für alle Ausschußmitglieder über die Einstellungspraxis: Wie führt man ein Einstellungsgespräch? Wann stellt man Fragen? Wie lernt man besseres Zuhören? Welche Praxis ist bei Einstellungs- und Auswahlverfahren legal, welche illegal? Danach geht man auseinander und beginnt, Bewerbungsschreiben durchzusehen.

»Beim letzten Mal«, erinnert sich eine Sekretärin aus der Finanz- und Buchhaltungsabteilung, »hatten wir zu Beginn über 3000 Bewerbungen.« Der Ausschuß wählte nach Kriterien, auf die man sich vorher geeinigt hatte, 200 potentielle neue Mitarbeiter aus, die in die engere Wahl kamen und zu einem Gespräch geladen wurden. Die Gespräche wurden von neun – aus je zwei Ausschußmitgliedern bestehenden – Gruppen geführt. Wenn der Kandidat die erste Runde mit den zwei Gesprächspartnern überstand, reichte man ihn oder sie für eine weitere Gesprächsrunde an ein anderes Zweierteam weiter.

Währenddessen trafen sich alle achtzehn Mitglieder des Ausschusses gelegentlich, um die Eignung der Kandidaten zu besprechen und die endgültige Entscheidung zu treffen. An diesem Punkt legte man fest, welcher der Bewerber für die Stelle qualifiziert war. Er oder sie unterzog sich dann einer routinemäßigen Gesundheitsuntersuchung und bekam formell eine Arbeitsstelle angeboten – was aber noch keineswegs das Ende des Prozesses bedeutete. Sollte die zukünftige Mitarbeiterin beispielsweise in der Downy-Verpackung arbeiten, wurde sie dem gesamten Verpackungsteam vorgestellt. Das Team entschied dann, ob sie wohl erfolgreich mit ihm würde zusammenarbeiten können.

Das Einstellen neuer Mitarbeiter ist nur ein Beispiel für die Stabsaktivitäten, an denen Linienmitarbeiter beteiligt werden. Als ich dort war, setzte ich mich eine halbe Stunde in eine Sondersitzung hinein, die Teil einer Reihe von Sitzungen von Downy-Versandtechnikern war. Sie schlugen sich mit Problemen bei der Einführung eines neuen Produkts herum. Es ging darum, wie es sich auf ihren Betriebsbereich auswirken würde und wieviel Verpackungsvolumen sie für realistisch machbar hielten.

Später beobachtete ich eine andere Gruppe Techniker, die sich mit logistischen Problemen des gesamten Werks befaßten. Da P & G

Typisch für P & G sind die Einstellungsverfahren, bei denen alle Mitarbeiter die Chance haben, über die Qualifikation ihres zukünftigen Kollegen nach festgelegten Kriterien mitzubestimmen.

mit Kunden gigantischer Größe wie WalMart und Safeway zusammenarbeitet, hat das Unternehmen reichlich Gelegenheit, Erfahrungen für Verbesserungen im Servicebereich zu sammeln. Es entwickelte bessere Verpackungsvarianten, präzisere Rechnungsstellung, raschere Lieferungen, weniger Kurzstreckenversand und so fort. Es handelt sich dabei sicher nicht um neue Entdeckungen im Range der Raketenwissenschaft, sondern schlicht und einfach darum, daß P & G in der Logistik mehr Möglichkeiten hat als in allen anderen Bereichen, die Verbindung zum Kunden zu verbessern. Das Logistikteam in Lima arbeitete nun daran, diese Chance in die Wirklichkeit umzusetzen, zumindest was den Versand vom Werk Lima aus betraf.

Das mit Statistiken, Trenddaten, Balken- und Stabdiagrammen bewaffnete Team prüfte sorgfältig – und in ständiger Kommunikation mit dem Rest der Firma – seine Fortschritte während der letzten acht Monate. Jeder einzelne Aspekt der Logistik wurde einer Prüfung unterzogen: Kundenreklamationen, beschädigte Sendungen, Fehler bei der Rechnungsschreibung, versäumte Lieferdaten, nicht vollständig ausgefüllte Aufträge ... Insgesamt wurden an die fünfzig Zahlenbeispiele und Schaubilder präsentiert. Der bleibende Gesamteindruck: Sowohl im Vergleich mit der eigenen Vorgeschichte als auch mit anderen Unternehmen in dem, was P & G den »Bereich Seife« nennt, waren bemerkenswerte Fortschritte erzielt worden.

Problembereiche wurden pflichtbewußt zur Kenntnis genommen und besprochen. Alle verfügten über uneingeschränkten Zugang zu sämtlichen Informationen. Wie immer mußte ich nachfragen, ob ein Manager oder ein Techniker die Sitzung leitete. Inzwischen hatte ich mich so daran gewöhnt, Techniker als Sitzungsleiter zu erleben, daß ich mir nie sicher war.

Zusammenfassend läßt sich sagen, daß es in Lima nicht nur zahlreiche selbstgeführte Teams gibt, die Produktionsarbeit leisten, sondern auch selbstgesteuerte Teams, die neue Probleme, Chancen und Veränderungen angehen, sobald sie auf der Bildfläche erscheinen. Dieser Aspekt des Lima-Systems macht die extrem raschen Reaktionen des Unternehmens auf neue Entwicklungen in unserer rasant schnellebigen Zeit überhaupt erst möglich.

BOS, KEA und CQV

Selbst wenn Mitarbeiter in Lima nicht einem Sonderteam zugewiesen sind, sind sie doch in dem Sinne mit »Off-line«-Arbeit beschäftigt, als ein Teil ihrer Arbeit nicht unmittelbar mit ihrem täglichen Output verknüpft ist. Ins Auge fällt besonders das BOS-Verfahren (*Behavioral Observation of Safety* = Beobachtung und Einhaltung der Sicherheit), von dem ich zum ersten Mal hörte, als Barbae Avery die Mitarbeiter in der Schichtwechselsitzung bei Downy daran erinnerte.

Sie und andere erläuterten mir, daß das BOS-Verfahren unmittelbares Ergebnis von P&G-Untersuchungen ist: Dabei stellte sich heraus, daß etwa 85 Prozent aller Unfälle mit Verletzungsfolge nicht durch Maschinenmängel, sondern durch Fehler des Bedienungspersonals verursacht wurden. Dafür steht das »B« (Behavior = Verhalten) in diesem Verfahren. Der Grundgedanke ist folgender: Jeder einzelne Mitarbeiter in Lima nimmt sich mindestens einmal im Monat die Zeit, mit einer Sicherheitscheckliste in der Hand durch das Werk zu spazieren. Die Liste enthält alle möglichen unfallträchtigen Verhaltensweisen. Sobald sie jemanden sieht, der sich nicht korrekt verhält, macht sich Avery einen Vermerk. In den meisten Fällen spricht sie den Mitarbeiter direkt an und bespricht es mit ihm oder ihr. Das System wirkt gleich dop-

Vorteilhaft wirkte sich das neue System auch bei der Arbeitssicherheit aus. So konnte die Zahl der Betriebsunfälle – und damit auch der Fehltage – drastisch reduziert werden.

pelt: Jeden einzelnen Tag ist damit zu rechnen, daß jemand auf der Suche nach unfallträchtigem Verhalten durch die Hallen wandert. Um so weniger wahrscheinlich ist es daher, daß ein Mitarbeiter die Richtlinien verletzt. Und: Durch den allmonatlichen BOS-Drill werden alle im Werk ständig daran erinnert, wie wichtig die Sicherheit ist und welches Verhalten zu Unfällen führen kann.
Es gibt noch weitere »Off-line«-Verfahren in Lima, die alle Mitarbeiter gleichermaßen betreffen und integraler Bestandteil der Betriebsführung sind. Eines nennt sich »KEA« (*Key Element Assessment* = Bewertung von Schlüsselelementen).
Wie BOS ist auch KEA eine Checkliste. Das Schlüsselelement kann je nach der Art der Arbeit jedesmal ein anderes sein, aber die Bereiche, die auf der Liste stehen, sind diejenigen, die es zu bedenken gilt, wenn Änderungen geplant werden. Das Risiko ist ein Beispiel. In den Elementen sind auch Fragen über Brandgefahr und mögliche Umweltschäden enthalten. Der Umwelt ist ein eigenes »Element« gewidmet. Dabei geht es um Themen wie den Bedarf an ausführlicher Dokumentation, Einhaltung der Richtwerte des Umweltministeriums, Luftqualität und Analyse der Wasserqualität. Die Sicherheit ist ein weiteres Element: Sollte die BOS-Liste abgeändert werden? Sollte ein gesonderter Ausschuß für Sicherheitsfragen eingerichtet werden?
Ein weiteres, relativ neues System ist CQV (in Lima kommt man ohne ein Handbuch mit Erklärungen der Akronyme nicht weit). CQV steht für *Commissioning, Qualification, and Verification* = Übergabe, Qualifizierung und Verifizierung. Bei jeder Verfahrensänderung wird anhand dieses Systems festgestellt, ob die neue Ausrüstung Qualitätsprodukte in begrenzter Quantität herstellen kann. Sobald das der Fall ist, geht man üblicherweise zu längeren Maschinenlaufzeiten über. Gibt es jedoch Probleme mit der Produktion guter Produkte bei der Kurzlaufzeit, hat man so Gelegen-

heit, den Fehler zu finden und zu beheben, bevor man weitermacht. Das klingt einleuchtend, aber neue Produktionsprozesse werden oft sehr viel rascher und unbedachter eingeleitet. Wenn dann Probleme auftauchen, haben sie ganz andere Dimensionen.

Nehmen wir das Beispiel der Downy-Konversion in ein Konzentrat. »Übergabe« – so Bible – bedeutete in diesem Fall zunächst einen dreistündigen Probelauf für die beiden neuen Produkte: April Fresh Downy und Sun Rinse Fresh Downy. »Beide mußten allen Qualitätsnormen für Fertigprodukte genügen«, berichtet Bible. »Es kam bei diesen ersten Versuchen zu einigen Problemen, und schließlich brauchte das Team eine Serie von neun dreistündigen Probeläufen, bis sie zufrieden waren und die Fertigungsstraße angeworfen werden konnte.«

Der nächste Schritt ist die Qualifikation. Dabei wird geprüft, ob das Band im kontinuierlichen 24-Stunden-Lauf Qualitätsprodukte herstellt. Im Fall von Downy wurden zu diesem Zweck Mehrfachschichten gefahren, bei denen über eine Million Pfund Downy produziert und in Lagertanks aufgefangen wurde, um eine gründliche Qualitätskontrolle zu ermöglichen. Spätestens hier sieht man, wie wichtig der vorhergehende erste Schritt war. Hätte die erste Mehrfachschicht nicht geklappt, hätte das Werk fast eine Tonne eines wertlosen Produkts entsorgen müssen. Glücklicherweise ging der erste »Übergabelauf« aber glatt über die Bühne, und das Produkt konnte nun abgefüllt und vermarktet werden. (Selbst falls Probleme aufgetaucht wären, ist es immer noch besser, das Produkt in Tanks zu haben, als bereits in Flaschen abgefüllt oder – die schlimmste Vorstellung – ein schlechtes Produkt auf den Markt zu schicken.)

Der letzte Schritt ist die Verifizierung. Bei Downy dauerte diese Phase vom 15. April 1992, als das Produkt erstmalig auf dem

Auch die Themen Brandgefahr, Umweltschäden (Luft- und Wasserqualität) unterliegen der ständigen Beobachtung der Arbeitsgruppen, die dazu kontinuierlich veränderbare Checklisten erstellen.

Markt vorgestellt wurde, bis zum 1. September 1992. Während des Verifizierungsprozesses überprüften Bible und sein Team am laufenden Fließband unablässig den Verfahrensablauf und die Qualität des Endprodukts. Allmählich verlagerte sich die Herstellung des Downy-Konzentrats in die Hände der Techniker in der Abteilung, die in Zukunft tagein, tagaus das neue Produkt herstellen würden.

Verfahren wie BOS, KEA und CQV werden teilweise von P&G-Leuten aus Cincinnati entwickelt, teilweise von Managern und Technikern in Lima. Sie schaffen einen Rahmen für das Konzept der Selbststeuerung und geben Richtlinien vor, ohne die sich ein Erfolg kaum einstellen würde.

In *Auf der Suche nach Spitzenleistungen* sprachen Tom Peters und ich davon, wie wichtig der Umgang mit Mehrdeutigem und Paradoxem ist. Vor allem priesen wir die »straffen/lockeren« Eigenschaften der wirklich herausragenden Unternehmen: Diese Firmen sind bei wenigen wichtigen Dingen straff zentralisiert – bei allem anderen hingegen radikal dezentralisiert.

Seither habe ich viele Beispiele für das Funktionieren dieser Idee in allen Ebenen der Organisation erlebt und nenne es die *gesteuerte Autonomie.* Die Führungskräfte müssen das Spiel, die Regeln, das Spielfeld und die Grenzen vorgeben. Dann überlassen sie alles einem sorgfältig ausgewählten und ausgebildeten Team, das seinen eigenen Arbeitsstil findet (und dabei durchaus auch einmal die Grenzen in Frage stellen kann).

Die Menschen in Lima nannten es zwar nicht »gesteuerte Autonomie«, aber sie schienen sich mit genau den »straffen und lockeren« Eigenschaften, die zu diesem Begriff passen, völlig wohl zu fühlen. Auf ebendieser Kombination aus sorgfältig ausgeklügeltem System und der Freiheit, seinen eigenen Arbeitsstil zu entwickeln, basiert die Effektivität der Techniker in Lima und ihrer Teams.

Und was tun die Manager?

Es stellt sich automatisch die Frage: Bleibt denn den Managern überhaupt noch etwas zu tun? Die Antwort: Ja, sogar sehr viel, aber das herkömmliche »Berufsbild« des Managers wird sich ändern.

Rick Westley begann vor etwa drei Jahren bei P & G. Er ist als Ingenieur ausgebildet. (Der Unterschied zwischen den meisten Managern und den Technikern besteht oft in einem Ingenieurabschluß; Oxner ist allerdings keine Ingenieurin, und es kommt gelegentlich vor, daß ein Techniker zum Manager befördert wird.) Vor P & G war Westley Betriebsmanager in einem großen Stahlunternehmen. Es war ein Unterschied wie Tag und Nacht, sagt er heute offen.

»In gewisser Hinsicht ist die Arbeit in dieser Art Umgebung schwieriger«, meint er. »Auf jeden Fall braucht man einen ganz anderen Stil.« Er führt aus, daß jeder im Stahlwerk das Regelbuch und eine eng definierte Arbeitsplatzbeschreibung hatte. Wenn ein Vorgesetzter oder ein Arbeitnehmer nicht mehr weiterwußten, gab's nur eins: Das Regelbuch wurde konsultiert.

In Lima hingegen, so wiederholt er das, was sich wie ein Echo durch all meine Gespräche dort zog, stehen statt der Regeln die Grundsätze im Vordergrund. Das kann frustrierend sein. Es ist aber auch anspruchsvoller, interessanter . . . und menschlicher.

Westley, Lea Ann Patrick (Manager bzw. Managerin im Downy-Versand) und Larry Robins (ein HDL-Manager) gehen offenbar vorwiegend zwei Aktivitäten nach: eine ist der Umgang und die Arbeit mit Menschen, die andere ist strategischer Art.

Eine starke Interaktion mit anderen Menschen ist im Lima-System von weitaus größerer Bedeutung, als es im Stahlwerk je war, berichtet Westley. Wenn man einen Betrieb auf der Grundlage von

Was tun in einem solchen System eigentlich noch die Manager? Ihre Aufgaben haben sich entscheidend gewandelt; der fernab der Produktion thronende »Halbgott« ist nicht mehr gefragt.

Prinzipien betreibt statt mit Regelbüchern, müssen Techniker offenen Zugang zu den Managern haben, um ihnen bei der Entscheidungsfindung helfen zu können. Die Manager benutzen bei der Beschreibung ihrer Tätigkeit Worte wie *zuhören, trainieren, begegnen, treffen* (mit einzelnen Mitarbeitern und kleinen Gruppen) oder *Beziehungen aufbauen.* Wie Westley sagt, ist es in Lima nicht Aufgabe des Managers, Anweisungen zu erteilen, sondern die Menschen mit Fingerspitzengefühl zu beeinflussen. Entscheidend ist der Aufbau starker, vertrauensvoller Beziehungen mit dem einzelnen Mitarbeiter und mit Gruppen.

Patrick erläutert dies ausführlicher: »Ein Chef sagt jemandem, was er und wie er es zu tun hat.« In Lima ginge das nicht. Ihr Stil paßt zu Westleys Bemerkung über Beeinflussung. »Reden wir darüber, was wir erreichen wollen. Was können Sie dazu beitragen? Hier ist mein Vorschlag.«

Sie ist sich bewußt, daß unterschiedliche Menschen auch unterschiedliche Bedürfnisse haben. Einige ihrer Mitarbeiter sind hoch motiviert, erfahren und voller Selbstvertrauen. »Mit ihnen bleibe ich in Kontakt, ermutige sie, weise ihnen die Richtung, falls sie es brauchen oder darum bitten.« Andere lassen sich eher treiben, sind weniger von sich überzeugt oder stehen einfach mehr oder weniger ratlos vor einer neuen Aufgabe. In einem solchen Fall wird sie wohl mehr Zeit aufwenden, ein offenes Ohr haben und durchaus auch energischer in eine bestimmte Richtung wirken.

Die strategische Aufgabe des Managers besteht darin, dafür zu sorgen, daß die Zentrale, das Werk in Lima und seine eigenen strategischen Initiativen Schwung behalten. Dazu gehört zum Beispiel die ständige Verbesserung des »Total-Quality«-Programms des Betriebs; dazu gehört, neue Produkte mit Systemen wie CQV rascher und zuverlässiger auf den Markt zu bringen. Es muß mit anderen Managern zusammengearbeitet werden, um sichergehen

zu können, daß sie – wie Westley sagt – richtig »ausgerichtet« sind, daß die Teams alle am gleichen Strang ziehen und keines querschießt.
Die täglich anfallenden Entscheidungen werden in Lima nicht von den Managern getroffen, sondern ganz im Gegenteil gemieden. Oxner erzählt mit Vorliebe die Geschichte, wie sie eines Morgens zur Arbeit kam und sah, daß die Stufen zum Gebäude herausgerissen waren und durch eine Rampe ersetzt wurden. »Ich hatte keine Ahnung, daß wir das machen würden«, sagt sie. Die Techniker, die dafür zuständig waren, daß Lima die Richtlinien des ADA (Americans with Disabilities Act – etwa: »Gesetz für die Gleichstellung Behinderter«) beachtet, wußten, was das Gesetz verlangte, verfügten über die notwendigen Budgetmittel und schritten zur Tat.
Patrick betont auch das: »Ich brauche mich nicht um die Details zu kümmern. Wenn die Mitarbeiter mich einbeziehen wollen, geschieht es sogar meistens deshalb, weil sie irgendeinen Teil der Verantwortung loswerden wollen. Normalerweise bin ich mir aber verflixt sicher, daß sie ihre Arbeit tun können – und wenn ich gar nicht hier wäre, würde die Arbeit trotzdem getan.«

Die lernende Organisation

Das ganze System läuft auf eine Organisation hinaus, die ständig weiterlernt. Der Begriff *die lernende Organisation* oder auch die *Lernorganisation* ist so eingängig, daß, so meine ich, an dieser Idee doch etwas dran sein muß. Ich habe aber vorher noch nie eine »lernende Organisation« gesehen; Lima ist vielleicht die einzige Ausnahme. Hier sind Wandel und Lernen von vornherein mit eingewoben.

Manager verstehen sich inzwischen als Coaches, die mit Fingerspitzengefühl vertrauensvolle Beziehungen mit einzelnen Mitarbeitern und Gruppen aufbauen. Details sind nicht mehr ihre Sache.

Welche Voraussetzungen müssen erfüllt sein, damit eine ganze Organisation lernen kann? Ich denke, zunächst einmal muß jeder einzelne Mitarbeiter willens und fähig sein zum Wandel und zum Lernen. Mit Hilfe des Q-Block-Systems und durch den reibungslosen Wechsel von der Linie zur »Off-line«-Arbeit (und zurück!) unterstützt und ermutigt das Lima-System seine Mitarbeiter, sich immer neuen Herausforderungen zu stellen. Ron Sails mit seinem Vielfältigkeitsprogramm und Brian Smith mit seinem Beharren auf Weiterbildung sind nur zwei Beispiele dafür. Vergessen Sie nicht, daß 60 Prozent der Techniker in Lima in der obersten Qualifikationsstufe sind.
Ein zweiter Faktor ist wohl der Mut zum Risiko und sogar zum Mißerfolg, aber mit einer Art Sicherheitsnetz. (Mit anderen Worten: Seien Sie experimentierfreudig – aber setzen Sie nicht das ganze Unternehmen aufs Spiel.) Systeme wie KEA und CQV helfen Bible und anderen beispielsweise, einen Herstellungsprozeß in Lima radikal zu verändern, aber auf eine Art, die eine Katastrophe so gut wie ausschließt.
Auch die Gehaltsstruktur spielt eine Rolle. Als Gil Francis mir die Steuerwarte für die Herstellung von Downy zeigte, sprach die Belegschaft über einen Techniker, der von HDL zu ihnen wechseln würde. Der Neue würde wie jeder andere neue Mitarbeiter als Bedienungsmann »B« anfangen. Da er aber in einem anderen Bereich der Organisation bereits voll qualifiziert war, wurde sein Einkommen nicht beschnitten. Schonhoft betonte, der Betrieb wolle diese Art der Rotation verstärkt fördern. Sie reißt potentielle Wir-/Sie-Mauern ab und verhindert die Abhängigkeit des gesamten Betriebs von nur ein oder zwei Menschen, die zwar hochqualifiziert sind, aber auch als einzige über das umfassende Fachwissen verfügen, die Downy-Produktion mit Erfolg aufrechtzuerhalten.

Die Mitarbeiter bei P & G brauchen sich dank dieses Entlohnungssystems um ihr Einkommen kaum Sorgen zu machen. Auch das trägt zur Lernwilligkeit bei. Wie es Swanson und McGregor sich in ihren kühnsten Träumen vorstellten, sind *alle* Gehaltsempfänger. Es gibt keine künstlichen Unterscheidungen zwischen Technikern und Managern. Einzige Ausnahme: Die Techniker werden für Überstunden bezahlt. Ein weiterer Faktor: Die Bezahlung in Lima und in anderen P&G-Betrieben ist im Vergleich zum Branchendurchschnitt überdurchschnittlich hoch. Die verschiedenen Gehaltsebenen werden jährlich auf ihre Konkurrenzfähigkeit hin überprüft.

Und hier ist ein wahrer Ansporn: Jedes Jahr – in dem P & G mit Erfolg abschließt, aber das ist durch die Bank weg der Fall – erhält jeder Mitarbeiter zusätzliche 25 Prozent seines Einkommens. Diese 25 Prozent bekommt er aber nicht ausgezahlt, sondern sie verschwinden in einem Gewinnbeteiligungsprogramm. Nicht immer, aber meistens, wird es in P&G-Aktien angelegt. Dies bedeutet, so Schonhoft, daß die Mehrzahl der langjährigen P&G-Mitarbeiter bei ihrer Pensionierung so viel auf der hohen Kante haben, daß ihr Jahreseinkommen dasselbe bleibt wie in ihrer aktiven Arbeitszeit.

Interessanterweise bekommen Leute wie Bible, die ganz Außergewöhnliches geleistet haben, keinerlei Extras. Es scheint ihnen jedoch auch nichts auszumachen. Sie sind der Auffassung, daß Sondergratifikationen den von ihnen so hoch geschätzten Geist der Teamarbeit und der Kollegialität zerstören würden.[1]

Lernen bedeutet auch die Fähigkeit, komplexe Aufgaben in leichtverständliche Schritte aufzugliedern. Vom Q-Block-System bis zum BOS-Verfahren – sie alle haben ausführliche Richtlinien und lange Checklisten. (Wenn man diese Verfahren zum ersten Mal gedruckt sieht, riechen sie nach »Regelbuch«. Doch der ober-

Derartige Systeme dürfen nie statisch sein, nur in einer Lernorganisation sind sie zu realisieren. Die Bereitschaft dazu wird bei Procter & Gamble vor allem durch starke finanzielle Anreize gefördert.

flächliche Eindruck täuscht. Es gibt nur zwei Regeln: Sicherheit hat oberste Priorität, und die Ursachen für Unfallgefahren sind zuallererst im Verhalten des Bedienungspersonals zu suchen. Danach bleibt es den Teams und den einzelnen Mitarbeitern unbenommen, diese Checklisten an ihre eigene Situation anzupassen.)

Lernen heißt auch, dazu motiviert zu sein, bestimmte Verhaltensweisen zu ändern. Es heißt zu verstehen, warum etwas, das nach außen hin völlig in Ordnung zu sein scheint, trotzdem reparaturbedürftig sein kann. Hier fällt David Swansons ursprünglichem Konzept des freien Informationsflusses – alle Nachrichten und Informationen müssen geteilt werden, gute wie schlechte – eine Schlüsselrolle zu. Die Mitarbeiter in Lima werden nicht vor dem Markt und vor den Realitäten des Wettbewerbs »beschützt«. Die Techniker kennen ganz genau ihren Marktanteil. Sie kennen die Stärken und Schwächen ihrer wichtigsten Konkurrenten. Sie wissen, wie wichtig Qualität, Service und »Just-in-time«-Produktion sind. Sie hören sich sogar regelmäßig die auf Band aufgenommenen Kundenkommentare – der Anruf erfolgt zum Nulltarif – zu ihren Produkten an. (Im Duncan-Hines-Werk in Jackson/Ohio geht P & G noch einen Schritt weiter: Kundenanrufe über Kuchen, die im Ofen nicht aufgehen, werden direkt an die Techniker weitergeleitet.)

Und noch eines bedeutet Lernen: Vorbild zu sein. Dank seiner Manager, die sich eher in der Rolle eines Trainers denn eines Bosses sehen, gibt es im Betrieb in Lima keinen Mangel an guten Vorbildern. Man muß immer wieder betonen, wie wichtig diese Trainerrolle des Managers und der Verzicht auf die alte Chefrolle ist. Auf den ersten Blick erscheint die Rolle als schwächlich – wer mag schon sanft einwirken oder beeinflussen, wenn er den Leuten klipp und klar sagen könnte, was sie tun müssen. In unserem nächsten Kapitel über Sheldon Salzberg werden wir aber erfahren, wie effektiv ein solcher Führungsstil sein kann.

*

Denken Sie an die »Motivatoren« in der Einführung zu diesem Buch, wenn Sie an das Lima-Konzept denken. Es paßt alles fast vollkommen zusammen.

Was das Bedürfnis nach Kontrolle angeht, sind alle Kriterien erfüllt. Das Technikersystem gliedert sich um dieses Bedürfnis herum. Das System paßt sich außerdem feinfühlig dem Wunsch der Menschen an, in ihrer Arbeit einen Wert zu erkennen. Teilweise geht es dabei um den Stolz auf das fertige Produkt (auf diesen Punkt werde ich zurückkommen, wenn ich die Einstellung von P & G zur Innovation behandele). Außerdem gehört dazu der Glaube an das Lima-Konzept selbst, einen Ansatz zur Arbeit, der – wie alle Beteiligten wissen – fast einzigartig ist.

Wie steht es um die immer neuen Herausforderungen und das lebenslange Lernen? Mehr als reichlich vorhanden. Beim Betreten dieses Betriebes gibt niemand sein Gehirn am Eingang ab. Das Q-Block-System und der Wunsch der Betriebsführung, daß mehr als »nur« 60 Prozent der Techniker die höchste Qualifikationsstufe erreichen, tragen dazu bei, daß neue Herausforderungen und Lernen ganz alltägliche Dinge sind. Hinzu kommen die »Off-line«-Pflichten, der freie Informationsfluß und die vor Ort entwickelten Ausbildungsprogramme. All dies ergibt ein System, das nur einen einzigen Zweck zu verfolgen scheint, nämlich jeden einzelnen ständig neu zu fordern und ihm Gelegenheit zum Lernen zu geben.

Anerkennung? Nun, das Gebäude quillt über mit Anstecknadeln und -knöpfen, T-Shirts und Preisen. Wichtiger ist allerdings, daß

Es geht letztlich darum, daß die Menschen den Wert ihrer Arbeit erkennen. Dazu ist es aber nicht unbedingt notwendig, daß sie am Eingang ihres Unternehmens ihr Gehirn abgeben müssen.

Manager, die von ihren normalen Aufsichtspflichten befreit sind, dem einzelnen weitaus mehr Aufmerksamkeit widmen können. Zeit und Aufmerksamkeit des Managements, sowohl qualitativ wie auch quantitativ, sind die gewichtigste Form der Anerkennung.

Swanson und McGregor hätten ihre helle Freude. Was in Lima geschieht, geht selbst über die Vorstellungen dieser beiden Visionäre hinaus.

Versuchen Sie einmal, in Lima einen Unterschied zwischen Organisation und Strategie herauszukristallisieren – es gibt keinen. Das große strategische Geheimnis in Lima besteht in der ausschließlich an Lernen und Wandel ausgerichteten Organisation. Das klappt dort nun schon seit 25 Jahren. Die wenigsten Konkurrenten verstehen dieses System. Und selbst wenn sie es verstünden, ließe es sich doch nur äußerst schwer imitieren.

Anmerkungen

1 Dies soll nicht heißen, daß Sonderanreize und Programme für eine Gewinnbeteiligung der Arbeitnehmer anderswo nicht funktionieren können. Lincoln Electric beispielsweise, eine sehr erfolgreiche und auf das Wohlergehen ihrer Mitarbeiter bedachte Firma, die Schweißgeräte und Elektromotoren herstellt, verzeichnet glänzende Erfolge – und zahlt Stücklohn und Gratifikationen an einzelne Mitarbeiter. Woraus wir wieder einmal eines ersehen: Integrität ist unverzichtbar, wenn Unternehmenskulturen reibungslos funktionieren sollen. Bible wollte nur sagen, so verstehe ich ihn, daß finanzielle Sonderanreize in dieser bestimmten Unternehmenskultur kaum positiv wirken, sondern eher Schaden anrichten würden.

Kapitel 4

Super-Coaching

4

Managementlektionen aus der Bronx und aus Vail/Colorado

Die Public School Nr. 94 (Öffentliche Schule Nr. 94) ist eine gute Schule – obwohl alles dagegen spricht. Es fängt schon damit an, daß diese Schule – für Schüler vom Vorschulalter bis zum 6. Schuljahr – in der Bronx liegt, also in einem Ghetto New Yorks. Es ist zugegebenermaßen einer der etwas besseren Bezirke der Bronx, aber es ist immer noch die Bronx. Während der Schulstunden ist ständig eine Sicherheitswache im Gebäude, deren Aufgabe hauptsächlich darin besteht, zu verhindern, daß ältere Kinder den Unterricht sabotieren oder Mitschüler oder Lehrer körperlich bedrohen.

Die Schule ist hoffnungslos überfüllt. Gebaut wurde sie für 650 Kinder. Derzeit platzt sie mit 1300 Schülern aus sämtlichen Nähten. Zeitweise diente die Schulbibliothek als Klassenraum, und die Turnhalle wurde in vier Klassenzimmer umfunktioniert. Es gibt keine Räume für naturwissenschaftliche Fächer, keinen Kunstraum. Die Schule hat noch nicht einmal einen Eßsaal; um die Mittagszeit essen die Schüler in einem großen Flur.

Die Schüler sind zu etwa 65 Prozent hispanischer Herkunft; 25 Prozent sind afro-amerikanisch, und die übrigen 10 Prozent sind

Das große Erfolgsgeheimnis von P & G: Der Unterschied zwischen Organisation und Strategie – es gibt ihn nicht! Erst allmählich begann sich dieser Gedanke auch woanders durchzusetzen.

ein buntgewürfelter Querschnitt durch sämtliche anderen ethnischen Gruppen. Kurz: Nichts gibt zu der Hoffnung Anlaß, daß aus dieser Schule gute Schüler hervorgehen könnten.
Aber: Die Noten im Lesen, Schreiben und Rechnen liegen über dem landesweiten Durchschnitt. Die Fehlzeiten sind gering. Die meisten Schüler der P. S. 94 besuchen nach dieser Schule die High-School.
Was mir an dem Tag, als ich die Schule besuchte, am stärksten auffiel, war die Tatsache, daß fast alle viel Spaß zu haben schienen. Die Atmosphäre war durch mehr Gelächter, harmlose Spötteleien und freundliches Lächeln geprägt, als ich es je bei einem Unternehmen – privat oder öffentlich – erlebt hatte. Ein Gutteil dieser Stimmung ließ sich unmittelbar auf den Einfluß des damaligen Direktors der P. S. 94, Sheldon Salzberg, zurückführen. (Sheldon Salzberg ist heute »Supervisor of Principals« in diesem Schuldistrikt, also der oberste Vorgesetzte der dortigen Schulrektoren.) Während seiner Dienstzeit an der P. S. 94 beschrieb er sich als »einen einfachen mittleren Manager«.
Von ihm können wir viel über die Zukunft des mittleren Managements lernen.

Mentor und Coach

Als ich die P&G-Manager in Lima fragte, woraus eigentlich ihre Tätigkeit bestehe, tauchte immer wieder der Begriff *Coach* auf. Allerdings fiel es ihnen dann schwer zu erklären, was sie eigentlich genau meinten. Sie erfüllen die Rolle des Coach durchaus mit Leben. Das Problem liegt eher darin, daß es kaum Literatur darüber gibt, was eigentlich einen guten Coach ausmacht. Selbst diejenigen, die ganz offensichtlich gute Trainer sind, tun sich schwer,

wenn sie die Rolle genau beschreiben sollen. (Das gilt für jegliches Fachwissen. Menschen, die in ihrem Bereich sehr gut sind, fällt es schwer, anderen zu erläutern, was sie genau tun.)
Was bedeutet es also, ein guter Coach zu sein? Klären wir erst den rein sprachlichen Aspekt. Eine Definition ist die des Trainierens von Teams, vor allem von Sportmannschaften, Beispiel: Franz Beckenbauer. Aber diese Definition meinen die Manager bei P & G nicht ganz, obwohl sie mit Teams arbeiten. Der Unterschied liegt darin, daß sie ihre Teams nicht für Situationen vorbereiten, in denen es nur zwei Möglichkeiten gibt: Zu gewinnen oder zu verlieren. Was sie dagegen mit »Coaching« bezeichnen, ist die Hilfe für den einzelnen, sich weiterzuentwickeln – die Rolle des Mentors also. Für mich sind die Begriffe Coach und *Mentor* austauschbar. Was ich mit beiden bedeuten will, ist – wenn ich die Begriffe als Substantive verwende – die Person, die anderen bei ihrer Weiterentwicklung hilft, oder – wenn die Begriffe als Verb verwendet werden – die Tätigkeit, jemandem zu helfen, sich zu entwickeln.
Tony Athos, früher Professor an der Harvard Business School und in vielem mein Mentor, drückt es sehr schön aus: »Ein Mentor ist jungen Männern und Frauen dabei behilflich, ihren Traum zu finden und in Worte zu fassen.« Sei dies erst einmal geschehen, fährt Athos fort, lobt der Mentor diesen Traum als etwas, »für das es sich wahrlich zu leben lohnt«. Der Mentor kann sogar aktiv daran beteiligt sein, den jungen Menschen bei der Entwicklung ihres Talents, ihrer Technik, ihres Wissens und ihrer inneren Einstellung zu helfen, also bei allem, was für die Realisierung des Traums notwendig sein mag.
Athos erwähnt einen weiteren Aspekt. »Ich denke, daß der Ältere teilweise als Beispiel für das steht, was der junge Mensch mit der Erfüllung seines Traumes anstrebt.« Kurzum: Der Mentor spielt die Rolle des Vorbilds. (Athos spricht überwiegend von der Bezie-

Die Rolle des Coaches (oder auch Mentors) wird immer wichtiger. Als Vorbild soll er jungen Menschen helfen, ihre Talente, ihre Techniken, ihr Wissen und ihre innere Einstellung zu entwickeln.

hung des älteren zum jüngeren Menschen, da dies gesellschaftlich der Normalfall zwischen Mentor und Student oder Schüler ist.)

Meine erste Begegnung mit Athos, bei der es um Coaching und die Aufgabe des Mentors ging, liegt etwa zwölf Jahre zurück. Athos veranstaltete mit einer Gruppe von etwa sechzig Personen eine Übung, die uns helfen sollte, die Tätigkeit eines guten Mentors zu begreifen. Zunächst bat er uns, uns gute Coaches in unserem Leben ins Gedächtnis zu rufen. Athos verwandte ganz bewußt den Begriff Coach anstelle von Mentor. Er war sich darüber im klaren, daß dieser aus McKinsey-Partnern zusammengesetzten Gruppe das Wort Mentor zu weich und wabbelig klingen würde. (Aus ähnlichen Gründen hörte ich in Lima wohl niemals den Begriff Mentor, während das Wort Coach ständig zu hören war.)

Die erste Überraschung: Viele von uns nannten denselben McKinsey-Partner als einen unserer Coaches – jemanden, den wir fast alle zuallererst für einen herausragenden Berater und eher nebenbei für einen guten Manager hielten. Die zweite Überraschung: Namen von Partnern, deren Aufgabe primär das Management war, tauchten auf unserer Liste nur ganz vereinzelt auf. Coaching und Management waren demnach zwei ganz verschiedene Dinge.

Als nächstes ließ uns Athos eine möglichst genaue Liste darüber erstellen, was diese Coaches von anderen abhob. Hier sind einige der Attribute, die uns dazu einfielen:

- *Das Geschenk der Zeit:* Sie verbrachten mehr Zeit mit uns, als wir angesichts des Unterschieds in unserer »Rangordnung« hätten erwarten dürfen. »Einfach indem man Menschen Aufmerksamkeit schenkt«, sagt Athos, »teilt man ihnen etwas über sie mit« – nämlich daß sie ernst genommen werden.
- *Hochgesteckte Erwartungen:* Ein Mentor traut seinen Protegés

mehr zu – und sagt es auch –, als sie sich selbst zu erträumen wagen.

- *Echte Anteilnahme und echtes Interesse:* Der Mentor scheint an der Person und an allem, was sie interessiert, echt Anteil zu nehmen.
- *Zugänglichkeit:* Mentoren kann man sich leicht nähern, obwohl die Kluft zum Protegé in der üblichen Hierarchie unüberbrückbar erscheinen mag.
- *Mangel an Förmlichkeit:* Der Mentor operiert außerhalb der formellen Hierarchie. Er steht mit dem, was er tut, außerhalb von Funktionen, Ebenen und selbst von Organisationen.
- *Kompetenz:* Der Schützling ist sich sicher, von seinem Meister durch Zuhören lernen zu können. Der Rat des Mentors hat Hand und Fuß. Oft ist er Experte auf dem Gebiet, das der Protegé sich erschließen will.
- *Schutzfunktion:* Der Mentor agiert als Pufferzone zwischen dem Protegé und der Willkür der Bürokratie oder eines allzu herrischen Chefs.
- *Sinn für Spaß und Humor:* Die wirklich guten Mentoren nehmen, wie es scheint, ihre Arbeit sehr ernst, sich selbst aber nicht allzu ernst. (Diese Eigenschaft äußert sich oft in einem ausgeprägten Sinn für Humor, wie wir bei Salzberg von der P. S. 94 noch sehen werden.)

Als ich Oxner und anderen Managern und Mitarbeitern in Lima diese Liste vorlas, bestätigten sie sofort, daß dies Eigenschaften ihrer besten Manager waren. Sie fügten einige parallel verlaufende, aber erwähnenswerte Punkte hinzu:

- *Sicherheitszonen:*
  Menschen beim Lernen zu helfen, indem man sie ermutigt,

Darüber hinaus ist von ihnen Anteilnahme und echtes Interesse gefordert, aber auch Kompetenz, Motivationsgeschick und Sinn für Humor. Das alles kann man nur durch das eigene Beispiel vorleben.

Risiken einzugehen, und sie auffängt, wenn sie damit scheitern. Menschen ein Gespür dafür zu vermitteln, welches Risiko tragbar ist und welches zu weit geht.

- *Unterstützung für den Sieger:*
  Menschen dabei helfen, ihre Ideen durchzusetzen, selbst wenn die ganze Organisation sie für »neben der Kappe« hält.

- *Gemeinsame Wertvorstellungen:*
  Die besten Coaches in Lima verhalten sich wie in Athos' Kommentar zur Vorbildfunktion. Sie spiegeln die gemeinsamen Wertvorstellungen der Organisation wider; sie strahlen sie, wie beim Lima-Konzept, geradezu aus.

Zeit, Mitempfinden, Zugänglichkeit

Bei meinem Besuch bei Sheldon Salzberg und seiner P. S. 94 konnte ich mir zunächst einfach nicht erklären, wie er den Schulbetrieb erfolgreich bewältigte. Mit traditionellen Organisationsformen wäre er nicht weit gekommen. Konventionelle Organisationspläne hätten ihm nichts genutzt, da ihm einfach zu viele Lehrer unterstellt waren. Andere für seinen Erfolg entscheidende Mitarbeiter – wie etwa die Hausmeister – unterstanden ihm hingegen nicht. Und schließlich steht P. S. 94 unter der Fuchtel eines 6000 Köpfe starken Zentralbüros in Brooklyn/N. Y.

Dann dämmerte es mir. Salzbergs Managementstil in der P. S. 94 war eine unverfälschte Variation des Themas: Die Führungskraft als Mentor oder Coach.

Typisch war bereits, wie Salzberg seine Zeit einteilte. Er begann seinen Arbeitstag um etwa 7 Uhr früh und räumte erst einmal verwaltungstechnische Dinge aus dem Weg. Er erledigte Papierkram, teilte Vertretungen ein, stellte Stundenpläne um, falls es notwendig war.

Dann wanderte er umher. (Die Mitarbeiter bei Hewlett-Packard sind offenbar nicht die einzigen, die die Bedeutung des »Managements durch Umherwandern« erkannt haben.) Er sagte mir: »Ladenbesitzer kennen mich, Eltern kennen mich. Die Wirkung ist prima. Leute mit Problemen halten auf ihrem Weg zur Arbeit an und sprechen auf der Straße mit mir. Ich lächele; sie haben den Eindruck, daß hier jemand ist, der wirklich Anteil nimmt.«

Manchmal half Salzberg als Schülerlotse aus. Die Zentrale in Brooklyn verfolgte dies stirnrunzelnd, aber Salzberg ignorierte sie. Es war für ihn eine der besten Möglichkeiten, mit den Eltern in Kontakt zu bleiben. Er sprach kurz mit ihnen, wenn sie die Kinder an der Schule ablieferten.

Nach seiner Außenwanderung ging Salzberg durch die Schule selbst. Er berichtet: »Ich gehe erst eine Weile hinüber zur ›Minischule‹ und vergewissere mich, daß dort alles in Ordnung ist. (Die Minischule ist ein kleines, provisorisches Gebäude auf dem Parkplatz, das benutzt wurde, weil die Schule allzu überfüllt war.) Dann gehe ich durchs Hauptgebäude. Danach komme ich wieder hierher und schaue mir an, was an Nachrichten vorliegt. Das ist normalerweise nach 10 Uhr morgens. Ich versuche immer, nachmittags noch einen Rundgang zu schaffen. Sie müssen mich sehen. Sichtbar zu sein ist alles.«

Berater, die mit P. S. 94 und anderen Schulen arbeiteten, schwärmten regelrecht von dem, was Salzberg »Sichtbarkeit« nennt. Eine Beraterin erzählte mir von einer anderen Schule, »deren Direktorin immer hinter einer geschlossenen Tür sitzt. Ich bekomme sie nie zu sehen.« Diese Schule spiegelte den scheinbaren Mangel an Anteilnahme dieser Direktorin genau wider. »Die Klassenzimmer

Ein guter Coach kann man nicht nur in einem Unternehmen sein. Auch im öffentlichen Leben, zum Beispiel im Weiterbildungssektor, ist die Ausstrahlung derartiger Persönlichkeiten gefragt.

waren chaotisch, Tafeln waren von der Wand gefallen, alles war ein einziges Chaos.«
Die Beraterin fügte hinzu, daß sie diese Direktorin für den Normalfall halte und Salzberg für die Ausnahme. Die Zeiten sind brutal, und in den Schulen der Innenstädte würden sich (verständlicherweise) die meisten am liebsten hinter einer geschlossenen Tür verstecken, statt sich der Feindseligkeit und dem Chaos in ihrem Umfeld zu stellen.
Als ich Salzbergs Büro zum ersten Mal sah, erschien es mir wie jedes andere typische Direktorenbüro irgendwo im Lande – hohe Decke, geräumig, große, altmodische Fenster, die Wände teilweise pastellgrün verputzt und gestrichen, der Rest in hellem, verkratztem Holz getäfelt.
Der Unterschied: Dieses Büro war nur dem Namen nach das Büro des Direktors. Einen Großteil des Tages benutzten anscheinend Hinz und Kunz den Raum.
Während des ganzen Tages war Salzbergs Büro ein Bienenschwarm an Lärm und Aktivität. Sein Schreibtisch stand diagonal in einer Ecke des fast 100 Quadratmeter großen Raums. Ziemlich in der Mitte hatte man einen Konferenztisch aufgestellt, an dem ich nie weniger als drei – meistens eher fünf – Menschen an der Arbeit oder im Gespräch sah. Einige waren Programmkoordinatoren, andere mit speziellen Projekten beauftragte Lehrer, einer war ein Praktikant von einer anderen Schule, der Salzberg ein halbes Jahr helfen und von ihm lernen sollte. Wie Salzberg mir erklärte, war einfach kein Platz da, diese Menschen anderweitig unterzubringen.
Ich verbrachte den Großteil des Tages damit, mit Salzberg zu reden und ihm durch seinen Arbeitstag zu folgen. Theoretisch hatte er diesen Tag im Büro für mich »reserviert«. In Wirklichkeit bedeutete dies, daß vor seinem Tisch ein paar weniger Menschen standen als sonst, die ihn alle wegen dieser oder jener dringlichen

Sache »unbedingt« sprechen mußten. Die Warteschlange bestand selten aus weniger als drei Personen und meistens aus mehr. Das große Vorzimmer des Büros war immer proppenvoll mit Wartenden, die vielleicht nicht mit Salzberg selbst, wohl aber mit dem Büro des Direktors zu tun hatten.

Salzberg hütete seine Verfügbarkeit – nicht etwa seine Privatsphäre – wie Kronjuwelen. »Nehmen Sie einen Tag wie heute. Die Kinder haben nur einen halben Tag Schule, aber heute früh hatte ich drei Elternpaare hier, alle mit gutem Grund. Eine Mutter wollte wissen, ob ihr Kind nächstes Jahr in den provisorischen Klassenräumen in der Turnhalle unterrichtet würde. Ich bestätigte es, und es gefiel ihr nicht. Mir gefällt es auch nicht. Ich wünschte, wir könnten in dieser Gemeinde eine zweite Schule bekommen. Wir brauchen sie mehr als dringend.«

Salzberg konnte zwar nichts daran ändern, daß das Kind dieser Mutter in einem Provisorium unterrichtet werden würde, aber er hatte doch etwas sehr Wichtiges getan, nämlich ein offenes Ohr für sie gehabt. Er war da, und er hörte zu.

Durch nichts als seine bloße Verfügbarkeit – die kleinen Spaziergänge in der Umgebung der Schule, das morgendliche Begrüßen der Eltern, der Gang durch die Schule und die Minischule, das Büro als Quasi-Versammlungsort – erfüllte Salzberg einige der Kriterien, die den guten Mentor und »Coach« auszeichnen. Wie die P&G-Manager in Lima war er ansprechbar und interessiert, und er gab vom kostbarsten Geschenk, das es gibt: Zeit.

Beratung mit Hand und Fuß

Salzberg verfügt über eine weitere Eigenschaft, die dem guten Mentor zu eigen sein scheint: Durch seine sechzehn Jahre in die-

Ein Beispiel dafür ist Sheldon Salzberg, der aus einer öffentlichen Schule in New Yorker Problemstadtteil Bronx eine Einrichtung machte, die für viele andere Bildungsstätten inzwischen Vorbildfunktion hat.

sem Job ist er weise geworden. Die Menschen suchen und achten seinen Rat.
Ein einfaches, aber bezeichnendes Beispiel: Janice Sills, eine Lehrerin mit langjähriger Erfahrung, die heute selbst Lehrer ausbildet, berichtet: »Ich erinnere mich, wie ich zum Vorstellungsgespräch herkam. Er sagte mir: ›Vergessen Sie Ihre Prioritäten nicht. Sie haben selbst zwei Kinder. Zögern Sie nicht, falls Sie einmal zu Hause bleiben oder etwas zu spät kommen oder früher gehen müssen. Wir regeln das schon für Sie.‹« Mit diesem kleinen, weisen Rat und einem bißchen Humanität eroberte sich Salzberg ihre durch nichts zu erschütternde Bewunderung.
Oder betrachten wir einmal eine komplexere Situation. Bei einem seiner Spaziergänge durch die Schule sprach ihn eine in Tränen aufgelöste Sechstkläßlerin an. Er tröstete sie und fragte, was denn los sei. Ein Lehrer, schluchzte sie, hatte während der Mittagspause ihren Regenschirm konfisziert, und sie wußte, daß sie zu Hause großen Ärger bekommen würde, wenn sie ohne den Schirm heimkäme. Er versprach, sich darum zu kümmern.
Etwa eine Stunde später saßen wir mit dem Klassenlehrer des Mädchens und dem Lehrer, der an diesem Tag die Pausenaufsicht hatte, im Büro.
Die Schülerin hatte anscheinend mit dem Schirm nach einem anderen Kind geschlagen, woraufhin der Lehrer in der Kantine den Schirm beschlagnahmte. Der Klassenlehrer ereiferte sich, daß er für das Mädchen verantwortlich sei und der andere Lehrer ihn hätte informieren müssen, damit er eine geeignete Disziplinarmaßnahme hätte treffen können.
Salzberg fragte beide, was nun geschehen solle. Sie einigten sich darauf, daß der Klassenlehrer dem Mädchen den Schirm zurückgeben, es aber gleichzeitig verwarnen solle.
Salzberg erzählte mir später, das Ganze habe kaum etwas mit dem

Mädchen oder dem Schirm zu tun gehabt. »Diese beiden Lehrer streiten sich unaufhörlich. Wenn einer ›rechts‹ sagt, sagt der andere ›links‹.«
Hier zeigte sich deutlich die Effektivität von Salzbergs Politik der offenen Tür und seines weisen Managementstils ganz deutlich. Ein Problem, das rasch hätte schwelen können, löste sich in nichts auf. Alle Beteiligten hatten die Möglichkeit, sich zu dem Vorgang zu äußern. Alle fühlten sich besser. Das Mädchen ging mit einem großen Lächeln unter ihrem Schirm nach Hause.

Pufferzone zur Bürokratie

Wie andere gute Coaches sorgt auch Salzberg dafür, daß die Bürokratie keine Gelegenheit erhält, der Leistung seiner Mitarbeiter oder seines Teams in die Quere zu kommen. Im New Yorker Schulsystem ist die Kluft zwischen den Schulen und den Hausmeistern seit Jahren ein ständiger Reibungspunkt. Das Wartungspersonal untersteht nicht den Schuldirektoren und hat eine eigene, mächtige Gewerkschaft.
Im Januar 1990 fuhr der damals gerade frisch ernannte – und inzwischen pensionierte – Superintendent der New Yorker Schulen, Joseph Fernandez, an einer Grundschule vorbei, deren Wände mit Graffiti vollgesprüht waren. Er tobte – für ihn waren diese Graffiti das Symbol für das niedrige Niveau, an dem der Schuldistrikt seit Jahren leidet; und er, Fernandez, hatte sich bei seinem Amtsantritt geschworen, das zu ändern. Er rief die Direktorin der Schule an und sagte ihr, sie solle die Graffiti entfernen lassen.
Die Rektorin erklärte ihm ihr Dilemma: Tagsüber parkten Autos entlang dieser Wände, und die Hausmeister kamen nicht an die Graffiti heran. Wenn die Besitzer die Autos dort wegfuhren, hat-

Sein Stil ist denkbar einfach: Er sieht seine Schule als integrierten Teil des Stadtbezirks und sich selbst, den gesamten Lehrkörper und die Schülerschaft als Teil einer verzahnten Organisation.

ten die Hausmeister aber bereits Feierabend. Um jemanden bezahlen zu können, dann die anstößigen Wände zu reinigen, hätte sie beim Schuldistrikt einen Antrag stellen und sechs Monate darauf warten müssen, daß der Antrag von der Bürokratie genehmint würde.[1]

Für Salzberg bei P. S. 94 war es Teil seines normalen Rundgangs, die Hausmeister zu besuchen. Er redete mit ihnen in ihrem, nicht in seinem Büro. Als ich dort war, schienen der Hausmeister, Jim Burke, und sein Assistent sich echt über Salzbergs Besuch zu freuen.

Burke, ein Amerikaner irischer Abstammung – er wußte seinen irischen Akzent charmant und humorvoll zu nutzen –, geriet wegen Salzbergs Stil geradezu ins Schwärmen. Sein Job sei ohne die Kooperation der Lehrer unmöglich, meinte er. »Wenn sie selbst nicht ihre Klassenräume aufgeräumt halten, können sämtliche Hausmeister die Schule nicht reinigen.« (Am gleichen Tag äußerten sich mir gegenüber Lehrer hocherfreut über die positive Zusammenarbeit mit Burke.)

Salzbergs »Management« des Hausmeisterstabes war von der alten »Kommando-und-Kontroll«-Ethik meilenweit entfernt. Er überließ den Lehrern wie den Hausmeistern die Kontrolle über das im Vergleich sehr saubere Aussehen der Schule, und das erreichte er nicht per Befehl. Statt dessen bewies er, daß ihm jeder einzelne und das Niveau der Schule als Ganzem wirklich am Herzen lagen.

Gegen Ende unseres Gesprächs – und lange bevor ich von der berühmten Fernandez-Geschichte hörte – brachte Salzberg das einzige Graffito zur Sprache, das ich an den Wänden der Schule gesehen hatte. Burke sagte, er habe es auch gesehen. Jemand müsse es vor ein oder zwei Tagen aufgesprüht haben. Er versprach Salzberg, es zu entfernen, sobald die Autos nicht mehr auf dem Parkplatz vor der Wand stünden.

Alle Erwartungen übertreffen ...

Der wahre Mentor besitzt die Fähigkeit, aus den Menschen ihre besten Leistungen »herauszukitzeln«, und dieses Beste ist oft mehr, als die Menschen sich selbst zutrauen.

Während meines Besuches bei der P. S. 94 sprach ich lange mit Doris Budow, einer netten Frau von Mitte Dreißig. Sie hatte als Lehrerin gearbeitet und bereitete sich nun unter Salzbergs Führung darauf vor, selbst eines Tages Schulleiterin zu werden. »An meinem ersten Tag an dieser Schule wurde mir klar, daß hier alles ganz anders ist. Shelly nahm mich in jede Klasse mit und stellte mich vor. Er wußte dabei sofort den Eindruck zu erwecken, daß ich jemand war, den die Schüler wie die Lehrer ernst zu nehmen hatten.«

Lachend fuhr sie fort: »Ich witzele gern, daß mein Beruf ›Straßenmädchen‹ ist.« Denn schon nach wenigen Tagen an der Schule hatte Salzberg dafür gesorgt, daß sie sich intensiv seiner Lieblingsbeschäftigung widmete: morgens und nachmittags durch die Straßen zu spazieren und den Ladenbesitzern, Nachbarn und Eltern Präsenz und Anteilnahme zu zeigen.

Sie erzählte mir, daß Salzberg in der ganzen Gegend bekannt sei, jeder seine Hand schütteln wolle, alle ihn fragten, wie es ihm gehe. »Jetzt, nachdem mir diese Rundgänge in den Straßen selbst zur Routine geworden sind, reagieren die Menschen auf mich genauso.«

Selbst etwas so scheinbar Unwesentliches wie die strikte Kleiderordnung, die Salzberg für den Lehrkörper einführte, signalisierte die Botschaft: Die Lehrer sind hier, um zu unterrichten, und die Schüler, um zu lernen. »Das hier ist keine getarnte Kinderverwahranstalt«, sagte mir ein Lehrer.

Ich betrat Salzbergs Büro an einem heißen Maitag. Er trug einen

Damit folgt er der Einsicht, daß ein wahrer Mentor die Fähigkeit besitzt, aus Menschen ihre besten Leistungen »herauszukitzeln« – und dieses Beste ist oft mehr, als die Menschen sich selbst zutrauen.

frisch gebügelten grauen Anzug, ein weißes Hemd und eine Seidenkrawatte. Ich hatte Jeans und einen Freizeitpulli an. Freundlicherweise enthielt er sich eines Kommentars über meine äußere Erscheinung, betonte aber im Verlauf der Unterhaltung immer wieder, daß die Aufgabe der P. S. 94 die Schulbildung ist. Die Schule ist ein Umfeld des Lernens. Lernen ist eine ernsthafte Angelegenheit, und hinter dem scheinbaren Chaos liegen Regeln, schickliches Benehmen und Kleiderordnungen verborgen, die die Schüler ständig an eines erinnern: Ihr seid hier, um zu lernen.

Budow hatte an ihrem ersten Tag in der P. S. 94 ein ähnliches Erlebnis: »Als wir durch die Flure liefen, kamen von den Kindern Bemerkungen wie: ›Mir gefällt Ihre Krawatte, Herr Salzberg‹ oder: ›Schöner Anzug‹. Bedenken Sie, daß diese Schule im Ghetto liegt – nicht eben eine Umgebung, in der man so etwas oft zu hören bekommt.«

Einige Tage später, erzählt Budow lachend, erschien sie streng nach Vorschrift gekleidet in der Schule. »Und da fragt mich ein Schüler: ›Sind Sie jemand Wichtiges?‹ Ich sagte: ›Ich glaube schon.‹ Sagt das Kind: ›Nun, Sie sehen wichtig aus.‹«

Diese Geschichte spiegelt exakt die Botschaft wider, die Salzberg den Kindern, Eltern und Lehrern vermitteln will. Die Kinder von heute sind morgen Erwachsene. Sie brauchen Vorbilder. Sie müssen höhere Erwartungen an sich selbst stellen können, als das in einer öffentlichen Schule in der Bronx der Normalfall ist.

Salzberg glaubt fest daran, daß man irgendwo die Grenze ziehen muß. Mit unerbittlicher Strenge jedoch wird gerade jemand wie Salzberg, der sich als einen Menschen mit viel Sinn für Spaß und Humor beschreibt, nicht viel erreichen. Allerdings ist er auch nicht bereit, die Zügel schleifen zu lassen. Kinder müssen wissen, daß es einen Unterschied zwischen Kindsein und Erwachsensein gibt. Sie

brauchen Menschen und Institutionen, denen sie Achtung entgegenbringen können.
»Lehrer müssen als hochqualifizierte Fachleute Anerkennung finden«, kommentierte Salzberg. »Vor Jahren wurden sie mit Respekt behandelt. Ich glaube, die sechziger Jahre haben das geändert. Damals war viel von Rechten die Rede, aber ich meine, wir haben den zweiten Teil vergessen, nämlich die Verantwortung. Jedem Recht, das wir erhalten, entspricht eine Pflicht. Dieser Gedanke wurde in den sechziger Jahren abgewertet. Meiner Ansicht nach bezahlt das Schulsystem noch heute die Strafe dafür.« Keine Kleiderordnung. Mangelnder Respekt vor Erwachsenen. Noch wichtiger: Mangelnde Selbstachtung und mangelndes Selbstwertgefühl unter den Lehrern.
Salzberg meinte dazu, ein kleines bißchen Respekt könne viel bewirken. Der gesamte Lehrkörper nennt ihn beim Vornamen (die meisten nennen ihn »Shelly«); für die Schüler aber ist er »Herr Salzberg«. Er besteht darauf, daß Lehrer, Hausmeister und Assistenten – kurzum: alle Erwachsenen – von den Schülern formell mit Herr oder Frau angesprochen werden.

Eine völlig andere Welt

Sheldon Salzberg und Richard Steadman trennen Welten. Sie arbeiten in einer völlig anderen Umgebung. Und trotzdem gibt es klare Parallelen darin, wie sie die Menschen um sich herum zu Höchstleistungen inspirieren. Dr. Steadman hat heute eine Praxis in der Steadman Hawkins Clinic in Vail/Colorado. Viele halten ihn für den besten Kniechirurgen der Welt.
Selbstverständlich verdankt er seinen Erfolg und seinen Ruf dem enormen chirurgischen Geschick – aber mindestens ebensosehr

Diese Einstellung hat nichts mit antiautoritärer Erziehung zu tun, auch für Salzberg ist Respekt ein Wert, der anderen Menschen entgegengebracht werden muß und daher eine wichtige Lektion für seine Schüler.

der Art, wie er seine Klinik leitet. Er ist nicht nur der Mentor seiner Angestellten (das allein ist in der Medizin schon eine große Ausnahme), sondern auch Mentor seiner Patienten. Steadman geht bis zum Äußersten mit seiner Vorstellung der Mitbestimmung – auch für Patienten.

Um die Tagesmitte ist Steadmans Wartezimmer ähnlich belagert wie Salzbergs Klassenzimmer – ein Beleg für den Ruf, den er genießt. Zu seinen Patienten gehören der Tennisstar Martina Nawratilowa und Marc Girardelli, Sieger des World Cup im Skislalom.

Beim Betreten von Steadmans privaten Büroräumen möchte man fast in Andacht versinken. Die Wände sind voll von großen, gerahmten Fotografien von Sportlern »in Aktion«, und jedes Bild ist mit einer sehr persönlichen Widmung versehen. Die Unterschrift unter dem Bild einer strahlenden Martina Nawratilowa lautet: »Für Dr. Steadman – danke, daß Sie ein Lächeln auf mein Gesicht, mein Herz und auf meine Knie gezaubert haben.« Das Foto von Girardelli trägt die Aufschrift: »Für den Mann, der meine Karriere gerettet hat.« Die Skiläuferin Cindy Nelson, eine wahre Veteranin des Sports, hängte drei ihrer World-Cup-Medaillen in seinem Büro auf und ließ die darunterhängende Plakette mit den Worten beschriften: »Ein Stück jeder dieser Medaillen gehört Ihnen. Ich danke Ihnen, daß Sie mir geholfen haben, diese Träume zu verwirklichen.«

Steadman selbst weist mit bescheidenem Stolz darauf hin, daß viele seiner Patienten nach ihren Verletzungen *besser* abschneiden als vorher. Der Luxemburger Girardelli ist vielleicht das beste Beispiel. Bei einem Skirennen 1983 verunglückte er schwer, kugelte sich das Knie aus, riß sich sämtliche Kniebänder und trug zu allem Überfluß auch noch schwere Knorpelschäden davon. 1985 renkte er sich eine Schulter aus, und 1988 riß ihm eine Ellenbogensehne. Er weigert sich, einen anderen Orthopäden als Dr. Steadman aufzusuchen.

Nicht ohne Grund. Seit der Knieverletzung 1983 – die so schwer

war, daß es fraglich erschien, ob er je wieder normal gehen können würde – gewann er wiederholt den Titel in der World-Cup-Kombination, für den in verschiedenen Skirennen während der Saison Punkte gesammelt werden, so auch 1992/93.
Steadman ist fast zwei Meter groß und wiegt über 200 Pfund. Sein Ruf und diese Größe wirken fast einschüchternd, wenn er zur Begrüßung auf einen zukommt, um ihnen die Hand zu schütteln. Aber sein beruhigendes Lächeln und sein Verhalten, das fast auf Anhieb eine einzigartige und wunderbare Mischung aus Wärme, Schüchternheit und Kompetenz ausstrahlt, flößen sofort Vertrauen ein. Man fragt sich, ob er immer so gelassen ist. Vielleicht nicht – aber keiner seiner Mitarbeiter kann sich erinnern, jemals ein scharfes Wort von ihm gehört zu haben.
Dieses Verhalten spielt wohl auch bei seinem Erfolg als Chirurg eine große Rolle. Ganz gewiß tut es dies bei den zehn Mitarbeitern der Steadman-Hawkins-Klinik. Shirley Carlson, eine Krankenschwester, die seit über zehn Jahren mit ihm zusammenarbeitet, berichtet: »Als ich die ersten Male mit ihm arbeitete, war ich noch nicht in der Klinik angestellt, sondern Leitende OP-Schwester; er war einer von mehreren Ärzten, denen ich bei Operationen zur Hand ging. Sein Verhalten als Chirurg und sein Umgang mit den Mitarbeitern unterschied sich von dem der anderen Ärzte. Er war kein Tyrann oder Egoist, wie man sie unter Chirurgen so häufig antrifft. Er war ruhig und leise und hatte es nicht nötig, im Mittelpunkt zu stehen.«

Eine inspirierende Vision

Wie andere Führungskräfte versteht auch Steadman, wie wichtig die persönliche Kontrolle ist. Er hält seinen Mitarbeiterstab – und,

Ein anderes Beispiel für den neuen Managementstil bietet uns Dr. Richard Steadman, den viele für den besten Kniechirurgen der Welt halten. Zu seinen Patienten gehören Spitzensportler.

wichtiger noch, seine Patienten – durch eine einfache Vision, eine sehr persönliche Vorstellung dessen, wie er Medizin praktizieren will, zu eigenverantwortlichem Handeln an.

Sein Traum entwickelte sich teilweise aus seinen negativen Reaktionen auf das, was er in anderen Praxen sah. Steadman glaubt, daß zu viele Ärzte ihren Beruf als eine Art Reparaturbetrieb sehen: Hier wird ein Knie repariert, dort eine Schulter, eine Gallenblase, ein Magen usw.

Steadman behandelt *Menschen.* Er fragt sie nach ihrem Lebensstil. Sportliche Interessen? Pläne für die Zukunft? Was will der Patient nach der Operation erreichen? Die Antworten auf solche Fragen spielen eine Rolle bei der Entscheidung, wie umfangreich die Operation sein wird – oder ob überhaupt eine Operation notwendig ist. Die Antworten auf diese Fragen bestimmen auch das anschließende Rehabilitationsprogramm, das, wie Steadman betont, so wichtig ist wie die Operation selbst.

Diesen Gesprächen mit dem Patienten und dem Verhalten Steadmans liegt ein weiterer wichtiger Teil seiner Philosophie der medizinischen Behandlung zugrunde. Ich habe mit zahlreichen Patienten Steadmans gesprochen und war selbst einer von ihnen. Unsere Reaktion ist dieselbe: Wie beschäftigt Steadman auch sein mag – wenn man in seinem Büro sitzt, fühlt man sich wie der wichtigste Mensch auf der Welt.

Das ist keine Schauspielerei. Sich für jeden Patienten Zeit zu nehmen gehört zu Steadmans Philosophie. Er ist felsenfest davon überzeugt, daß dies für die langfristige Genesung des Patienten ebenso bedeutsam ist wie die Operation selbst. Ganz besonders wichtig ist für ihn die Zuversicht und das Vertrauen des Patienten. Je mehr Vertrauen der Patient zum Arzt hat, desto besser sind seine Chancen auf völlige Wiederherstellung. Je zuversichtlicher der Patient daran glaubt, wieder gesund zu werden, desto eher wird er völlig genesen. Steadman liegt daran, daß die Patienten genau begreifen, was sie sich von der Operation und dem Genesungsprozeß erhoffen können und was nicht, was man mit Krankengymnastik bewirken kann und welche Bedeutung die postoperative Therapie hat.

Steadmans ausgeprägte Neugier spielt für diesen Teil seiner Philosophie eine große Rolle. Er wurde zum Beispiel durch Berichte über die postoperativen Erfolgsquoten in der damaligen DDR sehr beeinflußt. Sowohl wissenschaftlich als auch in der medizinischen Ausrüstung hinkten die Ostdeutschen den USA und anderen Ländern hinterher. Trotzdem konnten die ostdeutschen Orthopädie-Chirurgen erstaunlich hohe Langfristerfolgsquoten aufweisen.

Steadman reiste in die DDR, um sich vor Ort zu informieren. Er kam zu dem Schluß: Der Unterschied lag hauptsächlich in der Beziehung zwischen Arzt und Patient. Mehr Vertrauen zum Arzt hieß mehr Geduld und damit längere Rehabilitation. Was er dort sah, bestärkte ihn in seiner Überzeugung, daß die Psychologie der Arzt-Patienten-Beziehung genauso wichtig ist wie die eigentliche Operation.

Der Kernpunkt von Steadmans Einschätzung effektiver Medizin lautet: *Optimismus – ohne Illusionen.* Dies ist die Eigenschaft, mit der es Mentoren gelingt, einen Mensch statt Problemen Möglichkeiten sehen zu lassen. Im *Wall Street Journal* stand: »Bei seiner Untersuchung des Patienten ist Dr. Steadman unerbittlich fröhlich. Seine herzlichsten Bemerkungen hebt er sich für verängstigte Kinder auf. ›Ich bin ganz optimistisch, und das solltest du auch sein‹, sagt er zu einem Teenager mit schwerem Knorpelschaden.«[2]

Er scheint völlig die Bedeutung dessen zu verstehen, was es heißt, »sich etwas zu eigen zu machen«, was uns in der P&G-Fabrik schon begegnete. In einer medizinischen Fachzeitschrift schrieb

Steadman behandelt in erster Linie Menschen – nicht Krankheiten. Er hat Zeit, und er verbreitet Optimismus – für ihn eine der wichtigsten Voraussetzungen für einen natürlichen Heilungsprozeß.

er: »Die Auswirkungen des dramatischen Wandels im Leben des Sportlers – statt eines ehrgeizigen Athleten ist er jetzt Patient – sind sowohl psychologischer als auch physiologischer Art. Es scheint mir wichtig, (beide) Probleme in der unmittelbaren postoperativen Phase anzugehen.«[3]

Nach einem Unfall, der das Knie zertrümmert, hat der Patient plötzlich die physische Kontrolle verloren – für Sportler natürlich ein besonders traumatisches Problem. Mit einem Termin bei Steadman beginnt das Gefühl der Kontrolle schon wiederzukehren, wenn der Patient dessen beruhigende Art und seine Zuversicht erlebt.

Steadman möchte dieses Gefühl der Kontrolle möglichst rasch wieder auf den Patienten selbst übergehen lassen. Er sagt: »Wenn man fast unmittelbar nach der Operation mit Turnübungen beginnt, ersetzt man das Gefühl der Hoffnungslosigkeit durch ein Ziel, das man anstreben will.« Mit »fast unmittelbar« meint Steadman, sobald die Nachwirkungen der Narkose abgeklungen sind. Selbstverständlich meint er keine Übungen, die den Erfolg der Operation gefährden könnten, sondern er will, daß der Patient alles trainiert, was nicht verletzt war: Bauchmuskulatur, Armmuskeln usw. Er rät sogar zum Training auf einem Standfahrrad, sobald der Patient das verletzte Bein ohne Schmerzen bewegen kann.

Mein eigener Fall war ein gutes Beispiel. Ich war während eines Skiurlaubs gestürzt; mein vorderes Kreuzband war komplett gerissen. Der Unfall geschah montags; Steadman operierte mich am Mittwoch. Vor der Operation trugen mir die Schwestern auf, mir selbst das Bein zu rasieren, es mit antiseptischer Seife abzuwaschen und auf das zu operierende Bein einen dicken Fleck mit einem nichtlöslichen Filzstift zu malen. Sollte ich ihnen so etwa Zeit sparen helfen? Vielleicht auch. Was aber wichtiger war: Dies war ein erster Schritt, mir das Gefühl der Kontrolle zu geben. Die nicht ausgesprochene, aber unmißverständliche Botschaft lautete: Das ist *mein* Knie. Steadman ist ein großartiger Chirurg, aber wenn ich wieder Ski laufen oder Tennis spielen will, ist das Problem mein eigenes. Die Krankengymnastik, die Übungen, die gute Kondition der Beinmuskeln – für all dies bin *ganz allein ich selbst* verantwortlich.

Um diesen Prozeß des »Sich-zu-eigen-Machens« zu fördern, beteiligte sich die Klinik an der Entwicklung des *»Sport Cord«,* einem starken, etwa 1,80 Meter langen Gummirohr, an dem Griffe und Riemen befestigt sind. Weiteres Zubehör ist eine tragbare Kordel und eine Gebrauchsanweisung, die ein breites Spektrum an gymnastischen Übungen beschreibt. Die übliche Art der Therapie, bei der der Patient in regelmäßigen Abständen einen Krankengymnasten aufsucht, erschien der Klinik nicht ausreichend, da es lästig ist und viele Patienten die Therapie nicht ganz zu Ende bringen oder erst gar nicht beginnen. Mit dem Sport Cord kann man sich kaum noch durch faule Ausreden davor drücken, regelmäßige Therapie zu betreiben.

Steadmans Führungsstil in seiner Praxis und sein Ruf außerhalb der Klinik bedingen einander. Als sein Ruhm und seine Praxis wuchsen, brauchte er Hilfe. »In jedem Bereich habe ich einfach versucht, jemanden einzustellen, der dieses Gebiet besser beherrscht als ich.«

Den Begriff »Teamarbeit« schreibt Dick Steadman groß. Er und Hawkins sind natürlich das Herz der Praxis, aber viele der alltäglichen Funktionen werden wie in einer P&G-Fabrik von einem Team erledigt, das er selbst nach unterschiedlichsten Kriterien aufbaut.

Zunächst einmal achtet er darauf, daß potentielle neue Mitarbeiter zu seinem Stil passen. Alle scheinen seine Grundhaltung zu teilen, daß der »ganze Patient« behandelt werden muß. Als erste

Seine Mitarbeiter und er bilden ein Team, in dem jeder Verantwortung übernimmt und das ohne sichtbare Hierarchien auskommt. Ärzte und Pflegepersonal sind gleichberechtigte Partner.

stellte er Shirley Carlson ein. Als sie 1982 anfing, half sie überwiegend bei der allgemeinen Verwaltung. Inzwischen ist sie seine wichtigste Kraft im Operationssaal. Durch ihre zuverlässige Unterstützung gewinnt Steadman Zeit, die er außerhalb des OP mit der Tätigkeit verbringen kann, die er für so wesentlich hält: dem Gespräch mit dem Patienten.

Das neueste Teammitglied ist Richard Hawkins. Steadman wollte die Bandbreite seiner Praxis erweitern. Im Laufe der Zeit hatte er selbst sich immer stärker auf das konzentriert, was er die »unteren Extremitäten« nennt. Sportler brechen aber auch Arme oder tragen Schulterverletzungen davon. Steadman sagt: »Ich fand den Arzt, den ich für den besten Schulterexperten hielt (und dessen Stil und Philosophie zu meinem paßten). Wenn ich heute einen Patienten mit einer Schulterverletzung sehe, zögere ich keine Sekunde. Ich weiß, daß er im Behandlungszimmer nebenan am allerbesten aufgehoben ist.«

Seine Philosophie der Teamarbeit erstreckt sich auch auf seine Auswahl an »Praktikanten« oder »Fellows«. Das sind junge Ärzte, die überzeugt sind, ein Jahr Erfahrung bei Steadman und Hawkins für ein vergleichsweise geringes Entgelt von 42 000 Dollar pro Jahr werde sich für ihre eigene Praxis in zusätzlich erworbenem Geschick und durch den Abglanz des Steadman-Ruhms mehr als auszahlen. Als ich das letzte Mal mit Steadman sprach, bestand eines seiner größten Managementprobleme darin, welche der 200 hochqualifizierten Bewerber er für die fünf offenen Praktikantenstellen nehmen sollte. Etwa 25 waren zu einem Besuch in der Klinik geladen worden. Steadman betonte, daß die Übereinstimmung der Stile bei seiner endgültigen Entscheidung eine große Rolle spielen werde.

Wie andere große Führungskräfte ermutigt auch Steadman sein Team, Grenzen zu überspringen. Crystal Adams etwa kam 1985 zu ihm. Sie ist eine hochqualifizierte Krankenschwester, die einen Großteil der Büroarbeit und des Anpassens von Arm- und Beinschienen von Carlson übernahm. Adams hilft jedoch auch im OP, wenn Not am Mann ist. Carlson wiederum hilft bei der Schienenanpassung.

Steadman ermutigt all seine Mitarbeiter, alle Funktionen zu übernehmen, die sie genau so gut wie er oder besser ausüben können. Annette Fulstone leitet den Bereich »Klinische Forschung« in einer teilweise von Steadman finanzierten gemeinnützigen Stiftung für Sportmedizin. Sie erzählt: »Er verläßt sich wirklich auf die Mitarbeiter um ihn herum und auf ihr gesundes Urteilsvermögen. Er vertraut uns Entscheidungen an. Ich gehe oft zu ihm und frage: ›Was soll ich hier tun? Wir haben drei Möglichkeiten, A, B und C.‹ In solchen Fällen fragt er immer: ›Was halten Sie für die beste Lösung? Warum?‹ Mir ist das so viel lieber als jemand, der einfach sagt: ›Wir müssen jetzt das oder das so oder so machen.‹«

Wie Shelly in der P. S. 94 ermöglicht Steadman Mitarbeitern wie Patienten eigenverantwortliches Handeln, indem er fast uneingeschränkten Zugang zu sich selbst gestattet. Seine Klinik, die seine Frau Gay – ein weiteres Mitglied des Teams – entwarf, erleichtert es ihm, umherzuwandern, die Patienten zu besuchen und mit Crystal, Shirley, Topper, John und den übrigen Mitarbeitern zu sprechen.[4] Als Patient erwischt man ihn leicht im Flur; wenn er Zeit hat, wird er gleich mit dem Patienten sprechen, ansonsten später wiederkommen. Die Mitarbeiter wissen alle, daß sie ihn finden können, falls sie das Gefühl haben, ein Problem wachse ihnen über den Kopf. Alles übrige wird einfach dadurch möglich, daß er, soweit es sein Zeitplan irgend zuläßt, verfügbar ist.

*

Aber auch die Patienten werden in die Entscheidungsprozesse über verschiedene Wege zur Rehabilitation mit einbezogen, ohne daß sie deshalb das Gefühl haben müssen, »Versuchskaninchen« zu sein.

In dieser Zeit, in der Managementebenen entfallen, alles schlanker und der mittlere Manager zur bedrohten Gattung wird, können wir alle von Menschen wie Salzberg und Steadman lernen, die abseits der eingefahrenen Wege der Unternehmenswelt operieren. Beide verkörpern die Figur des Mentors. Allein diese Lektion ist es schon wert, daß man ihren Führungsstil untersucht.

Es gibt noch eine weitere, subtilere Lektion zu lernen: Diese Leute managen nicht einfach nur, sie sind Spezialisten mit einer Aufgabe in ihrem Leben, die ihre eher zweitrangige Rolle als Manager überschattet. Das Management als eigenständiger Beruf könnte durchaus zur leeren Bühne werden. Dies ist es vielleicht, was die Eliminierung so vieler Ebenen erst ermöglicht. Sogar im Lima-Werk von P & G – oder vielleicht gerade dort – beschränken sich die Aufgaben für die Manager nicht mehr auf das bloße Managen. Ihre Aufgabe ist es, dazu beizutragen, qualitativ hochstehende und den Kunden zufriedenstellende Produkte zu fertigen. Gutes Management ist das Mittel zu diesem Zweck.

Bisher haben wir in diesem Buch untersucht, wie »Motivatoren« – beispielsweise Entscheidungszentren – in einer Teamumgebung immer weiter nach unten gereicht werden. Wie sieht es aber in Situationen aus, die sich für eine Teamarbeit nicht von vornherein eignen? Die Kontrolle, der Glaube an den Wert der eigenen Arbeit und das Lernen lassen sich trotzdem viel weiter »nach unten« durchsetzen, als es in früheren Managementtheorien für möglich gehalten wurde. Sehen wir uns ein herausragendes Beispiel für eine solche Situation an: *Federal Express*.

Anmerkungen

1 New York Times Magazine, 17. Juni 1990, S. 23.
2 Anders, George, *Million Dollar M. D.,* »Wall Street Journal«, 8. April 1993, S. 1.
3 J. R. Steadman, *Rehabilitation After Knee Ligament Surgery,* The American Journal of Sports Medicine, Bd. 8, Nr. 4, 1980, S. 294.
4 Die Bedeutung der physischen Raumaufteilung für effektives Teammanagement ist ein Bereich, der geradezu nach mehr Forschung schreit. In meinen Nachforschungen kommt das Thema indirekt, aber häufig zur Sprache. Beispiele: der Extra-Konferenzsaal in den P&G-Werken, der leichte Zugang zu Salzbergs Büro, das Design der Steadman-Hawkins-Klinik. Gegenbeispiel: eine große Gruppe von Fachleuten, mit denen ich kürzlich zusammenarbeitete und die als Team arbeiten wollten, es aber aus diversen Gründen bisher nicht schafften. Ich bin davon überzeugt, daß einer der Gründe ihr neues Gebäude ist, ein architektonisches Wunder, das alle aber räumlich auseinanderdividiert und hinter verschlossene Türen zwingt.

Dort, wo es möglich ist, also zum Beispiel in einer Teamumgebung, sollten die Entscheidungszentren von den Managern, den »Motivatoren« immer weiter nach unten verlagert werden.

Kapitel 5

Systeme, die uns befreien

5

»Die Menschen zuerst« bei FedEx

Jeden Morgen um 8.10 Uhr springen in jeder Ecke der Vereinigten Staaten 26000 Federal-Express-Kuriere in ihre lila- und orangefarbenen Lieferwagen und nehmen ihr tägliches Wettrennen gegen die Zeit auf. Im Büro können die am Schreibtisch arbeitenden Vorgesetzten dieser Kuriere nach Belieben auf dem Computerbildschirm verfolgen, wo sie sich in jedem Augenblick befinden, während sie sich durch die Straßen der Städte arbeiten und in Bürogebäuden verschwinden. Wenn sie nach einem hektischen Nachmittag ins Büro zurückkehren, können sich die Kuriere darüber informieren, wie sie im Vergleich zu einer präzise errechneten »erwarteten« Effektivitätsrate abgeschnitten haben: welche Distanz sie bewältigten, wie oft sie anhielten, wie viele Pakete sie abgaben. Jeder Kunde, der sich darüber informieren möchte, wo sein Paket gerade ist, kann Federal Express anrufen und erfährt in weniger als fünf Minuten, wo es sich im Labyrinth der Flugzeuge, Lieferwagen, Paketbearbeiter und Sortierer gerade befindet. Das geschieht elektronisch – mit Hilfe eines gigantischen Computersystems und mit »SuperTrackers«, Scannern, die in der Hand gehalten werden und den genauen Weg von Paketen und Mitarbeitern aufzeichnen.

Das wohl weltweit größte, von einem gigantischen Computersystem und mit Hilfe von »SuperTraders« gesteuerte Versandunternehmen für Pakete, Dokumente u. ä. ist Federal Express (FedEx).

Oje! Klingt das nicht, als sei Federal Express, der weltbekannte Übernachtlieferdienst, auch *FedEx* genannt, ein repressives Unternehmen, das mit tyrannischen Zeitplänen und elektronischen Systemen vorwärts marschiert? Man könnte denken, dies sei kein Ort, an dem man wagen könne, bloßen Sterblichen die Kontrolle zu überlassen.

Und doch sagen mir alle Mitarbeiter, mit denen ich bei FedEx sprach – von den Kurieren über das mittlere Management bis zur Unternehmensspitze –, was ihnen an dem Unternehmen am besten gefalle, sei die *Freiheit, ihre Arbeit auf ihre eigene Art und Weise tun zu können.* Das Management dieses zerbrechlichen Gleichgewichts zwischen potentiell repressiven Systemen und der fröhlichen Einstellung einer eindeutig begeisterten Belegschaft ist der Schlüssel zum Erfolg von FedEx und der Grund dafür, daß sie Marktführer vor dem Erzrivalen UPS sind.

Ein Tag in Memphis

Während des Tages geht es im gigantischen FedEx-Terminal in Memphis relativ ruhig zu. Hier und da putzt jemand. Einige Wartungsarbeiten werden erledigt. Insgesamt jedoch ist die Anlage ruhig und wirkt seltsam leer. Um 21.30 Uhr, wenn die Stadt sich anschickt, zu Bett zu gehen, kommen die ersten Vorboten einer ganzen Welle von Teilzeitbeschäftigten an, die den Parkplatz mit ihren Autos füllen.

Um 22 Uhr sind 6000 Mitarbeiter eingetroffen. Die vormals friedliche Szene ist in ein Chaos umgeschlagen – zumindest erscheint es dem Betrachter so. Um 22.30 Uhr landet die erste Maschine, aus Orlando kommend. Von jetzt an bis 1.30 Uhr früh, wenn das letzte Flugzeug von der Westküste ankommt, landen 98 Flugzeuge, das

heißt eines alle zwei Minuten, auf dem Federal-Express-Flughafen in Memphis.
Während aus den Flugzeugen ein Gewühl von Paketen, Päckchen und großen Kisten ausgeladen wird, füllt sich das in dem labyrinthartigen Herz des Gebäudes laufende Fließband allmählich mit einer Million Paketen. Und jedes einzelne muß sortiert auf eine Route geschickt oder weitergeleitet werden, bis es mit Tausenden von anderen wieder in eines dieser 98 Flugzeuge verladen wird. Das erste startet um 2.45 Uhr, das letzte, das wieder an die Westküste zurückfliegt, um 5.45 Uhr. Kurz vor der Morgendämmerung in Memphis gehen die Paketbearbeiter, Sortierer und Wartungscrews der Flugzeuge nach Hause. Der Betrieb blickt einem weiteren schläfrigen Tag entgegen.
Für die übrigen 80 000 FedEx-Mitarbeiter beginnt damit allerdings erst der Arbeitstag. Sobald die Flugzeuge in den frühen Morgenstunden in Orlando, Seattle, Boston oder Los Angeles gelandet sind, treten die 26 000 Kuriere in Aktion. Als erstes müssen sie dafür sorgen, daß alle Eilpost bis 10.30 Uhr Ortszeit zugestellt wird. Gelingt es den Kurieren nicht, bis spätestens 8.10 Uhr die Türen der 600 Hauptbüros überall in den USA hinter sich zuzumachen, steigt nach den Berechnungen von FedEx das Risiko, die Eilpost mit Verspätung abzugeben, exponentiell.
Um 8 Uhr früh sind die tausend Federal-Express-Büros im ganzen Land aktiv. Sie sind dafür zuständig, daß jeder Kunde, der einen Brief oder ein Paket verschickt, jegliche Hilfe bekommt, die er oder sie braucht. Dabei spielt es keine Rolle, ob das Paket (vielleicht mit einem Umweg über Memphis) nur ans andere Ende der Stadt reist oder sich auf dem Weg in die Schlacht mit Zollbeamten in Moskau oder Tokio befindet.
Bevor ich den Betrieb in Memphis erlebte, wußte ich bereits, daß an der Art, in der Federal Express seine Angelegenheiten managt,

Der Dreh- und Angelpunkt dieses Unternehmens, das allein in den USA fast 100 000 Mitarbeiter beschäftigt, liegt im gigantischen FedEx-Terminal Memphis/Tennessee.

etwas »absolut und unbedingt« Besonderes sein mußte. Nach der Tour durch das nächtliche Getümmel in Memphis stand ich allerdings zunächst vor einem Rätsel, und ich denke, nicht nur mir geht es so. Alles, was ich dort »sah«, war eine überwältigende Flut an vorbeiziehenden Kisten, Päckchen und Umschlägen, vorbeijagenden Fließbändern, geschäftig hin und her sausenden Elektrokarren und hart arbeitenden Menschen. Das einzige, was ich in diesem scheinbar wahnsinnigen Durcheinander nicht sah, war eine Panne. Und eigentlich ist das genau der Punkt: Es gibt nicht viel zu sehen.

Zumindest nicht Sehen im Sinne von »Verstehen, wie es funktioniert«. In einem Dienstleistungsunternehmen wie Federal Express sind die Systeme entscheidend und – im Gegensatz zu einem Produktionsbetrieb – weitgehend unsichtbar. Sie sind jedoch nicht weniger beeindruckend und präzise als die Rohre, Fließbänder, Maschinen und Computer, die Downy oder Liquid Tide herstellen.

Die Infrastruktur der Systeme bei Federal Express bewirkt, daß die eigenen Leute die Verantwortung für die Firma haben. Dahinter liegt eine Philosophie, die besagt: *Die Menschen zuerst.*

Die Menschen zuerst

Über das Management von FedEx hatte ich mir bis zum Winter 1990 wenig Gedanken gemacht. In diesem Winter kam ich zu spät zu einer Verabredung zum Mittagessen. Ich konnte das Restaurant nicht finden. Ich wußte zwar, daß ich im richtigen Stadtteil war, aber wen ich auch fragte, niemand schien das Restaurant zu kennen, und ein Telefon war nirgends in Sicht. In schierer Verzweiflung betrat ich ein Federal-Express-Büro, eins dieser kleinen, die meist nur mit ein oder zwei Mitarbeitern besetzt sind. Der Bursche hinter der Theke war eindeutig sehr beschäftigt, blickte aber doch freundlich auf und fragte: »Was kann ich für Sie tun?«

Ich erläuterte mein Dilemma. Er wußte auch nicht, wo das Restaurant war, meinte aber: »Augenblick.« Er wühlte etwas herum, fand das Telefonbuch von San Francisco, schlug nach, rief das Restaurant an, um sich die Adresse bestätigen zu lassen, und beschrieb mir dann genauestens den Weg.

Als Einzelfall wäre dieser Zwischenfall ja nicht so ungewöhnlich gewesen. Ich habe aber, soweit ich mich erinnern kann, bisher in keinem einzigen Federal-Express-Büro einen Mitarbeiter erlebt, der nicht freundlich lächelte und hilfsbereit und höflich gewesen wäre. Die Kombination dieser Eigenschaften mit der unbedingten Zuverlässigkeit des Unternehmens hat mich zum loyalen Kunden werden lassen. Und nicht nur mich – die Kunden kommen in Scharen, und das bedeutet einen erheblichen strategischen Vorteil. Wie schafft das Unternehmen das?

Wenige Tage nachdem ich mich in San Francisco verlaufen hatte, fand ich meinen Weg ins Büro von Fred Smith, dem Vorstandsvorsitzenden. Ich berichtete ihm von diesem Ereignis und fragte ihn. Wie? Wie erreichen Sie diese einheitliche Fröhlichkeit und Hilfsbereitschaft? Wie tun Sie dies vor allem in Büros, in denen nur ein oder zwei Mitarbeiter sitzen? Die Leute müssen sich doch einsam, überarbeitet, ein anderes Mal gelangweilt oder auch schon mal brummig fühlen. Und warum legte sich dieser Mitarbeiter so ins Zeug, um mir dabei zu helfen, meine Verabredung zum Essen wahrnehmen zu können? Ich hatte ja nichts Geschäftliches mit Federal Express zu erledigen. Bei anderen Geschäften, in denen ich vorher gefragt hatte, hatte man nicht entfernt soviel getan, um mir zu helfen.

Die Antwort, so stellte sich heraus, ist nicht einfach. Sie kreist

Trotz der Ausnutzung aller technischen Möglichkeiten rund um die Uhr und trotz eines wohlorganisierten Durcheinanders steht bei FedEx jedoch ein Kernsatz im Mittelpunkt: Die Menschen zuerst.

jedoch um ein zentrales Thema: Übertragen Sie den Menschen Verantwortung – zunächst den Mitarbeitern, dann auch den Kunden.

In Memphis/Tennessee betonten Fred Smith und seine Mitarbeiter bei Federal Express immer wieder, daß in ihrem Unternehmen die Menschen Vorrang vor allem anderen hätten. Ja, sie *wollen* für ihr außergewöhnlichen Service bekannt sein, wollen in puncto Zuverlässigkeit die Nummer eins sein. Natürlich soll das Unternehmen wachsen und dabei einen anständigen Gewinn erzielen. Aber bei Federal Express heißt es: *Zuerst die Menschen.* Smith sagt: »Wir haben vor langer Zeit entdeckt, daß die Zufriedenheit des Kunden bei der Zufriedenheit des Mitarbeiters beginnt. Diese Auffassung ist in unserer Unternehmensphilosophie verankert: Menschen. Service. Gewinn.« Drei ganz simple Begriffe – leicht zu merken, aber schwer umzusetzen.

Viele kennen die inzwischen legendäre Geschichte der Anfänge von Federal Express. Mitte der sechziger Jahre schrieb Smith ein Papier für einen Wirtschaftskurs für untere Semester an der Yale University. Darin zeichnete er die Umrisse auf: ein Lieferdienst über Nacht mit fast hundertprozentiger Zuverlässigkeit und mit einem Drehkreuz irgendwo in der Nähe des bevölkerungsmäßigen Mittelpunkts der USA. Selbst wenn das Paket nur von Baltimore nach Washington, D. C. ging, würde es über dieses Drehkreuz geschickt.

Klingt haarsträubend, nicht? Der Meinung war auch der Professor. Smith erhielt ein C (etwa einer Vier entsprechend). Die Idee ging ihm aber nicht aus dem Kopf, und nach zwei Vietnam-Einsätzen und nachdem er von seinem Vater ein großes Vermögen geerbt hatte, gründete er mit 4 Millionen Dollar genau das Unternehmen, das er sich damals vorgestellt hatte.

Vielen ist nicht klar, daß Federal Express deshalb so effektiv ist, weil seine Mitarbeiter dieses Konzept verinnerlicht haben. Eine Stationsmanagerin sagte mir: »Die Philosophie bei FedEx lautet: ›Wenn man sich um die Menschen kümmert, liefern sie den Service, der einen guten Umsatz und Gewinne bringt.‹« Sie fügt hinzu, daß dies im Gefecht des Alltags schon ›mal untergehen‹ könne; aber die besten FedEx-Manager investieren Zeit und Energie in die Aufgabe, ihre Mitarbeiter richtig zu behandeln. »Es funktioniert tatsächlich, wirklich«, sagt sie.

1990 gewann FedEx als erstes Dienstleistungsunternehmen den in den USA sehr begehrten Malcolm-Baldridge-Preis für Qualität. Für John West, der bei FedEx dafür zuständig ist, war diese Auszeichnung eine logische Anerkennung dessen, was das Unternehmen bereits erreicht hatte. Der hagere, aber drahtige, leise sprechende West trägt den richtigen Namen. Stecken Sie ihn in Cowboykleidung, setzen Sie ihn auf ein Pferd, und er könnte glatt als Star eines Hollywoodwesterns durchgehen.

West steht den Qualitätsprogrammen vieler amerikanischer Unternehmen skeptisch gegenüber. Seiner Ansicht nach machen zu viele den Fehler, den »menschlichen Faktor« außen vor zu lassen; der menschliche Faktor ist aber, sagt er, »das eigentliche Fundament jedes effektiven Qualitäts- oder Dienstleistungssystems«. Er meint, allzuoft verlasse man sich bei den Qualitätsprogrammen bloß auf die Gegenstände. Wenn man aber den menschlichen Faktor nicht einbeziehe, besteht das Programm aus reinem Treibsand.

»Wenn man die Menschen gut behandelt und sie spüren, daß das Unternehmen sich wirklich um sie kümmert, erhalten Sie ganz von selbst eine Bereitschaft zur Dienstleistung, die Sie für alles Geld der Welt nicht kaufen können«, erklärt er und behauptet weiter, daß man hingehen und riesige Beträge für Kommunikation, Ausbildung oder sonst etwas ausgeben könne – wenn aber die Mit-

Die Philosophie, die hinter allen Entscheidungen und Aktivitäten von FedEx steht, gilt gleichermaßen für Mitarbeiter wie für Kunden. Sie ist das eigentliche Element jedes Qualitäts- oder Dienstleistungssystems.

arbeiter mit sich selbst, mit ihrer Arbeit und ihrem Arbeitsplatz unzufrieden sind, erhalten Sie von ihnen auch keinen guten Service.

Smith glaubt, daß seine Philosophie des »Menschen zuerst« nichts anderes ist als schlicht die konsequente Fortführung historischer und aktueller Tendenzen. Für ihn hat alles mit der amerikanischen Revolution angefangen. Seit diesem Wendepunkt sind die Rechte und der Wert eines einzelnen menschlichen Lebens, unabhängig von seiner Herkunft, zum beherrschenden Thema der gesellschaftlichen Evolution geworden. Die *Federal-Express-Richtlinien für Manager* umschreiben es so:

»Die Verfassung der Vereinigten Staaten, die Bill of Rights, die Gesetzgebung über die Reform der Bürgerrechte und andere wichtige, in den USA vor allem seit der Depression verabschiedete Gesetze stehen für einen stetigen Fortschritt im Streben nach menschlicher Würde. Moderne Verhaltensforscher wie Abraham Haslow und Frederick Herzberg haben belegt, daß fast ausnahmslos jeder Mensch eine Hierarchie emotionaler Bedürfnisse hat. Sie reicht vom Streben nach grundlegender Sicherheit, Unterkunft und Nahrung bis zum Wunsch nach Achtung, Befriedigung und dem Gefühl, etwas erreicht zu haben.

Diese Wertvorstellungen wurden ganz allmählich zum Kernstück progressiver Unternehmenspolitik und führten immer zu bemerkenswerten Ergebnissen. Gleichzeitig wurden die Gesetze zum Schutz der Rechte des Individuums verbessert, die Ausbildung immer besser, und die Massenkommunikation entstand. All dies brachte Arbeitskräfte hervor, die man führen und nicht ›herumkommandieren‹ muß. ... Energien, die früher für Arbeitszwiste verschwendet wurden, werden nun mit dem Ziel eingesetzt, den einzig wahren Boß zufriedenzustellen – den Kunden.«[1]

Das klingt sehr fortschrittlich, aber die »Menschen-zuerst«-Philosophie bei FedEx könnte trotzdem bloßer Schmus eines enthusiastischen Unternehmensleiters und einer redegewandten Public-Relations-Abteilung sein. Ist denn bei Federal Express etwas *wahrnehmbar anders* als in anderen Unternehmen? Ja, allerdings.

Zuallererst einmal müssen die Menschen und ihre Jobs zusammenpassen. Fred Smith äußert sich dazu klipp und klar: Die richtigen Menschen müssen an die richtigen Stellen, und das beginnt beim Einsatz vor Ort. Ein Großteil der Arbeit der Kuriere und fast die gesamte Arbeit der Kundendienstmitarbeiter erfordern unmittelbaren Kontakt mit dem Kunden, oft unter schwierigen Bedingungen.

»Man muß verrückt sein, um hier arbeiten zu wollen«, sagte mir eine Paketsucherin und meinte damit die Arbeit im Kundendienst. »Während der Stoßzeiten kommen aufgeregte, aufgebrachte oder einfach geschwätzige Kunden herein. Man muß nett sein, obwohl man weiß, je mehr und je lauter sie reden oder schreien, desto größer ist die Wahrscheinlichkeit, daß ihr Paket zu spät kommt.«

Laut Smith hat Federal Express im Laufe der Jahre ein ziemlich genaues Profil des Menschentyps entworfen, der sich für die enge Zusammenarbeit mit dem Kunden eignet und Freude daran haben wird. Er fügt hinzu: »Wir kennen alle Menschen, die introvertiert und nicht eben liebenswert sind. Sie kann man natürlich nicht an Arbeitsplätzen gebrauchen, die den ständigen Kontakt mit dem Kunden erfordern. In anderen Dienstleistungsunternehmen geschieht dies aber ständig.« Er sieht darin eines der größten Probleme für die Dienstleistungsbranche.

Die Kuriere, die ich befragte, äußerten sich noch unverblümter. Einer meinte: »Wenn man keine Menschen mag, hält man es in diesem Job keinen einzigen Tag aus.« Und eine Kollegin fügte hin-

Fred Smith, Gründer und Chef von FedEx, fordert, den »einzig wahren Boß« zufriedenzustellen: den Kunden. Der Kontakt mit ihm ist der wichtigste Teil Ihrer Arbeit, auch unter schwierigen Bedingungen.

zu: »Was gefällt mir an dieser Arbeit? Meine Kunden. Sie sind mir wichtiger als Federal Express.« (Sie fügt allerdings hinzu: »Ohne Federal Express hätte ich diese großartigen Kunden aber nicht, es ist also wie ein sich schließender Kreis.«)
FedEx versteht außerdem den scheinbar naheliegenden, aber oft vergessenen Grundgedanken, daß die Definition der »richtigen Person für die Arbeit« sich mit jeder Organisationsebene wandelt – und das Unternehmen setzt diesen Gedanken auch um. Die Beförderung ist hier keine routinemäßige Belohnung für diejenigen, die sich in einem der zahlreichen Arbeitsplätze an vorderster Front bewährt haben. Wie wir gleich sehen werden, gibt es bei Federal Express ein striktes Ausleseverfahren für Führungskräfte. Das Unternehmen bemüht sich ebenso intensiv (oder eher noch intensiver), die Eigenschaften potentiell geeigneter Führungskräfte zu verstehen, wie die der Spitzenkräfte im Servicebereich zu begreifen.
Gehen wir also davon aus, daß es FedEx besser als den meisten anderen Unternehmen gelingt, die richtigen Menschen an die richtigen Stellen zu setzen. Die größte Bewährung steht aber noch aus: Wie bringt man diese dann dazu, Spitzenleistungen zu erbringen, also ihr Bestes zu geben? Es gibt bei FedEx einen zweiteiligen, starken Kiefer, der dem Gedanken des »Menschen zuerst« scharfe Zähne verleiht. Der eine Teil ist eine Umfrage mit einem überraschenden kleinen Trick und der zweite ein Programm, das allen Mitarbeitern eine faire Behandlung praktisch garantiert.

Umfrage/Rückkopplung/Handeln

Jedes Frühjahr nehmen die FedEx-Mitarbeiter an einer Umfrage zur Einstellung der Mitarbeiter teil. Sie besteht aus 29 Fragen. Die ersten zehn betreffen die Atmosphäre in der eigenen Arbeitsgruppe, etwa: »Gibt es in Ihrer Arbeitsgruppe Begünstigung? Behandelt mein Vorgesetzter mich mit Achtung? Hört er oder sie sich meine Ideen an? Hilft er oder sie mir, besser zu arbeiten?«

Das nächste Bündel an Fragen gilt dem Management, das über dem unmittelbaren Vorgesetzten steht. Die übrigen Fragen haben die allgemeine Atmosphäre im Unternehmen zum Inhalt.

Als letztes wird gefragt, wie gut FedEx die im Vorjahr zur Sprache gebrachten Probleme gelöst hat. Die Ergebnisse werden zu Gruppen zusammengefaßt und in eine Tabelle eingeordnet. Jeder Manager erhält eine Punktzahl für jede einzelne der 29 Fragen und eine Gesamtpunktzahl. Die kombinierten Punktzahlen der ersten zehn Fragen sind der sogenannte Führungsindex.

Und hier ist der Haken: Jedes Jahr wird für den Führungsindex ein bestimmtes Ziel vorgegeben. Wenn das Unternehmen dieses Ziel verfehlt, bekommen die 300 Spitzenmanager der Firma keine Gratifikation. Punktum! So einfach ist das. Die Gratifikation, die normalerweise für eine Führungskraft der Leitungsebene bei ungefähr 40 Prozent des Grundgehalts liegt, wird nicht etwa auf 30 Prozent oder 20 Prozent gekürzt – nein, sie entfällt ganz.

Für die Manager bei FedEx bedeutet dies, daß sie mit ihren Mitarbeitern arbeiten und sie korrekt behandeln müssen. Für jeden einzelnen der Mitarbeiter heißt dies: »Du zählst. Du hast Kontrolle darüber, wie dieser Laden läuft.«

Die *Hyatt-Hotel-Kette,* ein weiterer Dienstleistungsbetrieb, hat seit Jahren ein ähnliches Programm. Ein Hotel beurteilen wir alle danach, wie uns die Mitarbeiter am Empfang behandeln, wie der Service im Restaurant ist und so fort. Daher ist es von entscheidender Bedeutung, daß die Angestellten sich an ihrem Arbeitsplatz wohl fühlen. Sonst ist es nichts mit dem guten Service – da

Deshalb ist es auch erforderlich, die richtigen Menschen an die richtigen Stellen zu setzen. Jährliche Tests kontrollieren die Qualifikation der Mitarbeiter, aber auch die Atmosphäre in der eigenen Arbeitsgruppe.

mag die Kette noch so viele Service-Qualitätsprogramme haben oder »Smiley«-Anstecker verteilen.
Wie FedEx führt auch Hyatt eine alljährliche Umfrage zur Einstellung der Mitarbeiter durch, und dies ist das einzige Instrument, das der Karriere eines Hotelmanagers Auftrieb geben – oder sie zerstören kann. Ein Manager, dem mehrere unterdurchschnittliche Bewertungen anhängen, steigt bei Hyatt niemals auf, sondern höchstens aus.
Die Umfrage findet also jedes Frühjahr statt. Wie steht es nun mit der Rückkopplung in diesem System? Nach den Tabellenergebnissen der Umfrage erhalten die Manager ein Punkteblatt, und zwar nicht nur für die ihnen unterstellte Arbeitsgruppe, sondern auch für das gesamte Unternehmen, so daß sie ihre Ergebnisse vergleichen können. Kurz darauf beraumt der Manager eine Sitzung mit seiner Arbeitsgruppe an, und sie begutachten die Ergebnisse gemeinsam.
Ziel ist, daß sie sich als Gruppe mit den Problemen befassen und einen Plan mit Verbesserungsvorschlägen erarbeiten. Dieser Entwurf wird dann zu einem der Hauptbestandteile im Plan dieses Managers und für die Zielsetzung des kommenden Jahres. Er wird nicht nur dem Vorgesetzten dieses Managers vorgelegt, sondern auch einer Handvoll Führungskräften an der Spitze, die bei FedEx »Verwaltungsdirektoren« heißen.
Die 500 Mitarbeiter der Abteilung Rechnungsstellung in Memphis führen das System in Aktion vor. Vor fünf Jahren erreichte das Management dieser Abteilung etwa 70 Prozent des Führungsindex und blieb damit weit hinter den Erwartungen zurück. »Es wurde allmählich ein Witz«, erinnert sich Mike Lauderdale. »In jedem Jahr war das Ergebnis das gleiche wie im Vorjahr.« Doris Elder, ebenfalls Mitarbeiterin bei der Rechnungsstellung, pflichtet ihm bei: »Man redete, aber keiner hörte zu.«

Einige Ebenen über Lauderdale bekam die Direktorin der Rechnungsstellung, Cindi Henson, aber inzwischen mit, was sich tat. Ihr fiel die eigene niedrige Punktzahl – 14 Prozent – bei einer Frage auf, die Mitarbeitern zwei Ebenen unter ihr gestellt wurde: »Der/Die Vorgesetzte meines Managers gibt uns die Unterstützung, die wir brauchen.«

Henson hatte neben dem Druck bei der Arbeit noch ein krankes Kind zu versorgen. »Ich mußte ziemlich Seelenforschung betreiben«, sagt sie. Sie rief mehrere Manager zu einer ganztägigen Sitzung außerhalb der Firma zusammen. »Sie erzählten mir alles, was ich in den letzten beiden Jahren falsch gemacht hatte. Die niedrige Punktzahl, mit der sie mich bewertet hatten, hatte mir, ehrlich gesagt, einen Heidenschrecken eingejagt. Ich hörte mir sieben Stunden lang all die Dinge an, bei denen ich Bockmist gebaut hatte.«

Henson versprach, sich zu ändern, und die Manager versprachen, ihr dabei zu helfen. Beide Seiten erfüllten dieses Versprechen. Sie traf sich öfter mit ihnen, oft außerhalb des Unternehmens, so daß auch Dinge zur Sprache kamen, die nichts mit der Arbeit zu tun hatten. Sie änderte ihre Körpersprache, nachdem sie ihr gesagt hatten, sie verhalte sich gegenüber den Mitarbeitern fast wie gegenüber einem Kind. Sie ging mehr in der Abteilung umher und hörte sich die Sorgen der Mitarbeiter an.

Gleichzeitig machte Henson den mittleren Managern klar, daß das *Umfrage/Rückkopplung/Handeln*-Verfahren auch von deren Seite einige aktive Maßnahmen erforderte. Die Manager trafen sich daraufhin alle Vierteljahre mit ihren Gruppen und gaben ihnen genügend Zeit, Pläne für die Lösung eines ihrer wichtigsten Anliegen zu entwickeln, nämlich die starren Arbeitszeiten – ein Problem vor allem für alleinerziehende Eltern. Drei Jahre lang bemühten sich Mitarbeiter und ihre Vorgesetzten gemeinsam dar-

Bei einem negativen Ergebnis werden die zuständigen Manager persönlich verantwortlich gemacht und ihre Gratifikationen entsprechend beschnitten. Umgekehrt sind natürlich Belohnungen vorgesehen.

um, dieses Problem zu knacken. Sie begannen mit flexiblen Arbeitszeiten, bei denen Mitarbeiter zwischen 5 und 10 Uhr morgens kommen und an verschiedenen Tagen eine unterschiedliche Stundenzahl arbeiten konnten. Sie setzten außerdem ein unkonventionelles Programm durch: Mitarbeiter erhielten Gelegenheit, unerwartete Fehlzeiten – meist wegen Krankheit eines Kindes – später aufzuarbeiten. Die Arbeitsmoral stieg – und mit ihr die Produktivität. »Die flexiblen Schichten sorgten für die Motivierung, die die Mitarbeiter brauchten, um ihre Arbeit zu tun«, sagt Lauderdale. Federal Express errechnete, daß das Unternehmen wegen der geringeren Zahl an Überstunden und der Streichung von Arbeitsplätzen, die durch die flexiblen Arbeitszeiten möglich wurden, in den letzten zwei Jahren etwa 2 Millionen Dollar eingespart hat.

Auch andere Dinge änderten sich. In einer Gruppe beschuldigten die Mitarbeiter ihre Vorgesetzten der Günstlingswirtschaft und forderten eine genauere, überprüfbare Methode, um ihre Arbeit – das Korrigieren von Fehlern in Kundenrechnungen – zu bewerten. Sie bildeten ein Qualitätsteam und entwickelten das statistische Bewertungssystem, mit dem heute die Mitarbeiter – fairer – beurteilt werden.

»Die Dinge haben sich dramatisch zum Besseren gewendet«, sagt Doris Elder. »Wir sind jetzt ganz erpicht darauf (etwas zu sagen), weil wir wissen, daß dann auch etwas geschieht.« Und: Innerhalb von drei Jahren stieg der Führungsindex in der Abteilung Rechnungsstellung auf 90 Prozent.

Als ob das alles noch nicht genug wäre, zieht FedEx jedes Jahr eine Untergrenze. Wenn Sie eine der armen Seelen sind, deren Führungsindex unter diese Markierung sinkt, schickt man Sie in eine Art Fegefeuer, genannt Gruppe für »kritische Betrachtung«. Das bedeutet, daß Sie und Ihre Arbeitsgruppe die Umfrage nach sechs

Monaten wiederholen und sich erneut dem Rückkopplungs- und Handelsdrill unterziehen müssen.

Fairneß wird garantiert

Federal Express nennt das Umfrage/Rückkopplung/Handeln-Programm das Flaggschiff seiner »Menschen-zuerst«-Philosophie. Selbst wenn dieser Ansatz das einzig Neue wäre, hätte das Unternehmen damit schon alle anderen um zehn bis zwölf Lichtjahre bei dem Versuch überflügelt, die Dichotomie zwischen Einzelperson und Organisation zu überwinden. Aber warten Sie einen Augenblick – es gibt noch mehr: FedEx hat ein weiteres, tief verwurzeltes System: die *garantiert faire Behandlung*. Seine Bedeutung läßt sich rein optisch kaum übersehen: Überall in den FedEx-Gebäuden hängen Plaketten und Poster, die das System beschreiben und seine Anwendung erklären.
Wie Umfrage/Rückkopplung/Handeln ist auch dieses Programm geradlinig und leicht zu begreifen. Alle FedEx-Mitarbeiter scheinen es gut verstanden zu haben. Es ist so angelegt, daß jemand mit einer Beschwerde oder einem Problem bis zur Unternehmensspitze gehen kann, wenn es notwendig ist, und sein Anliegen innerhalb von 21 Tagen gelöst wird.
Unter normalen Umständen geht der FedEx-Mitarbeiter mit einem derartigen Anliegen zu seinem unmittelbaren Vorgesetzten und regelt das Ganze direkt vor Ort. Nun ist aber denkbar, daß ihn das nicht befriedigt. Dann berufen sich der Manager, dessen Vorgesetzte/r und ein »Verwaltungsdirektor« auf ihre Rechte gemäß der »garantiert fairen Behandlung« und bemühen sich gemeinsam, das Problem zu lösen. Sie haben sieben Tage Zeit für ihre Antwort. Gelingt es ihnen, ist die Sache »gegessen«.

FedEx nennt dieses System das Umfrage/Rückkopplung/Handeln-Programm. Seine Offenheit garantiert eine faire Behandlung aller. Das Programm hat den Vorteil, geradlinig und greifbar zu sein.

Nehmen wir aber mal den schlimmstmöglichen Fall an: Sie wurden Ihrer Meinung nach zu Unrecht entlassen, und in der ersten Phase des Prüfverfahrens erhielten Sie keine zufriedenstellende Antwort auf Ihre Beschwerde.
Sie sagen sich: »Es bleibt eine Ungerechtigkeit, also gehe ich zu Phase zwei über.« Ihre Beschwerde geht nun an die stellvertretenden Vorsitzenden der Betriebsabteilung und deren Vorgesetzte. Auch sie haben sieben Tage Zeit für ihre Antwort.
Nehmen wir weiter an, die ersten beiden »Instanzen« kommen zu dem Schluß, daß das Management die richtige Entscheidung getroffen hat, Ihre Entlassung also zulässig war. Sie sehen das nach wie vor anders – und gehen in die dritte Phase. Ihre Beschwerde über die Ungerechtigkeit Ihrer Entlassung geht nun an das Beschwerdegremium. Es besteht aus dem Unternehmensleiter, dem Betriebsleiter, dem obersten Personalchef und zwei Vorstandsmitgliedern.
An diesem Punkt stehen dem Gremium, das alle zwei Wochen zusammentrifft, drei Möglichkeiten offen. Es kann sofort entscheiden, daß die Tatsachen eindeutig sind und die Entlassung gerechtfertigt war. Das ist dann endgültig. Das Gremium kann aber auch die Entscheidung des Managements aufheben. (In diesem Fall würde es den Fall wahrscheinlich persönlich anhören, um die Tatsachen und genaueren Umstände weiter zu erhellen.)
Als dritte Möglichkeit kann es eine »Prüfstelle« einberufen. Diese Stelle setzt sich aus einigen Vertretern des Managements und einigen Ihrer Kollegen zusammen, die Sie – als Beschwerdeführer – benennen dürfen. Diese Prüfstelle hat ähnlich uneingeschränkte Vollmacht wie eine Jury, den Fall zu hören und für oder gegen Sie zu entscheiden. Falls die Stelle Sie wiedereinstellt, ist sie darüber hinaus dafür zuständig, die genauen Bedingungen für diese Wiedereinstellung auszuarbeiten.

West war einmal Mitglied einer solchen Prüfstelle, als diese beschloß, den Mitarbeiter, der sich zu Unrecht entlassen sah, wiedereinzustellen. »Das war aber nicht das Ende der Geschichte«, sagte er. »Wir beschlossen, daß dieser Mitarbeiter nicht an seine alte Stelle zurückkehren sollte. Wir mußten darüber entscheiden, ob ihm ausgefallene Gehaltszahlungen zustehen, wo er in Zukunft arbeiten und welche Gehaltsstufe angemessen sein würde und so weiter.«
Mit »Umfrage/Rückkopplung/Handeln« und der »garantiert fairen Behandlung« sprengt Federal Express den Rahmen der Normen, die für die »Menschen-zuerst«-Philosophie unerläßlich sind. In dieser Philosophie selbst und in den Systemen, die sie glaubwürdig erscheinen lassen, entdecken wir erneut die enge Verbindung zwischen den Menschen eines Unternehmens, den Organisationsformen (in diesem Fall: ihren Systemen) und dem dauerhaften strategischen Erfolg.

SuperTracker, SQI und QAT

Nun könnte man sich fragen: »Besteht bei dieser Schwerpunktverlagerung auf die Mitarbeiter nicht die Gefahr, den Kontakt mit dem Kunden zu verlieren?« Die klare Antwort: Nein. Zwei weitere Systeme – *SuperTracker* und *SQI* – sorgen dafür, daß sich das Hauptaugenmerk auch weiterhin auf den Kunden richtet.
Mit dem SuperTracker-System erzielte FedEx wohl seinen größten technologischen Durchbruch. Dieses System greift jedes einzelne Mal, wenn ein Paket in eine andere Hand übergeht. Die Mitarbeiter benutzen einen kleinen Bildabtaster/Computer und streifen mit einem Stab über den Strichcode des Pakets. Meist ist der Bildabtaster »eingepolt«, das heißt zum Beispiel an eine Einheit im

Damit sprengt das Unternehmen bisherige Normen und zeigt, daß eine sinnvolle Verbindung von Mitarbeitern, Organisationsformen und einem dauerhaften strategischen Erfolg möglich ist.

Lieferwagen des Kuriers angeschlossen. Der Polschuh liest sämtliche Daten vom Bildabtaster ab und blinkt sie über einen Funkleitstrahl von 800 Megahertz an die nächste Station. Diese wiederum übermittelt die neuen Daten über einen Satelliten an eine riesige Rechenanlage in Memphis.

Der SuperTracker bringt Smith und FedEx einem Traum näher, den er seit jeher für das Unternehmen hatte: hundertprozentiger Service. Vor der Einführung des SuperTrackers 1988 konnte das Unternehmen dieses Ziel zwar anstreben, es aber nie wirklich erreichen. Heute hat die Firma einen sehr genauen Maßstab für den Kundenservice. Resultat: Jeder bei FedEx arbeitet für den Kunden.

Der Maßstab für den Kundendienst nennt sich »SQI«. Das steht für *Service-Qualitätsindikator.* SQI registriert täglich sämtliche Serviceleistungen des Systems. Ein Großteil der Daten ist sogar bereits verfügbar, wenn das erste Flugzeug um 2 Uhr früh in Memphis startet.

SQI ist ein Element aus rund einem Dutzend Punkten, die FedEx für unerläßlich im Kundendienst hält. Dazu gehören unter anderem:

- **Falscher Tag/Verspätung:**
  Das Paket kam zwar an, aber um einen Tag oder mehr verspätet.

- **Richtiger Tag/Verspätung:**
  Das Paket wurde am zugesagten Tag ausgeliefert, aber beispielsweise um 10.45 Uhr statt 10.30 Uhr.

- **Rechnungskorrekturen:**
  Die Rechnung an den Kunden war fehlerhaft.

- **Fehlender Beleg für Auslieferung:**
  Das Paket wurde höchstwahrscheinlich abgegeben, der Kurier hat aber keinen Zettel, der dies belegt.

- **Abholfehler:**
  Das Paket wurde gar nicht oder zu spät abgeholt.

- **Beschädigung des Pakets:**
  Das Paket kam an, wurde aber während des Transports beschädigt.

- **Verlorenes Paket:**
  Das Paket kam nie an und ist nirgends aufzutreiben.

Einige Fehler sind natürlich besonders gravierend. Ein »Richtiger Tag/Verspätung« kostet einen Punkt. Ein »Falscher Tag/Verspätung« kostet fünf Punkte. Ein beschädigtes, nicht abgeholtes oder verlorenes Paket kostet zehn Punkte. Tag für Tag werden am Ende jedes Arbeitstages die Punkte addiert, und jeder von Smith bis zu einem Teilzeitsortierer im Drehkreuz von Memphis und zum Kurier in Minneapolis weiß, wie sein Unternehmen heute abgeschnitten hat. An dem Tag, als ich in Memphis war, betrug die SQI-Punktzahl etwa 130 000. Die FedEx-Mitarbeiter sagten mir, das sei eine typische Zahl; außerdem habe sich das Unternehmen trotz steigendem Geschäftsvolumen im Vergleich zum letzten Geschäftsjahr um etwa 15 % verbessert.
Das Unternehmen hat sich zum Ziel gesetzt, SQI innerhalb der nächsten fünf Jahre auf ein Zehntel zu drücken; das wären 13 000 Punkte pro Tag. Beachten Sie, daß diese Zahl absolut ist und sich nicht am Volumen ausrichtet. Wenn das Volumen bei FedEx weiter wächst, scheint das Erreichen dieses Zieles fast unmöglich zu wer-

FedEx hat eine ganze Reihe von Kontrollmechanismen entwickelt, die Fehlerquellen aufspüren und in der Zukunft vermeidbar machen. Maßstab ist ein firmeninterner Service-Qualitätsindikator (SQI).

den. (Und doch hat Motorola, wie wir später noch sehen werden, mit seinem umfassenden Qualitätsprogramm noch ehrgeiziger klingende Ziele verwirklicht.)

Es gibt noch eine weitere Technik, die dazu beiträgt, die SQI-Punktzahl zu verbessern: der firmeneigene Fernsehsender von Federal Express, FXTV. In fast allen Standorten stehen Bildschirme. Der Sender berichtet über alles, vom Stand der von wechselndem Erfolg begleiteten Versuche, Märkte in Übersee zu erobern, bis hin zu Live-Programmen mit Fragestunden mit der Unternehmensführung. Ein Hauptzweck des Senders ist die Übertragung der täglichen SQI-Ergebnisse für alle FedEx-Mitarbeiter.

Während wir mit offenem Mund staunend vor all diesen »supertollen« Systemen stehen, muß einschränkend festgestellt werden, daß das SuperTracker-System dazu benutzt werden kann (und gelegentlich wird), den Weg von Kurieren aufzuspüren. Meine Freundin, die Kurierin, sprach nur halb im Scherz, als sie das System »der kleine Große Bruder« nannte. Dieses System plus FXTV klingt wirklich wie etwas aus Orwells *1984*. Die entscheidende Frage ist: Warum wirken Systeme wie SuperTracker, SQI und FXTV dennoch befreiend und nicht repressiv? Es gibt dafür mehrere Gründe.

Erstens: Wie die besten der modernen automatisierten Fabriken sind sie auf die Bedürfnisse der Kunden zugeschnitten und erleichtern denjenigen das Leben, die eine Dienstleistung für den Kunden erbringen. Das steht im krassen Gegensatz zu bürokratischen Systemen.

Bürokratische Systeme sind so geplant, daß sie sich an den Bedürfnissen von Verwaltern im Inneren des Unternehmens ausrichten. Der Schwerpunkt liegt darauf, dem Chef zu gefallen, nicht dem Kunden. (Dies ist übrigens eine der besten Definitionen von Bürokratie, die ich bisher gehört habe. Es ist ein einfacher, aber umfassender Test, mit dem jeder den Zustand der Bürokratie in einem Unternehmen oder in einer Abteilung beurteilen kann.) Nichtbürokratische Systeme sind das genaue Gegenteil: Ihr Ziel ist mindestens der zufriedene und gelegentlich der hocherfreute Kunde. Sie erleichtern denen das Leben, die sich an vorderster Front bemühen, den Kunden zu bedienen.

Zweitens: FedEx gewährt ihren Mitarbeitern erstaunliche Flexibilität, die Dinge auf ihre eigene Art tun zu können.

Nora Rooney ist leitende Managerin eines Stationsbetriebs in einem riesigen Zentrum in der Harrison Street in San Francisco. Das Zentrum sammelt, sortiert und verschickt Pakete aus einem großen Teil San Franciscos, einschließlich des hektischen Finanzviertels. Sie ist für mehr als 3 Millionen Dollar Jahresumsatz verantwortlich und beaufsichtigt über 200 Mitarbeiter, die Tag für Tag 25 000 Pakete befördern.

Rooney begann 1978 als Kurier bei FedEx. Vorher studierte sie Kunst an der California State University. Ich fragte sie, was ihr an Federal Express so gut gefiel, daß sie nach vierzehn Jahren immer noch dabei war. Sie erwähnte mehrere Faktoren: das Gehalt, die Herausforderung, das Kaliber der Menschen, mit denen sie zusammenarbeitet.

Das wichtigste für sie war aber »die Kreativität – der große Freiraum, in dem man seine Arbeit tun kann«. Als früherer Kunststudentin ist ihr dieser Aspekt besonders wichtig. Während ihrer fünf Jahre als Kurier gefiel ihr am besten die Freiheit und die Abwechslung. »Sie haben die völlige Kontrolle über Ihren Tag. Wie Sie ihn einteilen, bleibt völlig Ihnen überlassen, und ich glaube, das gibt den Menschen viel Energie.«

Heute, als leitende Managerin, spürt Rooney natürlich das Gewicht größerer Verantwortung, aber trotz der Vielfalt der Systeme und der Fluten an Daten, die fast täglich auf sie einströmen,

All diese Kontrollmechanismen sollen in erster Linie dem Kunden nützen und nicht etwa irgendwelchen unternehmensinternen Verwaltungsebenen, also letztlich der Befriedigung einer Bürokratie.

fühlt sie sich nach wie vor relativ unabhängig. Ihre Zielsetzung ist eindeutig und mit ihrem Chef abgesprochen. Ansonsten kann sie ihre Arbeit weitgehend so erledigen, wie sie es möchte. »Mein Chef kommt nicht herein und sagt: ›Nicht genug Leute beim Morgensortieren‹ oder: ›Sie haben Ihre Routen nicht richtig organisiert.‹ Ich entwickle meine eigenen Ausbildungsprogramme, Qualitätsteams, Routenverlauf usw. Es bleibt mir überlassen, die Schwerpunkte dort zu setzen, wo ich es für notwendig halte.«

Auch hier könnte man wieder denken, da sieht eine Managerin die Dinge durch eine leicht rosarot gefärbte Brille, aber die Mitarbeiter vor Ort äußerten sich ganz ähnlich. »Mir gefällt die Freiheit, draußen zu sein, mit Menschen zu tun zu haben, den Kontakt zum Kunden herzustellen, was ich, glaube ich, recht gut kann«, sagte mir ein Kurier. Und ein weiterer meinte: »Wenn man die Arbeit tut, lassen sie einen in Ruhe.« Und ein dritter: »Es ist nicht langweilig. Die Zeit vergeht wie im Flug.«

Trotz all der Systeme, mit denen ihre Arbeit reguliert wird, bleibt den FedEx-Fahrern ein beträchtlicher Freiraum, in dem sie entscheiden können, wie sie ihre Arbeit tun. Sie bestimmen zum Beispiel ihre Route von Gebäude zu Gebäude, vereinbaren mit Kunden spezielle Abholbedingungen und richten ihre Lieferwagen so ein, wie es für sie am günstigsten ist.

Mitarbeiter an anderen Arbeitsplätzen scheinen ein ähnlich hohes Maß an Freiheit zu empfinden, selbst die *Tracer,* deren Aufgabe es ist, den Kunden Auskunft über den Verbleib ihrer Pakete zu geben. Oberflächlich betrachtet, scheint diese Arbeit äußerst engen Regeln unterworfen zu sein. Zwei Tracer in San Francisco berichteten mir, eine ihrer Aufgaben sei es, jeden Abend über sämtliche 5000 Pakete Rechenschaft abzugeben, die an diesem Tag durch das Zentrum in der Harrison Street geschleust wurden. Eine sagte: »Wir müssen mit 100 Prozent abschließen, bevor wir heimgehen. Deshalb sind wir uns (der Kontrolle, die uns das System auferlegt) sehr bewußt. Ich fühle mich aber immer sehr frei. Das ist wohl das Beste an dieser Arbeit.«

Die Tracer stehen in ständigem Telefonkontakt mit besorgten Kunden, aber es gibt kein Handbuch »darüber, was wir am Telefon sagen sollen oder so. Sie vertrauen uns ziemlich.«

Eine Kollegin meinte dazu: »Wir haben hier sieben Manager, darunter Nora. Die meisten Menschen fänden das wohl einschüchternd. Aber sie sehen uns nicht dauernd über die Schulter. Sie lassen uns wissen, was erwartet wird. Sie sagen einem auch, wenn man den Erwartungen nicht genügt. Aber sie regieren keineswegs mit eiserner Hand.«

Die Mitarbeiter im riesigen Verwaltungskomplex von FedEx in Memphis scheinen ähnlich zu denken. Mike Lauderdale arbeitet bei FedEx und besucht gleichzeitig eine Schule für Fernseh- und Filmproduktion. Er hat in zwei Abteilungen für Rechnungsstellung gearbeitet, wo es auf jede Einzelheit ankommt. »Trotzdem«, so sagt er, »sehe ich die Dinge nicht als Vorschriften, sondern als Richtlinien. Ich habe immer noch die Freiheit, diese Richtlinien zu nehmen und sie so anzupassen, wie es mir paßt.«

Natürlich ist im Leben alles relativ. FedEx hat selbstverständlich Normen für die Leistungen seiner Kuriere. Dazu gehört die Zahl der Pakete, die abgeholt und pro Meile und Stunde auf verschiedenen Arten von Routen verteilt werden müssen. Bestimmte Kleider- und Benimmvorschriften sind einzuhalten. Am anstrengendsten ist der Termindruck, vor allem bei den Lieferungen am frühen Morgen und im Gedränge des späten Nachmittags, wenn die Kuriere in der Zwickmühle stecken zwischen den Kunden, die mit ihren Paketen bis zur letzten Minute warteten, und dem Flugzeug, das darauf wartet, die Pakete im Eiltempo nach Memphis zu bringen.

Die Mitarbeiter bei FedEx genießen eine erstaunlich große Flexibilität. Die Ziele sind gesetzt, aber die Wege, sie zu erreichen, bleiben der Phantasie jedes einzelnen Mitarbeiters überlassen.

Die Kuriere bei Federal Express vergleichen ihre Arbeit aber mit Stellen, die sie in der Vergangenheit hatten, Stellen, die Freunde haben, und mit der Stellung der Kuriere in Konkurrenzunternehmen. Es heißt, daß die Vorgesetzten dort die Routen mit den Kurieren abfahren und jeden Vorgang mit der Stoppuhr messen.
Die Kuriere, mit denen ich sprach, äußerten sich zu meiner Überraschung sehr von oben herab über all die Meßsysteme, die in Memphis eine so große Rolle spielen. Was sie von SQI und den anderen knallharten Bewertungen halten? Einer sprach für die Gruppe, die sich um den Tisch versammelt hatte: »Das geht zum einen Ohr rein und zum anderen wieder raus. Es ist bedeutungslos.« Dies sind die gleichen Kuriere, die mit unglaublichem Talent ihre Arbeit korrekt erledigen. Letzten Endes produzieren sie die Zahlen, die das obere Management in der Unternehmenszentrale so erfreulich findet, weil man darauf vertraut, daß sie ihre Fertigkeiten und ihre Beurteilung der Arbeit selbständig einzusetzen wissen.
Nun muß man fairerweise sagen, daß Rosen Dornen haben. Während einer zweistündigen Sitzung mit acht Kurieren in San Francisco bestand die Diskussion zu mindestens 80 Prozent aus Meckern. Sicher tendiert man in jeder Sitzung dieser Art dazu, sich weniger auf positive Dinge zu konzentrieren als vielmehr auf das, was falsch läuft. Trotzdem muß man sagen, daß einige der Beschwerden Hand und Fuß hatten. Zum einen sind heute, da das Geld knapp ist und Federal Express weniger Leute einstellt, viele Mitarbeiter einem wesentlich stärkeren Druck ausgesetzt als in Zeiten des ständigen Wachstums, in denen die personelle Ausstattung des Unternehmens großzügiger war. Beschwerden geäußert wurden auch über die Tatsache, daß FedEx für »alternde« Kuriere keinen angemessenen Beförderungsgang vorsieht. Manche hockten seit fünfzehn Jahren am gleichen Arbeitsplatz. Die Arbeit ist körper-

lich anstrengend, und immer mehr Kuriere berichten über Verletzungen, die sie sich wegen der häufigen Muskelbelastung zuzogen.
Andererseits haben sie nach wie vor einen Teil der Kontrolle. Jeder, der es möchte, kann versuchen, ins Management hineinzurutschen, wie wir gleich sehen werden. Einer meinte: »Wenn Sie etwas Größeres und Besseres anstreben (als einen Kurierjob) – nur zu!« Er war der Meinung, nichts – weder das Unternehmen, seine Systeme noch der starke Arbeitsdruck – stände dem einzelnen dabei im Wege, seine Energien stets neu zu erschließen.
Einige stimmten ihm zu. Andere nicht.

Ein weiterer Grund für das Gefühl der FedEx-Mitarbeiter, frei und nicht unterdrückt zu sein, ist die Tatsache, daß sie die Systeme, die den Betriebsablauf bestimmen, ziemlich selbständig umbauen können.
Ein Mechanismus dafür ist das sogenannte »Qualitäts-Aktions-Team« oder QAT.
Alle Spitzenmanager bei FedEx haben zwei Aufgaben. Die eine ist ihre übliche Rolle in der Hierarchie, zum Beispiel Larry McMahans Rolle als Personalleiter. Die zweite Aufgabe ist es, ein QAT zu leiten – ein Team, das mit der Lösung von Problemen betraut ist und horizontal durch sämtliche Abteilungen geht.
Ein Beispiel: Als ich mich mit den FedEx-Leuten in Memphis traf, arbeitete ein ganzes Netz von Teams an lediglich zwei Problemen: »Falscher Tag/Verspätung« und »Richtiger Tag/Verspätung«. Fünf der zehn Geschäftsführer bildeten, um der Sache Gewicht zu geben, einen Leitungsstab. Ihm unterstanden elf mit der »Ursachenforschung« beauftragte Teams. Ihre Aufgabe: einen Detektivschlapphut aufzusetzen und die häufigsten von möglicherweise mehreren hundert Gründen zu erforschen, warum ein Paket bei-

Ein wesentliches Führungsinstrument für Manager ist die Leitung eines »Qualitäts-Aktions-Teams« (QAT).

Das sind Teams, die Problemlösungen horizontal durch sämtliche Abteilungen anstreben.

spielsweise einen Tag zu spät kommt. (Es stellte sich übrigens heraus, daß einer der häufigsten Gründe schlicht in einer falschen Beschriftung der Pakete liegt. Der Mitarbeiter, der das Paket entgegennimmt, vertut sich im Empfangs- und damit auch im Ankunftsdatum.)
Jeweils ein Manager aus den 35 Betriebsabteilungen wurde von seiner regulären Arbeit zu dieser Sonderaufgabe abgestellt und prüfte das Problem der verspäteten Lieferung. Diesen Leuten wiederum stand ein Serviceteam aus jeder der über 600 in den ganzen USA verstreuten Hauptstationen – wie etwa das Büro in der Harrison Street in San Francisco – zur Seite. In diesen Stationen trafen sich regelmäßig ein Manager, mehrere Kuriere und ein Mitarbeiter aus dem Kundendienst und befaßten sich intensiv mit dem Problem der verspäteten Lieferung. Dabei versuchte man ganz besonders, die eigentlichen Gründe zu finden und nach genialen Einfällen zu suchen, mit denen sich das Problem korrigieren ließe.
Rooney geht, was QAT anbelangt, sogar noch einen Schritt weiter. In ihrem Betrieb in der Harrison Street bildete sie vier Kuriere und einen Mitarbeiter im Kundendienst eigens dazu aus, kleine Teams zu leiten, die Probleme angehen sollen, sobald sie auftauchen. Sie hat mit den Teilnehmern einen Vertrag geschlossen: Deren Lösungsvorschlag wird automatisch angenommen und in die Praxis umgesetzt.
Ein QAT-Team, das überwiegend aus Paketverladern bestand, befaßte sich mit einem Problem beim morgendlichen Verladen der Pakete in die Lieferwagen der Kuriere. In der Station, die einer gigantischen Garage ähnelt, fallen die Pakete aus einem riesigen Lastwagen auf ein Fließband, an dessen Seiten leere Lieferwagen geparkt sind. Mit Adleraugen nehmen die Verlader die Pakete vom Band und laden sie in den entsprechenden Lieferwagen.

Allzuoft wurden aber Pakete übersehen, die dann in einem Wartebereich am Ende des Bandes gestapelt, zurückgebracht und wieder auf das Band gelegt wurden. Das Team fand eine der Ursachen für dieses Problem. Den Leuten am Ende des Bandes wurde nicht klar genug gesagt, welche Pakete auf welcher Seite des Fließbandes herunterkommen sollten. Unter anderem schlug das QAT-Team eine sorgfältigere Ausbildung und eindeutigere Tabellen vor, die genau beschreiben, was wohin muß. Weil die Menschen, die das Problem entdeckten und Lösungen vorschlugen, dieselben waren, die die Lösungen auch in die Praxis umsetzten, wurden ihre Ideen sofort übernommen – mit besten Ergebnissen.

LEAP – der Sprung in die Führung

Das Muster finden Sie überall in Amerika. Ein Superverkäufer wird zum Verkaufsmanager befördert. Ein Superlehrer wird Schulamtsleiter. Und in den alten Tagen von FedEx stießen ein Superkurier oder Kundendienstvertreter als erste in die Ränge des Managements vor.

Das Problem an der Sache ist natürlich, daß Menschen, die in ihrem Fach Herausragendes leisten, nicht unbedingt auch die besten Chefs sind. Deswegen sind sie – und damit auch die Menschen, die für sie arbeiten – unglücklich. Rooney, unsere Chefin in San Francisco, erinnert sich daran, wie das früher ablief. »Wenn eine Stelle im Management zu vergeben war, hieß es einfach: ›Wer Manager werden will, bitte Handzeichen.‹ Das war alles mit Sicherheit nicht strukturiert, und es wurden viele Mitarbeiter befördert, die sich zum Manager absolut nicht eigneten. Viele im Management blieben erfolglos.«

Heute bleibt bei FedEx bei der Auswahl der Bosse nichts mehr

Beispiele aus dem Arbeitsalltag belegen die Effektivität derartiger Gruppen. Wesentlich bei FedEx ist auch das System der Qualifikation für Führungsaufgaben (LEAP: Leadership, Evaluation, and Awareness Process).

dem Zufall überlassen. Ein Verfahren, das im Januar 1989 eingeführt wurde, hilft dabei, die richtigen Menschen in die für sie geeigneten Führungspositionen zu befördern. Auch hier liegt uns wieder eine erstklassige Verknüpfung der Systeme und der »Menschen-zuerst«-Philosophie vor.

Wie andere Firmen auch befördert FedEx meist Mitarbeiter aus dem eigenen Unternehmen. Dabei bemüht man sich aber darum, solche Mitarbeiter ins Management zu befördern, denen die »Menschen-zuerst«-Philosophie ein echtes Anliegen ist. Das FedEx-System – und hier liegt seine einzigartige Bedeutung – will den Menschen auf allen Ebenen des Unternehmens das Gefühl geben, daß sie von Mitstreitern mit Teamgeist Rückhalt bekommen.

FedEx definierte zunächst – im Rahmen der »Menschen/Service/Gewinn«-Philosophie – die über 200 Eigenschaften, die eine gute Führungskraft auszeichnen können. Viel Schweiß floß, bis schließlich neun davon *(siehe Kasten am Ende dieses Kapitels)* übrigblieben. Sie sind der Kern dessen, was FedEx LEAP nennt – sein Führungs-, Bewertungs- und Bewußtseinsverfahren (englisch: *Leadership, Evaluation, and Awareness Process*).

Als nächstes entwickelte man ein äußerst ungewöhnliches eintägiges Programm mit dem Titel: »Ist das Management etwas für mich?« Hier entdecken etliche Möchtegernmanager von FedEx in allen Einzelheiten, was es bedeutet, tatsächlich Manager zu sein. Das Programm wird von Managern veranstaltet, Menschen, die den Übergang in Führungspositionen selbst vollzogen haben. Für viele der Teilnehmer verschwindet hier das Mystische – sie erkennen möglicherweise, daß Freiheit und Macht des Managers nicht so weit reichen, wie sie angenommen hatten. Das Einkommen ist vielleicht niedriger als erwartet, oder Ärger und Druck erscheinen als nicht erstrebenswert. Nach dieser Veranstaltung geben etwa 60

Prozent der Möchtegernmanager ihre Bemühungen auf. (Einige entschließen sich, erst einmal zu warten und es später noch einmal zu versuchen. Den Sprung an die Spitze kann man jederzeit im Laufe seiner Karriere versuchen.)
Für die, die weitermachen, beginnt der nächste – gewaltige – Schritt mit einer umfassenden Überprüfung durch Manager und Kollegen. Nehmen Sie an, Sie sind derjenige, der sich zu diesem Schritt entschlossen hat: Als erstes füllen Sie einen Fragebogen aus, in dem Sie beschreiben sollen, inwieweit Sie den neun wichtigsten Eigenschaften für Führungskräfte entsprechen. Danach beginnt eine enge Partnerschaft mit Ihrem Vorgesetzten, der eine ähnliche Bewertung Ihrer jungentdeckten Führungsqualitäten abgibt und ein Programm einleitet, das Ihnen bei der Arbeit an Ihren Schwachstellen hilft. Zwar sind Sie noch kein Manager, aber man wird Sie vielleicht bitten, die nächste Abteilungssitzung zu leiten.
Während dieser Zeit sucht der Manager außerdem eine kleine Gruppe Ihren Kollegen aus, mit denen Sie einige Zeit zusammengearbeitet haben, und bittet sie, eine anonyme Bewertung Ihres Führungspotentials abzugeben. Diese Umfragen werden in der Personalabteilung vertraulich behandelt.
Schließlich werden Sie einen Tag lang von einem Gremium erfahrener Manager geprüft. Morgens wird Ihnen ein typisches Managementdilemma vorgetragen, und Sie werden gebeten, Ihr Verhalten in dieser Situation schriftlich festzuhalten. Nachmittags werden Sie mit Fragen zu Ihrer Antwort in die Mangel genommen, und man konfrontiert Sie mit weiteren hypothetischen Situationen. Man muß höllisch genau bei der Sache sein und bei den Antworten einen klaren, kühlen Kopf bewahren.
Am Tagesende wird das Gremium die schriftlichen Bewertungen Ihres Managers und Ihrer Kollegen prüfen und entscheiden, ob es

Im Prinzip steht jedem der Aufstieg in jede Position offen. Manager und Kollegen beurteilen gemeinsam die Qualifikation der Aufstiegsaspiranten in einem Prozeß der Diskussion und Rückkoppelung.

Sie offiziell als »Managementanwärter« unterstützen soll. Wenn Sie hier nicht bestehen, haben Sie sechs Monate Zeit, an Ihren Schwächen zu arbeiten. Dann dürfen Sie es wieder versuchen.

Das Institut für Führungskräfte

Wenn Sie erst einmal »LEAP-unterstützt« sind, wie es bei FedEx heißt, können Sie sich für Managementstellen innerhalb der Firma bewerben. Sobald Sie für eine solche Stelle ausgewählt werden, beginnt die eigentliche Ausbildung.
Am Anfang steht ein einwöchiger Kurs am Institut für Führungskräfte. Es handelt sich dabei um eine Bildungseinrichtung in Memphis/Tennessee, die weniger aus einem Gebäude, sondern eher aus Wertvorstellungen, Philosophie, Erwartungen und Richtlinien für den künftigen FedEx-Manager besteht. Alterfahrene FedEx-Manager, die für mindestens zwei Jahre von ihrem eigentlichen Posten freigestellt sind, dienen als Stab und Lehrer des Instituts.
»Die Gewinnseite der Gleichung kommt dabei kaum zur Sprache«, sagt Smith. »Es geht eher um die anderen Dinge, die wir innerhalb des Unternehmens anstreben: Warum wir soviel Zeit auf Arbeitnehmerfragen aufwenden und warum uns unsere garantiert faire Behandlung so wichtig ist. Wir sagen den Menschen, wir wollen ihnen eine Grundlage bieten.«
Der erste Tag ist in der Tat einem Thema gewidmet, das einige als »lasch« empfinden könnten, nämlich dem Streß, den der Übergang ins Management unweigerlich mit sich bringt. Die Teilnehmer machen sich darüber Gedanken, wie es wohl sein wird, der Chef von Menschen zu sein, die gestern noch Kollegen waren, und welche Folgen ihre neuen Arbeitszeiten und das geänderte Einkommen zu Hause haben könnten. Während des Rests der Woche

beschäftigen sie sich eher mit den praktischen Grundlagen: Es geht um Themen wie die Globalisierung des Geschäfts, das Lesen von Finanzberichten und die Weltsicht von FedEx wie auch um den Unternehmensgrundsatz des »Menschen zuerst«.
Nach der Woche am Institut verbringen einige der künftigen Manager mehrere Wochen in einer Art Bildungsurlaub. Sie nehmen an traditionellen Fortbildungskursen teil, üben sich aber auch an praktischen Managementaufgaben. Unter der Obhut eines erfahrenen Managers sammeln sie Erfahrungen aus der Praxis und für die Praxis. Sie nehmen zum Beispiel an einer Leistungsbewertung teil und beobachten, wie erfahrene Manager diese Situation meistern. Es ist mit der Pilotenausbildung vergleichbar. Der Pilot bedient die Simulatoren, fliegt aber das Flugzeug noch nicht selbst.
Während dieser Ausbildungskurse oder auch später in ihrer Karriere können sich Manager in folgenden Bereichen weiterbilden:

- **Coaching:**

Hier wird die Beziehung zwischen »Coaching« und managen erklärt und anhand von Modellen vorgeführt.

- **Jenseits der Gewerkschaften:**

Ein historischer Ausblick auf die Gründe für gewerkschaftliche Organisation. Dieser Kurs bietet Tips an, wie man sich verhalten sollte, falls sich eine gewerkschaftliche Organisation herauszubilden beginnt. (Das Unternehmen hat nichts gegen Gewerkschaften. Der Kurs will zeigen, daß Gewerkschaften überflüssig sind, wenn das Management seine Arbeit richtig tut.)

- **Vielfalt:**

Wie versteht man ein Arbeitsumfeld, das von Menschen verschiedener Abstammung und Überzeugungen, verschiedenen Ge-

Ein firmeneigenes Institut für Führungskräfte und mehrwöchige Bildungsurlaube gestatten dem Führungsnachwuchs eine sinnvolle Ausbildung auf seine zukünftigen Aufgaben.

schlechts und verschiedener körperlicher Fähigkeiten geprägt ist? Wie macht man das Beste daraus?

- **Ethik:**

Ein faszinierender Kurs, in dem Wertsysteme (und was sie beeinflußt) sowie der Mißbrauch von Macht und Vertrauen erforscht werden. Es wird betont, wie wichtig es ist, andere mit Achtung zu behandeln.

- **Zwischenmenschliche Dynamik:**

In diesem Kurs stehen die Flexibilität und der Umgang mit Konflikten im Mittelpunkt.

In diesem Prozeß des Wechselns zwischen Seminarraum und praktischer Arbeit macht sich FedEx ein klassisches und altbewährtes Lernmodell zu eigen. Zunächst wird erklärt, warum das neue Verhalten wichtig ist. Dann wird es in leicht verständliche Schritte aufgegliedert (wie es das Institut für Führungskräfte tut). Dann wird dieses Verhalten modellhaft vorgeführt, und schließlich erhält der Lernende die Möglichkeit, es in einer »sicheren« Umgebung zu üben (wie es der frischgebackene Manager vor Ort tut).
Insgesamt gesehen ist festzustellen, daß FedEx seine Manager nicht bloß ausbildet, sondern aufbaut und entwickelt. In gewissem Sinne ist dies eine gigantische Investition des Unternehmens, denn diese Menschen leisten ja während ihrer Lernperiode keine »eigentliche« Arbeit. Roger Podwaski ist Vizepräsident des Servicesystem-Betriebs auf dem Boden; das dürfte der längste Titel bei Federal Express sein, und ganz sicher ist es die größte Abteilung. Er schwärmt von dem Programm, an dem er vor kurzem selbst teilnahm: »Ich kann es nicht beweisen, aber für mich ist dieses Programm eine der rentabelsten Investitionen, die wir überhaupt tätigen konnten.«

Das Ziel des Programms ist natürlich, das Leistungsniveau der Manager der ersten Linie anzuheben. »Diesen Zweck erfüllt es«, sagt McMahan. »Den Menschen, die den ganzen Prozeß absolvieren, ist es wirklich ernst mit dem Übergang ins Management. Sie versuchen es nicht einfach auf gut Glück, einfach mal zu sehen, ob's klappt. Wir haben es hier mit Menschen zu tun, die echtes Interesse daran haben, Führungsaufgaben zu übernehmen.«

Was nicht so offensichtlich ist, ist die Tatsache, daß das ganze Programm darauf ausgerichtet ist, die Menschen – wie immer – an die erste Stelle zu rücken. Das fängt bei der »Ist-Management-etwas-für-mich?«-Sitzung an und reicht bis zu den Beurteilungen durch Kollegen und der sorgfältig ausgearbeiteten Ausbildung für Führungskräfte. Die Wörter klingen inzwischen banal, aber die entsprechende Handlungsweise ist nur allzu rar. In einem sehr grundlegenden Sinn hat Federal Express die traditionelle Organisationspyramide auf den Kopf gestellt. Die Führung gibt die Richtung an. Die Systeme, die wir eben besprachen, existieren letzten Endes, weil es ein Management gibt. Aber die Systeme sind so geplant, daß sie den Menschen in der vordersten Linie, die an der Spitze dieses auf dem Kopf stehenden Gebäudes stehen, ein ausgeprägtes Mitspracherecht bei der Art der Betriebsführung geben.

Wir haben gelernt, daß Federal Express beides auf einmal haben kann. Sein System befreit die Leute tatsächlich. Es dient aber auch der Strategie und dem Ziel, die Organisation hochsensibel auf den Markt reagieren zu lassen.

Dies macht es aber auch erforderlich, ein äußerst empfindliches Gleichgewicht zu bewahren. Die hochentwickelten Infrastruktursysteme, die bei FedEx ausgezeichnet funktionieren, könnten sich leicht als bürokratischer Dschungel für die Mitarbeiter entpuppen.

Im Wechsel zwischen Seminarraum und praktischer Arbeit wird das Leistungsniveau angehoben.

Zugleich werden Stärken und Schwächen des Managementnachwuchses deutlicher.

Andererseits kann man in einem komplizierten Dienstleistungsunternehmen ohne Infrastruktur ebensowenig auskommen wie Procter&Gamble-Fabriken ohne Automatisierung. Das heutige Herstellungsvolumen erfordert massive Investitionen in Automatisierung und Computersteuerung; das Volumen der Dienstleistungsindustrie braucht analog dazu massive Investitionen in die Systemtechnik.

Federal Express entdeckte etwas, was der Autor John Gardner die »Einfachheit jenseits der Komplexität« nennt. Er beschreibt die Welt als wahrhaft komplizierten Ort und sagt, daß die meisten von uns Annahmen vereinfachen müssen, um von Tag zu Tag zu funktionieren. Das Akronym KISS (*Keep It Simple Stupid* – etwa: Sag's so einfach wie möglich) mag ja eine nützliche Idee sein, ist aber in einer komplexen Welt irreführend. Wahre Genialität ist, das Simple in komplizierten Situationen zu finden, nachdem man die Komplexität verstanden hat.

Das ist die wahre Einfachheit jenseits der Komplexität, und darin liegt die Macht der geradlinigen Systeme von FedEx, weil sie die »Menschen-zuerst«-Philosophie wirklich in die Tat umsetzt.

Führungsdimensionen bei Federal Express

Charisma:

Macht andere stolz darauf, mit ihm oder ihr in Verbindung gebracht zu werden. Flößt ihm/ihr Vertrauen und Achtung ein. Begeistert jede/n in ihrer/seiner Umgebung für neue Aufgaben. Hat eine ausgeprägte Gabe, zu erkennen, was Mitarbeiter besonders beachten sollten. Vermittelt seinen Mitarbeitern einen fast missionarischen Eifer.

Eingehen auf den einzelnen:

Trainiert, berät und lehrt diejenigen Mitarbeiter, die es brauchen. Behandelt jeden Mitarbeiter auf individueller Basis. Verleiht seiner Anerkennung für gut geleistete Arbeit Ausdruck. Delegiert, um Möglichkeiten zum Lernen zu schaffen. Informiert den Mitarbeiter darüber, wie er/sie abschneidet. Hört aktiv zu und signalisiert dies auch. Hilft Anfängern großzügig.

Intellektuelle Anregung:

Erreicht, daß die Mitarbeiter logisch und mit fundiertem Beweismaterial argumentieren statt mit durch nichts gestützten Meinungen. Befähigt sie, alte Probleme mit frischen Ideen anzugehen. Vermittelt Ideen, die die Mitarbeiter zwingen, einige ihrer eigenen alten Vorstellungen, die sie nie in Frage gestellt hatten, neu zu überdenken.

Dieses System für alle Mitarbeiter verständlich zu machen, ist eines der wesentlichen Ziele der FedEx-Führung. Damit entspricht sie auch intern ihrem Anspruch der »Menschen zuerst«-Philosophie.

Mut:
Bereit, zu seinen/ihren Vorstellungen zu stehen, selbst wenn sie unpopulär sind. Gibt Gruppendruck oder anderen Meinungen nicht nach, nur um eine Auseinandersetzung zu vermeiden. Ist fähig und willens, seinen/ihren Mitarbeitern oder Vorgesetzten negatives Feedback zu geben. Hat Vertrauen in seine/ihre Fähigkeiten und den Wunsch, unabhängig zu handeln. Wird das Richtige für das Unternehmen und/oder Mitarbeiter tun, selbst wenn es persönliche Schwierigkeiten und Opfer erfordert.

Verläßlichkeit:
Erfüllt seine/ihre Aufgaben und hält Verpflichtungen ein. Hält Termine ein und führt Aufträge pünktlich aus. Übernimmt Verantwortung für sein/ihr Handeln und für Fehler. Arbeitet effektiv, ohne ständig mit dem Chef in Verbindung zu stehen. Informiert den Chef über den Stand der Dinge, auch über negative; hat keine Angst, dem Chef gegenüber Fehler einzugestehen.

Flexibilität:
Bleibt auch in Zeiten des Wandels effektiv und ein Garant für Stabilität. Erkennt entscheidende Merkmale und funktioniert effektiv in immer neuen/sich ständig ändernden Umgebungen. Hat die Fähigkeit, auch dann besonnen und objektiv zu bleiben, wenn mehrere schwierige Situationen oder Aufgaben gleichzeitig zu bewältigen sind. Ist in der Lage, sich mit mehreren Themen zugleich auseinanderzusetzen, ohne seine/ihre Schwerpunkte aus dem Blick zu verlieren. Ist

fähig, »den Kurs zu wechseln«, falls die Lage dies dringend erfordert.

Integrität:
Hält sich streng an einen Kodex der Unternehmensethik und der moralischen Werte. Tut das moralisch und ethisch Richtige. Verhält sich entsprechend dem Unternehmensklima und seiner beruflichen Verantwortlichkeit. Mißbraucht keine Privilegien des Managements. Erwirbt und behält das Vertrauen und die Achtung anderer. Ist ein konsequentes Vorbild für andere, das die Unternehmenspolitik und -verfahren, die Berufsethik und die Unternehmenskultur verkörpert und unterstützt.

Bewertung:
Gelangt durch logische und geschickte intellektuelle Wahrnehmung und Vergleiche zu soliden und objektiven Bewertungen von alternativen Handlungsmöglichkeiten. Faßt Fakten rational und realistisch zusammen, um alternative Handlungsweisen zu finden. Gründet Annahmen auf logische und sachliche Information; bezieht den menschlichen Faktor ein. Kennt seine/ihre Befugnisse und achtet darauf, diese nicht zu überschreiten. Nutzt Erfahrungen und Informationen aus der Vergangenheit, um anstehende Entscheidungen in die rechte Perspektive zu rücken.

Achtung für andere:
Achtet die Meinung oder die Arbeit anderer und setzt sie niemals herab, unabhängig vom Status oder von der Stellung

Der Kanon der Führungsdimension bei FedEx umfaßt u. a. folgende Anforderungen: Charisma, intellektuelle Anregung, Mut, Flexibilität, Verläßlichkeit, Integrität, Eingehen auf den einzelnen und gegenseitige Achtung.

der Angestellten in der Organisation. Zeigt, daß er/sie jeden einzelnen Mitarbeiter ungeachtet seines/ihres Hintergrunds für ein wertvolles Mitglied der Organisation hält.

Anmerkungen

1 Richtlinie für Federal-Express-Manager, S. 1-1.

Kapitel 6

Von Anfang an: Wertvorstellungen

6

Kultur bei AES: eine Strategie

Die sechs Personen, die 1982 den *Applied Energy Service* (AES) gründeten, setzten sich bei ihrer Unternehmung ein eher bescheiden klingendes Ziel. Sie wollten weder Millionen machen noch die Welt mit einem neuen Produkt verändern, noch ihren Namen im Rampenlicht sehen. Sie wollten schlicht und einfach ein Unternehmen aufbauen, auf das sie stolz sein konnten.

Die Gründer stellten sich ein Unternehmen vor, das Menschen hochschätzte und sich verantwortlich verhielt, das in seiner Einstellung fair und ehrlich war, und zwar nicht nur im Verhältnis zu Kunden, Lieferanten und Mitarbeitern, sondern auch zur Gesellschaft, in der wir alle leben. Wenn sie darüber hinaus auch noch gute Gewinne erzielten – um so besser. Das aber war nicht ihr eigentliches Ziel – ihnen war das Wesen des Unternehmens, das sie aufbauen wollten, wichtiger als der Profit.

Einige hat es kaum überrascht, viele dagegen völlig verblüfft: Es gelang ihnen *beides.*

Heute ist das AES-Unternehmen ein äußerst gewinnträchtiger, unabhängiger Stromproduzent mit einem Jahresumsatz von über 300 Millionen Dollar, einem Börsenwert von über einer Milliarde Dollar und einer Rendite für Aktionäre, die den Gewinnen in den

Die sechs Gründer von »Applied Energy Service« (AES) wollten lieber ein Unternehmen, auf das sie stolz sein konnten, als eines, das Millionen machte. Das für viele Verblüffende: Ihnen gelang beides.

besten Geschäften mit High-Tech-Risikokapital in nichts nachsteht. Gleichzeitig behandelt das in Arlington/Virginia ansässige Unternehmen seine Mitarbeiter anständig und ist in seinem Umweltbewußtsein den meisten Unternehmen weit voraus. Wie wir noch sehen werden, bemühen sich die Menschen bei AES unablässig um Fairneß und Integrität und verletzen dabei die Regeln des alltäglichen konventionellen Geschäftslebens. Bei AES sind Wertvorstellungen seit jeher wichtiger und beständiger als Strategie.

Garantieren Wertvorstellungen finanziellen Erfolg? Natürlich nicht. Aber die Wertvorstellungen ziehen herausragende Mitarbeiter an, und den Menschen macht ihre Arbeit Freude. Also entwikkeln sie die Energie, gute Arbeit zu leisten.

War diese Philosophie des »Wertvorstellungen kommen zuerst« so einfach umzusetzen, wie es zunächst klang? Auch hier gilt wieder: natürlich nicht. Und wie wir noch sehen werden, ist es Schwerstarbeit, sich konsequent an Wertvorstellungen auszurichten, vor allem in einem rasch wachsenden Unternehmen. Aber die Mitarbeiter von AES und alle anderen, die mit dem Unternehmen zu tun haben, werden Ihnen sagen, daß sich der Kampf lohnt. Aufgrund seiner Wertvorstellungen und seiner unternehmerischen Herausforderung gelingt es AES, ein eigentlich so profanes Geschäft wie die Energieerzeugung spannend zu machen.

Sauberer Strom

AES betreibt das Geschäft der Wärme-Kraft-Kopplung, der gemeinsamen Produktion von Strom und Dampf. Ziel ist, aus dem verwendeten Brennstoff soviel nützliche Energie wie möglich zu gewinnen. Die erste AES-Anlage, Deepwater, verbrennt Koksab-

fall, Rückstände, die aus der Erdölverarbeitung in einem ARCO-Werk bei Houston/Texas stammen. Deepwater verkauft die hier erzeugte Elektrizität an die »Houston Power and Light«. Den Dampf verkauft der Betrieb an das ARCO-Werk zurück, das ihn als Prozeßdampf für seine Raffinerie nutzt.
Ich bin seit 1982 eng mit dem Unternehmen verbunden, erst als Berater des Vorstands und seit Anfang 1986 als Vollmitglied des Vorstands. Diese Beziehung eröffnete mir die seltene Gelegenheit, den Fortschritt, die Rückschläge, die Beinahefehlschläge und die Erfolge von der Unternehmensgründung bis zur Prosperität genauestens zu verfolgen.
In den zehn Jahren seit der Gründung hat sich fast alles bei AES geändert – mit Ausnahme einiger Schlüsselpersonen und der Wertvorstellungen, die diese (und damit die Firma) hochhalten. Das Besondere bei AES ist es, daß die Gründer bewiesen haben, daß eine noble Kultur in der Führung, also von oben, geschaffen werden und durch Führung in jedem hintersten Winkel der Organisation am Leben erhalten werden kann. AES kann man nicht begreifen, wenn man seine Kultur – oder anders gesagt: die von allen geteilten Wertvorstellungen, die seinen Mitarbeitern ein Gefühl der Zielstrebigkeit und Bedeutung geben – nicht begreift.
Es wird wohl so sein, daß diese Wertvorstellungen und der geschäftliche Erfolg von AES in Beziehung zueinander stehen; aber man rät den Mitarbeitern energisch davon ab, diese Beziehung herzustellen. AES-Spitzenkräfte reiten ständig darauf herum, daß die Wertvorstellungen immer Vorrang haben sollten, wenn man Wertvorstellungen und Gewinne gegeneinander aufrechnet. (Bei Levi Strauss ermutigt man eine ähnliche Denkweise. In beiden Unternehmen war dies für einige – darunter einige Spitzenmanager – schwer zu verdauen. Es richtet sich gegen 200 Jahre Unternehmenskultur, in denen der Gewinn wichtiger war als alles andere.)

Ein so profanes Geschäft wie die Energieerzeugung (durch Wärme-Kraft-Kopplung) ist bei AES mit hohen Wertvorstellungen verknüpft (Umweltfreundlichkeit, Sparsamkeit mit den Ressourcen).

Hier nun in Kürze die von allen geteilten *Wertvorstellungen* bei AES:

- Es gab sie bereits vor der Strategie: Die Gründer waren sich darüber im klaren, welche Art von Unternehmen sie wollten, bevor sie genau wußten, was das Unternehmen überhaupt tun würde.
- Sie haben eine »zu Herzen gehende« Eigenschaft, die der Firma Leben einhaucht.
- Sie werden dadurch umgesetzt, daß man sie vorlebt, nicht, indem man nur über sie spricht.
- Sie ermöglichen es Menschen auf jeder Ebene der Organisation, eigenständige Führungskräfte zu werden.
- Sie reduzieren drastisch den Bedarf an schriftlichen Vorschriften, Anweisungen, Stabs- und Organisationsplänen.
- Sie entstanden nicht als »Fertigprodukt eines Wochenendseminars«, sondern entwickeln sich ständig weiter, während alle im Unternehmen Erfahrungen sammeln, wachsen, sich wandeln und reifer werden.
- Sie sind deckungsgleich mit den alltäglichen Wertvorstellungen, die die meisten von uns zu Hause und in ihrem persönlichen Leben anstreben.
- Sie werden nicht flächendeckend in einem schriftlichen Dokument festgehalten, obschon es schriftliche Erklärungen zu Wertvorstellungen gibt.
- Sie helfen dabei, die zwiefachen und sich oft widersprechenden Bedürfnisse des einzelnen auszugleichen: einerseits das Bedürfnis nach persönlicher Freiheit, zum anderen das Bedürfnis, Teil einer größeren Sache zu sein.
- Sie werden ebenso aktiv geführt wie Strategien, Pläne und Budgets in diesem oder jedem anderen Unternehmen.

Appell ans Herz – übermittelt durch Handeln

Bei AES haben die gemeinsamen Wertvorstellungen – wie auch bei anderen Spitzenorganisationen – sowohl intellektuelle wie auch emotionale Anziehungskraft. Letzteres ist entscheidend. Der Grund: Die meisten Erklärungen über Vision, Strategie oder Aufgabe eines Unternehmens sprechen wirtschaftliche Bedürfnisse an – nicht aber die der Menschen. Diese »Visionen« sind also schlicht langweilig. Sie rühren weder an Herz noch Seele und spornen daher niemanden zum Handeln an.

Eine zentrale Wertvorstellung bei AES ist die der *sozialen Verantwortung*. Schriftlich formuliert lautet das dann so: »Das Unternehmen handelt entsprechend seiner Überzeugung, daß AES die Verantwortung hat, an Projekten mitzuwirken, die gesellschaftlich von Nutzen sind. Dazu gehören niedrigere Kosten für den Verbraucher, ein hohes Maß an Sicherheit und Zuverlässigkeit, mehr Arbeitsplätze und eine sauberere Umwelt.« Die Worte sind nicht übel, allerdings auch nicht besonders aufrüttelnd. Spannend wird es erst bei der Umsetzung dieser Wertvorstellung in die Wirklichkeit.

Die Wurzeln dieses besonderen Anspruchs liegen weit zurück in der Geschichte der AES. Die Unternehmensgründer, Roger Sant und Dennis Bakke, hatten – wie auch einige andere in Schlüsselpositionen der AES – alle zusammen lange vor der Gründung der AES bei der Bundesregierung gearbeitet. Sie waren in den Staatsdienst gegangen, weil sie glaubten, hier mehr im sozialen Bereich bewirken zu können als im privaten Sektor. Als sie AES gründeten, war es daher selbstverständlich, daß die soziale Verantwortung einen zentralen Bestandteil ihrer schriftlich festgehaltenen Wertvorstellungen bildete. Heute sagt Sant über die Frühzeit von AES: »Wir wollten wirklich das Richtige tun. Wir alle, die wir

Darüber hinaus wirkt das Unternehmen an Projekten mit, die gesellschaftlich von Nutzen sind, versucht die Kosten für den Verbraucher zu senken und ein hohes Maß an Sicherheit zu erreichen.

zusammen im öffentlichen Dienst gearbeitet hatten, erlebten oft, wie Unternehmen immer wieder jegliche sozial verantwortungsvolle Maßnahme Schritt für Schritt bekämpften. Wir wußten, daß wir *anders* sein wollten.«

Diese Entschlossenheit, es selbst anders zu machen und sozial verantwortlich zu handeln, spiegelt sich in den Verhandlungen über den ersten großen Vertrag der Firma, in dem es um den Bau und Betrieb der Deepwater-Anlage ging. Holen wir noch etwas weiter aus: Sants Aufgabe beim Staat war die Leitung des Büros für *Conservation and the Environment* (Umwelt und Umweltschutz). Er war direkt John Sawhill unterstellt. Sawhill war damals der erste Leiter der Bundesenergiebehörde, dem heutigen Energieministerium. Heute ist Sawhill Direktor der *Nature Conservancy,* einer gemeinnützigen Organisation, die gefährdetes Land aufkauft, um es vor Spekulanten zu schützen. Etwa zu dem Zeitpunkt, als Sant 1974 sein Amt antrat, verhängte die OPEC das erste Ölembargo. Amerikas Ölvorräte schrumpften zusammen. Sant und Sawhill glaubten beide, daß Einsparungen eine ebenso wichtige Energie»quelle« wären wie neue Ölvorräte, aber Sant kam mit seinem Argument nirgends an. Politisch war damals der Ruf nach neuen Ölvorräten angesagt.

Sant jedoch blieb stur, änderte aber seine Taktik und konnte mit Hilfe talentierter Analytiker nachweisen, daß verschiedene Sparmaßnahmen bei jedem Barrel Öl eine Preisdifferenz von 3 bis 6 Dollar ausmachen konnten – bei dem damaligen Ölpreis von fast 11 Dollar pro Barrel nicht schlecht.

Sants Analyse drang bis nach Camp David in eine Sitzung wichtiger Mitglieder aus Präsident Fords Kabinett vor. Das Kosten-pro-Barrel-Argument überzeugte sie, und die Diskussion drehte sich nicht mehr um das »Ob« von Einsparmaßnahmen, sondern um das »Wie«. Dies führte zu Standards für die Effektivität von Autos, zu

Steuervorteilen für Hausisolierungen und ähnlichen Gesetzen – es war das allererste Mal, daß man sich in den USA um Energiesparen bemühte.
Ende 1977 wurde Sant von der Carnegie Mellon University gerufen. Er sollte dort ein »Mellon Institute Energy Productivity Center« aufbauen und leiten. Die *raison d'être* dieses Instituts war, immer wieder lautstark darauf hinzuweisen, daß Einsparungen ökonomisch sinnvoll seien. Die Expertengruppe des Instituts, zu der auch Dennis Bakke gehörte, untersuchte alles von Industrieverfahren bis zu Kühlschränken. Dabei gelangten sie zu der Überzeugung, daß Energie nichts anderes sei als eine Ware, ein Mittel zu einem anderen Zweck. Später schrieben sie: »Die wichtigste Abweichung von eher traditionellen Ansätzen war der Entschluß, Energie schlicht als Mittel anzusehen, das die für eine moderne Wirtschaft erforderlichen Dienstleistungen liefert.«[1]
Sie glaubten, daß die Herkunft ihrer Energie (soweit sie nicht umweltschädigend oder schmutzig ist) dem Verbraucher und den industriellen Nutzern von Energie gleichgültig ist. Was sie kaufen, ist Mobilität, Komfort oder Industriewärme. Der Verbraucher wird dabei der Energiequelle den Vorzug geben, die ihm dies sauber, sicher und preisgünstig liefert.
Sant und Bakke hatten von Anfang an nicht vor, länger als höchstens vier Jahre im Mellon Center zu bleiben. Das Institut sollte ja nur ein »Think Tank« sein, der den Grundsatz, daß Einsparungen Kostensenkungen bedeuten, unter Beweis stellt und sich dann auflöst: »Wir hatten immer die Absicht, das Institut zu schließen und ein eigenes Unternehmen aufzuziehen.« Beide wollten mehr tun als nur denken und beraten. Sie wollten aktiv dabei mitwirken, ein auf niedrige Kosten und Einsparungen bedachtes Energieunternehmen aufzubauen.
Diese Vorstellung ist nirgends schriftlich festgehalten, dennoch ist

An der Wiege des Unternehmens standen hohe ethische Ansprüche. Diesen Idealismus in die Praxis umzusetzen, war ebenso Anstoß, die Produktion aufzunehmen, wie der Ölschock von 1974.

sie aber eine der tiefsten Überzeugungen innerhalb der AES-Kultur. Die Umsetzung dieser Vorstellung faszinierte und reizte die kleine Gruppe der AES-Gründer – und ist noch heute für alle Mitarbeiter eine Herausforderung.

Anfang 1982 erhielten sie einen Bankkredit, der ihr Startkapital von 1,2 Millionen Dollar langfristig absicherte. Sie verbrannten alle Brücken hinter sich und gründeten mit diesem Geld AES. Bald danach war Sant, der so schnell wie möglich einige Projekte in Gang zu bringen suchte, in Los Angeles und verhandelte mit Jim Morrison, dem damaligen Leiter des Raffineriebetriebs für die Atlantic Richfield Company (ARCO).

Sant untersuchte verschiedene Nutzmöglichkeiten des Koksberges in der ARCO-Raffinerie in Houston. Heute gibt er zu, er habe damals Koks kaum von Kartoffelbrei unterscheiden können. (Koks ist ein Abfallprodukt des Raffinerieverfahrens, ein kohlenstoff- und schwefelreicher Schlamm.) Sant fragte sich, ob man diesen Koks nicht irgendwie pulverisieren und als Brennstoff für einen riesigen, langsam laufenden Dieselmotor mit – so sagt er heute – »Kolben, so groß wie Flugzeughallen« benutzen könne. Der Diesel sollte die Koksabfälle in Elektrizität umwandeln. Morrison sprang auf die Idee an und gab Sants neuer Gesellschaft 25 000 Dollar, um diese Idee genauer zu untersuchen.

Der heutige Geschäftsleiter bei AES, Bob Hemphill, hält sich bei seiner Beurteilung von Sants Dieseleinfall keinesfalls vornehm zurück: »Das war die bekloppteste Idee der Welt. Wir wollten versuchen, Ölkoks zu zermahlen, ihn mit Öl und Wasser mischen, in niedertourige Diesel einspritzen und dann die Abgase in einem Wirbelschichtkessel zu reinigen. Roger gebührt allerdings alle Hochachtung dafür, daß er ARCO gegen jede Vernunft überzeugte. Selbst in guten Haushaltsmixern hätten wir dieses Zeug nicht mischen können.«

Beweis für die Tatsache, daß vor dem Handeln das klare strategische Denken stehen muß! (Der Organisationstheoretiker Carl Weick von der University of Michigan behauptet, ein Großteil von Strategie sei »Sinngebung im Rückblick«, und das trifft auf AES sicher zu. Auf die Plätze. Schießen. Zielen.)

Der Reiz dieser Idee rührte daher, daß Dieselmotoren von Natur aus energiesparend sind. Der verhängnisvolle Denkfehler war, daß man zusätzlichen Koks würde verbrennen müssen, um die Kessel zu beheizen, in denen die giftigen Abgase des Diesels entsorgt würden. Die Anlage hätte sonst die Umwelt stark belastet. Das Verbrennen dieses zusätzlichen Kokses würde die durch den Einsatz der Dieseltechnik ermöglichten Einsparungen aber wieder zunichte machen.

Faszinierend war das Problem aber doch. Wie konnte man den Kern von Sants Idee verwirklichen? War es nicht doch möglich, aus den Koksabfällen saubere Energie herzustellen? Mitarbeiter bei AES und ARCO zerbrachen sich den Kopf. Plötzlich kam ihnen eine Erleuchtung: Vergessen wir den Diesel – nehmen wir die Kessel!

Die Idee: Der Koks sollte in einem kombinierten Kraft-/Heizwerk verbrannt werden, so daß die Wärme zweimal genutzt würde: einmal, um die Turbinen zur Stromerzeugung anzutreiben, und ein zweites Mal beim Austreten des heißen Gases aus den Turbinen; damit könnte man den Industriedampf produzieren, den ARCO in seiner Ölraffinerie braucht. Den erzeugten Strom konnte man dann an Houston Lighting and Power verkaufen. Dieses Konzept ergab Sinn. ARCO konnte sich so nicht nur seines Kokses entledigen, sondern ihn sogar verkaufen. Bei AES wären die Einsparungen durch die Wärme-Kraft-Koppelung so groß, daß sich eine zu diesem Zweck erforderliche große Investition in »Wäscher« rechnen würde. Diese Rauchgaswäscher sind Anlagen, die die schwe-

Vor dem Handeln stand ein klares strategisches Denken, aber auch die Bereitschaft zu technisch ungewöhnlich neuen Ansätzen in der Energieerzeugung bei möglichst geringen Abfallprodukten.

felhaltigen Abgase aus dem brennenden Koks mit Kalkstein mischen und das Schwefeldioxid, das den sauren Regen verursacht, herausfiltern.
In diesem Fall war die Investition für die Rauchgaswäscher besonders hoch. Der Koks enthielt 6 bis 8 Prozent Schwefel. Zum Vergleich: Mit die schmutzigste Kohle, die von anderen Kraftwerken in der ganzen Welt benutzt wird, enthält 0,5 bis 2 Prozent Schwefel.
An diesem Punkt mußte sich das Engagement des Unternehmens für soziale Verantwortung zum ersten Mal einem Härtetest unterziehen. Der Wäscherbetrieb war völlig legal und entsprach den schärfsten Vorschriften des Umweltministeriums. Er hatte aber einen gravierenden Nachteil: Er würde einen ständigen Strom an nassem, schmutzigem Kalziumsulfat produzieren. Das ist keine gefährliche Substanz, trägt aber doch – wenn auch in relativ geringem Umfang – zum Müllproblem bei, das das Land mit seinen festen Abfallstoffen hat.
Ich möchte darauf wetten, daß die meisten Unternehmen – und ganz besonders Anfang der achtziger Jahre – das Thema schlicht ignoriert und die Anlage gebaut hätten. Die kleine, aber edle Gruppe bei AES nahm sich der Sache mit Elan an. Ein Mitarbeiter glaubte gehört zu haben, daß Hitachi ein Verfahren entwickelt habe, mit dem sich das Kalziumsulfat trocknen, säubern und in sehr reinen Gips umwandeln lasse. Sollte dieses Verfahren tatsächlich funktionieren, könnte man das Gipsnebenprodukt an eine nahe gelegene Gipsfabrik verkaufen, die Verbundplatten herstellte. Dann wäre die Anlage ein eigenes, vollständiges Ökosystem. Abfallkoks kommt herein – und Strom, Dampf, saubere Luft, sauberes Wasser und Gips verlassen das Werk. Perfekt!
Nun – beinahe. Die AES-Leute prüften das Hitachi-Verfahren und stellten fest, daß es mehr kosten würde, als sie für den Gips erlösen

könnten. Inzwischen hatte AES fast seine gesamten finanziellen Ressourcen an das Deepwater-Projekt gebunden. Der Vertrag, der die schriftliche Zustimmung von dreizehn Parteien verlangte, wurde mehrfach in Frage gestellt. (Diese Parteien waren AES, ARCO, Bechtel – als Bauunternehmen –, J. P. Morgan – die Hausbank –, acht weitere Banken und die General Electric Credit Corporation.) Wenn er nicht möglichst rasch unterzeichnet würde, würde der ganze Deal platzen, und das hätte das »Aus« für AES bedeutet. Die Versuchung, den Plan mit dem Gips zu vergessen und den Vertrag zu unterschreiben, war also groß.

AES blieb jedoch seinen Wertvorstellungen treu: Der Gips blieb Bestandteil des Abschlusses. Nach drei mit Marathonsitzungen gefüllten Monaten unterschrieben am 30. Dezember 1983 um 16.31 Uhr alle Parteien den Vertrag. (Eine halbe Stunde später wäre das Projekt tot gewesen. Eine Sonderbestimmung in der texanischen Energiegesetzgebung, die die Vereinbarung überhaupt möglich machte, lief mit Ende des Jahres aus. 5 Uhr nachmittags am 30. Dezember war der letzte Termin, um Geldmittel für den endgültigen Abschluß der Verhandlungen zu überweisen.)

Die Menschen bei AES lieben es, diese und andere haarsträubende Geschichten aus ihrer fragilen Anfangszeit zu erzählen. Vielleicht ist es ihnen nicht bewußt, aber ein Grund dafür ist, daß solche Geschichten das Kapital an Kühnheit, Herausforderung und Abenteuersinn aufzeigen, von dem dieses Unternehmen zehrt. Eine große Herausforderung ist bei AES ein Wert an sich. (Und nicht immer ein begrüßenswerter. Oft leidet das Familienleben darunter, weil Mitarbeiter sich leicht allzusehr engagieren.)

Deepwater war nach seiner Eröffnung 1986 fast sofort ein Erfolg – und ist es heute noch. Die Schwefeldioxid- und Stickstoffemissionen liegen um den Faktor zwei unter den Normwerten, und der Betrieb – Sie ahnen es schon – produziert hochwertigen Gips.[2]

Die erste Anlage war ein eigenes vollständiges Ökosystem: aus Abfallkoks wurde Strom, Dampf, saubere Luft, sauberes Wasser und Gips, der an eine Fabrik für Verbundplatten verkauft wurde.

Die Wertvorstellungen einer Führungskraft befähigen andere Führungskräfte

Die Wirkungskraft einer zu Herzen gehenden Wertvorstellung, die nicht nur auf dem Papier steht, sondern über Jahre hinweg gelebt wird, macht Führung auf allen Ebenen der Organisation möglich. Wie das geht, zeigt uns Sheryl Sturges. Sie hat die junge Tradition des sozialen Handelns bei AES nicht nur beherzigt, sondern auch bereichert.

Sturges verließ mit sechs anderen das Mellon Institute, um AES zu gründen. Sie hat allerdings nie eine Position im Management übernommen. Teilweise erklärt sich dies daraus, daß sie es immer vorzog, mit einem beratenden Arm des AES, dem »Planungsdienst«, an Sonderprojekten zu arbeiten. Außerdem hat sie mit AES eine Sondervereinbarung über eine Teilzeitstelle getroffen, um mehr Zeit für ihre Familie zu haben.

Ihr Vater ist Ökologe, und obwohl sie selbst einen Psychologieabschluß von der Wesleyan University besitzt, hatte sie immer großes Interesse an Ökologie, Energie- und Umweltproblemen. Besonders gut ist ihr ein Physikkurs in Wesleyan in Erinnerung geblieben, in dem der Professor wiederholt seiner Sorge über die globale Erwärmung Ausdruck verlieh.

Diese Sorge bewegte sie, während die AES-Strategie in Richtung Kohlekraftwerke wies. Einerseits erkannte sie, daß dies strategisch notwendig war. AES konnte so langfristige Kohleverträge abschließen und die Forfaitierung durch Kreditinstitute sicherstellen – anders hätte die damals winzige AES das notwendige Kapital für den Bau großer Werke niemals bekommen. Außerdem produziert brennende Kohle zwar tatsächlich mehr Kohlendioxid (CO_2) als verbrennendes Gas, aber damals vertraten – wie auch heute noch – viele Menschen die Auffassung, daß es für die Rolle des

CO_2 bei der Erderwärmung keine wirklich zwingenden Beweise gebe oder daß die Erderwärmung überhaupt kein Anlaß zur Sorge sei.

»Im Sommer 1987 dann«, berichtet sie, »nahm Roger Sant an einer Konferenz des Aspen-Instituts teil. Das war mindestens ein oder zwei Jahre bevor die Erderwärmung groß in der Presse herauskam.« Sant hatte genug gehört, um beunruhigt zu sein. Er und Bakke baten Sturges, sich des Problems doch einmal anzunehmen und über mögliche Antworten nachzudenken.

Alle, die Sturges auftreiben konnte, wurden an dem Projekt beteiligt: Sommerpraktikanten in den Plandienstgruppen, selbst ihre eigene Schwester. »Wir lasen alles, was wir finden konnten. Erst befaßten wir uns mit der Technik. Was konnten wir mit dem CO_2 tun, das unsere Werke erzeugten?« Das Problem ist, daß man CO_2 zwar nutzen kann – zum Beispiel beim Einfrieren von Lebensmitteln oder um Bläschen in Getränkeflaschen zu verfüllen –, aber das CO_2 verschwindet bei den meisten dieser Anwendungsmöglichkeiten nicht. Es gerät langfristig wieder in die Atmosphäre. Eine weitere Möglichkeit war, es in den Boden zu pumpen, um die Ölproduktion zu steigern. (Wenn man CO_2 oder Dampf in alte Ölvorkommen pumpt, wird Restöl in Verfahren, die man »sekundäre«, »tertiäre« oder »erweiterte« Ölförderung nennt, an die Oberfläche gewaschen.) Auch dieser Vorschlag erwies sich als problematisch. Hier entstünde ein weiterer Kohlenwasserstoff, der verbrannt wird und dabei mehr CO_2 erzeugt. Wer kann sich außerdem sicher sein, ob das in die Erde gepumpte CO_2 auch dort bleibt? Und so weiter. Andere Ideen wurden vorgetragen; alle hatten entscheidende Nachteile.

Dann kam Sturges eine Erleuchtung: *Bäume.* Bäume atmen CO_2 und produzieren Sauerstoff, während es beim Menschen umgekehrt ist: Wir atmen Sauerstoff ein und produzieren CO_2. Sturges

Die hohen Ansprüche und Wertvorstellungen von AES sollen allerdings nicht nur auf dem Papier stehen, sondern in den Köpfen und vor allen in den Herzen der Mitarbeiter verankert sein.

erzählt: »Als ich zum ersten Mal den Vorschlag erläuterte, Bäume zu pflanzen, um das CO_2 aus unseren Werken zu verwerten, war ich fest überzeugt, daß der Betriebsausschuß mich für verrückt halten würde. Roger hatte sicher erwartet, daß ich Düngerproduktion oder Brennstoffzellen vorschlagen würde, und jetzt kam ich mit ›Bäumen‹ an. Sie haben aber ganz gelassen und offen reagiert.«
Schon bald sprach man darüber, wie man so etwas organisieren könnte. Wie viele Bäume waren nötig, um das in einem Werk produzierte CO_2 auszugleichen? Wie konnten sie jemals genug Hektar Land kaufen und um das Kraftwerk herum genügend Bäume anpflanzen, um auch nur das geringste bewirken zu können?
Sturges besprach ihre Idee und ihre Sorgen mit ihrem Vater. Er wies sie darauf hin, daß die globale Erwärmung genau das ist, nämlich ein *globales* Problem, kein lokales. Sie erkannte plötzlich, daß es gleichgültig war, wo man die Bäume anpflanzte. Überall auf der Welt würden Bäume dabei helfen, das Problem zu lösen.
Mit dieser Perspektive im Kopf und mit der uneingeschränkten Unterstützung des AES-Betriebsausschusses nahm Sturges Verbindung zu Gruppen auf, die dem Unternehmen tatkräftig zur Seite stehen konnten. In diesem speziellen Fall kam die umfassendste Hilfe vom »World Resources Institute«, einer unabhängigen Forschungsstiftung. Das Institut hatte sich bereits ausgiebig mit Problemen wie Entwaldung, Wiederaufforstung und globaler Erwärmung befaßt. Sturges sagt: »Sie halfen uns, unser erstes Projekt in Guatemala zu finden. Sie halfen uns auch auszurechnen, wie viele Bäume wir pflanzen mußten, um die Emissionen eines Kraftwerks aufzufangen, und brachten uns bei, wie man ein Baumpflanzprojekt und seinen Verlauf überwacht.«
Bald schon begannen Sturges und andere AES-Mitarbeiter mit Hilfe des Instituts Verhandlungen mit C.A.R.E und der Regierung von Guatemala. Mit 2 Millionen Dollar aus AES-Mitteln

pflanzte man genügend Bäume – 53 Millionen –, um die CO_2-Emissionen aus dem nächsten geplanten Kraftwerk auszugleichen. Das war 1989. Die Investition von zwei Millionen Dollar entsprach in etwa den Gewinnen dieses Jahres.
Heute ist das Pflanzen von Bäumen (oder Konservierung) bei allen neuen AES- Projekten Routine. Es ist sogar ein wesentlicher Bestandteil der Verantwortung eines Managers, parallel zur Planung eines neuen Kraftwerks ein Baumprojekt irgendwo in der Welt einzuleiten. Beispiel: AES baut auf der Insel Oahu in Hawaii in dem Industriegebiet Barbers Point ein Kohlekraftwerk von 180 Megawatt. Geknüpft an dieses Projekt sind 2 Millionen Dollar, die das Unternehmen für den Kauf und den Schutz von 260 Quadratkilometern des Mbaracayu-Waldes in Paraguay zur Verfügung stellt.
Sturges kann ihre freudige Erregung über ihr geistiges Produkt kaum bremsen. Ohne das tiefe Engagement der Unternehmensführung für die soziale Verantwortung wäre ihr Erfolg nicht denkbar gewesen. Niemand an der Unternehmensspitze hätte aber umgekehrt dieses Engagement ohne Sturges' eigene Führungsqualitäten so zum Leben erwecken können. In einem Unternehmen, das seine Wertvorstellungen lebt, gibt es diese Führungsqualitäten überall.

Erfahrung ist wichtig– und kann vielleicht sogar Spaß machen

Ein weiteres Merkmal zugleich nobler und praktischer, von allen geteilten Wertvorstellungen sind Führungskräfte mit Weitblick – aber anders, als wir uns dies gemeinhin vorstellen. Weitblick bedeutet nicht, daß sie in die Zukunft blicken könnten, sondern ist

Dazu ein Beispiel: Um den schädlichen CO_2-Ausstoß der Produktion zu eliminieren, werden von AES entsprechend große Waldflächen um ihre Werke angelegt, z. B. 53 Millionen Bäume für ein Kraftwerk.

das Ergebnis eines breiten Spektrums an Erfahrungen aus der Vergangenheit. Dies gilt für alle Wertvorstellungen, die man bei AES teilt, aber ganz besonders klar kommt es in der Bedeutung zum Ausdruck, die sie dem *Spaß* zumessen.

Die Leute bei AES sind zutiefst davon überzeugt, daß ihre Arbeit Spaß machen muß. Natürlich wissen sie, daß dies nicht jeden Tag möglich ist. Trotzdem ist ihr Ziel ein Arbeitsklima, in dem die Menschen ihr Talent und ihre Schaffenskraft sinnvoll einsetzen können und daher die Zeit bei AES genießen. Die Gründer Roger Sant und Dennis Blakke erinnerten alle bei AES ständig daran: »Wir arbeiten, weil die Arbeit *Spaß* macht, weil wir uns in ihr verwirklichen können und weil sie spannend ist.«

Sant griff bei seinen Äußerungen über den »Spaß« als Wert bei AES auf seine eigenen Erfahrungen zurück, die seine heutige Einstellung entscheidend prägten. »Meine früheren Erfahrungen im Wirtschaftsleben zeigten mir ausnahmslos, daß Menschen bei der Arbeit nicht viel Spaß haben.« Er sagte, darüber habe er schon lange nachgedacht, da er sich ganz genau an die wenigen Augenblicke erinnere, an denen die Arbeit ein freudiges Erlebnis war. Das hatte nichts mit guten oder schlechten Zeiten zu tun. Es ging vielmehr darum, daß man tiefe Einblicke in ein Thema gewann und zugleich das Gefühl der Freiheit hatte, damit etwas bewirken zu können.

Er erinnert sich: »Am meisten Spaß *vor* AES hatte ich bei einer Firma namens Wilkens Instrument. Es war ein kleines Unternehmen, als ich dort anfing. Ich dachte, das sei doch wirklich etwas Schönes, diese Firma aufbauen zu helfen und zu entscheiden, was man als nächstes in Angriff nehmen könnte. Mir hat es dort sehr gut gefallen. Es vermittelte mir das Gefühl, daß das ganze Geschäftsspiel Spaß machen könnte.«

Erzwungener Spaß funktioniert für Sant ebensowenig wie für die meisten von uns. Zu seinen Erfahrungen mit Unternehmen im Silicon Valley meint er: »Ich bin einigermaßen skeptisch, wenn ich so Sachen wie Bierfeten am Freitagnachmittag sehe. Natürlich kann man Parties veranstalten und Erfolge gemeinsam feiern, aber manchmal artet das ins Oberflächliche aus. Das ist nicht meine Definition von Spaß. Das ist etwas ganz anderes. Spaß bedeutet intellektuelle Anspannung und Interaktion mit anderen, wobei eine Idee zur nächsten führt. Man arbeitet und strampelt sich ab, und es ist ein großartiges Erlebnis, wenn ein Plan wie ein Puzzle einfach paßt. Die Anstrengung – und sogar die unvermeidlichen Mißerfolge, das macht es zum wirklichen Vergnügen.«

Spaß hat bei AES viele Formen. Sheryl Sturges zögert keine Sekunde, zuzugeben, daß ihr der Kampf mit dem CO_2-Problem Spaß gemacht hat. John Ruggirello, der AES-Manager in Beaver Valley, dem zweiten Kraftwerk des Unternehmens, hatte Spaß daran, einen neuen Tarifvertrag auszuhandeln. Bei zahlreichen Anlässen wollten Aufsichtsräte, Aktionäre und sogar AES-Mitarbeiter selbst diese Wertvorstellung abschaffen oder das Wort »Spaß« durch »Herausforderung« oder etwas in dieser Richtung ändern. Spaß klingt eben gar nicht ... nun, geschäftsmäßig.

AES weigert sich aber, die Vorstellung, daß Arbeit Spaß machen solle, aufzugeben. Es gilt aber das gleiche wie für alle Wertvorstellungen dort: Es ist immer Raum für Diskussion und neue Interpretationen. Das ist gesund.

In seinem Buch *A Business and Its Beliefs* schreibt Thomas Watson Jr. von IBM: »Die Vorstellungen, die große Organisationen prägen, wachsen oft über das Wesen, die Erfahrung und die Überzeugungen eines einzelnen Menschen hinaus.«[3] Das entspricht genau der Erfahrung bei AES. Hier war Sant der wichtigste Architekt der Wertvorstellungen, kräftig unterstützt von Bakke.

Im selben Buch sagt Watson auch, daß jede erfolgreiche Organisa-

Wertvorstellungen und Ansprüche bei AES werden zwar sehr ernst genommen, aber ein wesentliches Element der Mitarbeitermotivierung ist der »Spaß an ihrer Arbeit«. Spaß bei AES hat viele Formen.

tion wohlfundierte Überzeugungen haben müsse, auf denen sie alles andere aufbaut. (Keine Gegenstimmen aus dem AES-Lager.) Er fährt fort: »Ich bin überzeugt, daß eine Organisation, die sich den Herausforderungen einer sich wandelnden Welt stellen will, bereit sein muß, auf ihrem Weg durch das Leben eines Unternehmens alles an sich selbst in Frage zu stellen – mit Ausnahme dieser Grundüberzeugungen.«[4]

Vielleicht irrte er sich da. Die Erfahrung bei AES – und wahrscheinlich auch bei IBM – hat gezeigt, daß wandelnde Zeiten und Umstände vielleicht sogar diese letzten Grundfesten anrühren und verändern. Bis vor kurzem lautete der volle Text der AES-Erklärung: »Wir arbeiten, weil die Arbeit Spaß macht, weil wir uns in ihr verwirklichen können und weil sie spannend ist. *Wenn das nicht mehr so sein sollte, werden wir das, was wir tun, ändern.«*

Als das Unternehmen kleiner war, ging das ohne weiteres. Es verlieh AES große Flexibilität bei Verhandlungen und zog neue Mitarbeiter an, die das Konzept attraktiv fanden. Heute allerdings ist AES zu groß, um den zweiten Satz dieser Erklärung noch durchsetzen zu können.

Mitte 1992 bezog das Unternehmen zum Beispiel ordentlich Prügel von einer Koalition von Menschen, die den Bau eines bereits halb fertiggestellten Kraftwerks in Florida verhindern wollten. Bäume, saubere Emissionen – alles nutzte nichts: Diese Menschen wollten ganz einfach kein Kohlekraftwerk. Punkt. Fast drei Monate lang wurden Sant und andere AES-Mitarbeiter von der Opposition und einem Großteil der Presse gründlich zu Buhmännern gemacht. Als sie schließlich doch noch die Genehmigung zum Weiterbau erhielten, bekam die Bank kalte Füße und zog sich mit dem Argument zurück, daß die Politik in Florida das Projekt einmal verzögert hatte und ihr dies auch ein zweites Mal gelingen könnte.

Niemand bei AES hatte während dieser Episode Spaß. Es gab aber auch keine Möglichkeit, *»das, was sie tun, zu ändern«* – jedenfalls nicht kurzfristig. Aufgrund dieser Erfahrung in Florida werden Sant und andere bei AES bei Strategie-, Vorstands- und anderen Sitzungen überdenken müssen, was sie mit »Spaß« wirklich meinen und wie es mit den übrigen Wertvorstellungen in Einklang zu bringen ist.

Ich würde darauf tippen, daß die Antwort in ihrer Einstellung zum Humor liegt. Der Spaß bei AES bestand immer zu einem guten Teil aus der Fähigkeit, über sich selbst zu lachen und über die Albernheiten, die einen solch schwerfälligen Akt wie eine Vertragsunterzeichnung auszeichnen. In den Anfangstagen mußte AES nichts sehr ernst nehmen: Es gab kaum etwas zu verlieren.

Vielleicht kann AES, das heutige Großunternehmen, etwas von Merck lernen. Bei Merck beeindruckt mich der Sinn für Humor. Zumindest kam es mir bei meinen Kontakten mit Merck – ganz anders als bei anderen Großunternehmen – so vor, als werde das Geschäftliche zwar äußerst ernst genommen, aber daß man sich selbst dagegen gar nicht so furchtbar ernst nimmt.

Das ist ein gesundes Gleichgewicht. Vielleicht liegt darin der Schlüssel für den Spaß bei AES und anderswo.

Ihre Familie soll stolz auf Sie sein können

Soziale Verantwortung und Spaß sind zwei der vier schriftlich festgelegten Wertvorstellungen bei AES. Die anderen beiden sind:

• **Integrität:**

Wir bemühen uns, unseren Verpflichtungen gegenüber den Menschen unseres Unternehmens und gegenüber Kunden, Lieferan-

Informelle Treffen der Mitarbeiter untereinander, gesellige Zusammenkünfte mit den Familien und lokkere Regularien im Geschäftsleben sind eindrucksvolle Beispiele, diese Ideen auch umzusetzen.

ten und der Gemeinschaft nachzukommen. Wir streben danach, ehrlich und zuverlässig zu sein. Wir bemühen uns, integer und »ganzheitlich« zu handeln. Wir leben mit den von uns getroffenen Vereinbarungen selbst dann, wenn sie uns wirtschaftlich schmerzen sollten. Unsere Mitarbeiter und unsere Kunden können sich auf unser Wort verlassen.

- **Fairneß:**

Wir streben danach, die Menschen in unserem Unternehmen, unsere Kunden und unsere Lieferanten sowie die staatlichen Stellen und die Gemeinden, in denen wir arbeiten, fair zu behandeln. Wir versuchen nicht, aus Verhandlungen oder Transaktionen Nutzen zu Lasten anderer zu ziehen.

Warum sich überhaupt mit den letzten zwei Punkten aufhalten? Sind sie nicht selbstverständlich, ein Gemeinplatz gar? Im Grunde nicht – zumindest nicht in der Welt der Wirtschaft und der Organisationen. Viele Menschen glauben, daß Wirtschaftsunternehmen oder Organisationen sich noch nicht einmal bemühen, ethisch und fair zu handeln. Im allgemeinen erwartet man das Gegenteil.
Das Glaubensfundament, auf dem wir die moderne Unternehmensorganisation aufgebaut haben, ist die unsichtbare Hand von Adam Smith. Das A und O von Smith' Marktgesetzen ist seine Lobpreisung des Eigeninteresses. Er schreibt, es sei nicht etwa die Güte des Metzgers, Bäckers oder Kerzenmachers, die uns das Abendessen und das Licht geben, sondern einfach ihre Eigenliebe und ein immanenter Wunsch nach der Ansammlung von Reichtum.
Er stellt dann die Frage, wie das Eigeninteresse eingedämmt werden kann. Was hält nach Gewinn gierende Menschen davon ab, die Gesellschaft »um Lösegeld zu erpressen«? Seine Antwort: Der Wettbewerb. Jeder Mensch, der in seiner Gier zu weit geht, wird –

in Smith' Welt – von Scharen anderer zurückgehalten, die ebenfalls ihrem Eigeninteresse leben und Nischen besetzen, um dieser gierigen Seele Marktanteile zu rauben.
Also entpuppt sich der Markt letztlich als natürlicher Regulator der Wirtschaft. Die Preise sind zu hoch? Die Konkurrenz wird's schon richten. Es wird zuviel hergestellt? Die schwachen Mitbewerber werden eingehen.
Der Reiz und der Zauber von Smith' Marktmodell ist die Selbstregulierung. Geschäftsleute, die ihre eigenen Interessen verwirklichen wollen, werden »wie von unsichtbarer Hand« geführt, das Wohlergehen der Gesellschaft zu fördern. Unmittelbar auf Smith' Einfluß zurückzuführen ist der Spruch der Wirtschaftswissenschaftler: *Caveat emptor!* (Käufer, sieh dich vor!) Ein unmittelbares Ergebnis unseres bedingungslosen Glaubens an die Macht des schrankenlosen freien Marktes und die Stärke dieser unsichtbaren Hand war das skandalöse Verhalten der Geschäftswelt und die Aufhebung der meisten Marktkontrollen in den achtziger Jahren ... Der Aktienhandel mit Insiderinformationen ... Die brutalen kreditfinanzierten Firmenaufkäufe.
Das Problem ist, daß die Märkte heute *nicht* vollkommen sind – und es vielleicht nie waren. Die »unsichtbare Hand« ist nur bis zu einem gewissen Punkt wirksam. Jenseits dieses Punktes brauchen wir doch etwas mehr als bloß blindes Vertrauen in die Macht des zwar dem Wettbewerb ausgesetzten, aber ansonsten schrankenlosen Kampfes um die Durchsetzung des Eigeninteresses.
Bei AES bemüht man sich, solchen Tendenzen entgegenzusteuern, indem man das hervorhebt, was für die meisten Menschen einfach moralisches Verhalten ist: Integrität, Fairneß und das sich daraus ergebende Vertrauen. Die Menschen sind stolz darauf, bei AES zu arbeiten, weil die Wertvorstellungen, die sie bei der Arbeit leben, dieselben sind, die sie zu Hause mit ihren Familien teilen.

Integrität und Fairneß sind zwei weitere Faktoren, auch wenn das Unternehmen nach seiner rapiden Wachstumsphase größere Rücksicht auf die Gesetzmäßigkeiten des Marktes nehmen muß.

Wie für alle Wertvorstellungen gilt für die Integrität, die Fairneß und das Vertrauen, daß sie erst dann real werden, wenn sie gelebt werden. Es reicht nicht, sie schriftlich festzuhalten. Beaver Valley, das zweite Kraftwerk des Unternehmens, liegt mitten im Gelände einer alten Gummifabrik aus dem Zweiten Weltkrieg in der Nähe von Pittsburgh/Pennsylvania. Beaver Valley ist der umgerüstete Teil einer alten Fabrik, die AES von ARCOs Chemieabteilung erwarb.

Rein äußerlich ist die Fabrik das völlige Gegenteil von Deepwater. Schon die Wände fallen auf: Sie sind so dick wie die einer mittelalterlichen Burg. Anfänglich war die Einstellung der Belegschaft ebenso undurchdringlich wie diese Wände und so hart wie der in dieser Gegend produzierte Stahl. »AES-Werte oder nicht«, so hieß es, »sobald die Gewinne davonschwimmen, werden Sie uns ebenso schlecht wie jeder andere behandeln.« Was Sant, Bakke, Hemphill oder Ruggirello über Fairneß und Integrität erzählten, beeindruckte hier niemanden. Die Leute in Beaver Valley glaubten ihnen nicht.

Werksleiter John Ruggirello überzeugte sie schließlich durch die Art, *wie* er eine Tarifverhandlung führte. Diese Verhandlungen laufen meist folgendermaßen ab: Die Gewerkschaft arbeitet eine Liste mit etwa 150 Forderungen aus. Die Arbeitgeberseite erstellt eine ähnlich lange Liste. Die Parteien treffen sich am Verhandlungstisch. Die Arbeitgeber legen ihre Liste auf den Tisch. Die Gewerkschaften legen ihre Liste auf den Tisch. Man streitet sich und einigt sich schließlich irgendwie.

Ruggirello beschloß, es ganz anders anzufangen. Die Verhandlungen begannen wie im Drehbuch vorgeschrieben. Wie immer setzten sich die Gewerkschaften und die Arbeitgeber an den Tisch. Wie immer legte die Gewerkschaftsführung ihre lange Liste vor und bat die Arbeitgeber um ihre.

Ruggirello durchbrach das Ritual. »Wir haben keine«, sagte er.
»Was soll das heißen, Sie haben keine?« fragte der Gewerkschaftsboß entgeistert.
Ruggirello wiederholte es noch einmal: »Wir haben keine Liste. Überlegen Sie sich, welche Punkte auf Ihrer Liste Ihnen wirklich wichtig sind, welche in unser beider Interesse liegen und welche fair sind. Dann kommen Sie wieder, und wahrscheinlich stimmen wir zu.«
Der Gewerkschaftsführer wandte sich an seinen Anwalt. »Können die das machen?« fragte er.
Sie berieten sich. Der Gewerkschaftsanwalt fand keinen Grund, warum Ruggirello es nicht so machen konnte. Die Gewerkschaftsführung erstellte daraufhin eine Liste völlig vernünftiger Forderungen.
AES stimmte ihnen ausnahmslos zu.
Die Geschichte verbreitete sich bei AES wie ein Buschfeuer. Sie ist heute Bestandteil der fast legendenartigen Überlieferung, die uns daran erinnert, was Fairneß, Integrität, Vertrauen und offene Kommunikation bei AES wirklich bedeuten.
Sie ist auch ein weiteres Beispiel dafür, wie sinnvolle Wertvorstellungen Führungsqualitäten auf allen Ebenen inspirieren können: Ruggirello hatte vor seinem beispiellosen Schritt niemanden um eine Genehmigung gebeten.

Geistiges Eigentum und Zweideutigkeit

Aus dem Hintergrund ihrer Arbeit im öffentlichen Dienst hat die Gruppe der Unternehmensgründer eine tiefsitzende Abneigung zurückbehalten, die sich gegen jede schriftliche Unternehmenspolitik richtet, gegen schriftlich festgelegte Verfahren, Stellenbe-

Für alle Wertvorstellungen gilt, daß sie erst dann real werden, wenn sie gelebt werden. Beispiele aus der Unternehmensgeschichte belegen, daß man dieser Forderung weitgehend nachzukommen versucht.

schreibungen, Organisationspläne und fast alles, was nach Bürokratie riecht. Das Unternehmen verabscheut formelle Verfahren (das heißt Aktenstücke, die im Grunde nichts anderes aussagen als: »Wir trauen dir nicht zu, das Richtige zu tun«). Das Gewicht, das man hier auf Fairneß und Integrität legt, erklärt sich teilweise aus diesem Gefühl heraus. In dem Maße, in dem Vertrauen, Offenheit, Achtung vor anderen und die Würde des einzelnen herausgestellt werden, erübrigt sich eine schriftliche Unternehmenspolitik fast von selbst.

Auf zwei weitere Wertvorstellungen, die man selten antrifft, wird ebenfalls viel Gewicht gelegt. Auch sie erklären sich aus der Vergangenheit der Gründer. Sie beschreiben sie mit den Begriffen *»geistiges Eigentum«* und *»Zweideutigkeit«*. Diese beiden Begriffe helfen, klarere Konturen eines Menschen zu zeichnen, der sich in der AES-Umgebung wohl fühlt und »Spaß hat«.

Mit »geistigem Eigentum« meinen sie im Grunde die Bereitschaft, Verantwortung zu übernehmen. Sie wollen die Art von Menschen gewinnen, die sich nach der Entdeckung eines Problems oder einer Gelegenheit persönlich darum kümmern, daß etwas geschieht. Dabei ist es unwichtig, ob das Problem Abfall auf dem Parkplatz oder die Kesselwartung ist. Auch ihre Arbeit oder ihre Stellung in der Organisation spielen keine Rolle. Wenn sie das Problem sehen, ist es ihres. Sie übernehmen die Initiative, es zu lösen.

Da ist zum Beispiel der Techniker, der herausfand, daß die Computer im Sommer ständig ausfielen, weil es in der Steuerwarte zu heiß war. Er nahm einen Katalog zur Hand und fand Deckenventilatoren für 200 Dollar. Er erinnerte sich, woanders praktisch die gleichen für zehn Dollar gesehen zu haben. Bald hatte er den ganzen Bestand beim örtlichen Händler aufgekauft und die Käufe auf seiner persönlichen Kreditkarte verbuchen lassen: Er wußte, daß die Firma hinter seiner Entscheidung stehen und ihm das Geld zurückerstatten würde. Ein kleines Beispiel mit kleinen Einsparungen – wenn man dies aber mit einem ganzen Unternehmen multipliziert, kann die Auswirkung auf die Effektivität und die Moral kaum überschätzt werden.

Diese Vorstellung des »geistigen Eigentums« ist im Unternehmen so allgegenwärtig, daß Leistungen, die anderen Unternehmen kaum möglich wären, hier zur Routine gehören. Bedenken Sie: Das Unternehmen begann ohne Geld, ohne Erfahrung im Bau von großen Werken und ohne Erfahrung im Betrieb dieser Anlagen. Jedes Projekt ist unvorstellbar kompliziert. An der Finanzierung sind jedesmal etwa ein Dutzend Kreditinstitute beteiligt. Der Abschluß allein erfordert anscheinend übermenschliche Anstrengungen. Beim Bau eines Werks muß eine große Anzahl an Auftragnehmern sorgfältig beaufsichtigt werden, die oft mit einer ganz neuen Technik arbeiten. Jeder, der einmal ein Haus gebaut hat, kann sich die Schwierigkeiten beim Bau und der pünktlichen Inbetriebnahme eines Kraftwerks annähernd ausmalen. Und wenn der Betrieb endlich anläuft, geht immer noch einiges schief. Es erfordert Monate und manchmal Jahre an Feineinstellungen, bis ein Kraftwerk mit seiner Höchstleistung läuft.

Anders gesagt: Wenn etwas falschläuft, was häufig der Fall ist, gibt es tausend mögliche (und einleuchtende) Entschuldigungen. Bei AES ist es aber nicht akzeptabel, die Schuld jemand anderem zuzuweisen, selbst wenn es zu Recht geschieht. Das ist der Kern der Idee des »geistigen Eigentums«. Die AES-Leute übernehmen die Verantwortung dafür, ihr Engagement mit Leben zu erfüllen. Wenn etwas schiefgeht, übernimmt jeder seinen Teil der Last, um die Situation zu korrigieren.

Eine tolerante Einstellung zu »Zweideutigkeiten« ist eine weitere Eigenschaft, die AES bei seinen Mitarbeitern gerne sieht. Die Welt ist sehr verwirrend, und AES ist in einer sich wandelnden und

Das Unternehmen verabscheut formelle Verfahren und alles, was nach Bürokratie riecht, wie der Teufel das Weihwasser. Statt dessen wird die Einzelverantwortung der Mitarbeiter gefördert und gestärkt.

oft verwirrenden Branche aktiv. Die vier AES-Wertvorstellungen sind zwar einigermaßen klar, aber ihre Umsetzung erfordert oft schwierige Entscheidungen in Grauzonen und Kompromisse. Was heißt beispielsweise »fair«, wenn ein Auftragnehmer aus Gründen, auf die er keinerlei Einfluß hat, wichtige Abgabefristen verpaßt? Sollte AES sich dies im Sinne des »geistigen Eigentums« zur eigenen Sache machen und auf einen Teil der Konventionalstrafe verzichten? Sollte AES von seinen Zulieferern erwarten, den Integritätsnormen von AES zu entsprechen? Wenn sich zum Beispiel ein Banker in letzter Minute anders besinnt, sollte AES die Bank verklagen? Wenn die Konzepte der Fairneß und des geistigen Eigentums bis ins letzte ausgereizt werden – ist AES dann nicht immer der Gelackmeierte, an dem die Fehler aller anderen hängenbleiben?

AES beschäftigt sich ununterbrochen mit solchen Themen. Sant nennt sie »Spaßfragen«. Ohne eine gewisse Neigung zur Zwiespältigkeit kann man in der AES-Kultur kaum normal bleiben. Das ist gewiß nicht jedermanns Sache.

Das Familiengefühl

Eine der schwierigsten Aufgaben des Managements ist es, die doppelten – aber oft widersprüchlichen – Bedürfnisse des einzelnen zu erfüllen. Einerseits strebt er danach, Teil einer größeren, sinnvollen Sache zu sein; andererseits sucht er das Gefühl, als einzelner erfüllt und frei zu sein und die Kontrolle zu haben. Ein Wertesystem wie bei AES trägt dazu bei, dieses Dilemma zu lösen.

Ende 1991 führte ein Doktorand der Business School der George Washington University mit dem wohlklingenden Namen John John eine Untersuchung über die AES Corporation durch. Nach mehreren Wochen bei zwei Werken des Unternehmens rief er aus: »Ich konnte meinen Augen nicht trauen! Zuerst erzählt mir jeder, daß er morgens wirklich gern zur Arbeit kommt. Zweitens erzählen sie mir, daß sie frei sind, alles zu tun, was sie wollen. Ich sage: ›Wirklich? Irgendwelche Kontrollen muß es doch geben.‹ Sie sagen mir: ›Nein. Wir können wirklich alles tun, was wir wollen.‹« John John konnte das einfach nicht glauben, und ganz wahr ist es ja auch nicht. Was er aber fand und was wichtig ist, ist das ungeheuer starke Gefühl der Autonomie, das den Menschen in den Werken die Arbeit zum »Spaß« macht.

Mit Beaver Valley und Deepwater wurde AEG zu einem Unternehmen, das nicht mehr nur Geschäfte abschloß, sondern auch im operativen Bereich tätig war. Der Vorstand hatte dies erkannt und auf das Management Druck ausgeübt, mehr Menschen mit operativer Erfahrung einzustellen und auch selbst mehr darüber zu lernen. Das Ergebnis war, daß heute alle Spitzenmanager bei AES jedes Jahr mindestens eine Woche in einem der Werke verbringen. Sie tragen Arbeitskleidung und lernen und erledigen alle Arbeiten. Unter der Anleitung der Arbeitnehmer laden sie Kohle auf, warten Kessel, reparieren Maschinenteile in der Instandhaltungswerkstatt und reinigen schmutziges Gerät.

Ein weiteres Ergebnis war die Einstellung von Bill Arnold. Bakke dazu: »Arnold wußte, was zu tun war. Er plante die Handbücher, die Verfahren, er stellte Mitarbeiter aufgrund ihrer technischen Qualifikationen ein und arbeitete sehr gut. Unser erstes Werk, Deepwater (vor den Toren von Houston/Texas) lief wunderbar.«

Irgend etwas stimmte aber gefühlsmäßig nicht. Die jährliche Umfrage zu den Wertvorstellungen war eine Frühwarnung. Im Hauptsitz des Unternehmens in Arlington/Virginia war alles eitel Sonnenschein. In Deepwater sah es dagegen düster aus. Dort hatten die Mitarbeiter ganz entschieden noch keinen »Spaß«.

Auch AES muß natürlich mit den widersprüchlichen Bedürfnissen des einzelnen leben: Einerseits will er Teil einer größeren, sinnvollen Sache sein, andererseits will er die Kontrolle über sein Tun selbst behalten.

Dennis sagt, er war während seiner Arbeitswoche in Deepwater, als die Mitarbeiter dort an einem »Handbuch zur Unternehmenspolitik« arbeiteten. »Sie sprachen darüber, wieviel Zeit man beim Tode der Eltern freibekommen sollte. Wäre es weniger, wenn man adoptiert oder bei einem Onkel aufgewachsen ist? Was ist, wenn die Eltern in London wohnten? Gibt's dann drei Tage mehr? Ich dachte, nee, da stimmt was nicht. Das ist doch nicht das, was wir anstreben. Warum muß das überhaupt irgendwo in einem Buch stehen? Warum haben wir nicht Vertrauen darauf, daß jeder die Zeit nimmt, die er braucht, und nicht mehr? Das hier hat mit den Werten nichts mehr zu tun, von denen wir bei der Firmengründung sprachen.«
Am Ende dieses Monats trafen sich Dennis und andere Spitzenmanager in Roger Sants Wochenendhäuschen in Donner Lake/Kalifornien. Dennis berichtete über seine Erfahrung. Er sagte, *de facto* habe man seiner Meinung nach die Werksarbeitnehmer anders behandelt als andere AES-Mitarbeiter. Teilweise war es die stillschweigende Annahme der Unternehmensführung und des Vorstands, daß man Werke anders verwalten müsse. Dazu Dennis: »Roger, Bob (Hemphill) und ich amüsierten uns zwei Tage lang königlich mit Träumen, wie man (diese stillschweigende Annahme) auf den Kopf stellen könnte. Warum sollten wir eigentlich nicht zu den Prinzipien (über Menschen) zurückkehren, die wir woanders erfolgreich einsetzen?«
Kurz darauf war Dennis wieder in Deepwater und stellte Fragen: Was wäre, wenn ...? »Was wäre, wenn wir von vornherein auf dieses Buch verzichten? Was wäre, wenn wir die Anzahl der Krankentage gar nicht schriftlich festlegen? Was wäre, wenn wir keine Vorarbeiter haben?« Dennis sagt, Bill Arnold habe ihn am nächsten Tag in sein Büro gebeten und die Tür geschlossen. Sämtliche Schichtführer hatten sich bei ihm beschwert. Ihrer Meinung nach verursachten Dennis' Fragen das reine Chaos.

Dennis widersprach dem nicht. Die Fragen waren vielleicht verrückt. Er versicherte Arnold und den Schichtführern aber, daß er nicht sofort eine Antwort auf die Fragen wollte. Er wünschte sich nur, daß sie sich im Laufe des nächsten Jahres oder so Gedanken über solche Fragen machen sollten. Dennis sagt: »Sie beruhigten sich daraufhin so weit, daß ein Gespräch über die Grundsätze, um die es dabei geht, möglich wurde. Das fanden sie gleich sehr spannend.«

Innerhalb eines Monats begannen die Mitarbeiter in Deepwater, die Dinge schneller »umzukrempeln«, als es sich die Unternehmensleitung in ihren Träumen vorzustellen wagte. Die wichtigste Änderung: Sie planten, sich in »Familien« zu organisieren. Es sollte eine Kesselfamilie, eine Turbinenfamilie, eine Wäscherfamilie und so weiter geben. Die Familienmitglieder sollten die Arbeit ihrer Kollegen lernen, täglich rollieren, Routinewartungsarbeiten erledigen und – und dies ist entscheidend – ihren eigenen Betrieb zu ihrem »Eigentum« machen. Die Familien sollten also ganz ähnlich wie die selbstgesteuerten Teams bei Procter & Gamble funktionieren, wenn auch die Terminologie in Deepwater eine andere war (und man sicher gar nichts von der Existenz des P&G-Systems wußte).

Für Tätigkeiten, die die Grenzen zwischen den Familien überschritten, spielten die Leute in Deepwater mit weiteren (in der Wirtschaft) unkonventionellen Begriffen herum. Sie sprachen von Nachbarschaft, Gemeinden und Zellen. Schließlich entwarfen sie eine auf dem Familienkonzept aufbauende Struktur, die sie »Honigwabe« nennen. Der Ursprung dieses Begriffes als Beschreibung der Werksstruktur bei AES ist unklar, aber das dahinterstehende Konzept ist einleuchtend: die Stärke der Honigwabe, die sich aus wunderbar zusammenpassenden Zellen – oder in diesem Fall: Familien – zusammensetzt.

Als Lösungsmodell entwarf man in dem Werk Deepwater eine auf dem Familienkonzept aufbauende Struktur, die AES die »Honigwabe« nannte: ergänzende Zellen oder Teams mit wechselnder Besetzung.

Mit der Einführung der »Honigwaben«-Idee in Deepwater ging es mit der Produktivität und der Arbeitsmoral rapide aufwärts. Die Kapazitätsauslastung hatte bis dahin kaum je über 85 Prozent gelegen. Nun erreichte sie routinemäßig 100 Prozent. Teilweise erklärt sich dies aus der Honigwabenstruktur, die die Abschaffung zweier Vorarbeiterebenen möglich machte, eine Maßnahme, die von den Mitarbeitern sehr begrüßt wurde.

In Beaver Valley ließ der Fortschritt länger auf sich warten. (Sie erinnern sich – die umgerüstete Gummifabrik mit der starrköpfigen Belegschaft.) Bei seiner Arbeitswoche in Beaver Valley fiel Hemphill ein irritierendes Verhaltensmuster auf. Immer wenn er die Arbeitnehmer, die ihn »ausbildeten«, fragte, warum er eine besonders ineffiziente, gefährliche oder auch schmutzige Aufgabe so und nicht anders auszuführen habe, hieß es: »Sie sagen uns, wir müssen das so machen.« Wer waren *»sie«*?

Weder die Arbeitnehmer noch die Unternehmensleitung wollten weiter so ineffektiv arbeiten. »Sie« war natürlich die Vergangenheit – alte Arbeitspraktiken, Mythen und Annahmen. »Sie« war ein Heer von Bürokraten, das wahrscheinlich längst verschwunden war, dessen Geist aber noch über Beaver Valley herrschte.

Eine lockere Koalition mit Hemphill an der Spitze machte sich daran, diesen kurzlebigen Feind schnellstens in die Flucht zu jagen.

Alle Mitarbeiter von AES erinnern sich an den Tag, an dem jeder im Unternehmen eine Keramikkaffeetasse in der Post fand. Aufdruck in der Glasur: »Wer sind denn schon SIE?« Später wurden alle mit einem nie abreißenden Strom von Aufklebern, Reversknöpfen, Notizen und Sheriffsternen bombardiert. Auf allen war das Wort »SIE« mit dem internationalen Verbotssymbol – einem Kreis mit einem Querstrich – überdruckt.

Später fertigten Bakke und Hemphill große Poster an und verteilten sie an alle AES-Betriebe. Sie zeigten ein Bild von Sant an seinem Schreibtisch, hinter einem Schild mit der Aufschrift: »NICHT SIE«. Auf einem Poster stand: »Schreiben Sie an ›SIE‹«. Ein Abreißblock mit einer Seite für Anregungen und Beschwerden lag dabei; das Porto wurde erstattet.
Kurz darauf wurde eine Orientierungssitzung durch »Gewehrfeuer« unterbrochen. Vier Leute im Kampfanzug stürmten das Zimmer. Sie trugen Spielgewehre; an ihren Kampfanzügen klebte Flicken an Flicken mit der Aufschrift: »SIE«. Diese Guerillatruppe, so stellte sich heraus, waren zwei der Spitzenmanager mit ihren Frauen.
Die Unternehmensleitung erreichte damit, was sie beabsichtigt hatte. Sie war das Problem des WIR/SIE frontal angegangen und hatte das SIE vor die Tür des Unternehmens gesetzt. Sie lösten Spannung in Humor auf, während sie Mauern zwischen Funktionen und Managementebenen einrissen.
Der Anti-SIE-Feldzug gewann an Schwung. Das gleiche galt für das in Deepwater eingeleitete Familiensystem. Diese Programme und Ruggerillos positives Handeln im Verhältnis zu den Gewerkschaften zeitigten allmählich meßbare Erfolge. Beaver Valley hatte bisher kaum einmal kostendeckend gearbeitet; heute fährt es mit die besten Gewinne ein. Außerdem zeigt die Umfrage über die Wertvorstellungen auch dort eine erhebliche Verbesserung der Arbeitsmoral.
Was John John feststellte, stimmt: Die Mitarbeiter bei AES fühlen sich wohl und sind leistungsstark, weil sie ein Gefühl der Freiheit haben. Dieses Gefühl verkörpern das Familienkonzept, die Honigwabenstruktur, die geringere Zahl der Führungsebenen und das Fehlen von Mauern zwischen »SIE« und »uns«. Trotzdem gibt es Grenzen und Kontrollen. Bei AES sind es folgende:

Das Familienkonzept, die »Honigwabenstruktur« und die geringere Zahl der Führungsebenen sind wesentliche Faktoren, warum sich die Mitarbeiter bei AES wohl fühlen und zudem leistungsstark sind.

• Messung:

AES hat »Meßgrößen«, die für alle sichtbar und einsehbar sind und nach Möglichkeit allen täglich mitgeteilt werden. Zu diesen Meßgrößen gehören folgende Punkte:

- *Sicherheit:* Meldepflichtige Unfälle im Vergleich zum Branchendurchschnitt. Ziel ist eine Unfallrate von 0 Prozent. 1992 lag AES um 40 Prozentpunkte unter dem Industriedurchschnitt.
- *Umwelt:* Hier gibt es drei Meßeinheiten: Schwefeldioxidemissionen (SO_2 – das Zeugs, das den sauren Regen verursacht), Stickstoffoxidemissionen (NO_x – das Zeugs, das Smog verursacht) und andere Emissionen. 1992 lagen die SO_2-Emissionen bei 50 Prozent der vom Umweltministerium zugelassenen Werte und sanken weiter. Die NO_x-Emissionen lagen bei einem Drittel der vom Umweltministerium zugelassenen Werte und sanken. Andere Emissionen lagen bei 25 Prozent der zugelassenen Werte und waren unverändert.
- *Kapazitätsfaktor:* Der tatsächliche Energieoutput eines Werks gemessen an seiner theoretischen Kapazität. Außer wenn ein Werk für Wartungsarbeiten geschlossen ist, liegt dieser Wert bei 95 Prozent bis 105 Prozent.
- *Heizrate:* Maß für die Effektivität, mit der das Werk Brennstoff in Energie umwandelt.
- *Geschäftsergebnis:* Wird normalerweise auf zwei Arten ausgewiesen – in Kosten pro Kilowattstunde und mit einer Ergebnisrechnung für den Betrieb.

• Gruppendruck und Information:

AES-Mitarbeiter, die dies wünschen, kennen die Leistung ihres Werks und ihres Unternehmens ebenso gut wie das Management. Sie haben Zugang zu den gleichen Informationen wie die Unternehmensleitung. Und vielleicht das wichtigste: Die »Familie«

eines Mitarbeiters und wahrscheinlich auch andere wissen, was er oder sie tut. Kontrolle erwächst aus einem der stärksten und am häufigsten übersehenen Werkzeuge der Managementstruktur: ganz einfach aus dem Gruppendruck.

- **Buchführung:**

Alle Werke werden mit dem gleichen Kontenplan erfaßt, so daß eine Verwechslung der Zahlen praktisch ausgeschlossen ist und die Werke miteinander vergleichbar sind.

- **Buchprüfung:**

Angesichts der – wegen der größeren Zahl der Kraftwerke – wachsenden Komplexität des Unternehmens schuf man eine Innenrevision, die die routinemäßig von außen durchgeführten Buchprüfungen ergänzt. Dies war eine harte Entscheidung. Die Unternehmensführung schreckte aufgrund ihrer Erfahrungen in der Vergangenheit und ihrer Überzeugungen vor dem bloßen Wort »Revision« zurück. Der Vorstand berief sich jedoch auf seine eigenen Erfahrungen und äußerte sich überzeugt, daß Innenrevisoren mit der richtigen Einstellung sehr nützlich sein können. Die Auffassung des Vorstands setzte sich durch, und die neue Abteilung erwies sich bisher nicht nur bei der Finanzrevision als sehr hilfreich, sondern auch bei der Ökobilanz.

Umgang mit den Wertvorstellungen

Die Unternehmenskultur – also die von allen geteilten Wertvorstellungen einer Firma – gilt im herkömmlichen Sinn als die *weiche«* Seite des Managements. Jeder, der sich einmal mit dem Versuch herumgeschlagen hat, eine Unternehmenskultur zu ändern,

AES hat für alle Mitarbeiter einsehbare und nachvollziehbare Meßgrößen eingeführt, die von den Sicherheitsstandards über die Umweltbelastung bis hin zum Umsatzcontrolling reichen.

wird Ihnen allerdings bestätigen, daß es nichts Schwierigeres gibt. Die Ausgangsposition bei AES war vergleichbar günstig. Das Unternehmen verfügte bereits über einigermaßen logische und hochgesteckte Wertvorstellungen. Trotzdem widmet sich AES den Wertvorstellungen mit der gleichen Sorgfalt, mit der es sich um die Kraftwerksemissionen, die Sicherheit und die tägliche Stromproduktion kümmert. Die Kultur pulsiert: Man achtet darauf – ob bei der Ausbildung, bei der Einstellung neuer Mitarbeiter, der Bemessung von Ergebnissen oder auch beim Geschichtenerzählen.

Bei AES waren die Werte von Anfang an mit eingewoben – zuächst in Gesprächen unter den Managern, dann durch die Aus- und Weiterbildung. Sant erinnert sich daran, die AES-Werte erstmalig auf einer Orientierungssitzung für neue Mitarbeiter ausdrücklich erwähnt zu haben. Heute konzentriert sich ein Videofilm mit dem Titel »Einführung zu AES« stark auf die Wertvorstellungen. Er führt nicht nur die vier an, die in der offiziellen Erklärung zu den Wertvorstellungen schriftlich festgehalten wurden, sondern auch alle anderen, einschließlich des »geistigen Eigentums« und der Zwiespältigkeit.

Die meisten Menschen, die sich heute bei AES bewerben, erhalten zunächst eine Anfängerposition. Die Manager des Werks und ihre potentiellen Mitarbeiter befragen sie ausführlich. Ein Teil des langen Gesprächs dreht sich um Routinefragen – ist der Bewerber qualifiziert? Der größte Teil des Gesprächs allerdings zielt darauf ab, etwas sehr viel Wichtigeres herauszufinden: Versteht der/die Bewerber/in den Stellenwert der gemeinsamen Werte bei AES, und wird er sie begeistert übernehmen? Tut er es nicht, ist er »weg vom Fenster«. AES baut und verstärkt sein Wertesystem durch seine Einstellmethoden.

Eine weitere Möglichkeit zur Institutionalisierung der Wertvorstellungen ist es, sie meßbar zu machen. Der alte Spruch »Was man messen kann, das wird getan« gilt für Wertvorstellungen genauso wie für alles andere auch. Wenn sie, die Führungskräfte, etwas erledigt haben wollen, richten sie ihre Aufmerksamkeit darauf. Kurz gesagt: Messen!

AES tut dies, seit es die Wertvorstellungen zum ersten Mal aufschrieb. Jedes Jahr befragt AES Mitarbeiter, Kunden und Lieferanten dazu, wie effektiv das Unternehmen ihrer Meinung nach seine erklärten Wertvorstellungen umsetzt. Der Bericht über die alljährliche Umfrage ist bei der Strategiekonferenz der Punkt Nummer eins auf der Tagesordnung. Inzwischen hat dieser Bericht – der alle schriftlich hinzugefügten Kommentare enthält – einen Umfang von über hundert Seiten. Zusammenfassungen der Werteumfrage werden auf den ersten Seiten des Geschäftsberichtes und der Quartalsberichte veröffentlicht. Mehr noch: Eine Bewertung der Bereitschaft des einzelnen, die Bestrebungen von AES zu unterstützen, entscheidet über knapp die Hälfte seines Lohnanstiegs und der Jahresgratifikation. Das wissen die Mitarbeiter.

Dem guten alten »Geschichten erzählen« fällt eine Schlüsselrolle dabei zu, daß die Werte von allen übernommen werden. Das Unternehmen ist jung – und quillt trotzdem schier über von Geschichten: der Gips in Deepwater, WIR/SIE-Kämpfe und Frivolitäten in Beaver Valley, Ruggirellos Coup bei den Tarifverhandlungen, Ventilatoren vom billigsten Kaufhaus und natürlich die Geschichte, die außerhalb des Unternehmens am meisten Aufsehen erregte: die Investition in Bäume, um die Erderwärmung einzudämmen.

Bakke und Hemphill haben sich inzwischen zu meisterhaften Geschichtenerzählern entwickelt und sind somit Bewahrer der Kultur»flamme«. Sie überlassen kaum etwas dem Zufall. Bei einer Orientierungssitzung für neue Mitarbeiter und ihre Ehepartner

Diese Meßbarkeit führt wiederum zu einer Institutionalisierung der Wertvorstellungen. Mitarbeiter, Kunden und Lieferanten werden jährlich befragt, wie effektiv AES nach ihrer Einschätzung ist.

zeichnet Bakke dramatisch die Geschichte der Tarifverhandlungen in Beaver Valley nach – ein Ereignis, das für den Erfolg oder Absturz des Unternehmens ebenso wichtig war wie Deepwater. Danach erhält jeder eine Rolle zugewiesen. Einige sind die verschiedenen Bankerteams, andere die Anwälte, wieder andere die Strom- und Dampfkunden, und einige spielen die Rollen der AES-Direktoren und Projektmanager. Die Geschichte wird in großem Stil wiederaufgeführt. AES verdeutlicht auf diese Weise alle Punkte, die das Unternehmen kennzeichnen: Integrität, Fairneß, Vertrauen, Spaß in scheinbar unmöglichen Situationen, Zwiespältigkeit, »geistiges Eigentum« und schlußendlich das reine Stehvermögen, das dieses Unternehmen aus dem Nichts zu dem machte, was es heute ist. Bei AES erzählen sie nicht bloß Geschichten – sie leben sie.

Und der letzte, sehr wesentliche Punkt: AES kümmert sich aktiv um die kulturellen Erwartungen. Soziale Verantwortung, Spaß, Fairneß, Integrität, Vertrauen, Offenheit, Eigentum, Zwiespältigkeit – eine beachtliche Liste. Wie kann eine Gruppe von Menschen diese Zielvorstellungen verwirklichen? Gar nicht. »AES-Wertvorstellungen sind nicht AES in seinem heutigen Zustand«, erinnern Sant und Blakke alle Mitarbeiter. »Sie verkörpern das, was AES sein will.«

*

Im Juni 1991 wurde AES zur Aktiengesellschaft. Das Unternehmen wollte dies nicht; man befürchtete, daß Druck von außen den inneren Zusammenschluß um die Wertvorstellungen gefährden könnte. Das Unternehmen hatte aber – dies war erklärte Firmenpolitik – von Anfang an Aktien mit allen Mitarbeitern geteilt, und die Zahl der Aktionäre betrug fast 500. Ab 500 Aktionären gilt ein

Unternehmen bei der amerikanischen Börsenaufsicht (*Securities and Exchange Commission* – SEC) de facto als Aktiengesellschaft. Es gab also keine andere Wahl. Insofern überlebten die Wertvorstellungen bisher gut.

Ein Zwischenfall kurz vor dem Gang an die Börse spiegelt die gemischten Gefühle wider, die uns alle dabei befallen, wenn wir sowohl geschäftlich einen klaren Kopf behalten und gleichzeitig einen edlen Zweck verfolgen wollen. AES hatte in dem Teil des Prospekts, der seinen Aktivitäten gewidmet war, lautstark seine Wertvorstellungen herausposaunt. Die Anwälte des SEC zwangen das Unternehmen bei einer letzten Durchsicht, einen Großteil des Abschnittes »Wertvorstellungen« in den Teil des Prospekts einzugliedern, der den Titel »Risikofaktoren« trägt.

»Junge, Junge, ganz schön komisch«, meinte einer der Wertpapierhändler der Garanten. »Hier sagt uns unsere Regierung, daß es riskant ist, in diesem Land beim Geschäftemachen auf Fairneß und Integrität zu bauen.«

Daraus soll einer schlau werden!

Anmerkungen

1 Sant/Bakke/Naill, *Creating Abundance,* S. VIII.

2 Die Investition in die Gipsproduktion lohnte sich später doch und erwies sich nicht als der ursprünglich vorhergesagte finanzielle Abgrund; das konnte man aber damals noch nicht wissen.

3 *A Business and Its Beliefs,* S. 11.

4 Ibd., S. 5.

Auch wenn AES seit 1991 in eine Aktiengesellschaft umgewandelt wurde, bleibt die Grundidee des Geschäftemachens auf der Basis von Fairneß, Verbraucherbewußtsein und Integrität davon unberührt.

Kapitel 7

7

Etwas, woran man glauben kann

Bei Levi's schaffen die Manager Inhalte und verdienen Geld

Im letzten Kapitel wurde gezeigt, wie AES als wertorientiertes Unternehmen aufstieg. Wobei das für AES relativ einfach war – denn dort fing man gleich so an.
Wie aber sieht es mit der Kultur eines Unternehmens wie Levi Strauss & Company (oder wie es sich selbst nennt: »Levi's«) aus, eines Unternehmens, das durchdrungen ist von mehr als hundert Jahren Geschichte und Tradition? Das Unternehmen wurde immerhin schon 1850 gegründet! Kann man eine solche Kultur auch ändern? Vor allem: Kann man das Leben der Mitarbeiter ganz unten, die ihr ganzes Leben lang Jeans genäht, gesteppt, verpackt und verkauft haben, sinnvoller und interessanter gestalten?
Offensichtlich ja.

Blue Ridge/Georgia, ein kleiner Punkt auf der Landkarte, eingebettet in die Blue Ridge Mountains, nicht weit entfernt von der Grenze zu Tennessee. Das größte Unternehmen dort ist ein mittelgroßes Levi's-Werk, in dem 450 Mitarbeiter Herrenjeans herstellen. Obwohl dieses Werk in Blue Ridge schon seit über dreißig

AES war ein Unternehmen mit einer kurzen Firmengeschichte. Levi Strauss & Company, kurz: »Levi's«, ist dagegen ein Unternehmen mit einer fast 150jährigen, fast schon legendären Tradition.

Jahren in Betrieb ist, hat es vor kurzem eine Art industrielle Wiederauferstehung durchgemacht.
Kurz nachdem die Veränderungen sich allmählich durchsetzten, reisten vier Blue-Ridge-Arbeiter nach San Francisco, um der Geschäftsleitung über ihre Erfahrungen zu berichten. Brenda Burgess, die in dem Werk siebzehn Jahre lang Nähte genäht hatte, berichtete: »Vor einem Jahr haßte ich meinen Job. Ich ging zur Abendschule, um mich fortzubilden, fest entschlossen zu kündigen, sobald meine Kinder mit dem College fertig wären. Aber jetzt habe ich meine Meinung geändert, und so der Herr will, werde ich bis zu meiner Pensionierung hier sein – oder bis ich Millionärin werde, je nachdem, was eher passiert . . . Ein neuer Stolz auf unsere Arbeit und mehr Engagement für das Unternehmen machen es zu einem besseren Platz zum Arbeiten.«
Die Philosophie hinter ihrem Sinneswandel ist in einem Dokument eingefangen, das Levi's *Mission and Aspirations* nennt. Diese einseitige Epistel ist das Ergebnis der simplen Einsicht von Chief Executive Bob Haas, daß es keine Möglichkeit für ihn, seine Führungsriege oder seine Manager gibt, genug präsent oder wirksam genug sein zu können, um der Belegschaft von Levi's, die inzwischen 30 000 Mitarbeiter umfaßt, zu sagen, was sie tun muß. Also kann man nur von den schriftlich fixierten Grundwahrheiten von Levi's lernen, etwa:

- Eine edle Absicht ist für Menschen, die Jeans herstellen, genauso wichtig wie für jemanden, der ein neues Unternehmen gründet. Obwohl Manager dies zu spüren scheinen, haben sie im allgemeinen doch Schwierigkeiten, eine mitreißende Vision zu artikulieren, und nehmen Zuflucht zu Strategien. Levi's löst dieses Problem mit dem perfekten Wort *Aspirations* oder Bestrebungen.

- Strategie und Bestrebungen sind eng miteinander verbunden. Strategie an sich ist etwas Trockenes, Berechnetes und Unerfüllendes für die Menschen ganz unten in einem Unternehmen, die Sinn in ihrer Arbeit sehen wollen. Andererseits werden sich die Menschen kaum mit edlen Absichten beschäftigen, wenn sie den Eindruck haben, daß die Strategie schwach ist und ihre Arbeitsplätze in Gefahr sind.
- Wie wir bei AES gesehen haben, kamen die anzustrebenden Ziele nicht über Nacht auf Steintafeln. Während die erste schriftliche Fassung das Ergebnis einer Klausursitzung an einem Wochenende war, ist die in Worte gefaßte nur die sichtbare Spitze eines sehr großen und immer noch nicht vollständig ergründeten Eisbergs.
- Zwar muß das oberste Management die Bestrebungen eines Unternehmens unterstützen – die Impulse jedoch, um in Gang zu kommen, können von überall her kommen. Im Falle von Levi's brachten mehrere Frauen, die zu oft vor (gläserne) Wände gelaufen waren, das oberste Management zum Handeln.
- So klar das schriftliche »Aspirations«-Statement auch zu sein scheint, so werden die, die gewohnt sind, anders zu handeln, es wahrscheinlich doch nicht verstehen. Nicht daß sie es nicht wollten. Es ist einfach die Macht der alten Gewohnheiten und die Hartnäckigkeit ehemals gemeinsamer Werte. Bei Levi's war der erste Schritt zum Verständnis ein massives Schulungsprogramm.
- Was gemessen wird, wird gemacht. Die Menschen werden sich nicht wirklich ändern, selbst nicht bei so etwas scheinbar Aufregendem wie den Aspirations von Levi's, wenn ihre Leistung immer noch auf altgewohnte Art und Weise gemessen und sie danach bezahlt werden.
- Weich ist hart: Die Kultur, die man normalerweise zu den wei-

Der in Ridge/Georgia ansässige Jeanshersteller ist Teil eines Unternehmens, das inzwischen weltweit 30 000 Mitarbeiter beschäftigt. Chief Executive Bob Haas ist stolz auf seine Firmenphilosophie.

chen, unfaßbaren Seiten eines Unternehmens zählt, ist wahrscheinlich die härteste, wenn es ums Verändern geht. Einem Philosophen würde dies wahrscheinlich trivial erscheinen, aber es ist nicht die Art von Botschaft, die eine von dem Leitsatz »Das muß vorgestern fertig sein« geleitete Führungskraft gerne hören möchte.

- Weich kann hart sein: Auch ein schwammiges Konzept (wie allgemeine ethische Grundsätze) kann bei entsprechender Bemühung in einen vernünftigen Ansatz umgewandelt werden, um harte Entscheidungen im »grauen Bereich« zu fällen.

Die Vision

Im ganzen organisierten Amerika fühlen die Menschen das Bedürfnis nach Sinn. Daher rufen Theoretiker, Planer und Berater lautstark, daß man »Visionen schaffen« und »Sinn geben« solle. Daher auch gibt es ein gerüttelt Maß an Verwirrung.

Als allererstes müssen Führungspersonen sich durch diesen semantischen Sumpf arbeiten. Sowohl in der vorhandenen Literatur als auch auf den Veranstaltungen, an denen ich teilnehme, wird zuviel Mühe darauf verwandt, Worte wie Mission, Vision, Werte, Sinn, Aspirationen, Ziele und Absichten zu definieren und dann voneinander zu unterscheiden. Dieser verbale Morast wird noch undurchdringlicher durch Ausdrücke wie langfristige Planung, Planspiele, Leitsätze und das redundante »nach vorne planen«.

Die Worte und Ausdrücke überlappen sich, bedeuten für verschiedene Menschen verschiedene Dinge und werden immer mehrdeutig sein, wie sehr wir uns auch bemühen, sie zu definieren. Der Grund hierfür ist darin zu finden, daß die zugrundeliegenden Konzepte – die Ideen, für die die Worte stehen – schwer zu fassen und in sich selbst mehrdeutig sind. Der Trick besteht darin, diese Schwierigkeiten zuzugeben – und mit der Aufgabe weiterzumachen.

AES, in Anlehnung an etwas, was Peters und ich in *In Search of Excellence* (dt. *Auf der Suche nach Spitzenleistungen*) vorgeschlagen hatten, versuchte seine Ideen über Organisation in das »7S-Gerüst« einzupassen: Strategie, Struktur, Selbstverständnis, Symbole, Systeme, Stammpersonal und Spezialkenntnisse. Schließlich fanden sie das zu verwirrend und faßten die S-Kategorien, die ihnen nicht wichtig genug erschienen, unter dem Begriff »Stoff« zusammen.

Vision oder Stoff: Wonach alle streben ist, den Menschen in Unternehmen und Organisationen ein Gefühl von lohnendem Sinn zu geben. Levi's fand heraus, daß genau zwei Konzepte ausreichten, um das Gefühl von Sinn, das die Blue-Ridge-Mitarbeiter so angeregt hatte, zu artikulieren.

Das erste: Sie zeichnen sich aus durch *das, was sie tun.* Sie nennen es »Mission« oder Auftrag, andere könnten es Strategie nennen.

Die meisten Führungskräfte würden sich mit einer guten Strategie zufriedengeben. Nicht so Haas. Nach seinen Worten besteht das Problem mit der Strategie darin, »daß sie analytisch, blutleer und nicht mit Leben erfüllt ist«. Er behauptet, daß das wirklich erfolgreiche Unternehmen der Zukunft *Seele* haben wird. »Sie können Menschen nur in Schwung bringen oder ihre Unterstützung gewinnen, wenn das Unternehmen, dem sie sich verpflichten, Seele hat.«

Deshalb befürwortet Haas eine zweite Dimension des Sinnes bei Levi's. Sie nennen sie »Aspirations«. Es bezieht sich nicht nur auf das, was sie tun, sondern *wie sie sein wollen.* Wie die Werte bei AES ist dies der Teil der Vision, der wirklich auf die Bedürfnisse der Mitarbeiter überall in der Organisation eingeht.

Die Vision von Levi's kreist um die Begriffe »Mission« und »Aspirations«. Wer eine Führungsposition anstrebt, muß diese Begriffe verinnerlicht haben und in seine tägliche Arbeit einbringen.

Levi's' Mission ist einfach und direkt: »verantwortlichen wirtschaftlichen Erfolg als ein globales Handelsunternehmen für Marken-Freizeitkleidung aufrechtzuerhalten«. Genau wie bei AES scheinen die Worte allein nicht sehr aufregend zu sein. Die Annahme hinter diesen Worten jedoch ist die, daß Levi's mit Produkten wie »501« und »Dockers« Erzeugnisse herstellt, die weltweit den Standard setzen. Bei Levi's haben das alle begriffen und sind sehr stolz darauf. Außerdem wurde das Wort *verantwortlich* zur Modifizierung des wirtschaftlichen Erfolgs hinzugenommen. Und dahinter steckt sehr, sehr viel. Wie Kotter und Haskett gedrängt haben würden, will Levi's den Bedürfnissen aller Beteiligten und Betroffenen, einschließlich der Nachbarschaft, gerecht werden.

Das »Missions-Papier« geht dann auf die strategischen Bedürfnisse des Unternehmens ein: herausragende Ertragskraft und Kapitalrendite, Marktführerschaft, Spitzenprodukte und -dienstleistungen. Danach werden die Werte angesprochen: »Wir werden unser Geschäft nach ethischen Grundsätzen führen und Führung bei der Erfüllung unserer Verpflichtungen gegenüber allen Beteiligten und der Gesellschaft beweisen. Unsere Arbeitsumgebung wird sicher und produktiv sein und charakterisiert werden durch faire Behandlung, Teamarbeit, freie Kommunikation, Eigenverantwortung und Wachstums- und Entwicklungsmöglichkeiten.«

So weit, so gut – aber immer noch etwas nichtssagend. Es ist das »Aspirations-Statement«, das die Dinge wirklich zum Leben erweckt und die wirklich packende Qualität hinzufügt, die wir bei den Werten von AES gesehen haben: »Wir alle wollen ein Unternehmen, auf das unsere Mitarbeiter stolz sind und dem sie sich verpflichten, in dem alle Mitarbeiter die Möglichkeit haben, etwas beizutragen, zu lernen, zu wachsen und sich weiterzuentwickeln, und zwar auf der Basis von Verdiensten und nicht von Politik oder persönlichem Hintergrund. Wir wollen, daß unsere Mitarbeiter das Gefühl haben, respektiert und fair behandelt zu werden, daß man ihnen zuhört und daß sie beteiligt werden. Vor allem aber wollen wir Zufriedenheit aufgrund von Leistung und Freundschaft, Ausgewogenheit zwischen Privatleben und Beruf und Freude an unseren Bemühungen.«

Im einzelnen wird der Typ von Führung beschrieben, der diesen aufregenden Traum Wirklichkeit werden läßt. Überall wird im Unternehmen nach Führungskräften verlangt, die entlang verschiedener Dimensionen, die im Laufe der Zeit dazu beitragen werden, daß die Aspirations immer mehr Realität werden, Beispiele setzen, so etwa:

- Führungskräfte, die ethische Normen vorgeben und leben – ein erfrischender Grundsatz heutzutage, wo die meisten Nachrichten über die Geschäftswelt uns durch die Verquickung mit Skandalen und Verbrechen anwidern.
- Führungskräfte, die alle Aspekte der Vielfalt am Arbeitsplatz – Alter, Geschlecht, Rasse, Erfahrungen, Ansichtsweisen usw. – schätzen und auf ihnen aufbauen.
- Führungskräfte auf jeder Ebene, die Vertrauen, Anerkennung und Verantwortlichkeiten tiefer in das Unternehmen hineintragen in dem Glauben, daß dies der Weg ist, um sowohl alle Talente der Mitarbeiter freizusetzen als auch von ihnen zu profitieren.
- Führungskräfte, die sowohl finanzielle wie auch psychische Anerkennung leistungsstarken Mitarbeitern und Teams zuteil werden lassen.
- Führungskräfte, die sich verpflichtet haben, anderen dabei zu helfen zu lernen, sich weiterzuentwickeln und erfolgreich zu sein.

Der erste Begriff beinhaltet den Auftrag, die Strategie des Unternehmens; der zweite bezieht sich auf den Sinn, auf das »wie sie sein wollen«. Dies ist der Teil der Vision, der auf die Mitarbeiterbedürfnisse eingeht.

Schließlich möchte Levi's, genauso wie AES und seine »Gegen-SIE«-Kampagne, jegliche Schranken abbauen, die eine freie und leichte Kommunikation behindern. Deshalb verlangt Levi's nach Führungskräften, die nichts verheimlichen, sondern direkt sind – Führungskräfte, die die persönliche Verantwortung für Probleme, die sie anderen (unwissentlich oder nicht) zufügen mögen, anerkennen und übernehmen. Kurz gesagt: Führungskräfte, die Teamarbeit und Vertrauen aufbauen.

Chief Executive Bob Haas ist der nachdenkliche, redegewandte Urgroßneffe des Firmengründers Levi Strauss. Wenn das Wort »Charisma« zutrifft, dann ist seins das eines wahren Gentleman, mit Betonung auf dem ersten Teil des Wortes: »gentle« – sanft. Er kleidet sich gemäß seiner Rolle als Chef von Levi's – mit Jeans und einem einfachen Hemd.

Haas liebt es, sich zurückzulehnen und darüber nachzudenken, was im Leben wirklich zählt. Auf fast kryptische Art und Weise weist er die Mitarbeiter von Levi's immer wieder darauf hin: »Sie arbeiten nicht *für* Levi's, sie arbeiten für sich selbst, sie arbeiten nur *bei* Levi's.« Diese Ermahnung ist Teil seines Kampfes, die Wünsche der einzelnen auf die gleiche Stufe zu stellen wie die Anforderungen des Unternehmens – mit anderen Worten: dazu beizutragen, das Leben für jeden, der bei Levi's arbeitet, sinnvoller zu machen.

Stellen Sie das dem gegenüber, was man mir bei einem früheren Arbeitgeber immer sagte: »Erst kommt Ihr Kunde, dann das Unternehmen und schließlich Ihre Familie.« Wenn ich mir diesen Rat wirklich zu Herzen genommen hätte, hätte ich wahrscheinlich den Sinn in meinem Leben, der mir am meisten bedeutet, verloren: meine enge Beziehung zu meiner Frau und meinen Kindern.

Wenn man mit Haas spricht, vergißt man leicht, daß er kein begeisterter Idealist ist. Er ist eher ein kampfgestählter Wirtschaftsführer, der sein Unternehmen von dem strategischen Blabla der Vergangenheit zu Erfolg und gewinnbringendem Wachstum zurückgeführt hat. Er gehört zu den wenigen Führungskräften, die nicht nur eine feindliche Unternehmensübernahme abwehrten, sondern auch die angefallenen massiven Schulden zurückzahlen konnten – in seinem Fall sogar frühzeitig.

Erfolgssignale

Wie vertragen sich Levi's ehrgeizige Ambitionen mit den Geschäftsergebnissen? Bisher ist das Ganze positiv. Seit Mitte der achtziger Jahre, als Levi's durch ein eigenes Leveraged Buyout von 1,6 Milliarden Dollar zu einer personenbezogenen Kapitalgesellschaft wurde, haben sich die Gewinne nach Steuern auf mehr als 300 Millionen Dollar im Jahr 1991 versechsfacht. 1992 und 1993 gehörte Levi's zu den zehn »meistbewunderten« Unternehmen in der jährlich erstellten Liste von *Fortune* – die erste Personengesellschaft, die jemals in der Liste geführt wurde.
Werden die unkonventionellen Ideen bei Levi's jetzt Realität, oder sind sie nur Seifenblasen in den komfortablen Büros der Chefs im Levi's Plaza in San Francisco? Sie sind durchaus ernst gemeint! Tom Kasten, Leiter der Damenoberbekleidung, erinnert sich an eine kürzlich stattgefundene Unterhaltung mit Sue Thompson, Direktorin für Personalentwicklung. Die beiden arbeiteten eng bei einer Sondergruppe zusammen, und Kasten hatte keine Schwierigkeiten, sie um ein Feedback zu seinem Stil zu bitten.
Tom lächelt etwas verlegen, wenn er über dieses Gespräch spricht. »Sie sagte mir: ›Früher hielt ich Sie für einen wirklichen Blödmann. Aber heute genieße ich es, mit Ihnen zusammenzuarbeiten,

Bob Haas und die anderen Führungskräfte versuchen, diese Ideale zu verkörpern, indem sie ethische Normen vorgeben und leben. Dazu gehört aber auch, das Unternehmen durch Krisen zu führen.

und das geht auch anderen so.‹« Solche Eingeständnisse lassen einen fühlen, daß bei Levi's etwas Spannendes vorgeht. In wie vielen Unternehmen würde ein Mitarbeiter der mittleren Ebene sich frei genug fühlen, einer Führungskraft gegenüber solche Worte zu äußern?

Kastens Geschichte zeigt, wie dramatisch, aber auch persönlich schwierig Veränderungen sein können. Als ehrgeiziger Mann mit einem MBA hatte er gelernt, sich auf den Erfolg zu konzentrieren, und es gab in seinem Leben nur Platz für das Beste. Bei der »alten« Levi's lag er richtig, dort gehörten sein Denken und sein harter Stil zu den von der Unternehmenskultur gepflegten Werten, und sie verhalfen ihm zu schnellen und regelmäßigen Beförderungen.

Kasten war ungeduldig, hatte sich der harten Arbeit verschrieben, und er erinnert sich, daß er dafür bekannt war, seine Mitarbeiter mit mehr oder minder »83 Fragen« zu jedem anliegenden Problem zu traktieren. Management durch Vertrauen, das Konzept des Zuwachses an Kontrolle durch Aufgabe der Kontrolle, hatte keinen Platz in seinem Denken. Kasten erklärt, daß er, bevor er begann, den Inhalt des »Aspirations-Statements« wirklich zu begreifen, niemals auf die Idee gekommen wäre, seinen Managementstil als Kontrollinstrument zu betrachten.

Als andere bei Levi's sich bemühten, dem Wind der Änderung zu folgen, machte auch Kasten mit. Es war eine lange Reise für ihn, und er vermutet, daß sie niemals enden wird. Er nimmt nicht nur an Workshops über Delegation und Führung bei Levi's teil, sondern trifft auch mit externen Beratern zusammen. Er bittet seine Kollegen regelmäßig um ein Feedback und hat gelernt, ihr Lob ebenso wie ihren Tadel freundlich zu akzeptieren. Das ist harte Arbeit, und manchmal trifft Kasten auf den Zynismus von Menschen, die ihn schon früher kannten, aber er glaubt, daß sich der Kampf mehr als auszahlt.

Ich fragte Kasten, mit welchen Worten er am liebsten charakterisiert werden möchte. Er dachte einen Moment nach und sagte dann: »respektiert«, »vertrauenswürdig«, »hilfreich«, »großer Lehrer«, »amüsant«. Seinen Worten nach hätte die Antwort vor ein paar Jahren noch »erfolgreich«, »clever«, »sachkundig«, »guter Problemlöser«, »schnell« gelautet. Der Unterschied im Unterton dieser Adjektive bezieht sich genau auf das, was Haas Seele nennt.

Nicht daß Kasten seine Orientierung am Wettbewerb verloren hätte. Es ist immer noch von entscheidender Bedeutung für ihn, daß sein Bereich ständig Zuwächse beim Umsatz, dem Gewinn und der Kapitalrendite ausweist, und er weiß, daß der wahre Prüfstein für seine Werte – und die des Unternehmens – darin bestehen wird, ob sie auch in schweren Zeiten den Kurs halten können.

Ist er heute ein besserer Manager? Seine Antwort ist vielsagend: »Ein besserer Manager ist der falsche Ausdruck. Wie steht's mit ›besserer Mensch‹?« Kasten erzählt, seine Frau sage ihm, er sei ruhiger geworden, übe weniger Druck auf seine Kinder aus und sei geduldiger mit ihren Eigenheiten.

Diese Art von Einstellungsveränderung, wie sie aus Kastens Geschichte spricht, geht weit über Kalifornien hinaus.

»Ich bin glücklicher. Es ist viel angenehmer zu wissen, daß ich ehrlich sein kann, ohne verspottet zu werden«, erklärt R. C. Ledford, der technische Direktor in Texas. Ledford erinnert sich, daß man ihn vor zehn Jahren dafür lobte, »hart« zu sein. Heute hat er das Gefühl, daß er durch Aufgabe eines Teils seiner Autorität effektiver ist.

Und diejenigen, die etwas Autorität dazugewinnen, scheinen dies zu genießen. »Ich konnte zusehen, wie mein Gehirn sich in Knetgummi verwandelte, bevor Aspirations griff«, erzählt Marij Me-

Für die »alten Hasen« bei Levi's war es natürlich nicht einfach, dem Wind der Änderung zu folgen.

Neue Werte brauchen meist sehr lange, bis sie verinnerlicht und vor allem akzeptiert werden.

ade, eine Näherin in Blue Ridge, die auf das Annähen von Hosenbünden spezialisiert war. Levi's schulte Meade und ihre Kollegen in Kommunikation und Problem- und Konfliktlösungen. Heute ist sie Teil eines Produktionsteams und ist in die Entscheidungsprozesse im Werk eingebunden. »Jetzt verstehe ich, was vor sich geht, und ich kann etwas daran ändern. Ich habe mehr Respekt vor mir«, bekennt sie.

Die Reise beginnt

Obwohl es damals nicht so offensichtlich war, begann Levi's' Suche nach Seele schon Anfang der achtziger Jahre.
Während der siebziger Jahre dieses Jahrhunderts hatte Levi Strauss & Company eine große Welle erwischt und schwamm voll und ganz auf ihr. Verschiedene Faktoren – die Qualität der Jeansprodukte, die Babyboom-Jahrgänge, die inzwischen das richtige Alter erreicht hatten, und das weltweite Ansehen des Namens Levi's machten den Erfolg leicht. Aber bis 1984, dem Jahr, in dem Haas President und Chief Executive wurde, war diese große Welle wieder in sich zusammengebrochen.
Die Schwierigkeiten begannen schon 1981. Die Wirtschaft befand sich auf direktem Weg in die Rezession. Die Generation der Babyboomer fing an, das Interesse an traditionellen Jeans zu verlieren. Und zum ersten Mal gefährdete ein harter weltweiter Wettbewerb die kostenmäßige Wettbewerbsfähigkeit vieler Levi's-Werke in den Staaten.
Levi's Management wußte nicht so genau, was zu tun war. Jahre fortgesetzten Erfolges hatten die oberste Führungsriege den Märkten entfremdet. Nur wenige der leitenden Manager sahen die Notwendigkeit, regelmäßig mit den wichtigsten Einzelhan-

delskunden in Verbindung zu treten. Die Jeans hatten sich von selbst verkauft, und der unangefochtene Erfolg hatte zu einer gewissen Arroganz geführt: Hatten die Einzelhandelskunden einmal die Produkte geordert, endete die Verantwortung von Levi's – so die vorherrschende Philosophie.

1982 versuchte das Management, das Problem in seinen Märkten dadurch anzugehen, daß der Vertrieb breiter gestreut wurde. Levi's hatte vorher nie über Ketten wie Sears oder J. C. Penney verkauft. Was das Management aber nicht ganz begriff, war, daß die bestehenden Einzelhandelskunden schon mit Diskontpreisen arbeiteten, um überhaupt Umsatz zu erzielen und daher beim Preis nicht allzuviel Spielraum hatten, um mit den großen Handelsriesen konkurrieren zu können. Als Levi's dann anfing, mit den Handelsriesen Geschäfte zu machen, den bis dato loyalen Einzelhändlern aber dazu nur wenig Erklärung gab und sich mit ihnen auch nicht besprach, verlor der Jeanshersteller die Unterstützung seiner langjährigen Einzelhändler, und zwar vollständig.

Bis 1984 war die Lage drastisch umgeschlagen, und das Unternehmen steckte mitten in seiner ersten großen Entlassungswelle. 1984 war für jeden bei Levi's das Jahr des Orwellschen Schocks.

Haas, der im April 1984 die Zügel übernahm, war verwirrt – und er gab es zu. Er hatte weder ein klares Bild von der richtigen Strategie noch von den richtigen Werten für Levi's, aber seine oberste Priorität war klar: Er und sein Team mußten sich sputen, wenn sie das Unternehmen retten wollten. So sagte er seinen Managern: »Ich habe keine Antworten. Aber Sie sind jeweils für Ihren Geschäftsbereich zuständig. Kommen Sie mit Ihren Beobachtungen und einem Maßnahmenplan wieder.«

Innerhalb eines Monats trafen sie wieder zusammen. Ihre allgemeine Schlußfolgerung: Levi's war total aufgebläht, zu viele Führungsebenen, zu viele Werke, zu viele Produktlinien und zu viele

Anlaß für das Umdenken war – wie oft auch anderswo – ein dramatischer Rückgang der Umsätze und Gewinne, der auf die Rezession von 1981, aber auch auf hausgemachte Probleme zurückzuführen war.

Verwaltungsangestellten. Das Unternehmen mußte sich konzentrieren, und genau das tat es auch. Von 1984 bis 1990 reduzierte Levi's die Zahl seiner unterschiedlichen Produkte durch Einstellung der Linien, die Verluste einfuhren oder die ins Nichts führten, um fast zwei Drittel. Auch die Beschäftigtenzahl sank von 1981 bis 1986 um gewaltige 17 000 Mitarbeiter, als Levi's 59 Fabriken und Servicestellen schloß.

Kommunikation und Vertrauen

Soviel zu den strategischen Grundlagen, aber Haas mußte sich auch mit einem tiefer gehenden Problem auseinandersetzen: einer Kultur innerhalb des Unternehmens, die autoritär, bürokratisch und voller gegenseitiger Miesmacher war, trotz der freundlichen und generösen Werke der Haas-Familie außerhalb des Unternehmens. Die Familie beteiligte sich intensiv an Nachbarschaftsprojekten und an sozialen Fragen; aber Haas wußte, daß er tagein, tagaus in den Werken und Büros sicherstellen mußte, daß Levi's seinem Motto *Levi's is People* (Levi's ist das Volk) gerecht wurde.
Haas wollte von dem Tag an, als er Unternehmenschef wurde, die Unternehmenskultur verändern. Tom Tusher, heute Vorstandschef von Levi's, erzählt: »Obwohl Bob seine neue Rolle gerade erst übernommen hatte, versuchte er zu erklären, wie das Unternehmen aussehen würde – und – was noch wichtiger war – wie es sich *fühlen* würde. Bei Bobs ersten Treffen mit der Managementgruppe begann er zu skizzieren, wie er die Mitarbeiter zueinander in Beziehung setzen wollte: mehr Teamarbeit, ein besseres Verständnis untereinander, bessere Kommunikation, gegenseitige Verpflichtung zum Erfolg, Vertrauen, Respekt – solche Dinge.«
Die Mitarbeiter reagierten höflich, aber unschlüssig. Das hörte

sich zwar toll an, aber die Umsätze gingen zurück, die Diversifizierung in andere Produktlinien funktionierte nicht, und die Aktien waren auf einem Tiefstand. Haas lernte eine weitere wichtige Lektion: Wenn anscheinend die wirtschaftliche Lebensfähigkeit eines Unternehmens auf dem Spiel steht, wollen die Menschen nicht über einen höheren Sinn sprechen. Und sie wollen auch nicht, daß ihre Führer das tun. Es ist wie eine Maslow-Hierarchie: Gib mir erst zu essen und ein Dach über dem Kopf, dann sprechen wir über Selbstverwirklichung.

Bei Levi's – wie bei den meisten Unternehmen – war die erste Reaktion auf die Krise Ablehnung und Unterdrückung. Olin Dunn, heute Werksleiter in Blue Ridge, beschreibt die Gefühle der Manager, die im ganzen Unternehmen anzutreffen waren: »Bis zum Anfang der achtziger Jahre mußte in Blue Ridge nichts geändert werden. Wir hatten fast keine automatisierten Maschinen, und wir dachten, wir könnten alles verkaufen, was wir produzieren.«

Als die Manager von Blue Ridge allmählich begriffen, wie hart die vor ihnen liegenden Zeiten sein würden, war ihr erster Instinkt zu zögern. Man machte sich Sorgen, daß die Arbeiter auf die Nachricht, daß das Unternehmen automatisieren und rationalisieren müßte, negativ reagieren würden. Die zugrundeliegende Annahme war nämlich, daß die meisten Mitarbeiter nicht in der Lage sein würden, mit den schlechten Nachrichten umzugehen. Bei Levi's war Bevormundung an der Tagesordnung gewesen, und der Widerwillen gegen Offenheit war besonders stark.

So verführerisch es auch gewesen sein mag, auch weiterhin dem Prinzip der Bevormundung zu folgen – es wäre grundfalsch gewesen. Wenn die unvermeidlichen Entlassungen kommen, kommen sie schnell und ohne Warnung. Große Loyalität verwandelt sich in Gefühle von Verrat, sogar Haß.

Eine nüchterne Analyse ergab, daß der Apparat bei Levi's zu aufgebläht und das Image beim Kunden auf einen Tiefpunkt gesunken war. Kommunikation und Vertrauen hatten einen Tiefpunkt erreicht.

Außerdem schneidet Zurückhaltung bei der Offenlegung schlechter Nachrichten einen von einer der wichtigsten Hilfsquellen ab. Genau die Mitarbeiter, die das Management »schützen« will, könnten helfen, das Problem anzugehen. Das heißt, sie könnten helfen, wenn sie genug Informationen hätten.
Während des Tiefpunkts 1984 fingen Haas und andere Mitglieder der Leitungsebene an, die alten Kommunikationsbarrieren massiv abzubauen. Mit der Hilfe von Donna Goya, die folgerichtig zum Mitglied der Geschäftsleitung berufen wurde, bauten Haas und Tusher Barrieren für die Mitarbeiter ab, indem Fragestunden für alle eingerichtet wurden. Die Manager waren nervös, und die Mitarbeiter offensichtlich auch. »Es waren so unsichere Zeiten, und diese Zusammenkünfte waren so atypisch für Levi's, daß man schon ein Hasardeur sein mußte, um aufzustehen und eine Frage zu stellen«, erinnert sich Goya.
Also wurde das Prozedere für die Fragen geändert. Die Fragen wurden nicht länger persönlich gestellt, sondern auf Karten geschrieben und an Goya geschickt. Goya leitete die Treffen und stellte die (unveränderten) Fragen im Namen der Mitarbeiter. Da Haas nicht wollte, daß die Antworten eingeprobt wirkten, weigerte er sich, die Fragen vorher zu sehen.
Nur selten fielen den Managern die Antworten auf die schweren Fragen der Mitarbeiter leicht, Fragen wie etwa: »Wird es weitere Kündigungen geben?«, »Werden weitere Werke geschlossen werden, um den Vorteil der billigen Arbeitskräfte außerhalb der USA zu nutzen?«, »Wird mein Arbeitsplatz sicher sein?«, »Hat der Name Levi's seine Magie verloren?«
Immer wieder betonte Haas, daß weder er noch sein Team klar wußten, wohin die Fahrt ging, als er 1984 Unternehmenschef wurde. »Wir waren verwirrt, und wir haben lange gebraucht, um uns durchzuwursteln und Klarheit zu gewinnen.«

Levi's ist »das genaue Gegenteil dessen, was man als klassisches Beispiel für einen Topmanager ansah, der immer alles unter Kontrolle hat, immer alles weiß, eine klare Vision hat und unbeirrbar auf sie zusteuert«, erklärt Haas. So funktioniert es nicht – selbst für den obersten Boß nicht. Und er fährt fort: »Selbst heute laufen wir noch aus der Spur, mit Verhaltensweisen, auf die wir nicht stolz sind, oder mit Entscheidungen, die keinen Sinn ergeben.« Diese Einschätzung ist wichtig, denn sie spiegelt die Welt wider, die die Mitarbeiter von Levi's selbst erfahren. Sie kämpfen mit der Verwirrung. »Wenn sie sehen, daß es o. k. ist, verwirrt zu sein und zuzugeben, verwirrt zu sein«, sagt Haas, »hilft es ihnen dabei, sich zu entspannen und zu sagen: ›Laßt uns diese Veränderung hinter uns bringen.‹ Niemand muß schon am Anfang die Antwort wissen.«

In der Tat war der ganze Prozeß der Entwicklung der Unternehmens-Aspirations ein Prozeß voller Rückschläge.

Es begann 1985, als Goya und zwei ihrer weiblichen Kollegen Haas herausforderten, Levi's zu einem Unternehmen zu machen, in das die Menschen nicht nur ihre Zeit hineinsteckten, sondern in dem ihnen die Möglichkeit geboten wurde, sich zu entwickeln und Leistungen zu erbringen.

Während eines Mittagessens erklärten Goya und ihre Mitstreiterinnen Haas, daß Levi's zwar die Vorschriften des Bundesgesetzes zur Gleichbehandlung bei der Einstellung von Mitarbeitern übertraf, daß aber in Wirklichkeit eine große gläserne Wand Minderheiten und Frauen zurückhielt. Die Hälfte der Angestellten mit Universitätsabschluß gehörten Minderheiten an oder waren Frauen – aber sie waren nicht in leitenden Positionen.

Mit Haas' Ermutigung im Rücken zogen sich Gruppen von leitenden Angestellten mit ihren Mitarbeitern – Frauen und Angehörigen von Minderheiten – in einen Urlaubsort in der Napa-Valley-Weinbauregion in Kalifornien zurück und diskutierten drei Tage

In dieser Situation (1984) trat Haas an die Spitze des Unternehmens. Er begann, sich nach neuen Mitarbeitern umzusehen und die firmeninterne Diskussion – auch mit ungewöhnlichen Methoden – zu fördern.

unter fachkundiger Leitung. Die Sitzungen wurden allmählich emotional, als männliche Weiße, Frauen und Angehörige von Minderheiten getrennt befragt wurden, ob das Unternehmen Probleme mit der Fairneß habe. Goya erzählt: »Die weißen Männer sagten alle: ›Na ja, bisher haben wir noch nicht sehr viele [Frauen und Angehörige von Minoritäten] in leitenden Positionen, aber wir sind alle schon viel länger dabei, und sie haben nicht die Erfahrungen. Die Frauen wollen einerseits den Kuchen haben, ihn andererseits aber auch essen. Sie wollen Familie haben, und sie wollen arbeiten.‹«

»Die Frauen explodierten bei diesen Äußerungen«, erinnert sich Goya. »Es gab Rufe wie: ›Wer bringt *Ihre* Kinder zur Welt?‹ Unzählige Probleme kamen hoch. Am Ende einiger dieser Sitzungen verstanden die Manager, daß ihre sehr eingeengte Sichtweise gewaltig zu dem Problem beigetragen hatte.«

Es fanden noch mehrere solcher Wochenenden statt, und während einerseits in ihrem Verlauf Ansatzpunkte für die Aspirations zusammenkamen, dienten sie andererseits noch einem wesentlich wichtigeren Zweck. Sie signalisierten, wie dramatisch und weitreichend die Aspirations sein könnten. Durch sie kam der Begriff der *überzeugungsorientierten Unternehmenskultur* bei Levi's ins Spiel. Zumindest brachten diese Wochenenden die Leute zum Denken – und zum Träumen.

Anfang 1987 – Haas war inzwischen drei Jahre Präsident – verbesserte sich die Finanzlage allmählich. Haas hatte das Gefühl, jetzt sei die Zeit gekommen, eine größere Sinngebung für Levi's zusammenzuschreinern.

Es war jedoch keine leichte Aufgabe, etwas Dauerhaftes zu entwerfen. Anfang 1987 zogen sich Haas und die Führungsspitze erneut für eine Woche zurück, um zwei sehr schwierige Punkte anzugehen: Was für eine Art von Unternehmen sollte Levi's sein, und welches Vermächtnis wollte dieses Managementteam hinterlassen?

Bei jenem schöpferischen Treffen plädierten die Manager dafür, dieses Vermächtnis solle aus mehr bestehen als nur der Produktion von Jeans. Es dauerte dann jedoch neun Monate mit Zusammenkünften im 2-Wochen-Turnus, bis die richtigen Worte gefunden waren. Am Schluß stand das Aspirations-Statement – 476 Worte, die auf eine Seite paßten. Durch die Wahl des Wortes »Aspirations« anstelle von »Vision« vermittelt das Statement ein Gefühl von stetigem Bemühen.

Ende 1987 wurde das *Aspirations-Statement* zu Tausenden in den Veröffentlichungen von Levi's und auf Postern abgedruckt. Die Mitarbeiter schienen es zu mögen, aber es wurde bald klar, daß die schriftliche Niederlegung nur den Anfang bildete. Die Konzepte waren großartig, aber die Menschen wußten nicht, wie sie sie umsetzen sollten. Die Aspirations waren weder ein Teil der Schulungen noch der alten Unternehmenskultur.

Ende 1988 wurde Sue Thompson zu einer Konferenz mit Haas und Tusher gerufen. »Die Menschen begreifen es nicht«, sagten sie ihr. »Helfen Sie uns!«

Das Ergebnis war, daß Levi's sich auf den Weg machte – mit großen Anstrengungen, die nicht eben billig und oft auch frustrierend waren –, den Papiertiger Realität werden zu lassen. Irgendwie befand sich das Management in einer Falle: Es ist praktisch ein Widerspruch in sich, den Mitarbeitern zu erzählen, einerseits die Vielfalt zu schätzen, und ihnen andererseits zu sagen, wie ihre Aspirations aussehen sollten.

Die Mitarbeiter der Personalabteilung schlugen drei Lernprogramme vor, und das Management stimmte dem zu: Ein Programm über *Führung*, eins über *Verständnis und Wertschätzung für die Vielfalt* und ein drittes über *Ethik*.

Das neue, auch heute noch gültige Konzept wurde entwickelt und in drei Lernprogramme umgesetzt: Führung, Verständnis und Wertschätzung für die Vielfalt, Ethik. Dazu kam das »Aspirations-Statement«.

Bis zum Ende des Jahres 1991 hatten tausend Mitarbeiter von Levi's an einem einwöchigen Seminar an einem Zufluchtsort in den friedvollen Hügeln nahe der nordkalifornischen Küste teilgenommen. Sie kämpften sich durch eine Vielzahl von Übungen, die zugegebenermaßen etwas künstlich darauf abzielten, aufgeklärte Führungsfähigkeiten aufzubauen.

Bei jeder Führungswoche variieren die Teilnehmer in bezug auf Rasse, Geschlecht, Alter, Arbeitsplatz und geographische Ansiedlung innerhalb von Levi's. Einige dieser Übungen sind sehr persönlich. Zum Beispiel schreiben die Teilnehmer einen Aufsatz darüber, was sie bei Levi's machen wollen und wie sie dabei vorgehen werden. Sie zeichnen auch eine »Lebenslinie«: ein Diagramm der Hochs und Tiefs ihrer beruflichen Laufbahn bei Levi's. Dann analysieren sie den Verlauf der Linie. Warum waren die Hochs so aufregend? Warum waren die Tiefs so grausam? Nachdem sie die inspirierende *I-Have-a-Dream*-Rede von Martin Luther King gehört haben, schreiben sie dann ihre eigene Rede und halten sie vor der Gruppe. Die meisten konzentrieren sich in ihrer Rede auf ihre eigenen Werte, Träume und das Vermächtnis, das sie hinterlassen möchten.

Eine der anspruchsvolleren Aktivitäten während dieser Führungswoche ist eine Übung im Freien. Sie ist eine Metapher für den Weg in das Unbekannte. Im Laufe der Übung heißt es Risiken einzugehen, und um sicher durch die Aufgabe hindurchzunavigieren, muß man sich auf ein unterstützendes System verlassen, das heißt auf andere Teilnehmer. Es wird klar, daß Unterstützung sowohl praktische Sicherheitsüberlegungen als auch Ermutigungen beinhaltet. Einige brauchen lautstarke Unterstützung, andere eine stille Stütze. »Die Erfahrung gibt den Menschen die Möglichkeit, sich in eine neue Situation einzufinden, die für einige furchterregend ist, und zu sehen, wie sie mit der Angst zurechtkommen, wie sie

mit sich selbst in einer unbekannten Situation zurechtkommen und wie sie mit sich selbst in der Rolle als Coach zurechtkommen«, beobachtete Thompson.
Später am Tage, mit Unterstützung der Videoaufnahmen von der Übung und des Trainerteams (zu dem immer mindestens ein Mitglied der obersten Führungsriege von Levi's gehört), überdenken und erörtern die Teilnehmer ihre Rolle als Führungskräfte. Wenn ein Führer Hilfe gibt, ist dann diese »Hilfe« wirklich hilfreich? Wenn ein Führer um Hilfe bittet, ist er oder sie dann wirklich offen, und wird diese Hilfe dann auch in dem Sinne verstanden, in dem sie gemeint ist?
Die Fähigkeit zur Teamarbeit wird ebenfalls getestet. Ein Teilnehmer erinnert sich an eine Situation, in der er unbedingt die herausforderndste von verschiedenen Übungen erledigen wollte, während seine Partnerin Angst bekam. »Ich wußte, daß ich im Grunde meines Herzens sagen wollte: ›Bis nachher dann‹«, sagt David Fernandez, der zum damaligen Zeitpunkt zuständig für die Abteilung war, die sich mit Rechtsansprüchen gegen Levi's beschäftigte. Aber Fernandez blieb bei seiner Kollegin und half ihr, mehr zu erreichen, als sie selbst erwartet hatte. Als sie sich dann sicher fühlte, machte er sich daran, die größeren Herausforderungen anzugehen.
Seine Partnerin war überwältigt, daß er bei ihr geblieben und ihr weiter geholfen hatte. Das hinterließ einen bleibenden Eindruck bei Fernandez: »Ich verstand endlich meine natürliche Neigung zu konkurrieren und wie sich das auf meine Kollegen [oft negativ] auswirkt.«
Den Bogen zur Delegation von Befugnissen herauszufinden ist immer eine der härtesten Herausforderungen für die Teilnehmer der Führungswochen. Einige Manager neigen dazu, im Namen der Delegation auf Verantwortung zu verzichten, aber die Mitar-

Bis zum Ende des Jahres 1991 wurden mehr als tausend Mitarbeiter in einwöchigen Seminaren damit vertraut gemacht. Herausfordernde praktische Übungen ergänzen diese Kurse.

beiter einfach untergehen zu lassen ist keine Delegation. »Was ich bei einigen Managern sehe ist, daß sie [die Delegation] als Entschuldigung dafür benutzen, keine Entscheidungen zu fällen«, sagt Fernandez.

Im anderen Extrem haben einige Manager einfach Angst, etwas loszulassen. Den richtigen Mittelweg zu finden zwischen anleiten, inspirieren und herausfordern und das richtige Gleichgewicht zwischen dem Gewähren von Freiheit und dem Ziehen fester Firmenrichtlinien herzustellen ist ein nie endender Prozeß.

Worte in Taten umsetzen

Das heißt also, die Mitarbeiter von Levi's gehen eine Woche in die Wüste und werden inspiriert – und dann? Wie hält man diesen Schub aufrecht?

Ein Weg hierzu ist ein Programm, *»Wir müssen . . .«* genannt. Während der Führungswoche erstellt jeder Teilnehmer eine Liste der Kluften, die er zwischen dem idealen Verhalten, wie es im Aspirations-Statement propagiert wird, und dem täglichen Leben bei Levi's sieht. Die Liste besteht aus drei Teilen: was der jeweils *einzelne* zur Überwindung der Kluften tun kann, was die *Abteilung* machen kann und was das *Unternehmen* als Ganzes tun sollte.

Die Listen verschwinden nicht in irgendwelchen Schubladen und verrotten dort. Drei Wochen nach Abschluß der entsprechenden Führungswoche werden sie an einen anderen Teilnehmer der Führungswoche gesandt. Diese Person ruft dann den Teilnehmer an, der die Liste erstellt hat, und fragt ihn oder sie, welche Fortschritte hinsichtlich der notwendigen Änderungen erzielt wurden. Man erwartet, daß die beiden zusammenarbeiten, um sicherzustellen, daß die Ideen in die Praxis umgesetzt werden. Außerdem gibt es zwar kein offizielles Follow-up, aber die Teilnehmer werden ermutigt, ihre Abteilung an ihrer Podiumsrede teilhaben zu lassen, um so ihre Vision und ihre beabsichtigten Aktionen den Kollegen offenzulegen.

Auf der Unternehmensebene erstellt die Personalabteilung alle drei Monate eine kurze Liste einiger der unternehmensweiten »Wir müssen . . .«-Statements, die sich im letzten Vierteljahr aus den Führungswochen ergeben haben. Die Liste wird dem Executive Management Committee weitergeleitet, das die Vorschläge abwägt und darüber entscheidet, ob und im Zweifelsfall wie auf sie zu reagieren ist.

Eine der größten Veränderungen, die sich aus diesem Follow-up-System ergab, war eine drastische Überarbeitung des Entlohnungssystems bei Levi's, an dem die Teilnehmer der Führungswochen immer kritisierten, daß das Erzielen von Umsätzen belohnt würde und nicht das Verhalten im Sinne der Aspirations. In einem Modellversuch für Teamarbeit versuchte eine Sondergruppe von Linienmanagern aus der ganzen Welt, ein neues Entlohnungssystem auszuarbeiten, nachdem sie Hunderte von Kommentaren von den Mitarbeitern gesammelt hatten. Das neue von der Gruppe ausgearbeitete Entlohnungssystem für das Management ist mehr auf die Werte des Unternehmens ausgerichtet und beinhaltet eine Methode zur Zielsetzung, eine Betonung der Teamarbeit und ein Verfahren, nach dem Manager ebenso von ihren Untergebenen wie von ihren Kollegen und auch von ihren Chefs kritisiert werden können.

Ein weiteres Ergebnis der im Rahmen der Führungswochen erhöhten Sensibilität war die Enscheidung von Levi's, Anfang 1982 die medizinischen Beihilfen auch auf »Partner in eheähnlichen Verhältnissen« auszudehnen – Menschen also, die beabsichtigen, ein Leben lang mit einem Mitarbeiter von Levi's zusammen-

Und dann? Wie erhält man den Schub, den die Mitarbeiter erhielten, aufrecht? Durch Follow-Up-Programme und ein neues Entlohnungssystem wurde die Motivation der so geschulten Mitarbeiter erhalten.

zuleben, ohne aber verheiratet zu sein. Nach fast jeder Führungswoche stellten die Teilnehmer fest, daß Levi's' Politik der Nichtdiskriminierung aufgrund des Geschlechts oder des Familienstandes nicht mehr griff, wenn es um die Gewährung von Leistungen ging. Die Entscheidung, die Leistungen auch den im gleichen Haushalt lebenden Partnern zu gewähren, brachte Kritik von einigen Kunden und Mitarbeitern ein. Aber Reese Smith, zuständig für Sozialleistungen, erklärt, daß das Management des Unternehmens darauf eine konsequent durchgehaltene, klare Antwort hat: »Wir werden kein diskriminierender Arbeitgeber sein.«

Die Herausforderungen der Aspirations

Trotz aller Bemühungen ist Levi's noch weit davon entfernt, bei der Verwirklichung seiner Ideale am Ziel zu sein. Um zu verstehen, wie schwierig es ist, den Idealen der Aspirations und des ethischen Verhaltens gerecht zu werden, brauchen die Mitarbeiter von Levi's nur an die Erfahrungen denken, die ihre Kollegen in San Antonio/Texas gemacht haben.

Die Tortur begann im Januar 1990, als das Management von Levi's die Schließung einer großen Fabrikationsanlage in San Antonio verkündete. Dort produzierten 1115 Mitarbeiter »Dockers«, die unheimlich populären Freizeithosen für die in die Jahre gekommene Generation der Babyboomer. Das Anfang 1980 von einem anderen Unternehmen gekaufte Werk war nicht so effektiv wie geplant, woraufhin man bei Levi's entschied, die Produktion der Dockers in andere Werke in den USA zu verlegen und darüber hinaus als Auftragsproduktion an Fabriken in Costa Rica zu vergeben, wo die Arbeitskosten nur einen Teil derer in San Antonio ausmachten.

Ein Vorstandsmitglied aus San Francisco überbrachte den Mitarbeitern die Nachricht am Morgen des 17. Januar und entfesselte damit einen Proteststurm, der noch Jahre später anhalten sollte. Das Management von Levi's dachte, die Schließung richtig zu handhaben, und zwar im Einklang mit den neuen Aspirations. Fast unabhängig von dem Maßstab, den man anlegte, waren die Abfindungen und Sonderleistungen von Levi's sehr generös. Das Unternehmen unternahm außerdem fast alles Menschenmögliche, um den gekündigten Arbeitnehmern dabei zu helfen, eine neue Arbeit zu finden.

Wie viele andere Unternehmen, die Mitarbeiter freisetzen, richtete auch Levi's ein Outplacement-Büro ein, um den Mitarbeitern zu helfen, eine neue Arbeitsstelle zu finden und die entsprechenden Leistungen zu erhalten. Viele verfügten jedoch nicht über die grundlegenden Fertigkeiten, die für andere Arbeitsstellen verlangt wurden, so daß Levi's auch Kurse mit Englisch als Zweitsprache und Kurse für Analphabeten anbot. Diejenigen, die mit dem Junior Collage weitermachten, konnten einen Antrag auf ein Stipendium aus dem von Levi's neu geschaffenen Fonds, der mit 75 000 Dollar ausgestattet war, stellen. Andere, die nach Ende der Schulungen eine neue Arbeitsstelle suchten, wurden von externen Arbeitsvermittlungsberatern unterstützt, die vom Herbst 1991 bis zum Frühjahr 1992 für Levi's tätig waren.

Außerdem gab Levi's mehrere hunderttausend Dollar für Gemeinschaftseinrichtungen aus, wie z. B. Kinderkrippen, Unterstützungsfonds, Personenbeförderung, und zusätzliche Leistungen zu einem Bundesberufsbildungsprogramm, um seinen ehemaligen Mitarbeitern zu helfen.

Dennoch hatten die loyalen Mitarbeiter von Levi's das Gefühl, hereingelegt worden zu sein. Obwohl seit Monaten Gerüchte über eine Schließung des Werkes in der Luft gehangen hatten, hatte ihnen,

Um die angestrebten Ideale auch firmenintern umzusetzen, wurden Antidiskriminierungsmaßnahmen, Stipendien und der Bau von Gemeinschaftseinrichtungen (z. B. Kinderkrippen) eingesetzt.

ihren Worten nach, ein Manager kurz vor Weihnachten versichert, daß man bei ihrem Werk davon ausging, daß es nicht geschlossen werden würde. Sie behaupten, daß Levi's ihre Abfindungen drückte, indem während der letzten Monate ganz bewußt die Stundenlöhne gesenkt wurden. Außerdem ließen sie durchblicken, daß das verborgene Motiv des Unternehmens darin zu sehen war, hohe Schadensersatzforderungen aufgrund von Gesundheitsschäden zu vermeiden, die durch die eintönigen Bewegungen an den Nähmaschinen verursacht worden waren. Beides Behauptungen, die vom Levi's-Management bestritten wurden.

Wie verantwortungsbewußt sich Levi's verhielt, könnte ad infinitum diskutiert werden, was dem Levi's-Management aber wirklich quer runterging, war die Tatsache, daß Levi's in einigen Kreisen als unfair *wahrgenommen* wurde. Man glaubte bei Levi's ehrlich, sich genau im Einklang mit den neu formulierten Werten zu verhalten. Viele in San Antonio sahen das anders. Wenn jemand wie Levi's oder AES sein Herz so offen zur Schau stellt, weckt das Erwartungen, die nicht immer erfüllt werden können.

Die Aspirations, die sich auf Delegation von Befugnissen und Kommunikation beziehen, schienen den Fabrikarbeitern im Falle San Antonios zu kurz zu kommen. Und im nachhinein können einige leitende Manager von Levi's ihre Argumentation nachvollziehen. »Vielleicht sind wir wirklich ein bißchen zu sorglos bei den Werksschließungen vorgegangen«, sagt Peter Jacobi, der alle Produktionsstätten von Levi's überwacht. »Wenn ich in San Antonio gewesen wäre und dieses Dokument ›Aspirations‹ gelesen hätte, wäre ich auch zu dem Schluß gekommen, daß das Unternehmen seinen eigenen Ansprüchen nicht gerecht wurde.«

Die Erfahrungen in San Antonio waren einer der Rückschläge auf dem Weg nach vorne, die Bewußtsein bilden und Entschlossenheit zur Verbesserung schaffen können. Da zukünftige Werksschließungen nicht auszuschließen waren, begann Levi's in einigen seiner Werke mit Kursen für Analphabeten und Schulungsprogrammen, um einerseits den Mitarbeitern dabei zu helfen, sich auf ein »Leben nach Levi's« vorzubereiten, falls sie ihre Arbeit verlieren sollten, und um sie andererseits aber auch an ihren gegenwärtigen Arbeitsplätzen effektiver zu machen.

Die von Prinzipien geleitete Argumentation

Ein großer Pluspunkt für Levi's war die Art, wie das Unternehmen das Ziel, sich ethisch zu verhalten, verwirklichte. Im Grunde genommen ist die Ethik eines Unternehmens in Wirklichkeit einfach die Summe des Verhaltens aller Mitarbeiter, und Levi's bemüht sich immens, die Standards und auch Fertigkeiten der einzelnen im Umgang mit moralischen Zwickmühlen zu erhöhen. Während viele Unternehmen davon sprechen, gute »ethische Grundsätze« zu haben, ist Levi's mutig genug, sich mit den wirklichen Herausforderungen herumzuschlagen: nicht den klaren Fällen von falsch oder richtig, sondern dem grauen Bereich mit den wirklich schwierigen Kompromissen.

Viele Jahre lang gab es bei Levi's eine lange Liste der Dinge, die man tat und die man nicht tat und bei der es um solch ethische Fragen wie Interessenkonflikte (oder scheinbare Interessenkonflikte) ging. Es gab auch ein kurzes und prägnantes Statement, das den Mitarbeitern im Grunde sagte, sich bei allem, was sie taten, von ihrem Gewissen leiten zu lassen.

Aber das ging nicht weit genug, genausowenig wie die Bemühung, die Mitarbeiter in Ethik zu schulen, denn die Teilnehmer hatten kein Gefühl für die Prinzipien des Unternehmens und kein Instrument für die Entscheidungsbildung.

Beispielhaft dafür ist das Werk in San Antonio. Natürlich mußten auch hier Kompromisse gemacht werden.

Im Grunde genommen ist die Ethik eines Unternehmens die Summe des Verhaltens aller Mitarbeiter.

Um diese Unzulänglichkeiten auszuräumen, kämpfte das Executive Management Committee, das aus der obersten Führungsriege von Levi's bestand, ein Jahr darum, die ethischen Werte in Worte zu fassen. 1991 stellten sie ein einseitiges Dokument fertig: die *»Ethischen Prinzipien«*. In einem Versuch, ein unscharfes Thema klar zu formulieren, hieß es darin, daß sich die Mitarbeiter darum bemühen sollten, sechs Prinzipien gerecht zu werden: Aufrichtigkeit, Fairneß, Respekt vor anderen, Mitgefühl, Einhalten von Versprechen und Integrität.

Integrität bedeutet gemäß dem Statement, daß die Mitarbeiter »den ethischen Prinzipien Levi's gerecht werden sollen, selbst wenn sie persönlichen, beruflichen oder sozialen Risiken gegenüberstehen oder wirtschaftlichem Druck ausgesetzt sind«. Dieser letzte Teil ist bemerkenswert, da sich in amerikanischen Unternehmen – Levi's eingeschlossen – so viel an den Kosten und nicht an der Ethik orientiert. Man sollte jedoch auch nicht vergessen, daß im Aspirations-Statement erklärt wird, daß das Unternehmen nach *verantwortlichem* wirtschaftlichem Erfolg strebt.

In der Zwischenzeit widmete sich Beth Doolittle, die vorher bei gemeinnützigen Organisationen gearbeitet hatte und bei Levi's Spezialistin für Organisationsentwicklung war, der noch schwierigeren Aufgabe, ein Modell für Entscheidungen zu finden, die durch eine »ethische Linse« gefällt werden. Das Konzept war: anzuerkennen, daß jegliche Entscheidung, die andere Menschen betrifft – und das ist fast jede Entscheidung – auch einen ethischen Aspekt hat. Und wenn das der Fall ist, ist es wichtig, sich die Zeit zu nehmen, die möglichen Auswirkungen einer Entscheidung auf andere abzuwägen, selbst wenn es nur ein paar Minuten sind.

Das Problem liegt nicht darin, daß Fragen der Fairneß oder Aufrichtigkeit bei der Entscheidungsbildung ignoriert werden, sagt Doolittle. Es geht vielmehr darum, daß solche Fragen oft in

Schwarzweißmanier, mit erhobenem moralischen Zeigefinger und voll Hektik diskutiert werden. »Der Zeitdruck ist immer da. Der Druck, Geld zu verdienen, ist da.« Sie fährt fort: »Wir verlangen von den Leuten, bei Entscheidungen bewußter vorzugehen. Wenn es zwei Minuten anstelle von einer dauert, habe ich die für Ethik aufgewandte Zeit verdoppelt.«

Doolittle bemühte sich, einen Rahmen zu schaffen, um ethische Fragen auf eine geregelte Art anzugehen. »Die Herausforderung in unser aller Leben ist: Wie kann ich sicherstellen, daß mein Eigeninteresse nicht anfängt, mich zu dirigieren?« bemerkt Doolittle. »Es ist einfach, sich von dem Gedanken einlullen zu lassen, man hätte alle anderen berücksichtigt.«

Das daraus resultierende Modell, der Ansatz »der von Prinzipien geleiteten Argumentation« zur Entscheidungsbildung erscheint oberflächlich gesehen kaum welterschütternd. Man fängt mit der genauen Definition des vorliegenden Problems an und unternimmt dann zwei Schritte: die Identifizierung der durch die Entscheidung betroffenen Parteien und der anzuwendenden Prinzipien. Die betroffenen Parteien, die Levi's »die Interessengruppen« nennt, können einzelne Mitarbeiter, Lieferanten, Wettbewerber, staatliche Stellen usw. sein. Für alle Interessengruppen wird eine Analyse durchgeführt, wieweit sie von einer Entscheidung betroffen sein werden und wieviel Einfluß sie auf die Entscheidung, wenn überhaupt, haben sollten. Die bei der Entscheidungsbildung beteiligten Personen legen auch fest, welche Prinzipien ins Spiel kommen sollten, normalerweise sowohl ethische als auch andere. »Die ethischen Prinzipien übertrumpfen die anderen Prinzipien«, sagt Vorstandsmitglied Robert Dunn.

Dann werden mit Hilfe von Brainstorming und anderen Methoden Lösungen vorgeschlagen. Jede mögliche Lösung wird durch Abwägen der ethischen Richtlinien und der Interessen der Interes-

Wichtig war auch, daß die Entscheidungsfindung bei Levi's diesen ethischen Ansprüchen unterworfen wurde.

Daraus resultierte schließlich das Modell der »von Prinzipien geleiteten Argumentation«.

sengruppen abgeklopft. Wenn das Feld dann eingegrenzt ist, werden mögliche Lösungen auch auf ihre Realisierbarkeit untersucht.

Der globale Test

Das klingt alles sehr abstrakt und verschwommen und zu kompliziert für viele tagtägliche Geschäftsentscheidungen, und es ist in der Tat auch nicht geplant, die Prinzipien rigoros jederzeit anzuwenden. Aber selbst eine oberflächliche Berücksichtigung bei vielen Entscheidungen würde eine Verbesserung im Vergleich zur Vergangenheit darstellen.

Levi's hatte 1991 und Anfang 1992 die Gelegenheit, das Modell einem strengen Test zu unterziehen. Während jener Zeit führte das Unternehmen eine genaue Bewertung seiner Politik im Hinblick auf den Einsatz überseeischer Auftragnehmer durch.

Das Problem ergab sich direkt aus den *»Wir müssen . . .«*-Aussagen der Führungswochen. Die Teilnehmer kamen von den Wochen zurück und hatten die Bedeutung von Vertrauen und Teamarbeit begriffen, stellten aber permanent eine unangenehme Frage: Wie treffen diese Aspirations auf die 600 Auftragnehmer zu, die von Levi's in 35 Ländern zum Nähen der Kleidungsstücke eingesetzt werden? Jahrelang wurden die überseeischen Auftragnehmer hauptsächlich auf der Grundlage von Preis und Qualität bewertet. Die Mitarbeiter von Levi's, die die Auftragnehmer auswählten, wußten zwar, daß Arbeitsbedingungen, Behandlung der Mitarbeiter und andere Faktoren dieser Art wichtig waren, aber sie wußten nicht genau, wie sie, wenn überhaupt, in einer Entscheidung zu bewerten waren.

Die Frage, wie die Aspirations auf die Auftragnehmer anzuwenden wären, löste eine ganze Reihe weiterer Fragen aus, die grundlegender Natur waren. Lag es in der Verantwortung eines multinationalen Unternehmens, dazu beizutragen, den Lebensstandard in Entwicklungsländern zu heben, indem man Arbeitsplätze zur Verfügung stellt? Selbst wenn die Arbeitsbedingungen nicht denen in Amerika entsprechen, sind einige Arbeitsplätze besser als keine? Hatte Levi's spezielle Verpflichtungen gegenüber seinen Mitarbeitern in Amerika, die die Wahl bestimmter Auftragnehmer in Übersee ausschloß? Wie können wir globale Standards setzen – ein faires Spielfeld gestalten – und gleichzeitig kulturellen Unterschieden aufgeschlossen gegenüberstehen?

Dieser umfassende, sechs Monate dauernde Prozeß der Neubewertung der überseeischen Akquisitionspolitik ist ein wunderbares Beispiel dafür, wie man eine auf Prinzipien aufbauende Diskussion subjektiv und emotional führen kann. Und in der Tat konnten die Mitarbeiter von Levi's kein zweites Unternehmen finden, das so umfangreiche Richtlinien für die Behandlung der unvermeidlichen Probleme der Auftragsvergabe nach Übersee in die Praxis umgesetzt hat.

Der Prozeß begann mit der Bildung einer sechzehnköpfigen Sondergruppe, zu der Mitarbeiter des Merchandising, der Akquisition, des Marketing, der Produktion, der Personal- und der Rechtsabteilung gehörten. Manchmal dauerten ihre Treffen drei bis sechs Tage. Nachdem die anfänglichen Fragen besprochen worden waren, wurde jedem Mitglied der Sondergruppe eine bestimmte Interessengruppe für Befragungen zugeteilt. Zu den Interessengruppen gehörten unter anderem die Näher und Näherinnen in den USA, Merchandiser, die überseeischen Auftragnehmer, große Aktionäre von Levi's. Es wurde auch eine Liste der zu beachtenden Prinzipien aufgestellt. Zu den sechs ethischen Prinzipien fügte die Gruppe noch hinzu: Loyalität, soziale Unterneh-

1991/92 ergab sich die Gelegenheit, dieses Modell einem strengen Test zu unterziehen, indem man die etwa 600 Auftragnehmer aus 35 Ländern aufgrund dieser Prinzipien zu bewerten versuchte.

mensverantwortung, Respekt kultureller Vielfalt, nachhaltiger gewinnbringender wirtschaftlicher Erfolg und längerfristige globale Marktführerschaft.

Anders gesagt, mußte die Sondergruppe diese elf Kriterien bei der Ausarbeitung der Richtlinien für die Auswahl überseeischer Auftragnehmer berücksichtigen. Der dahinterstehende Gedanke war, daß – wie immer auch diese Richtlinien am Schluß aussehen würden – keine von ihnen irgendeines dieser elf Prinzipien in Frage stellen sollte. (Zusätzlich würden die Auftragnehmer eine Reihe von geschäftlichen Mindestansprüchen erfüllen müssen, wie z. B. die Aufrechterhaltung guter Qualität und Dienstleistungen.)

Nach mehreren Monaten hatten die Mitglieder die entsprechenden Richtlinien erarbeitet und gingen daran, sie mit den Interessengruppen zu besprechen. Bei den schwierigen Entscheidungen ging es darum, die einzelnen Prinzipien gegeneinander abzuwägen. Ist es fairer, einem Kind von zehn Jahren zu erlauben, in einer Fabrik zu arbeiten, oder fairer und mitfühlender, es nicht zu tun? Ist es aufrichtiger, ein Problem offen darzulegen, oder fairer, es unter Verschluß zu halten?

Die Gruppe untersuchte auch die Auswirkungen und Konsequenzen der vorgeschlagenen Richtlinien. Was würde passieren, wenn Levi's – als Ergebnis der Richtlinien – einige der bestehenden Kontrakte kündigen müßte? Was, wenn die gesamte Produktion eines Landes fallengelassen werden müßte? Welche Auswirkungen würden die Richtlinien auf die Gewinne von Levi's haben? Hinsichtlich der Umsetzung ergab sich die Frage, wie schwierig es sein würde, ohne Bildung einer Quasi-Überwachungstruppe sicherzustellen, daß die Kriterien eingehalten würden. Wie tief hinein in die Lieferantenkette sollten die Prinzipien Anwendung finden?

Ergebnis all der Arbeit war dann im März 1992 die Veröffentlichung der Richtlinien für die Auswahl von Geschäftspartnern, die über die Grundprinzipien von Preis und Qualität hinausgingen. Die sogenannten *Verpflichtungs-Bedingungen* betonen, daß die Auftragnehmer Umwelteinflüsse minimieren, sichere Arbeitsplätze (und in einigen Fällen Unterbringungsmöglichkeiten) zur Verfügung stellen und eine Reihe von Beschäftigungsgrundsätzen einhalten sollten. Hierzu gehörten:

- Die Zahlung von Löhnen und Erbringung von Leistungen, die nicht nur den am Standort geltenden Gesetzen, sondern auch den aktuellen Löhnen in vergleichbaren lokalen Betrieben entsprechen.
- Keine Arbeiter anzustellen, die unter vierzehn Jahren alt oder im schulpflichtigen Alter sind.
- Nicht die aktuelle örtlich geltende Höchstzahl an Arbeitsstunden zu überschreiten, was meist hieß: weniger als sechzig Stunden pro Woche.
- Keine Zwangsarbeiter einzusetzen und auf körperliche Strafen zu verzichten.

In einem weiteren Schritt verabschiedete Levi's eine Reihe von Richtlinien für die Auswahl von Ländern, in denen man mit Auftragnehmern zusammenarbeitet, wobei betont wird, daß diese Länder die Menschenrechte respektieren und politisch stabil sein sollten.

Soviel zu den verschiedenen Statements und Richtlinien. Dann setzte Levi's diese Worte in die Praxis um. Teams schwärmten in alle vier Himmelsrichtungen aus, um in jedem Land Levi's' eigene Manager zu schulen und dann die Einrichtungen der Auftragnehmer zu inspizieren. Diese Bewertungen führten dazu, daß die Geschäftsbeziehungen mit Auftragnehmern in Myanmar (früher

Das Ergebnis waren die der Richtlinien für die Auswahl von Geschäftspartnern, die über die Grundprinzipien von Preis und Qualität hinausgingen und ethische Minimalforderungen mit einzubeziehen versuchten.

Burma) beendet wurden, da Befürchtungen wegen Menschenrechtsverletzungen im gesamten Land bestanden. Auch wurden die Verträge mit einigen Auftragnehmern in anderen Ländern beendet. Was noch wichtiger ist: Die Bewertungen führten zu einigen relativ kleinen Reformen, wie zusätzliche Belüftung, Notausgänge oder sauberere Ruheräume, aber auch zu einigen größeren Verbesserungen.

Eine der faszinierendsten Reformen fand in Bangladesh statt, wo die Mitarbeiter von Levi's entdeckten, daß ihre Auftragnehmer anscheinend Kinder unter vierzehn Jahren beschäftigten. (Das genaue Alter festzustellen ist schwierig: Einige Kinder wissen ihr Geburtsdatum nicht, andere geben ein falsches Alter an, um die Arbeit zu bekommen. In diesem Fall benutzen die Auftragnehmer eine Meßlatte, um die Größe der Kinder festzustellen – eine wahrlich nicht zufriedenstellende Lösung.) Levi's überzeugte die Geschäftspartner von einer Vereinbarung, in Zukunft keine Kinder mehr zu beschäftigen. Für die Kinder, die schon in der Fabrik arbeiteten und deren Einkommen wahrscheinlich für die Familie lebenswichtig war, handelte Levi's mit dem Auftragnehmer eine Vereinbarung aus, nach der die Kinder zur Schule zurückkehren würden, während der Subkontraktor ihnen weiter ihren Lohn zahlte. Levi's bezahlte die Schulbücher und -gebühren.

Eine ungewöhnliche Vereinbarung, um es vorsichtig zu formulieren.

Was bringt das dem Auftragnehmer? Dunn vermutet, daß die Auftragnehmer wegen des großen Geschäftsumfangs, der bevorzugten Lieferanten zugeschleust werden kann, gerne Levi's' Bedingungen akzeptieren. Außerdem wird ein Auftragnehmer, der sich damit rühmen kann, Levi's zu beliefern, wahrscheinlich weitere Kunden anlocken.

Während die Forderung an die Auftragnehmer, sich im Einklang mit den Prinzipien zu verhalten, Levi's kurzfristig zusätzlich Geld kosten mag – sowohl wegen der Verwaltungskosten als auch wegen der Tatsache, daß die Lieferanten vielleicht die Preise erhöhen, um zusätzliche Ausgaben abzufangen –, geht Dunn davon aus, daß es auch langfristige Einsparungen geben könnte, da die Überprüfungen Levi's in die Lage versetzen, die Zahl der Auftragnehmer abzuspecken.

Was aber noch wichtiger ist: Die Mitarbeiter von Levi's haben jetzt Richtlinien, um das zu tun, von dem sie im Grunde ihres Herzens wissen, daß es richtig ist.

*

Jeder, mit dem ich bei Levi's gesprochen habe, steht enthusiastisch hinter den Konzepten, die in den *Aspirations* ihren Ausdruck gefunden haben. In den sechs Jahren seit dem ersten Druck des Aspirations-Statements haben die Mitarbeiter von Levi's jedoch erfahren, wie schwierig die Reise manchmal sein kann. Sie sind auf dem Weg, aber sie sind noch weit vom Ziel entfernt. In einer Branche, die den Ausdruck *sweatshop* (Ausbeuterbetrieb) praktisch geprägt hat, ist das Einschlagen des Weges des »verantwortlichen wirtschaftlichen Erfolges« vielleicht die mühseligste Reise überhaupt.

Es ist aber auch die, die am meisten gibt. Der Grund hierfür ist einfach: Ein Programm wie die Aspirations bei Levi's erweckt die Menschen zum Leben. Es stellt etwas wieder her, was alle von uns ganz dringend brauchen – den Stolz auf das, was wir tun, und den Glauben an den Wert unserer Arbeit.

So wurde beispielsweise in Bangladesch die Kinderarbeit zugunsten einer beruflichen Ausbildung eingestellt, ohne daß den betroffenen Familien deswegen ein Einkommensverlust entstand.

Kapitel 8

Nachhaltige Wettbewerbsvorteile

8

Jeden Tag ein neues Produkt bei Rubbermaid

Die ersten sieben Kapitel dieses Buches befaßten sich damit, wie man Menschen motiviert, wie sie sich Organisationen, in denen sie wirken, verbunden fühlen und wie eine enge Verbindung zwischen Organisation und Strategie entsteht. Lassen Sie uns jetzt das Ganze aus der entgegengesetzten Richtung anschauen: Wie entwikkeln Spitzenunternehmen einträgliche Strategien, und wie eng ist dies verbunden mit ihrer Art und Weise, zu organisieren und zu motivieren.

Strategie bedeutet für verschiedene Menschen verschiedene Dinge. Das Wort selbst hat einen irgendwie intellektuellen Anklang, und etwas Männlichkeitswahn scheint auch mitzuspielen. Intellektuelle können sich als knallharte Burschen geben – wenn sie Strategen sind. Und umgekehrt. So wird vieles fälschlicherweise als strategisch bezeichnet, was es gar nicht ist. Und auch Führungskräfte vergessen, daß große Strategien selbst im Krieg nichts anderes sind als das langweilige Geschäft, das bei Rubbermaid als »über den Details schwitzen« bezeichnet wird.

Strategie sollte nur eines bedeuten: nachhaltige Wettbewerbsvorteile zu schaffen. Paradoxerweise scheinen Wettbewerbsvorteile sich nicht so sehr durch den direkten Angriff auf die Wettbewer-

Bisher hat sich das Buch im wesentlichen mit der Mitarbeitermotivation befaßt. In dem nun folgenden Kapitel sollen die Strategien geschildert werden, die nachhaltige Wettbewerbsvorteile sichern.

ber zu ergeben, wie man es anhand des Wortes Strategie, einer Kriegsmetapher, vermuten könnte. Bei meinen Untersuchungen zum Verhalten von Spitzenunternehmen komme ich zu dem Schluß, daß die besten Strategen die sind, die sowohl die Kunden als auch die Märkte am besten begreifen. Daraus schließe ich, daß der Schlüssel zu strategischem Erfolg vor allem in einem zu finden ist: Beziehungen zu den Kunden, Lieferanten und Mitarbeitern so aufzubauen, daß sie ein Wettbewerber kaum kopieren kann.

Verschiedene Strategieansätze scheinen diese Anforderung zu erfüllen. Bei den von mir untersuchten Unternehmen hoben sich zwei Ansätze ganz besonders heraus. Erstens die seltene Fähigkeit, den Wettbewerber mit den *eigenen Innovationen* in den Schatten zu stellen. Dieses Kapitel und die beiden folgenden werden drei Unternehmen behandeln, die dies ganz klar und deutlich schaffen: Rubbermaid, Procter & Gamble und Merck.

Zweiter Punkt ist die »Bewältigung des Banalen«, das heißt: unendlich *zuverlässig und beständig* zu sein, zu verstehen, was der Kunde erwartet, und es mit eindrucksvoller Regelmäßigkeit zu liefern. Ein Großteil des Erfolges, den wir bei Federal Express im Dienstleistungsbereich gesehen haben und bei Motorola in der Unterhaltungselektronik noch sehen werden, kann durch den Willen und die Fähigkeit der in den Firmen Beschäftigten erklärt werden, ihren Kunden zu dienen und sie oft auch zu begeistern.

Beiden Strategien liegt die Notwendigkeit zugrunde, die Kosten im Griff zu haben, nicht notwendigerweise von der Kostenseite her der billigste Hersteller zu sein, aber im Vergleich zum Wettbewerb die Kosten relativ niedrig zu halten.

Einer der wichtigsten Ansätze hierzu hängt sehr eng mit der Art und Weise zusammen, wie sich die Unternehmen organisieren, um Innovationen zu erbringen. Sie splitten sich in kleine, fast eigenständige Einheiten auf. Wie bitte? Das ist aber doch weniger effizient. Wie sieht es mit den Größenvorteilen aus? Wo bleibt die Magie der Koordination und der Fertigungstiefe?

Man könnte den Eindruck gewinnen, daß Unternehmen, die sich nicht aufsplitten, tendenziell höhere Kosten haben. Lassen Sie sich den Gedanken noch einmal durch den Kopf gehen. Große, zentralgesteuerte, monolithische Unternehmen haben eine Vorliebe für Entscheidungsprozesse und überhaupt Verfahrensweisen, die fast so schwerfällig sind wie die Regierung der ehemaligen UdSSR. Unternehmen wie Rubbermaid jedoch mit mehreren unabhängigen Geschäftseinheiten führen den Marktmechanismus in ihre Entscheidungsprozesse ein. Für jemanden, der am Traditionellen hängt, erscheint ihr Weg der Organisation weniger logisch. Sie sind jedoch effizienter.

Es ist zwar nicht zu beweisen, aber ich vermute, daß die Unverwüstlichkeit von Procter & Gamble sehr viel mit der langjährigen Praxis zu tun hat, den Wettbewerb zwischen verschiedenen Marken des Unternehmens zuzulassen. Andererseits vermute ich, daß sich der Abstieg von IBM (und General Motors, aus deren Reihen in der frühen Firmengeschichte ironischerweise die Idee der Dezentralisierung kam) aus der Tendenz hin zu zentralisierten Entscheidungen ableiten läßt.[1]

Ein anderer wichtiger Ansatz zur Senkung der Kosten paßt genau zu den Strategien der umfassenden Qualität, der umfassenden Dienstleistungen und der umfassenden Beziehungen. Wir werden das bei Motorola sehen. Der Grund hierfür ist einfach. Ein Unternehmen, das im (Geschäfts-)Leben nicht diese Einstellung zur umfassenden Qualität hat, wird wahrscheinlich mit einer Fehlerquote von 20 bis 30 Prozent leben müssen. Die Qualitätsgurus sagen uns, daß es vier- bis sechsmal soviel kostet, einen einmal gemachten Fehler zu korrigieren, als etwas von vornherein richtig

Zwei Ansätze scheinen allen anderen deutlich überlegen zu sein: 1. Wettbewerber durch eigene Innovationen zu verdrängen, 2. Durch Zuverlässigkeit und Beständigkeit auf dem Angebotssektor hervorzustechen.

zu machen. Diejenigen, die gelernt haben, daß das Ausbügeln von Fehlern nicht »business as usual« ist, können viel Geld sparen. Lassen Sie uns jetzt sehen, wie Rubbermaid sich für seine Form des nachhaltigen strategischen Wettbewerbsvorteils organisiert.

*

Am Rande von Wooster/Ohio, in ländlicher Umgebung und nur einen Steinwurf entfernt von einer Siedlung der Amish People, die nach ganz alten Sitten und Gebräuchen leben, liegt die Zentrale eines der innovativsten Unternehmen Amerikas – Rubbermaid Inc.

Der Gegensatz könnte nicht krasser sein. So traditionsgebunden das Leben in der sanften Hügellandschaft im Herzen Ohios ist, so sehr ist die einzige Konstante bei Rubbermaid der Wechsel, die Veränderung. Nein, es gibt noch eine weitere Konstante, und das ist der Ruf Rubbermaids bei den Einzelhändlern und Verbrauchern als absolut zuverlässiger Lieferant von hochwertigen Haushaltsgegenständen aus Kunststoff.

Richtig – wir sprechen von Rubbermaid, dem Unternehmen, das wahrscheinlich das Abtropfgestell auf ihrer Spüle hergestellt hat, ebenso wie den Schubladeneinsatz für ihr Besteck und den robusten Abfalleimer. Vielleicht stammen auch Ihre Gartenmöbel von Rubbermaid, Spielzeugtraktor und Puppenhaus Ihrer Kinder, der Weinkühler, den Sie mit zum Picknick nehmen, oder das modulare Möbelsystem in Ihrem Büro. Von seinen Anfängen im Jahre 1920 als Hersteller von Luftballons hat sich das Unternehmen aus Ohio von einem Gummiproduktehersteller zu Amerikas Spitzenlieferanten von Kunststoffgütern für fast alle Bereiche des menschlichen Lebens gewandelt.

Und die Zahl der Produkte nimmt täglich zu – im wahrsten Sinne

des Wortes. 1992 brachte Rubbermaid 365 neue Produkte auf den Markt, das heißt: im Durchschnitt ein neues Produkt an jedem Tag des Jahres. Welches Geheimnis steckt dahinter?
Rick Margin, der gepflegt gekleidete stellvertretende Marketing-Vorstand für den größten Unternehmensbereich – Haushaltswaren –, beantwortet die Frage so: »Daß ich einen dicken Fisch an der Angel habe, stelle ich meistens dadurch fest, daß der Gesprächspartner, mit dem ich über ein bestimmtes Rubbermaid-Geschäft spreche, nach fünf Minuten anfängt zu gähnen. Unsere Produkte sind eher langweilig.«
Es klingt alles so simpel – und ist es offen gesagt auch. Genau das können wir von Rubbermaid lernen. Wenn wir »Innovation« sagen, denken wir normalerweise an weltabgewandte Wissenschaftler, die mit Reagenzgläsern hantieren, oder an quasi-soziale Computerfreaks, die sich über ihre funkelnden Terminals beugen. Wir denken an hohe Einsätze, an Milliarden Dollar, atemberaubende neue Erkenntnisse und Nobelpreise.
In Wirklichkeit denken wir dann jedoch an Erfindungen und nicht an Innovationen. Erfindung heißt Entdeckung, hat oft jedoch nichts mit dem Markt zu tun. Amerikanische Unternehmen glänzen normalerweise im Bereich Erfindungen. Woran es ihnen jedoch häufig mangelt (und wo sie das Feld Wettbewerbern aus Übersee überlassen), sind Innovationen, den oft wenig glanzvollen Prozessen der ständigen Verbesserung. Bezeichnenderweise sind Innovationen eng an die Bedürfnisse des Marktes geknüpft. Es geht hierbei um das neue Produkt, von dem der Verbraucher nicht einmal ahnte, daß er es wollte, und auch um die kleine Veränderung, die einen alten Gegenstand zu neuem Leben erweckt.
Von Rubbermaid können wir lernen, daß die außerordentlich wichtige Fähigkeit zur Innovation aus sehr bodenständigen, schnör-

Beispielhaft für diese Thesen ist die Firma Rubbermaid, Lieferant von hochwertigen Haushaltsgegenständen aus Kunststoff, von Abtropfgestell auf der Spüle zum Gartenstuhl, vom Spielzeugtraktor zum Mülleimer.

kellosen Geschäftsgrundsätzen resultiert: Disziplin, Fokussierung und Aufmerksamkeit für den Kunden. Im einzelnen dreht es sich hierbei um:

- Liebe zur Arbeit. Hier geht es nicht um trockene Untersuchungen zum Geschäftserfolg. Die Quelle dieses Erfolgs – der Rubbermaid-Artikel – ist im ganzen Unternehmen jeden Tag klar und deutlich präsent.
- Aufteilung der Geschäftstätigkeit in sechs praktisch eigenständige Geschäftseinheiten, die wiederum in zwanzig funktionsübergreifende Busineß-Teams unterteilt sind.
- Außerordentliche Fokussierung für jedes einzelne Busineß-Team.
- Spaß am Banalen. Rubbermaid begeistert sich für Artikel, über die Wettbewerber vielleicht nur gähnen.
- Starke Kundenbeteiligung bei Innovationen. In der Regel stehen Marketingspezialisten an der Spitze der Busineß-Teams. Der Kunde ist an der gesamten Produktentwicklung von der Idee bis zur nationalen Markteinführung beteiligt.
- »Small ist beautiful« – nicht nur bei den Organisationsstrukturen, sondern auch bei der Begeisterung für kleine Veränderungen, die zu hohen Umsatzzahlen führen können.
- Eine Reihe von Systemen und Ideen zu Organisationsstrukturen und -formen, die alle darauf hinauslaufen, ein gutes Innovationsklima zu schaffen.
- Ein recht strenges achtstufiges Verfahren, das sicherstellt, daß schlechte Ideen aussortiert werden, ehe sie in die teure Entwicklungsphase gelangen. Das Ganze ist gebunden an ein tiefes Verständnis dafür, daß es keine Innovation gibt, ohne daß man Fehler macht. Rubbermaid rechnet mit Fehlern und hat Verständnis dafür (zumindest bis zu einem gewissen Grad).

Den Grundlagen die notwendige Aufmerksamkeit zu schenken hat sich für Rubbermaid sehr wohl ausgezahlt; ein kontinuierlicher Fluß an neuen Produkten (und auch einige Zukäufe) haben dazu beigetragen, die Umsätze vierzig Jahre in Folge ansteigen zu lassen, bis hinauf zu 1,8 Milliarden Dollar im Jahre 1992. Am Ende jenes Jahres waren sowohl die Umsätze als auch die Gewinne 48 Quartale lang ununterbrochen gewachsen. Dieser Erfolg blieb nicht unbemerkt; *Fortune* führte das Unternehmen 1992 an zweiter Stelle in der Liste der meistbewunderten US-amerikanischen Unternehmen; Rubbermaid war im achten Jahr in Folge unter den ersten zehn.

Von einer so großen Kundentreue, wie sie Rubbermaid entgegengebracht wird, können die meisten Firmen nur träumen. Jedes Jahr gehen dort fast 100 000 Kundenbriefe mit Lob, Beschwerden und Vorschlägen ein, manchmal sogar mit Beschwerden über ein Produkt, das die Kunden für ein Rubbermaid-Produkt halten, das in Wirklichkeit jedoch von einem Wettbewerber stammt. Bei Rubbermaid wird jeder Brief beantwortet, und oft ist ein Ersatzprodukt Teil des Antwortschreibens, wenn es sich um einen Beschwerdebrief handelt. Der Name ist so bekannt, daß Rubbermaid vor einigen Jahren bei einer Kundenbefragung als einer der bevorzugten Hersteller von Gummihandschuhen genannt wurde – Rubbermaid war damals auf diesem Markt überhaupt nicht vertreten.

Manche Kunden hängen so an ihren Rubbermaid-Produkten, daß sie sich ein Leben ohne sie nicht vorstellen können, und sie lassen es das Unternehmen auch geradeheraus wissen. 1991 erhielt das Unternehmen Post von einer Frau, die einen ganz bestimmten Rubbermaid-Schwamm nicht mehr finden konnte. Ihr seitenlanges poetisches Schreiben begann folgendermaßen:

»Ich war einst sehr glücklich, jetzt bin ich betrübt;
Ich hatte einen besondren Spüllappen, den ich viel geliebt.«

Rubbermaid gehört seit 10 Jahren zu den Top ten der »Fortune«-Liste der beliebtesten Unternehmen. Von einer derartig erstaunlichen Kundentreue können die meisten Konkurrenzfirmen nur träumen.

Der Brief wurde von der Kundenbetreuung – angemessenerweise – in Versform beantwortet.

Produktkultur

Rubbermaid verdankt seinen Erfolg zu einem großen Teil dem Weitblick von Stanley Gault, einem Spitzenmann von GE, der 1980 in seine Heimatstadt Wooster zurückkehrte und dort die Leitung von Rubbermaid übernahm. 1991 war das Jahr, in dem Gault sich »zurückzog«, um Goodyear zu übernehmen. Zwei Jahre später war er wieder da, sichtlich unzufrieden mit den Leistungen seines Nachfolgers.

Typischerweise spiegelt sich die Begeisterung von Gault und anderen Führungskräften überall in ihren Büros wider, in denen die Regale mit Rubbermaid-Produkten vollgestopft sind – vom Spielzeug bis zum Briefkasten. Wenn man ihnen nur eine Sekunde Zeit gibt, zählen die meisten dieser Führungskräfte einem blitzschnell die Vorzüge der Rubbermaid-Produkte gegenüber denen des Wettbewerbers auf.

Ihrer Meinung nach sind die Möglichkeiten, alle möglichen Dinge dieser Erde aus Plastik herzustellen, anscheinend fast grenzenlos, auch wenn viele dieser Produkte zugegebenermaßen schlicht und einfach banal sind. Ebenso sind sie der Meinung, die Wissenschaftler hätten bei der Erforschung der Eigenschaften von Kunststoff gerade erst die Oberfläche angekratzt. Vor nicht allzu langer Zeit entwickelte Rubbermaid ein Kunststoffgeschirr, das wie Steingut aussah – um nur eines der ungewöhnlichen Beispiele zu nennen.

In der Tat ist ein mit Produkten vollgepacktes Chefzimmer fast so etwas wie ein Schnappschuß der bei Rubbermaid gepflegten Produktkultur. Die Unternehmenszentrale ist in jeder Hinsicht eine Untertreibung, nur in einer nicht: der den Produkten beigemessenen Aufmerksamkeit. Überall sind Rubbermaid-Produkte ausgestellt, in allen möglichen Farben, Formen und Größen, immer irgendwie in der Nähe von Eingängen, in den Korridoren und Konferenzräumen. Das ist das offensichtlichste Anzeichen dafür, daß die Mitarbeiter von Stolz auf die eigenen Produkte erfüllt sind.

Es ist klar, daß es keine einfache Erklärung für Rubbermaids anhaltenden Erfolg beim ständigen Hervorbringen neuer Produkte gibt – immerhin sind es mehr als 1000 in den letzten fünf Jahren. Auf Nachhaken hin erklärt Gault jedoch, daß es viel mit der Struktur zu tun hat, die es den Mitarbeitern erlaubt, sich auf enge Produktbereiche zu konzentrieren. Grundlegendes Prinzip ist es, auf dem niedrigstmöglichen Niveau aufzuteilen, zu fokussieren, zu konzentrieren und zu planen.

Rubbermaid ist in sechs Geschäftseinheiten unterteilt, die hauptsächlich durch Produktkategorien definiert sind: Haushaltswaren, Spezialitäten (die z. B. saisonabhängig sind, wie Gartenstühle und Kühltaschen), Spielwaren (die unter dem Markennamen »Little Tikes« verkauft werden), gewerbliche Produkte (z. B. für Reinigungsfirmen) und Büroartikel. Hinzu kommt ein europäisches Unternehmen.

Jeder Geschäftsbereich hat eigene Mitarbeiter für Forschung, Marketing, Konstruktion, Informationssysteme und Produktion. Es gibt zwar ein informelles System für den Ideenaustausch und ein gegenseitiges Lernen in bezug auf Fertigungstechniken; aber Produktlinien und Herstellungsarten sind unterschiedlich genug, so daß es kaum Überschneidungen zwischen den Bereichen gibt.

Die Verantwortung für die 4700 Rubbermaid-Produkte wird dann

In den letzten fünf Jahren hat Rubbermaid mehr als tausend neue Produkte auf den Markt geworfen, die alle von den Mitarbeitern selbst entwickelt wurden – vielfach auf Anregung von Kunden.

weiter aufgeteilt auf die fast zwanzig sogenannten *Busineß-Teams*. So gibt es in der Sparte Haushaltswaren zum Beispiel neun Busineß-Teams (für Vorratsbehälter, Badzubehör, Haushaltszubehör, Reinigungsmittel usw.).

Diese funktionsübergreifenden Busineß-Teams sind Leib und Seele von Rubbermaid. Sie sind nicht zu verwechseln mit den Produktentwicklungsteams mancher Unternehmen, die neue Produkte entwickeln, sie auf den Markt bringen und dann die Verantwortung an den Vertrieb abgeben.

Statt dessen bleibt jedes Team für eine bestimmte Kategorie von Produkten während des gesamten Lebenszyklus verantwortlich – von der Idee über den Vertrieb bis zum letztendlichen Auslaufen. Ist das Produkt dann auf dem Markt, überwacht das Team die Umsatztendenzen, um Verkaufsförderung, Preisgestaltung und Werbung ständig anzupassen und dazu beizutragen, verkaufsfördernde Änderungen des Produkts zu entwickeln.

Jedem Team sind verschiedene Vertreter der Schlüsselfunktionen zugeordnet, die notwendig sind, damit ein Produkt die einzelnen Stationen seines Lebens durchläuft: die erste Idee, die Verbraucherforschung, Forschung und Entwicklung (die das Produkt entwirft), Herstellung, Vertrieb und Finanzwesen. In jeder dieser Kategorien gibt es dann wiederum Spezialisten für bestimmte Punkte, wie zum Beispiel den Verpackungsingenieur aus der Produktion und den Verbraucherforscher vom Marketing. Das Kernteam greift auf diese Spezialisten je nach Bedarf zurück. Alles in allem umfaßt ein typisches Team circa fünfzehn Mitglieder und trifft sich alle zwei oder vier Wochen, um die Produkte, für die es verantwortlich ist, genau durchzusprechen.

Ein Grund für den Erfolg dieser Teams ist darin zu sehen, daß sie als kleine unternehmerische Einheiten handeln. Die Teams haben zwar klare finanzielle und produktbezogene Vorgaben und eine ziemlich strukturierte, disziplinierte Einstellung zur Erforschung und Herstellung von Produkten – trotzdem aber bleibt den Teammitgliedern beträchtlicher Entscheidungsspielraum, wie sie ihr Ziel erreichen wollen. Sie sind fast wie kleine, eigenständige Unternehmen, und die Teammitglieder gehen voll und ganz in ihren Produkten auf.

Ein weiterer Faktor für den Erfolg der Teams ist die Fokussierung. So ist der bei Rubbermaid für Badprodukte zuständige Produktmanager nur für Badprodukte zuständig, er ist verantwortlich für alles, was in diesem Bereich geschieht: was auf den Markt gebracht, was zurückgenommen und was verändert wird, die Verpackung und das Merchandising.

Wolfgang Schmitt, Präsident von Rubbermaid, verstärkt das Ganze noch. Für ihn liegt der Schlüssel zum Erfolg darin, daß die Teams »über den Details schwitzen«. Und das erreicht man mit Fokussierung.

Durch dieses »über den Details schwitzen« bringt Rubbermaid die kleinen Ideen hervor, die den großen Unterschied ausmachen: die Einkerbungen an den Abfalleimern, damit sie sich beim Stapeln im Geschäft nicht unlösbar ineinander verschachteln; die besonderen Fächer in Werkzeugkästen, damit die Nägel dort bleiben, wo sie hingehören; die Lüftungsschlitze in Lagerkisten, damit Kinder nicht ersticken, falls sie sich in den Kisten einsperren.

Schmitt erklärt den Erfolg der Teams wie folgt: »Sie haben den Vorteil der extrem ausgeprägten Fokussierung; doch sie haben den Wettbewerbsvorteil, daß ihnen große Ressourcen direkt zur Verfügung stehen, auf die sie je nach Bedarf zugreifen können.« Nach seinen Worten besteht ein positiver Nebeneffekt dieser Businеß-Team-Struktur darin, daß »es wahrscheinlich die beste mir bekannte Art und Weise ist, seine Mitarbeiter auszubilden. Sie zie-

Rubbermaid ist in Geschäftseinheiten unterteilt, die autark von den anderen operieren: Haushaltswaren, Spezialitäten (z. B. Kühltaschen), Spielwaren, gewerbliche Produkte und Büroartikel.

hen sich ihre nächste Generation an Topmanagern heran. Sie geben ihnen die beste Ausbildung, die es geben kann: sachbezogen, realitätsnah, sinnvoll und funktionsübergreifend.«

Ein Schlüssel für die Erfolge der Teams ist das Gefühl von Zuständigkeit und Stolz, das Gefühl, daß jeder dazu beitragen kann, ein Produkt zu schaffen, das den Verbraucher zufriedenstellt. »Wir haben sie mit Befugnissen ausgestattet; also sind sie fest gebunden und fühlen sich zuständig«, sagt Schmitt. Den Teamleitern wird ein zusätzlicher Anreiz geboten, da ein Teil ihres Entgeltes an den Erfolg der Produkte des Teams – bereits existierende und neue – gebunden ist.

Dieses Gefühl von Stolz und Zuständigkeit spürt man überall bei Rubbermaid. Eine Managerin schaut auf den Spatel und die Spaghettizange auf ihrem Schreibtisch und nennt sie ihre »Babys«. Ein Industriedesigner zeigt auf ein von ihm entworfenes weißes Küchensieb aus Kunststoff, das an einem Haken an seiner Bürowand hängt, und erklärt lächelnd: »Bei alldem geht es darum, daß mir jemand sagt, wer immer das entworfen habe, habe phantastische Arbeit geleistet.«

Und dann gibt es da noch Rob Cockfield, einen Senior Product Manager für Reinigungsprodukte, der ein Team leitet, das »zuständig ist« für Produkte wie Wischmops, Staubsaugerbeutel, Kehrschaufeln und Besen. Cockfield kam 1990 zu Rubbermaid, nachdem er in den siebziger und achtziger Jahren zehn Jahre im Produktmanagement bei General Electric gearbeitet hatte. So schwer das für einen Außenstehenden vielleicht auch zu verstehen sein mag: Cockfield kann sich heute für Besen begeistern.

In seinem kleinen Büro, in das mehr Reinigungsgeräte gestopft sind, als man wahrscheinlich in einem ganzen Menschenleben braucht, greift Cockfield nach einem seiner Lieblingsprodukte, einem abgewinkelten Besen, einem neuen Produkt, dessen Borsten an der einen Seite länger sind als an der anderen. Klingt ganz alltäglich, ist es aber für Cockfield nicht, der erklärt, daß Rubbermaid eine ganz spezielle Neigung des Griffes einführen wird, die das Kehren einfacher und den Besen zu einem Verkaufsschlager machen wird. »Wie man sich für einen Besen begeistern kann? Dieser Besen ist einzigartig!«

Cockfields weitere Ausführungen enthüllen ein Schlüsselelement, das in den Medien und der Wall-Street-Begeisterung über die Innovationen bei Rubbermaid oft verlorengeht. Denn wir stellen bei Rubbermaid fest, daß das Unternehmen nicht wirklich innovationsorientiert oder technologieorientiert ist, sondern *markt*orientiert. Cockfield ist von seinem neuen Besen nicht deshalb begeistert, weil er eine tolle neuartige Neigung hat, sondern weil abgewinkelte Besen seiner Ansicht nach »Zugpferde« sind, Produkte, die die höchsten Umsätze der Produktlinie erzielen und routinemäßig die erwarteten Erlöse einbringen. Mit seinen Worten: »Er wird eine Menge Geld in unsere Kasse bringen.«

Wie wir sehen werden, ist es Cockfields Abteilung Marketing, die die Produktinnovation bei Rubbermaid vorantreibt. Jedem Produktteam und jeder Produktgruppe stehen Marketingmanager vor. In einem Team von Gleichberechtigten ist das Marketing ein bißchen gleicher, denn es repräsentiert den Verbraucher.

Das »Klima« ist entscheidend

Die Teamstruktur floriert bei Rubbermaid zum Teil deshalb so gut, weil das Unternehmen ein ideales Innovationsklima geschaffen hat. So etwas entsteht über Jahre und wird von Generation zu Generation weitergegeben. Im Gegensatz zu anderen Unternehmen, die befürchten mögen, daß ein neues Produkt den Erfolg

Darüber hinaus gibt es 20 funktionsübergreifende Busineßteams, die für eine bestimmte Kategorie von Produkten von der Idee über die Entwicklung bis zum Vertrieb verantwortlich sind.

eines alten zerstören könne, suchen Rubbermaid-Mitarbeiter immer nach dem Neuen, der Verbesserung, dem Unterschied.
In der Tat sind die meisten Rubbermaid-Produktneueinführungen schlichtweg Verbesserungen bereits bestehender Produkte oder Ausweitungen bestehender Produktlinien, wie z. B. größere Vorratsbehälter oder neue Modelle bei den Abfalleimern. Oder das Unternehmen steigert die Qualität einer Produktlinie, wie dies z. B. bei den Badezimmeraccessoires geschah. Es wurden Produkte mit einem ganz neuen Aussehen aufgenommen, z. B. Kunststoff, der farblich so gestaltet ist, daß er wie Marmor aussieht. So konnten Badezimmerprodukte in den »Boutiquen« der Großsortimenter und auch in den traditionellen Haushaltswarenabteilungen verkauft werden.
Das Unternehmen expandiert jedoch auch horizontal, zweigt ständig in neue Produktbereiche ab, in denen ein Gegenstand aus Metall oder aus Holz mit neuen Aspekten oder Eigenschaften aus Kunststoff hergestellt werden könnte. 1989 nahm Rubbermaid zum Beispiel Thermosbehälter, Spielzeuglastwagen, Kleinkinderartikel und Puppenhäuser in sein Programm auf. Im folgenden Jahr wurden Reinigungsprodukte, Werkzeugkästen und Golfwagen eingeführt. 1991 kamen Briefkästen, selbstklebende Zierleisten und ein Kompostbehälter hinzu. Das Unternehmen hatte sich übrigens für einige Zeit das Ziel gesteckt, alle achtzehn Monate in einen neuen Markt einzutreten. Da dieses Ziel jedoch regelmäßig übertroffen wurde, gilt es heute nur noch für die Sparte Haushaltswaren.
Abgesehen von der überaus wichtigen Teamstruktur, fügen sich die meisten Aspekte der bei Rubbermaid vorliegenden Organisationsformen und -strukturen so zusammen, daß sie ein nicht zu heißes, aber auch nicht zu kaltes, sprich ein genau passendes Klima für Innovationen schaffen.

Ein Teil davon sind Systeme, die alle permanent daran erinnern: »Wir stehen für neue Produkte.« Das umfaßt alles mögliche, vom Übersäen der eigenen Korridore – *und der der Wettbewerber* – mit den eigenen Produkten bis zur Ausrichtung von »Messen«, bei denen es um neue Produktideen geht. Im Spätsommer 1991 richtete Rubbermaid eine solche Messe unter dem Slogan »Ideen – noch im Bau befindlich« in einem nur teilweise fertiggestellten Gebäude aus. Nach den Präsentationen der Produktgruppen und Brainstorming in Gruppen kamen von den 300 teilnehmenden Mitarbeitern 2000 neue Produktideen zusammen.

Ein anderes System zwingt dazu, den Markttrends große Aufmerksamkeit zu schenken. So werden zum Beispiel jedes Jahr eine Reihe von demographischen Entwicklungen und Lifestyle-Trends in den Strategieplan des Unternehmens aufgenommen, und man erwartet dann von jedem Busineß-Team, daß es sich damit auseinandersetzt, ob es neue Produkte in diesen Kategorien entwickeln kann. Zu den Trends, denen man sich in der letzten Zeit bei Rubbermaid mit besonderer Aufmerksamkeit widmet, gehören Fragen des Umweltschutzes, der Altenpflege und der Verbesserung der Wohnqualität. Das Erkennen dieser Trends unterstützt die Sparte Haushaltswaren bei der Erreichung ihres Zieles, mindestens alle achtzehn Monate den Zugang zu einem neuen Markt zu schaffen.

Durch einen anderen Prozeß wird die Aufmerksamkeit ganz speziell auf bestimmte Kunden (im Gegensatz zu den Märkten im allgemeinen) gelenkt. Regelmäßig werden die hundert größten Kunden von Rubbermaid (einschließlich Einzelhandelsketten wie Kmart und Wal-Mart) in die Zentrale eingeladen, um Ideen für neue Produkte auszutauschen und sich über einen effizienteren Vertrieb und effizienteres Merchandising zu unterhalten. Auch schauen die Manager bei Einzelhändlern vorbei, um ein Gefühl

Rubbermaid ist in erster Linie marktorientiert, weniger innovations- oder technologieorientiert.

Viele Neuerungen sind im Grunde schlichtweg Verbesserungen bereits bestehender Produktlinien.

dafür zu bekommen, wie sich die Produkte von Rubbermaid im Gegensatz zu denen der Konkurrenz in den Regalen machen.
Rubbermaid geht aber noch einen Schritt weiter. Über die direkten Kunden, die Einzelhändler, hinaus versucht man, wirklich zu verstehen, wie die Endverbraucher ein Produkt nutzen oder nutzen würden. Man beachtet viele tausend kleine Einzelheiten, z. B. wie ein Verbraucher ein Produkt in der Hand hält. Man weiß von Rubbermaid-Produktdesignern, die in Restaurants oder Krankenhäusern gearbeitet haben, um festzustellen, mit welchen Problemen die Benutzer von Rubbermaid-Produkten konfrontiert werden.
Zwar gibt es nur wenige Markttests bei Rubbermaid; aber es gibt immer wieder Verbraucherpanels und Gruppensitzungen zu ganz speziellen Themen, um Brainstormings zu neuen Produktideen in neuen (oder alten) Produktkategorien durchzuführen oder Busineß-Entwicklungsteams während der gesamten Produktentwicklung zu begleiten.
Auch das betriebliche Entlohnungssystem unterstützt neue Produkte voll und ganz. Zuerst einmal hängt das Entgelt der Manager zum Teil von der Einführung neuer Produkte ab; doch das Entgeltsystem für Ideen geht noch viel weiter. Bei Rubbermaid gibt es, wie bei anderen Unternehmen auch, ein »Vorschlagswesen«, in dessen Rahmen Mitarbeiter Verbesserungsvorschläge einreichen können. Viele Unternehmen belohnen ihre Mitarbeiter mit Bargeld oder einer Einladung. Bei Rubbermaid wird jedes Jahr nach dem Zufallsprinzip eine Anzahl von Mitarbeitern ausgewählt, die Ideen eingereicht haben (unabhängig davon, ob sie verwirklicht wurden oder nicht), und zu einem Besuch einer großen Haushaltswarenausstellung in Chicago mitgenommen. Dort sehen sie Rubbermaid- und Konkurrenzprodukte Seite an Seite, bekommen so ein Gefühl für den Wettbewerb und entwickeln – hoffentlich – neue Ideen für Rubbermaid.

Dem Unternehmen ist jedoch der Unterschied zwischen guten Ideen und Innovationen sehr wohl bewußt. Umgesetzt wird dies durch eine ganz strikte Überwachung der »Rendite auf das eingesetzte Kapital« für jedes einzelne Produkt. Dies ermöglicht es dem Unternehmen unter anderem, mögliche Flops schon vor der Marktreife auszusortieren. Diese Fähigkeit, Renner und Flops schon frühzeitig zu erkennen, entwickelt sich nur im Laufe langer Jahre; doch Rubbermaid bringt schon lange genug neue Produkte auf den Markt, um ein recht gutes Gefühl dafür zu haben, welches Produkt sich zu welchem Preis verkaufen wird und wieviel Gewinn dabei abfällt.

Wenn die Rendite auf das eingesetzte Kapital (in der Forschung, bei der Herstellung der Werkzeuge usw.) für ein bestimmtes Produkt ein gestecktes Ziel, das normalerweise bei 13 Prozent liegt, nicht erreicht, wird es wahrscheinlich schon recht früh in seinem Produktentwicklungszyklus gestoppt. Die Zahlen lassen diese Disziplin »wissenschaftlicher« erscheinen, als sie in Wirklichkeit ist. Wie eine Führungskraft es ausdrückt: »Wenn das alles nur Wissenschaft wäre, wäre es langweilig.« In Wirklichkeit tastet man sich an diese Entscheidungen heran.

Schließlich ist sich jeder Mitarbeiter genau der anspruchsvollen Ziele bewußt, die aus den oberen Etagen bei Rubbermaid nach unten weitergeleitet werden. Und dadurch herrscht immer eine Art von Krisenstimmung, auch wenn sich die Wachstums- und Gewinnzahlen auf Höhen bewegen, bei denen die meisten Führungskräfte recht zufrieden wären. Selbstzufriedenheit kann sich kaum einstellen, wenn man in einer Unternehmenskultur arbeitet, zu deren Zielen es gehört, daß:

- 15 Prozent kumuliertes jährliches Wachstum beim Umsatz und den Erträgen erreicht werden.

Nicht so sehr Testreihen als vielmehr Verbraucherpanels und Brainstormings mit Verkäufern und Kunden führen zu den notwendigen Innovationen. Renner und Flops werden schon frühzeitig erkannt.

- 30 Prozent der Erträge eines Jahres von Produkten stammen müssen, die in den letzten fünf Jahren eingeführt wurden.
- 13 Prozent Gesamtkapitalrentabilität in jeder Sparte erzielt werden.
- 20 Prozent Eigenkapitalrendite für die Aktionäre realisiert werden.

So hochgesteckte Finanzziele können in manchen Unternehmen nachteilige Auswirkungen haben, denn sie zwingen die Mitarbeiter, nach den (unerreichbaren) Sternen zu greifen. Natürlich gibt es Grenzen für jede Art von kumuliertem Wachstumsziel. Das weiß man bei Rubbermaid und sagt: Wenn sich der Streß des Wachstumsziels negativ bemerkbar macht, wird es revidiert.
Zur Zeit glaubt man jedoch, noch weit von der Belastungsgrenze entfernt zu sein. Rubbermaid macht das, was David Swanson auf andere Art und Weise bei Procter & Gamble gemacht hat: ein Gefühl der Dringlichkeit durch ein Gefühl der Krise zu schaffen. (Das klingt wie Manipulation und ist es auch. Andererseits scheinen sich die meisten Unternehmen ohne Krisensituationen nicht zu verändern. Die Führer sich stetig erneuernder Unternehmen wissen dies und schaffen ein Gefühl der Krise – hoffentlich bevor die wirkliche Krise eintritt.)

Das Briefkastenfieber

Am Beispiel eines Briefkastens für Verbraucher, die auf dem Lande leben, läßt sich sehr gut veranschaulichen, wie sicher und geschickt Rubbermaid das rigorose System der Produktentwicklung mit einem gesunden Maß an Kreativität und Flexibilität verbindet.

Rick Margin, der Marketingmanager Haushaltswaren, der »langweilige« Produkte erfleht, zählt es zu seinen Aufgaben, Trends zu erkennen. Jedes Jahr hat sich bisher aus der Kundenpost, die über seinen Schreibtisch geht, ein unmißverständlicher Trend ergeben. Zuallererst wollten die Verbraucher einen Briefkasten von Rubbermaid. Jedes Jahr nach Halloween gingen besonders viele Briefe ein, wenn Amerikaner mit Briefkästen an der Einfahrt zu ihrem Grundstück feststellen mußten, daß er von Witzbolden gewaltig demoliert worden war. Könnte Rubbermaid nicht einen vandalensicheren Briefkasten anbieten?

Briefkästen gehörten damals nicht gerade zu den Produkten, auf die Rubbermaid sich konzentrierte, aber Mitte der achtziger Jahre nahm die Idee langsam Gestalt an. Damals hatte Rubbermaid so ziemlich den gesamten Regalplatz, den es bei den Haushaltswaren-Einzelhändlern belegen konnte, belegt und mit einer Expansion in den Bereich »Eisenwaren« begonnen. Und da würden die Briefkästen genau reinpassen.

Zwar sollte dann die Idee mit den Briefkästen jahrelang auf den Listen für potentielle neue Produkte auftauchen, aber sie wurde immer wieder wie eine heiße Kartoffel fallengelassen. Das Unternehmen wußte einfach nicht, welchen besonderen Wert ein solcher Briefkasten für den Verbraucher haben könnte – mit anderen Worten: wie man wesentlich bessere Briefkästen als der Wettbewerb herstellen sollte. Und wenn die Mitarbeiter von Rubbermaid einmal der Meinung sind, daß sie einer Produktgruppe keinen besonderen Wert verleihen können, dann befassen sie sich erst gar nicht damit.

Schließlich begann 1989 für die Briefkästen der beschwerliche, von einigen unerwarteten Umwegen garnierte Weg durch das halboffizielle achtstufige Produktentwicklungssystem der Sparte Haushaltswaren. Das achtstufige Verfahren umfaßt genau defi-

Wenn die hohen Finanzziele bei Rubbermaid nicht erreicht werden (teilweise, weil man zu hoch greift), ist man selbstverständlich auch bereit, sehr schnell Produkte wieder vom Markt zu nehmen.

nierte Phasen der Bewertung, Entwicklung, Konstruktion, der Kapitalausstattung und Markteinführung, die von den Teams flexibel dem einzelnen Produkt angepaßt werden. Ein ganz neues Produkt durchläuft vielleicht alle offiziellen Stufen, wohingegen das Verfahren für die Ausweitung einer bereits bestehenden Produktlinie weniger streng ist, da Rubbermaid hier bereits beträchtliches Datenmaterial über Kaufverhalten und Kosten zur Verfügung hat. Das Management der Sparte wird den Plan immer wieder überprüfen, damit – wenn erst einmal viel Zeit und viel Geld investiert wurden – der Erfolg des Produktes quasi sicher ist.

Das System der Produktentwicklung ist relativ geradlinig und unterscheidet sich im großen und ganzen nicht von dem anderer Unternehmen. Ein Unterschied liegt jedoch in der Strenge, mit der es eingehalten wird, und wie es Rubbermaid gelungen ist, wirklich das zu tun, wovon so viele andere Unternehmen reden: früh eine Rückmeldung von den zahlreichen Stellen des Unternehmens zu erhalten, die schließlich mit dem neuen Produkt umgehen müssen; Hand in Hand mit den Kunden zu arbeiten; feinabgestimmte finanzielle Hürden durchzusetzen und die Kosten im Griff zu haben.

Normalerweise dauert ein Zyklus von der Idee bis zur Vermarktung achtzehn Monate und ist so strukturiert, daß die finanziellen und personellen Ressourcen abgesichert werden, das heißt, zunächst werden so wenig menschliche Arbeitskraft und Geld wie möglich eingesetzt. Wenn dann die Idee eine Hürde nach der anderen nimmt, werden die Ressourcen bis zur Einführung des Produktes immer mehr aufgestockt.

Am Anfang des Verfahrens steht die Identifizierung des Produkts, in diesem Fall Briefkästen, dann folgt eine kurze Forschungsphase mit der Einschätzung des Marktpotentials und der finanziellen Machbarkeit. Wenn die Manager der Sparte nach diesen Schritten

das Produkt befürworten, wird ihm ein Produktmanager der Marketingabteilung zugeteilt.
Der nächste Schritt ist dann die konzeptionelle Entwicklung, wie man es bei Rubbermaid nennt, das heißt Mitarbeiter aus Marketing, Herstellung und Forschung setzen sich zusammen und erarbeiten mögliche Formgebungen, überlegen, welche Schwierigkeiten sich für die Produktion ergeben könnten usw. Darauf folgt sehr bald das »Screening«, der Vorgang, bei dem der Produktvorschlag einer Finanzanalyse unterzogen wird und in manchen Fällen auch mit Einzelhändlern besprochen wird.
Die Vorschläge für das Design des Rubbermaid-Briefkastens kamen aus allen möglichen Quellen. Zum einen bediente das Unternehmen sich seiner bevorzugten Ermittlungsmethode für den Verbrauchergeschmack – Fokussierungsgruppen. In Boston, San Diego, St. Louis und Atlanta bildete man kleine Verbrauchergruppen, denen die auf dem Markt vorhandenen Briefkästen und Rubbermaid-Modelle vorgeführt wurden.
Zum ersten Mal setzte Rubbermaid Fokussierungsgruppen mit Briefträgern ein, die wesentlich freimütiger und bestimmter antworteten als der durchschnittliche Briefkastenkäufer. Darüber hinaus führte das Unternehmen auch schriftliche und telefonische Umfragen durch, mit denen man die Gründe zum Kauf eines neuen Briefkastens feststellen wollte. (Die Antworten: Ein Drittel sagte, ihre Briefkästen seien zu alt, ein Drittel sagte, sie seien demoliert worden, und ein Drittel brauchte sie einfach für neugebaute Häuser.)
Aus diesen Untersuchungen ergab sich eine Reihe von Anforderungen. Die Briefträger beschwerten sich, daß sie immer für zerrissene Kataloge und Zeitschriften verantwortlich gemacht würden, die sie in viel zu kleine Briefkästen stopfen müßten. Die Briefkästen mußten folglich größer sein als die meisten der auf

Ein extrem gutes Beispiel für die Einführung eines neuen Produktes ist die Entwicklung eines wetterfesten und vandalensicheren Briefkastens für ländliche Gebiete in den Vereinigten Staaten.

dem Markt erhältlichen. Verbraucher beschwerten sich über nasse Post bei Regen. Die Briefkästen mußten also wasserdicht sein. Es gab auch Klagen über Probleme bei der Anbringung – es war normalerweise einfach zuviel Arbeit, einen Pfosten in den Boden zu schlagen und den Briefkasten daran festzuschrauben. Folglich mußten die Briefkästen einfach zu montieren sein. Die Kunden waren auch frustriert, weil sie manchmal raus zum Briefkasten gingen, nur um dann festzustellen, daß die Post noch gar nicht gekommen war. Sie wollten schon vom Haus aus sehen können, ob der Briefträger schon dagewesen sei.

An allererster Stelle stand jedoch die Beschwerde, daß die Briefkästen von übereifrigen Kindern, ausgerüstet mit einem Baseballschläger und einem mittelmäßigen Schlag, demoliert werden. Stabil mußten sie also auch sein.

Obwohl auch die eigenen Designer daran arbeiteten, beauftragte Rubbermaid zunächst eine unabhängige Designerfirma in Columbus/Ohio mit der Entwicklung eines Briefkastens, der den Anforderungen entsprach, die sich aus der Rubbermaid-Untersuchung ergeben hatten. Die Zusammenarbeit begann mit einem Treffen mehrerer Mitarbeiter der Designerfirma und dem bei Rubbermaid entstehenden Briefkastenteam. Statt fand es in einem mit dreißig Briefkästen anderer Hersteller vollgepackten Raum. Das half den Teilnehmern beim Brainstorming für das neue Design. Aufgrund der Rückmeldungen der Fertigungsspezialisten bei Rubbermaid waren die Designer auch mit einigen harten technischen Anforderungen konfrontiert. So sollte der Briefkasten nach Rubbermaids Vorstellungen zum Beispiel in einer einteiligen Gußform hergestellt werden können, um Nähte im Kunststoff zu vermeiden und den Briefkasten solider zu machen.

Wie bei vielen neuen Rubbermaid-Produkten wurde eine Reihe brillanter Ideen letzten Endes doch verworfen. Einige Mitarbeiter, die an der Entwicklung des Briefkastens beteiligt waren, machten den Vorschlag, Ziffern mitzuliefern, damit die Kunden gleich ihre Hausnummer auf dem Kasten anbringen könnten, aber das erwies sich als unwirtschaftlich. Es gab auch den Vorschlag, einen Briefkasten mit zwei Öffnungen zu konstruieren, damit man die Post von hinten entnehmen könne, ohne erst auf die (vielleicht vielbefahrene) Straße hinaustreten zu müssen. Auch dieser Vorschlag wurde verworfen.

Nach nur wenigen Wochen stellten die externen Designer eine Reihe möglicher Entwürfe vor, aus denen das Rubbermaid-Team drei auswählte. Sie wurden präziser ausgearbeitet, und am Schluß blieb ein Design übrig, das zur Detailarbeit zu Rubbermaid geholt wurde. Jetzt begann die Konstruktionsphase, in der die letzten Einzelheiten der Produktplanung festgelegt wurden. Kostenvoranschläge wurden erarbeitet, und es wurde ein endgültiges Budget erstellt, das die Erfordernisse von Produktion und Vermarktung berücksichtigte.

Im November 1990 wandte sich das Team wieder an die Verbraucher, um das Briefkastendesign weiter zu verfeinern und – vor allem – um festzustellen, welche Farben am besten ankommen würden. Es ließ Verbraucherbefragungen auf der Straße in Cleveland, Tulsa und Albany/N.Y. durchführen, bei denen Kunden in großen Einkaufszentren nach ihrer Meinung zu verschiedenen Rubbermaid-Modellen befragt wurden. Nach diesen Interviews beschloß das Team, den Briefkasten in Schwarz und Dunkelblau herzustellen. Als dann die Rubbermaid-Manager mit dem Briefkasten auf Reisen gingen, um ihn speziell ausgesuchten Einzelhändlern vorzustellen, zeigte sich ein weiterer wichtiger Punkt – in Florida besteht der Kunde auf einen weißen Briefkasten.

Der nächste Schritt war die endgültige Zustimmung der Manager der Sparte Haushaltswaren. Dann kam die Kapitalausstattung. In

Kunden und Briefträger, Verkäufer und Techniker, Marketingexperten und Designer wirkten zusammen, bis er alle Hürden genommen hatte und die Reklamationsrate gegen Null tendierte.

dieser Phase kommt der Prozeß richtig in Schwung, denn jetzt werden beträchtliche Ausgaben für den Entwurf und die Vorbereitung der Formen getätigt, Werbe- und Vermarktungsdisplays erarbeitet und die endgültige Preisgestaltung festgelegt. Für die Produktion stellte der Briefkasten eine besondere Herausforderung dar, da er stabil und aus einem Guß sein sollte.

Danach soll das Ganze normalerweise reibungslos laufen; bei dem Briefkasten jedoch galt es noch Hindernisse zu überwinden. Die gesetzlichen Bestimmungen für Briefkästen werden staatlich festgelegt, und Rubbermaid mußte sich mehrmals mit »Uncle Sam« herumschlagen. Zum einen war der Innenraum des Briefkastens einen Tick zu kurz – also wurde die Innenseite der Tür ausgehöhlt, um den Innenraum zu verlängern. Auch der Griff mußte geändert werden, damit ihn jemand, der Handschuhe trägt, leichter bedienen kann. All dies machte eine kostspielige Umgestaltung einiger bereits fertiggestellter Werkzeuge notwendig. Außerdem mußte Rubbermaid die Markteinführung verschieben, da der Staat neue Bestimmungen verspätet erließ und den Briefkasten nicht zulassen konnte, bevor die neuen Bestimmungen verabschiedet worden waren.

Endlich war der Rubbermaid-Briefkasten zur Vermarktung bereit. Sein Debüt hatte er im Februar 1992, vier Monate nach dem angestrebten Datum um Halloween 1991 herum. Es gab den Briefkasten in drei Farben (Schwarz, Blau und Weiß) und drei Größen; er hatte eine wasserdichte Tür, war leicht zu montieren und hatte eine kleine gelbe Flagge, die nach oben springt, sobald Post in den Kasten gelegt wird. Bei Rubbermaid ist man auch davon überzeugt, daß der Kasten baseballsicher ist, traut sich jedoch wegen möglicher testfreudiger Baseballkids nicht, damit zu werben.

In den Augen der umweltbewußten Topmanager bei Rubbermaid

hat der Briefkasten noch einen weiteren Vorteil: Er ist aus Recyclingharz hergestellt.
Alle Entscheidungen zu den Schlüsseleigenschaften des Briefkastens, der Preisgestaltung, der Verpackung und der Fertigungsdetails waren vom Busineß-Team getroffen worden. Jim Dehner, der während der Entwicklung des Briefkastens Produktmanager der Gruppe für Eisenwaren war, drückt es so aus: »Die Teams haben außerordentlich viel Freiheit und Spielraum.«

Teamwork live

Freitag morgen – Rob Cockfield sitzt in einem fensterlosen Konferenzraum an einem rechteckigen Tisch, in seinem Stuhl nach vorne gelehnt und hakt blitzschnell die einzelnen Tagesordnungspunkte ab. Wir sind bei der allmonatlichen Sitzung des Teams »Reinigungsprodukte, Gummihandschuhe und Staubsaugerbeutel«, und ein kurzer Blick darauf, wie diese zwei Stunden ablaufen, vermittelt einen Eindruck davon, wie der Innovationsprozeß in diesem Unternehmen in der Realität abläuft.
Am Tisch sind Spezialisten aus Herstellung, Verpackung, Einkauf, Finanzen, Verbraucherforschung, Produktdesign, Konstruktion und Marketing (Cockfields Abteilung) versammelt. Zusammen sind sie verantwortlich für ein Dutzend verschiedener Produkte, von denen einige unter Lizenz von Fremdfirmen und andere von Rubbermaid selbst hergestellt werden.
Es wird viel gescherzt und gefrotzelt, und wenn jemand etwas zu sagen hat, fällt er den anderen einfach ins Wort. Jemand aus der Marketingabteilung möchte unbedingt ein neues Produkt; die Fertigung zeigt die finanziellen oder technischen Grenzen auf. Ein Anwesender möchte ein neues Produkt vorantreiben, ein anderer

Die Teams, die an derartigen Dingen arbeiten, haben außerordentlich viel Freiheit und Spielraum; ihre Zusammensetzung kann je nach den Bedürfnissen einer ständigen Änderung unterworfen sein.

verweist auf die logistischen Probleme bei der Einhaltung einer Frist. Durch einen ständigen Ideenaustausch, einen Prozeß, der noch weit über das offizielle Ende der Sitzungen hinaus weitergeht, scheinen sich immer wieder Kompromisse zu ergeben. Cockfield treibt das Treffen voran, in dem er minutiös das vierseitige Protokoll des letzten Treffens durchgeht, das die Tagesordnung des heutigen darstellt.

Zur Diskussion stehen z. B. neue blaue Gummihandschuhe eines Zulieferers, dessen Aussagen über die Produkteigenschaften denen der Labortests bei Rubbermaid widersprechen. Ein Teilnehmer bemerkt, daß sich Kunden über zusammenklebende Finger bei bereits verkauften Handschuhen beschwert hätten.

Ein weiterer Tagesordnungspunkt befaßt sich mit der Frage, welches Muster das Material für einen neuen Wischmop haben soll. Einige Vorschläge liegen auf dem Tisch. Soll das Rubbermaid-Logo in das Muster eingebunden werden? »Irgend jemanden stört es bestimmt, daß er mit Rubbermaid den Boden wischt.« »Das ist, als würde man die Nationalflagge als Wischtuch benutzen«, wirft Cockfield ein. Der Vorschlag wird gestrichen.

Das Team hakt weitere Punkte ab: die sich ablösende Verpackung einer Scheuerbürste, eine geplante Grillbürste, die vielleicht nicht rechtzeitig zum Sommer fertig wird.

Das meistdiskutierte Thema bei der heutigen Sitzung ist ein neues Baukastensystem für Reinigungsgeräte, das Rubbermaid auf den Markt bringen möchte. Anstatt einen kompletten Wischmop oder einen kompletten Besen zu kaufen, würde der Verbraucher den Kopf und den Stiel einzeln kaufen. Bei Rubbermaid glaubt man, daß damit bessere Displays in den Geschäften und außerdem Einsparungen bei den Verpackungs- und Versandkosten möglich sein sollten.

Cockfield hält das Verfahren der Gruppenentscheidungen für

wesentlich erfolgreicher, als sich einzig und allein auf die Entscheidung einer einzelnen Person zu verlassen. »Bei zehn Beteiligten an einem Tisch gibt es bestimmt einen, dem es auffällt, wenn ein Aspekt vergessen wurde«, meint er.

Ein Schlüssel zum Erfolg der Produktteams ist es, daß sie eine Mischung aus Gruppen- und Einzeldynamik darstellen. Jeder der um den Tisch Versammelten ist Experte auf einem Gebiet, muß jedoch auch in anderen Gebieten über genügend Wissen verfügen, um die Behauptungen eines anderen in Frage stellen zu können. Und er muß es ohne Angst tun können. Ebenso hat jeder Teilnehmer gewisse Aufgaben zu erfüllen, zu deren Umsetzung er aber durchaus von anderen Teammitgliedern abhängen kann. Die richtige Formel für erfolgreiche Teamarbeit zu finden ist für manche Unternehmen ein schwieriges Unterfangen, weil sie oft das Pendel zu rigoros entweder in Richtung »Gruppendenken« oder in Richtung »Einzelverantwortung« schwingen lassen.

Rubbermaid hat die richtige Mischung gefunden. Einerseits besteht eine gewisse Kameradschaft, wodurch die Zusammenarbeit Spaß macht und die, wie Cockfield sagt, »den Erfolg oder das Scheitern als Gruppe« ausmacht, andererseits ist aber jedes Mitglied durch sein oder ihr Spezialgebiet und durch das persönliche Verantwortungsgefühl gegenüber der Gruppe motiviert. Nur wenige halten bei ihren Aufgaben die vereinbarten Fristen nicht ein, da alle wissen, daß sich die Kollegen aufeinander verlassen. »Man fühlt sich richtig schuldig, wenn man eine Frist nicht einhält«, sagt ein Teammitglied.

Aufgrund der speziellen Aufgabe kann jeder einzelne das grundlegend wichtige Gefühl des Zuständigseins haben. Jeder kann das Gefühl haben, etwas bewirkt zu haben, und dies ist eine wichtige Voraussetzung, wenn man Menschen langfristig motivieren will. »Ich bin immer wieder beeindruckt, wieviel Einfluß jeder von uns

Jedes Mitglied eines derartigen Teams ist dabei Experte auf einem ganz besonderen Gebiet, muß jedoch auch über genügend Wissen verfügen, um die Thesen der anderen in Frage stellen zu können.

hat. Wir können das Design eines Produkts beeinflussen«, sagt Bob Miller, seit 27 Jahren im Einkauf tätig. Miller konnte seine Begeisterung über seine Mitarbeit an einem in Kürze auf den Markt kommenden Rubbermaid-Besen kaum verhehlen. Er hatte den europäischen Lieferanten ausfindig gemacht, der den Besen liefern konnte, und ihn seinem Team vorgestellt, das sich ohne weiteres einverstanden erklärte. »Ich habe das Ganze ausgearbeitet«, sagt er, »und deshalb fühle ich mich persönlich gut.«

Natürlich tragen auch einige weniger ausgefallene Faktoren dazu bei, daß die Batterien des Teams nie leer werden. Zum einen werden die Mitglieder individuell bewertet, was ihre Entlohnung betrifft. Zum anderen hängen die Kapitalrentabilität und das vereinbarte Umsatzwachstum immer wie ein Damoklesschwert über ihnen. »Es ist unsere Aufgabe, sicherzustellen, daß die finanziellen Vorgaben eingehalten werden. Es ist unsere persönliche Herausforderung, daß das Kind zum Laufen kommt«, sagt Dave Sudzina, der Fertigungsexperte. »Getrieben wird man von einem Gefühl der Dringlichkeit und der Herausforderung.«

Eine weitere Motivation sind die ewig lauernden Fristen. Es gibt bei Rubbermaid wenig Zeit für einen zweiten Anlauf, weil die Liste der zu erledigenden Dinge immer länger wird. Eine Sparte kann eine aktuelle Liste von mehreren hundert potentiellen neuen Produkten und den notwendigen Überarbeitungen bestehender Produktlinien haben. Damit werden die Mitarbeiter gezwungen, ständig Prioritäten zu setzen und sie an den aktuellen Stand anzupassen – ein gesunder Prozeß und gleichzeitig ein weiteres Mittel, inmitten der Komplexität die Fokussierung nicht aus den Augen zu verlieren.

Auf jeden Fall entsteht so ein gewisser Druck. Ein Mitarbeiter sagte, die Topmanager forderten immer »mehr, mehr, mehr«, wohingegen ein anderer sagte, er sehe sich mit »vielen Anforderungen konfrontiert«. Beide hielten den Streß jedoch für erträglich.

In das Verfahren bei Rubbermaid ist auch ein gewisses Maß an »kreativer Spannung« eingebaut – um den Lieblingsausdruck von Präsident Schmitt zu benutzen. Schmitt definiert »kreative Spannung« als einen »Wettbewerb zwischen außergewöhnlichen Ideen«. Darunter versteht er, daß jeder einzelne, wenn er den Tagungsraum betritt, für seine Lösung eines Problems eintritt, und wenn er den Raum wieder verläßt, mit allen anderen hinter der Gruppenentscheidung steht. Die Mitarbeiter sagen, daß es nicht immer so glatt läuft, daß z. B. manchmal das Marketing gegen Forschung und Entwicklung antreten muß und daß typischer Aktionismus die Folge sein könne.

Trotzdem beschreibt ein Manager den Prozeß wie folgt: »Es ist wie bei einem Schlitten mit fünf Pferden, die alle in unterschiedliche Richtungen ziehen, der aber dennoch vorankommt.« Zu guter Letzt bleiben die Menschen bei Rubbermaid zu Innovationen motiviert, weil sie wissen, daß sie für Fehler nicht bestraft werden. Ungefähr 90 Prozent der jedes Jahr von Rubbermaid neu eingeführten Produkte sind erfolgreich. Dies ist zum Teil darauf zurückzuführen, daß das Unternehmen oft nur weitere Veränderungen an einem Produkt vornimmt oder eine bestehende Linie ausbaut, so daß genügend Erfahrungswerte vorhanden sind, um einschätzen zu können, was wahrscheinlich ein Erfolg wird. In der Tat ist Rubbermaid bei der Einführung weiter verbesserter Produkte wesentlich erfolgreicher als bei der Einführung ganz neuer Produkte, bei der nach Ansicht Schmitts die Erfolgsquote in besonders riskanten Fällen bei nur 50 Prozent liegen könne. Aber wenn solche Produkte scheitern, wird nicht viel Aufhebens darum gemacht, denn es wird von keinem Produkt erwartet, daß es ein Senkrechtstarter ist. Mit so vielen banalen, aber zuverlässigen,

Ein führender Manager beschreibt diesen Prozeß sehr treffend: »Es ist wie mit einem Schlitten mit fünf Pferden, die in fünf Richtungen ziehen, der aber dennoch vorankommt.«

Geld einbringenden Produkten, die jeden Tag erfolgreich sind, gehen ein paar Blindgänger in der Menge unter.
Schmitt erzählt gerne von seinen Anfängen bei Rubbermaid, als er für Freizeitprodukte für Sommer und Winter zuständig war. Dazu gehörten Plastikboote und Kunststoffschlitten. Einige strategische Fehler und zwei warme Winter ließen die Programmlinie jedoch zum Flop werden. Schmitt erinnert sich: »Wichtig ist, daß wir das Geschäft fallenließen und der damalige Chairman zu mir herunterkam und sagte: ›Ich möchte nur, daß sie wissen, daß wir, obwohl wir diese Linie einstellen, weder Sie noch Ihr Team für diese Niederlage verantwortlich machen. Sie alle haben hier noch eine große Zukunft vor sich.‹«

*

Normalerweise denkt man bei Innovationen an High-Tech. Für Rubbermaid gilt dies – zumindest im wissenschaftlichen Sinn – nicht. Aber die dortigen Systeme zur Erfindung von Produkten, die den Marktbedürfnissen entsprechen oder ihnen sogar zuvorkommen, sind ebenso hochentwickelt und in diesem Sinne ebenso sehr High-Tech wie andere Systeme auch.
Und normalerweise denkt man bei Strategie an den brillanten General, der große Entscheidungen trifft. Natürlich treffen die Führungskräfte bei Rubbermaid zum Teil auch große Entscheidungen. Vor allem anderen greift ihre Strategie jedoch dem Kunden vor und bringt Innovationen hervor, damit die Kunden auch weiterhin mehr als zufriedengestellt sind. Was ihre Strategie so, sagen wir einmal ... strategisch macht, ist, wie gut sie bei ihrer ständigen Suche nach neuen Innovationen sind.

Anmerkungen

1 Wie Professor James Brian Quinn es in seinem exzellenten Buch *Intelligent Enterprise* formuliert, sollte sich jedes Unternehmen permanent fragen: Ist dieses Teil des Ganzen das Beste der Welt? Wenn ein Unternehmen sich aufsplittet, Rubbermaid in seine Sparten und Produktbereiche, P & G in seine unterschiedlichen Marken, Merck in seine Arzneimittelentwicklungsteams, dann wird diese Frage regelmäßig beantwortet. Die kleineren Einheiten müssen unter relativ freien Marktbedingungen konkurrieren. Quinn würde jetzt von uns verlangen, mit dieser Frage in weitere Bereiche einzudringen. Haben wir die beste Personalabteilung der Welt? Die beste Buchhaltung der Welt? Einkauf? Forschung? Wenn nicht – nach außen vergeben. Diese Drohung der Vergabe nach außen führt die Marktmechanismen in alle Bereiche eines Unternehmens ein, auch in das Handeln der Mitarbeiter. Vielleicht bringt diese Drohung alleine eine »lahme Ente schon zum Abheben«. Wenn dem nicht so ist – nach draußen mit dem Ganzen, an jemanden, der wettbewerbsfähiger ist.

Rubbermaid lebt vor, daß Strategie nicht unbedingt etwas mit den ganz großen Entscheidungen zu tun hat, sondern eher mit kleinen, eng an den Bedürfnissen der Kunden orientierten Schritten.

Kapitel 9

High-Tech-Seife

9

Großartige Produkte führen zu großartigem Marketing

Vor meinen Interviews in Cincinnati war Procter & Gamble für mich ein erfolgreiches Unternehmen im Konsumgüterbereich. Der Ansicht bin ich immer noch. Jetzt jedoch sehe ich Procter & Gamble zuallererst als technologisches Kraftpaket. Natürlich sind die Mitarbeiter hervorragende Vermarkter der Unternehmensprodukte. Marketing wäre jedoch nur ein Wort, wenn sie nicht etwas Außergewöhnliches zu verkaufen hätten. Bringen sie ein neues Produkt auf den Markt, sind die Mitarbeiter von Procter & Gamble der festen Überzeugung, daß es weit besser ist als alles andere, was es dort bereits gibt.
Wenn das Unternehmen ein Produkt als »neu und verbessert« anpreist, dann ist es das auch. Bei Procter & Gamble finden wir:

- ein engagiertes Topmanagement und ein lebhaftes Interesse an Technologie, Forschung und Entwicklung,
- Investitionen in Forschung und Entwicklung, die der ihnen zugesprochenen Bedeutung gerecht werden,
- seit kurzem die Einsetzung von globalen Teams, eine Entwicklung, die die außergewöhnliche Produktivität der Forschung

Ein weiteres brillantes Beispiel für ein technologisches Kraftpaket ist die Firma Procter & Gamble. Das Marketing dieses Unternehmens ist beispielhaft, seine Stellung im Konsumbereich führend.

und Entwicklung bei Procter & Gamble in den letzten zehn Jahren erklären helfen kann,
- scheinbar profane Produkte, die aber technisch überaus ausgeklügelt sind – ein Vorteil, der es anderen sehr schwer macht, Procter & Gamble auf dem Markt zu überflügeln,
- eine Kombination von Information, organisatorischer Flexibilität und Ausrichtung an der Vermarktbarkeit von Produkten, die das scheinbare Chaos in Ordnung münden läßt,
- eine geniale Art, Forschung und Entwicklung auf die Bedürfnisse des Marktes abzustimmen.

Es fällt nicht schwer, Procter & Gambles Engagement im Bereich Technologie nachzuvollziehen. Die Spur führt direkt zu der berühmten Zentrale im elften Stock. Meine erste Verabredung mit Ed Artzt, dem Chairman und Chief Executive, mußte verschoben werden, da er an einem wichtigen F+E-Meeting teilnahm.

Als ich dann mit Artzt zusammentraf, galt meine erste Frage den vier oder fünf größten Herausforderungen, mit denen sich Amerikas Unternehmen und damit auch Procter & Gamble kurz vor der Jahrtausendwende konfrontiert sehen. Seine spontane Antwort: »Technologie ist der Motor unseres Geschäfts. Für unser Unternehmen ist die wichtigste Herausforderung, den anderen technologisch immer einen Schritt voraus zu sein.«

Seine größte Sorge gilt der Sicherung der Investitionen des Unternehmens im Bereich Forschung und Entwicklung. Er betont, daß diese Frage alle Amerikaner angehe. Ausländische Regierungen und Unternehmen haben detaillierte Informationen über einige unserer sensibelsten Technologien. Das ist nicht etwa darauf zurückzuführen, daß ihre Spione so gut sind, sondern darauf, daß wir sehr, sehr viele Informationen offenlegen müssen, um ein Produkt in den USA überhaupt patentieren lassen zu können.

Artzts Vorgänger, John Smale, geht damit einig, daß Amerikas Unternehmen auf Technologie setzen müssen. Genau wie Artzt ist er davon überzeugt, daß das Forschungs- und Entwicklungsengagement zentraler Bestandteil der vom Erfolg geprägten 150jährigen Firmengeschichte sind. »Ich bin der festen Überzeugung, daß jeglicher von uns erzielter Zuwachs bei Umsatz und Gewinn darauf gründen muß, daß wir das bessere Produkt haben.«

Wenn Sie sich die Basisprodukte anschauen, mit denen das Unternehmen heute Gewinne erzielt, sehen Sie, daß die Mehrheit dieser Produkte zum Zeitpunkt ihrer Markteinführung Neuheiten, also wirkliche Innovationen waren: Tide, Crisco, Crest, Pampers, Head & Shoulders. Always ist ein relativ neues Produkt, das die Marktführung bei den Damenbinden übernommen hat. Warum? Nicht etwa, weil wir das bessere Marketing oder die bessere Verpackung hätten oder gar die besseren Hersteller seien, nein Always ist das bessere Produkt.

Genau wie bei Rubbermaid sind auch bei Procter & Gamble Taten – und nicht Worte – der beste Indikator für die Bedeutung, die man der Technologie zumißt. Gordon Brunner ist bei Procter & Gamble der für Forschung und Entwicklung zuständige Senior Vice President. Sein Büro liegt nicht abgeschieden in irgendeinem Forschungszentrum. Es ist im elften Stock, bei all den anderen »hohen Tieren«. Er ist direkt dem Chief Executive unterstellt. In seinen eigenen Worten: »Wenn Sie sich unser Geschichte anschauen, werden Sie sehen, daß unsere obersten Chefs immer an der Spitze der Innovation standen. Sie müssen es. Jedes innovative Unternehmen muß durch Innovation von oben geleitet werden.«

Brunners Stellung signalisiert nicht nur die Bedeutung von For-

Ein engagiertes Topmanagement, Investitionen in Forschung und Entwicklung, organisatorische Flexibilität sind nur einige der Indikatoren für die Bedeutung, die man der Technologie zumißt.

schung und Entwicklung, sondern sie sorgt auch dafür, daß er und die anderen auf der Vorstandsetage die gleiche Wellenlänge haben. Er ist permanent über die Bedürfnisse der anderen Geschäftsbereiche informiert, und umgekehrt wissen die operativen Bereiche immer, was durch Technologie möglich ist.

1992 gab Procter & Gamble ungefähr 900 Millionen Dollar für Forschung und Entwicklung aus. Eine hohe Summe: 3 Prozent des Umsatzes. Im Durchschnitt gesehen ist das das Eineinhalb- bis Zweifache dessen, was andere Konsumgüterhersteller für Forschung und Entwicklung ausgeben. Motorola gibt 10 Prozent seines Umsatzes (in US-Dollar) für Forschung und Entwicklung aus. Eine Zahl, die man bei Motorola erwartet, denn Motorola ist ein High-Tech-Unternehmen. Wenn man sich aber die relative Größe der zwei Unternehmen vor Augen hält – Procter & Gamble mit einem Gesamtumsatz von 30 Milliarden Dollar und Motorola mit 13 Milliarden Dollar –, ist die für Forschung und Entwicklung ausgegebene Summe in absoluten Zahlen ungefähr die gleiche.

Procter & Gamble ist in den unterschiedlichsten Bereichen tätig, vom Fruchtsaft bis zu Arzneimitteln. Und die Mitarbeiter von Procter & Gamble gehören zu den ersten, die darauf hinweisen, daß dieser Prozentsatz des Umsatzes nur ein grober Indikator für die der Technologie zugemessene Bedeutung ist. Es ist klar, daß die in die Forschung von Fruchtsäften investierte Summe proportional geringer ist als die für Arzneimittel. Knackpunkt ist, daß Procter & Gamble – unabhängig davon, ob es sich um Seife, Damenbinden oder ein anderes scheinbar profanes Produkt handelt – immer Spitzenforschung betreibt, um die Produkte besser zu machen und Güter herzustellen, die die Verbraucher durch exzellente Leistung überraschen und zufriedenstellen.

Globale Reichweite

Die 150jährige Firmengeschichte von Procter & Gamble ist eine Geschichte der Überzeugung, daß nur das beste Produkt, zu dem die Mitarbeiter fähig sind, zu vermarkten sei. Bei Procter & Gamble erzählt man immer noch gerne die Geschichte einer Ladung Seife, die einen Tag später als vereinbart rausging, weil sie nicht den Qualitätsstandards von Procter & Gamble entsprach. Kunde war die Armee. Es war Krieg, und die Truppen brauchten die Seife dringend. Der Krieg, von dem wir hier sprechen, war der amerikanische Bürgerkrieg (1861–1865).

Trotz der langen Verpflichtung zu Produkt- und Technologieführerschaft hat das Unternehmen vielleicht erst unlängst den entscheidenden Schritt getan zu lernen, wie man mit der F+E richtig umgeht. Gordon Brunner erinnert sich: »In den Siebzigern waren wir sehr dezentralisiert. Alle operativen Bereiche hatten ihre eigene Forschung und Entwicklung, und außerdem gab es die zentrale F+E-Einheit in unseren Labors in Miami. Aber die meisten machten so ziemlich, was sie wollten. Die Zentrale warf ihnen von Zeit zu Zeit einen Brocken hin, und das war es dann.«

Procter & Gambles damalige Struktur in Europa wirft ein grelles Licht auf die Situation. »Ich war 1976 zum ersten Mal in Europa«, erzählt Brunner. »Es gab uns in neun Ländern, und mit jedem Produkt geschahen neun verschiedene Dinge. Camay, Cash usw. gab es neunmal. Wir haben wie die Berserker gearbeitet und nur sehr wenig erreicht. Immer wenn wir auf etwas Gutes stießen, einen technischen Fortschritt oder eine neue Marketingidee, konnten wir die Sache in keinem anderen Land verwenden, denn jedes Land hatte sein eigenes System. Deshalb waren wir wahrlich nicht die Allerschnellsten.«

Procter & Gamble entschied, daß Forschung auf einer gesamt-

1992 gab Procter & Gamble ungefähr 900 Millionen Dollar für Forschung und Entwicklung aus – immerhin 3 Prozent des Umsatzes, weit mehr als vergleichbare Konsumgüterhersteller.

europäischen Ebene behandelt werden müsse. Statt auf die Unterschiede zwischen den einzelnen Ländern konzentrierte man sich jetzt auf Ähnlichkeiten. Man schaute sich grenzübergreifend den Wettbewerb, die Produktbedürfnisse und die Wünsche der Verbraucher an und legte dann die Forschungsprioritäten aufgrund eines europäischen Verständnisses dieser Punkte fest.
Die dahinterstehende Grundannahme war, daß ein wirklicher Durchbruch bei einem Produkt für die Franzosen genauso reizvoll sein würde wie für die Deutschen. Außerdem ging man bei Procter & Gamble davon aus, daß sich der Ideen- und Informationsfluß durch eine Verbindung der Forschungstätigkeiten in ganz Europa drastisch verbessern würde. Die besten Ideen würden zu den wichtigsten Produktprioritäten passen, unabhängig davon, ob die Ideen aus Schweden, England oder Luxemburg kämen.
Brunner weist darauf hin, daß diese Idee zum damaligen Zeitpunkt wahrlich nicht begeistert aufgenommen wurde. Die europäischen Einheiten waren daran gewöhnt, unabhängig voneinander vorzugehen. Würden diese neuen Organisationsformen so gut auf die lokalen Marktbedürfnisse reagieren können? Aber der Grundgedanke funktionierte und wurde somit zum Modell für das, was Procter & Gamble inzwischen weltweit umsetzt. »Wir wissen jetzt: Wenn wir in der Lage sind, irgendwo auf der Welt die schwierigsten Bedürfnisse zu befriedigen, dann können wir den Bedürfnissen überall auf der Welt besser gerecht werden. So einfach ist das.«
Liquid Tide war der erste weltweite Produktentwicklungsversuch von Procter & Gamble. Ergebnisse der Marktforschung zeigten, daß viele Verbraucher Waschmittel in flüssiger Form vorziehen würden. Zu jener Zeit funktionierte Pulver aber einfach besser. In der Pulverform konnte man höhere Konzentrationen an Wasserenthärtern unterbringen. Ein anderes Problem bei den konzentrierten flüssigen Waschmitteln war, daß einige für den Reini-

gungsprozeß notwendige Enzyme zu früh, nämlich schon in der Flasche, reagierten und nicht erst in der Waschmaschine. Ein weiteres Problem war weniger ein technisches, aber es schien für den Verbraucher genauso wichtig zu sein: Flüssige Waschmittel wurden als unsaubere Lösung angesehen, sie liefen an der Flasche herunter und führten zu einer schmierigen Flasche.

Anfang der achtziger Jahre setzte Procter & Gamble ein globales Team ein, um ein flüssiges Waschmittel zu entwickeln, das mindestens so gut sein sollte wie jedes Waschpulver. 1984 war das chemische Problem gelöst. Außerdem hatte man einen Flaschenverschluß entwickelt, der vernünftig abschließt, als Meßbecher dient und der außerdem nach dem Abmessen die Flüssigkeit in die Flasche zurückleitet, wodurch das Problem der schmierigen Flasche gelöst war. Heute ist Liquid Tide die Nummer eins bei den flüssigen Waschmitteln in Amerika.

Die Fähigkeit des Unternehmens, ein globales Team für die Entwicklung von Liquid Tide zusammenzustellen, steht in direktem Zusammenhang mit einer größeren Umorganisation, die 1983 stattfand. Der Forschungs- und Entwicklungsabteilung eines jeden Geschäftsbereichs (einschließlich Reinigungs- und Waschmittel, Getränke, Papier usw.) wurde ein Vice President zugeordnet. Sie waren Brunners Vorgänger in Cincinnati direkt unterstellt, der wiederum dem CEO direkt unterstellt war.

Zu jener Zeit war Brunner für Forschung und Entwicklung bei den Reinigungs- und Waschmitteln zuständig. Ihm unterstellt war eine Gruppe der besten und brillantesten Forscher in diesem Bereich. Gleichzeitig hatte er auch direkten Kontakt zu den wichtigsten Forschern dieses Bereiches bei Procter & Gamble weltweit.

Das Unternehmen gründete seine Entscheidungen zu den weltweiten Forschungsprioritäten auf Brunners Ansichten und die seiner Kollegen in den anderen Bereichen. Ihre Aufgabe bestand dar-

In der zweiten Hälfte der 70er Jahre begann eine Umorganisation der europäischen Tochterfirma in Richtung einer teilweisen transnationalen Konzentration, etwa auf dem Sektor der Forschungsaktivitäten.

in, dem obersten Management zu sagen: »Hier sind fünf oder sechs Schlüsselpunkte, die wir bewältigen müssen, um die weltweite Produktführerschaft wiederherzustellen oder zu gewinnen.« In Zusammenarbeit mit dem obersten Management und den Managern in der Linie mußten sie entsprechend dieser Prioritäten die passenden globalen Teams zusammenstellen und sicherstellen, daß sie gut besetzt und geführt waren.

Das Chaos managen

»Es ist viel schwieriger, wirklich gute Forschungs- und Entwicklungsarbeit zu managen«, sagte John Smale, »als andere Bereiche, einschließlich Werbung, Verkauf oder Produktion, weil es viel mehr Unbekannte gibt.« Die Geschichte der Innovation unterstützt diese These nicht nur, man fragt sich am Ende, ob man Forschung und Entwicklung überhaupt managen kann. Betrachten Sie die nachfolgenden Beispiele.

1928 wuchs zufällig in einer Petrischale ein grüner Schimmelpilz, und Sir Alexander Fleming entdeckte das Penizillin. Benoit Mandelbrot, ein Mitarbeiter von IBM, versuchte, Preisbewegungen an der Baumwollbörse zu simulieren. Er bemerkte, daß sich die Bewegungsschemata, unabhängig davon, ob er die Daten einer Stunde, einer Woche oder eines Jahres nahm, sehr ähnlich sahen. Ein neues Feld der Mathematik – die Fraktalen – eröffnete sich, ein Feld, das genauso wichtig wie das Newtonsche Verfahren werden sollte.

Art Fry, ein Mitarbeiter von 3M, sang in einem Kirchenchor und ärgerte sich immer mehr über seine Notizzettel, mit denen er sich seine Einsätze markierte und die zwischen den einzelnen Gottesdiensten immer aus den Noten herausfielen. Spence Silver, ein anderer Mitarbeiter von 3M, arbeitete mit Klebstoffen. Er erfand etwas, das zwar haftete, aber nicht zu fest. In einem Memo, das an alle Mitarbeiter ging, beschrieb er es und fragte, wer so etwas gebrauchen könne. Niemand – außer Art Fry – und die einzigartigen Post-It-Haftnotizen waren geboren.

Im Winter 1961 schaltete der Forscher Edward Lorenz vom Massachusetts Institute of Technology bei der Simulation von Wetterabläufen mitten im Programm den Computer ab. Als er ihn wieder anschaltete und die gleichen Daten noch einmal eingab, erhielt er andere Ergebnisse. Ein neues und wichtiges Feld der Wissenschaft – Chaostheorie – war geboren.[1]

Was ist all diesen Beispielen gemeinsam? Auf den ersten Blick nichts. Vom grünen Schimmelpilz bis zur Chaostheorie ist die Geschichte der Innovation eine Geschichte des offensichtlichen – Chaos. Aber genauso wie das Chaos in der Natur anscheinend allgemeine (und normalerweise schöne) Muster aufweist, gilt das auch für Innovationen.

Das ganz allgemeine Muster scheint eine Mixtur aus Informationen, Richtungweisung, Entschlossenheit und Flexibilität zu sein. Von Fleming bis Fry wußten die Innovatoren genau über die entsprechenden Technologien in ihrem eigenen Bereich und den angrenzenden Bereichen Bescheid. Von Silver bis Mandelbrot arbeiteten die Innovatoren in institutionellen Strukturen, die zwar zielgerichtet, aber außerordentlich flexibel waren.

Aber auch diese Medaille hat zwei Seiten: Wenn mögliche Innovatoren nur informiert sind, werden sie die Dinge zwar ausführlich erforschen, aber nur selten wirkliche Innovationen hervorbringen. Wenn sie nicht zielgerichtet und unter Bedingungen, die flexibel sind, arbeiten, werden sie vielleicht etwas Pfiffiges erfinden – oder auch nicht. Oft ist es jedoch so: Wenn sie etwas erfinden, läßt es sich einfach nicht vermarkten.

Das allgemeine Muster dieser und anderer globaler Teams war eine Mischung aus Information, Richtungsweisung, Entschlossenheit und Flexibilität und kam dem Gesamtunternehmen zugute.

Organisationen machen nun auf beiden Seiten der oben beschriebenen Medaille immer wieder Fehler. Bei den großen Organisationen wird oft zuviel gemanagt – mit institutionellen Vorgaben, die so unflexibel sind, daß es einfach unmöglich ist, Fehler zu machen, von Belohnungen dafür ganz zu schweigen. Wie aber bitte erzielt man Innovationen, ohne zu experimentieren? Und wie kann man experimentieren, ohne Fehler zu machen? Die Entdeckung des Penizillins war ein »Fehler«. Andere Forscher warfen die durch einen grünen Schimmelpilz verdorbenen Petrischalen einfach weg.

Das Forschungs- und Entwicklungsmanagement von Procter & Gamble scheint alle diese Elemente gut miteinander zu verbinden. Durch den Einsatz von Teams bleibt man flexibel. Da die Technologieentwicklung nur in Richtung Verbrauchsgüter geht und hier große Investitionen getätigt werden, ist man bei den entsprechenden Wissenschaften immer bestens informiert. Man muß sich nur anschauen, wie viele der bahnbrechenden Entwicklungen in der Kalziumchemie in Zusammenhang stehen mit denen, die man ursprünglich für bessere Seifen und Waschmittel benötigte. Und weil die Teams jetzt weltweit besetzt werden, ist man sogar noch besser informiert. Da schließlich das Management immer am Ball ist, sind die Ziele für Forschung und Entwicklung ganz klar definiert: nicht nur einfach erfinden, sondern innovieren und vermarkten.

Marktverständnis

Seit Jahren schon sind bei Procter & Gamble die F+E-Mitarbeiter für das Begreifen der Verbraucherwünsche zuständig. Das bedeu-

tet, daß diejenigen, die große technische Forscher sein müssen, gleichzeitig auch sehr kompetente Marktforscher sind.
Die davon Betroffenen erklären hierzu, daß ein großer Teil der von ihnen erzielten Fortschritte davon abhängt, wie gut sie ihre Ziele realistisch definieren können. Nehmen wir das Beispiel Haare. Der Verbraucher sagt: »Ich will eine Spülung für meine Haare.« Was heißt das aber? Mißt der Verbraucher das Ergebnis an der Weichheit der Haare? Wird es danach beurteilt, wie sich das nasse Haar kämmen läßt? Wie es sich anfühlt, wenn es getrocknet ist? Wie sich das getrocknete Haar kämmen läßt? Wie sieht es mit dem Glanz aus? Wie mißt man all das?
Der (schwierige) Trick dabei ist, diese sehr subjektiven Fragen zu nehmen, herauszufinden, was der Verbraucher mit einem Begriff wie »weich« meint, und dies dann in etwas umzumünzen, das die Labors physikalisch messen können. Diese Umwandlung subjektiver Verbraucherpräferenzen in harte Wissenschaft ist Procter & Gamble so wichtig, daß fast alle Mitarbeiter im technischen Bereich eine gewisse Zeit in der sogenannten Produktforschung verbringen. Hier arbeiten sie mit Marktforschern an der Entwicklung von Tests, lernen, Verbraucherreaktionen zu messen, und werden so selbst zu Experten in der Verbraucherforschung.
Brunner und auch andere wiesen darauf hin, daß ihnen gar nicht bewußt war, wie ungewöhnlich dieser Ansatz war, bis sie anfingen, andere Unternehmen aufzukaufen. Da erkannten sie die wirkliche Bedeutung und Einzigartigkeit dieser Einstellung.
Eines der Dinge, die die Forscher von Procter & Gamble lernen, klingt fast wie Rubbermaids Ermahnung, »über den Details zu schwitzen«. Brunner nennt es »fast pingelig im Detail zu sein«. Er sagt, man muß sich einfach dafür begeistern können, wie hoch ein Kuchen geht oder wieviel Schaum ein Shampoo erzeugt. »Manchmal begeistern wir uns alle über etwas anscheinend Triviales. Es ist

Technische Forscher bei P & G müssen gleichzeitig kompetente Marktforscher sein, d.h. die Verbraucherreaktionen kennen und in Produkte umsetzen können, z.B. in die »kundenfreundlichste Haarspülung«.

jedoch genau diese Kombination von trivialen Dingen, die das wirklich bessere Produkt ausmacht« – und er begeistert sich wieder selbst an dieser Auffassung.

*

Mit Procter & Gamble haben wir ein weiteres Unternehmen, das den strategischen Vorsprung dadurch aufrechterhält, daß es mit seinen Innovationen der Konkurrenz immer einen Schritt voraus ist. Und genau wie bei Rubbermaid erhält man diesen Vorsprung durch die Ausrichtung der Organisation an den Innovationen aufrecht.

Bei beiden Unternehmen geschieht jedoch auch etwas, was wir im nächsten Kapitel bei Merck ganz klar und deutlich sehen werden. Wenn das Ganze einmal in Bewegung gerät, verstärkt jeder Teil des Systems diese Bewegung. Mit herausragenden Ergebnissen gewinnt die Firma Topmitarbeiter (der Faktor Herausforderung), und Topmitarbeiter zeugen Topergebnisse.

Anmerkungen

1 James Gleick, *Chaos,* 1. Kapitel, S. 11–31.

Kapitel 10

10

Designer-Moleküle

Merck investiert und erfindet ... große Zeiten

Im Herbst 1975 veröffentlichte Dr. Julianne Imperato-McGinley vom Cornell Medical College in New York eine geheimnisvolle Monographie über die Einwohner eines entlegenen Dorfes in der Karibik. Normalerweise kein Lesestoff für die Chefetage eines Unternehmens mit Milliardenumsatz. Aber das Pharmaunternehmen Merck mit einem Jahresumsatz von rund 9 Milliarden (Sitz in Rahway/New Jersey) ist anders.

Dr. P. Roy Vagelos, heute Chairman von Merck, damals aber Leiter der Grundlagenforschung, erinnert sich, daß er die Veröffentlichung in die Hände bekam und sich dachte: »Hallo! Das ist etwas, an dem wir dranbleiben sollten.« Er ging den Korridor entlang zu Glen Arth, einem erfahrenen Biochemiker. Vagelos erinnert sich: »Glen war in Richtung auf mein Büro unterwegs und hielt den gleichen Artikel in der Hand.«

In dem Aufsatz wurden Menschen beschrieben, denen das Enzym 5-Alpha-Reduktase (5AR) fehlt. Aufgrund dieses Mangels kommt es, während der Fötus sich noch in der Gebärmutter befindet, zu keiner normalen Sekretion von Testosteron, des wichtigsten männlichen Hormons. Als Folge entwickeln sich viele normale männliche Eigenschaften erst in der Pubertät, wenn die männ-

Ein weiteres Beispiel für ein Topunternehmen, das zum Teil verblüffende Ergebnisse erzielt, ist das Pharmaunternehmen Merck mit einem Jahresumsatz von inzwischen mehr als 9 Milliarden Dollar.

lichen Hormone wirklich anfangen zu toben, oder überhaupt nicht. Menschen mit dieser Mangelerscheinung werden von der Wissenschaft als Pseudo-Hermaphroditen bezeichnet. Hermaphroditen haben die Geschlechtsorgane beider Geschlechter, während es bei Pseudo-Hermaphroditen anscheinend nur so aussieht, als ob sie die Geschlechtsorgane beider Geschlechter besäßen. In Wirklichkeit aber sind sie primär entweder männlich oder weiblich.

Die betroffenen Einwohner des Dorfes in der Karibik sahen bei der Geburt wie Mädchen aus. Sie wurden in der Tat von den Dorfbewohnern als Mädchen erzogen. Als sie jedoch geschlechtsreif wurden, wurden ihre Stimmen tiefer, die äußeren Genitalien wuchsen, und sie entwickelten eine männliche Muskelstruktur. Es stellte sich heraus, daß alle Betroffenen eine gemeinsame Vorfahrin hatten. Sie hatte ihr mutiertes Gen an einen ihrer Urenkel vererbt. Sieben ihrer Ururenkel erbten es ebenso wie vierzehn ihrer Urururenkel und siebzehn ihrer Ururururenkel.[1] (Inzucht unter den Dorfbewohnern erhöhte die Chancen, daß Eltern diesen Defekt an ihre Kinder vererbten.)

Die Untersuchung war faszinierend. Was aber die Aufmerksamkeit von Arth und Vagelos wirklich fesselte, war Imperato-McGinleys Beschreibung eines besonderen Aspekts der physischen Verfassung der Erwachsenen. »Die Prostata, eines der kleinen, aber wichtigen Organe in den männlichen Harnwegen und Geschlechtsorganen, ... bleibt während des ganzen Lebens klein.« Die Prostata ist ein walnußgroßes Organ in der Nähe der Harnwege, der Blase und des Penis. Sie produziert das Gleitmittel zum Transport des Samens während des Geschlechtsverkehrs. Im fortgeschrittenen Alter vergrößert sich die Prostata, behindert den Harnfluß und verringert die Kapazität der Blase. Bei den Männern in den späten Fünfzigern und Sechzigern leiden mehr als 50

Prozent unter einer Prostatavergrößerung, und der Prozentsatz wächst mit dem Alter der Männer. Leider ist die übliche chirurgische Behandlungsmethode bei einer fortgeschrittenen Vergrößerung fast genau so schlimm wie die Krankheit selbst – sie ist schmerzvoll und kann zur Impotenz führen. Sie ist auch teuer: Amerikanische Männer geben für die Behandlung schätzungsweise 3 Milliarden Dollar pro Jahr aus.

Vielleicht enthielt der Zustand der Dorfbewohner in der Karibik einen Hinweis auf eine nichtchirurgische Behandlungsmöglichkeit. Offensichtlich verhinderte das Fehlen von 5AR die Umwandlung von Testosteron in Dihydrotestosteron, ein Vorgang, der wohl zur Entwicklung der männlichen Geschlechtsorgane bei Kindern und Jugendlichen in Beziehung steht, der aber auch die Prostata vergrößert.

Siebzehn Jahre – s i e b z e h n Jahre! – später, am 22. Juni 1992, erhielt Merck die Genehmigung der FDA, der amerikanischen Arzneimittelbehörde, zur Vermarktung von *Proscar.* Dieses Arzneimittel verspricht die erste wirksame nichtchirurgische Behandlungsmethode bei Prostatavergrößerungen.

Genauso wie Rubbermaid und Procter & Gamble gewinnt Merck auf den Märkten, indem es seine Wettbewerber mit seinen Innovationen in den Schatten stellt. Viele Analytiker sagen voraus, daß Proscar das dritte Milliarden-Dollar-Arzneimittel des Unternehmens sein könnte. Die beiden anderen sind *Mevacor,* das den Cholesterinspiegel im Blut senkt, und *Vasotec,* ein 1986 zur Bekämpfung des Bluthochdrucks eingeführtes Arzneimittel, das heute hochwirksam zur Behandlung von Stauungsherzinsuffizienzen eingesetzt wird.

Seitdem Merck 1942 Pionierleistungen in der Herstellung von Penizillin erbrachte, hat es seine wirklich erstaunliche Geschwindigkeit bei der Entwicklung von neuen Arzneimitteln beibehalten.

Am Beispiel der Entwicklung eines Arzneimittels gegen die Folgen einer Krankheit, die die Bewohner eines kleinen karibischen Dorfes heimsuchte, zeigte sich der lange Atem dieses Unternehmens.

Die Gewinne folgten. Führungskräfte von nah und fern zollen dem Erfolg des Unternehmens ihre Reverenz. 1993 stand Merck ganz oben auf der Liste der am meisten bewunderten Unternehmen der Zeitschrift *Fortune*. Es war das siebte Jahr in Folge. Merck ist nicht nur das größte pharmazeutische Unternehmen der Welt, es werden dort auch pro Jahr mehr neue Arzneimittel erfunden als bei den Wettbewerbern.

Wie schafft Merck das? In *Auf der Suche nach Spitzenleistungen* haben wir die Ansicht vertreten, daß die meisten Unternehmen (wie Rubbermaid) durch viele kleine Erfolge mit Innovationen erfolgreich sind. Viele Einfach- und Zweifachgewinne – und das große Los ergibt sich von selbst.

Gut, aber es muß noch mehr dahinterstecken. Für Arzneimittel wie Proscar wird die Zeit zwischen der ersten Idee und dem erhofften wirtschaftlichen Erfolg durchschnittlich zwölf Jahre betragen. Die Kosten werden oft höher als 150 Millionen Dollar sein, und diese Summe scheint jedes Jahr zuzunehmen. Bei dieser Art Investitionen braucht Merck die »Renner«. Wie gehen sie das Ganze an?

Es gibt natürlich keine einfache Antwort auf diese Frage. Aber es gibt einige Muster, die im folgenden klarwerden sollten:

- Merck hat sich absolut der großen Wissenschaft verschrieben und investiert mit einer langfristigen, wissenschaftsorientierten Perspektive. Das Unternehmen ist bei den für seine Geschäftstätigkeit relevanten Wissenschaften führend und schafft neue Maßstäbe. Es gibt nur wenige Bereiche, die so umgekrempelt werden wie gegenwärtig die medizinische Forschung. Merck führt den Angriff, während diese Umwälzungen an Schwung gewinnen.
- Merck macht Unterschiede zwischen der Leitung der Forschung

der Leitung der Entwicklung. Forschung ist relativ billig und muß gepflegt werden. Entwicklung ist außerordentlich teuer, und wenn sie scheinbar auch ebenso unvorhersehbar wie die Forschung sein mag, so braucht sie doch ein festes, diszipliniertes und hartes Management.

- Wenn sich das Unternehmen auch der großen Wissenschaft verschrieben hat, so unterscheidet sich die hier betriebene Wissenschaft doch von der in den Universitäten auf zweierlei Art. Erstens arbeiten die Wissenschaftler bei Merck üblicherweise in funktionsübergreifenden, interdisziplinären Teams. Zweitens darf die Forschung, auch wenn sie oft geheimnisvoll ist, nicht absolut abstrakt sein, sondern muß irgendwie mit der Entwicklung von Arzneimitteln zusammenhängen.
- Es wird massiv in Humankapital investiert. Dies hat bei Unternehmen wie Merck eine Art Schneeballeffekt. Topleute ziehen andere Topleute nach sich. Wie Professor *James Brian Quinn* betont, findet eine kleine Gruppe der Allerbesten eines Gebiets die interessantesten Probleme bzw. schafft sie. Das zieht weitere Topleute an usw.
- Wie Procter & Gamble und auch Rubbermaid koppelt Merck seine Forschung eng an die Bedürfnisse des Marktes. In Mercks Fall jedoch liegen die Marktziele auf der Hand. Nehmen Sie die großen Therapiegebiete: Herz/Kreislauf, Aids, Krebs, Alzheimer, Arthritis, Osteoporose. Das sind die Gebiete, in denen die Wissenschaftler von Merck konzentriert arbeiten. Das sind die Gebiete, in die Merck einen Großteil seiner Entwicklungsgelder steckt, wenn sie auf der Spur eines Durchbruchs sind.
- Das Unternehmen bietet Spitzenwissenschaftlern etwas an, dem sie kaum widerstehen können: den Ansporn, ihre grundlegenden wissenschaftlichen Interessen zu verfolgen, und die Chance, Wissenschaft unmittelbar in den Dienst zu stellen,

Ehe das Produkt (Proscar) seine Marktgenehmigung erhielt, waren 17 lange Jahre voller Forschung und Testreihen vergangen. Um derartige Investitionen durchzuhalten, braucht Merck natürlich finanzielle »Renner«.

nicht nur den der Kunden, sondern den der ganzen Menschheit. Prächtige, großzügig ausgestattete Auszeichnungen regnen auf die nieder, die ein Projekt verwirklichen.

- Merck bleibt in enger Verbindung mit der Außenwelt. Die Mitarbeiter von Merck veröffentlichen, lehren, nehmen Topberater von außen in Anspruch und stehen ständig in sehr engem Kontakt mit führenden Wissenschaftlern in der ganzen Welt.
- Schließlich bleibt Merck dadurch innovativ, daß es als großes Unternehmen in kleinen Einheiten agiert. Wir sahen genau dies auch bei Rubbermaid, das sich in höchst autonome Bereiche und Busineß-Teams aufgesplittet hat. Procter & Gamble erreicht das gleiche mit getrennten, oft miteinander in Wettbewerb stehenden Marken und Markenmanagern. Merck erreicht dies, indem es sich in separate Teams aufteilt, jedes verantwortlich für die meisten Aspekte einer Arzneimittelentwicklung bis hin zum Marketing. Außerdem verdirbt die grundlegende Abhängigkeit von Teams – die ich in meinem letzten Buch *Adhocratie* nannte – die Neigung zu Bürokratie, die in jedem Unternehmen dieser Größe latent vorhanden ist.

Der Entwurf eines Arzneimittels

Für einen Nichtwissenschaftler mögen einige Teile dieses Kapitels vielleicht etwas schwer verdaulich sein. Überspringen Sie sie einfach. Ein Teil der Spannung bei Merck besteht jedoch aus den in den in der Biologie und verwandten Gebieten stattfindenden Umwälzungen. Um Merck wirklich zu verstehen, muß man ein Gefühl für das Wesen dieser Umwälzungen bekommen. Daher werde ich mich bemühen, die wissenschaftlichen Aspekte dieses Kapitels so gewinnend wie möglich darzustellen.

Eine Veränderung bei der Forschung und Entwicklung neuer Arzneimittel ist von besonderer Bedeutung. Sie wird als rationeller Entwurf von Arzneimitteln bezeichnet. Ermöglicht wird dies durch die gegenwärtigen Fortschritte in Gebieten wie der Chemie, Biologie, Mikrobiologie und Genetik. Bei Merck ist es ein mächtiges Instrument, um die Arzneimittelforschung zu fokussieren – ähnlich der Fokussierung bei Rubbermaid, aber doch anders.
Das rationelle Entwerfen von Arzneimitteln bedeutet, die grundlegende Biochemie von Krankheiten zu verstehen und die Forschungsbemühungen wissenschaftlich darauf auszurichten, die chemische Ursache für die Erkrankung zu korrigieren. Im Falle der Prostatavergrößerung hat alles seinen Ursprung in der Tatsache, daß eine bestimmte Art von Proteinen, Enzym genannt, Dreh- und Angelpunkt der meisten chemischen Veränderungen im menschlichen Körper ist. Dazu gehören die guten Veränderungen wie die Umwandlung von Nahrung in Energie und die schlechten Veränderungen, die wir Krankheit nennen. Nehmen Sie die Prostatavergrößerung. Die schlechte Veränderung bei älteren Männern besteht in der Umwandlung von zuviel Testosteron in Dihydrotestosteron. Das schuldige Enzym: 5AR.
Man kann sich Enzyme als recht große Moleküle mit einem Schlüsselloch vorstellen. Sie sind biologische Katalysatoren. Sie beschleunigen eine chemische Reaktion, auch wenn sie sich im Verlauf der Reaktion nicht verändern. So paßt in dem Beispiel mit der Prostata das Testosteron-Molekül für eine Weile wie ein Schlüssel in das Schlüsselloch des 5AR-Moleküls. Während es das tut, reagieren andere Chemikalien miteinander, und – *voilà* – aus Testosteron wird Dihydrotestosteron.
Die Idee ist, das Schlüsselloch zu blockieren, und zwar durch ein neu zu schaffendes Molekül, das auch paßt und zuerst dort hinkommt. Das ist das biologische Pendant dazu, ein wirkliches

Langfristige wissenschaftsorientierte Perspektiven, interdisziplinäre Teams, Investitionen in das Humankapital, enge Verbindung der Forschung mit der Außenwelt zeichnen Merck aus.

Schlüsselloch mit Kaugummi zu verkleben. Jetzt können Sie sich vorstellen, was Proscar wirklich bewirkt. Proscar geht an das 5AR-Enzym und das Schloß. Dadurch verklebt es den Ansatzpunkt für das Testosteron und verhindert so eine Prostatavergrößerung.
Dieser Ansatz wäre ohne die jüngsten Fortschritte in der Biologie und den Molekularwissenschaften nicht möglich gewesen. So ermöglicht zum Beispiel die Kombination aus moderner Röntgenkristallographie und modernster Computertechnik die modellhafte dreidimensionale Darstellung des 5AR-Moleküls in seiner ganzen Komplexität. Jetzt können sich die Wissenschaftler die genaue Form und Beschaffenheit des Moleküls und seines Schlüssellochs vor Augen halten.
Das (große) Problem besteht nun darin, ein Molekül zu erfinden, das an dieses Schlüsselloch gelangt, das Enzym so täuscht, daß es akzeptiert wird und keine toxischen oder anderen negativen Nebenwirkungen verursacht. Roy Vagelos: »Es ist nicht leicht, ein Molekül herzustellen, das in allen drei Dimensionen an einen vorgesehenen Platz paßt.«
Sir James Black, ein in Großbritannien geborener Pharmakologe, leistete die Pionierarbeit für diesen Ansatz und erhielt für diese Bemühungen zusammen mit Gertrude Elion und George Hitchings den Nobelpreis. Seinen ersten Erfolg hatte er mit einer Gruppe von Arzneimitteln, Betablockern genannt, die den Adrenalinausstoß beeinflussen und so hohen Blutdruck und einen erhöhten Pulsschlag senken. Sein zweiter Erfolg war ein Arzneimittel, das die Säurebildung im Magen verminderte und daher besonders wirksam zur Behandlung von Magengeschwüren eingesetzt wurde.
Vagelos kam 1975 als Senior Vice President Forschung zu Merck. Vorher war er an der Medical School der Washington University Präsident der Abteilung für Biochemie. In Washington hatten sich

Vagelos und ein Kollege, Alfred W. Alberts, ein beachtliches Fachwissen über Lipide angeeignet. (Lipide sind Fette wie Cholesterin, die die Arterien blockieren und Herzanfälle verursachen.)
Eine seiner ersten Leistungen für Merck bestand für Vagelos darin, Alberts mitzubringen. Er sollte ein kleines Team leiten, das nach einem Mittel gegen erhöhte Cholesterinspiegel suchte. 1978 entdeckte das Team in einer Bodenprobe eine Substanz, die ein Enzym mit der Bezeichnung HMG-CoA-Reduktase blockiert. Dieses Enzym ist der Katalysator für die Bildung von Mevalonsäure, einer kritischen chemischen Substanz in einer Kette von Reaktionen, die zur Bildung von Cholesterin führt.
1980 verlangsamten sich die Forschungsaktivitäten etwas, als das Team erfuhr, daß die Sankyo Co. in Japan festgestellt hatte, daß ein ähnliches Molekül bei Versuchstieren bösartige Tumore hervorrief. Die Geschwindigkeit ihrer Aktivitäten nahm jedoch wieder zu, als die Wissenschaftler bei Merck ihren eigenen Wirkstoff testeten und herausfanden, daß er keine vergleichbaren Nebenwirkungen hervorrief. 1984 befand sich das mögliche Cholesterinmittel in klinischen Großversuchen mit Menschen, die ein hohes Risiko für Herzkrankheiten aufwiesen. Die Ergebnisse waren spektakulär. Wie Vagelos in einem Artikel in *Science* schrieb: »Gesamtcholesterinspiegel von 300 mg/dl und mehr sanken auf Werte um 200, zum anfänglichen Erstaunen der die Versuche durchführenden Ärzte.«[2]
Ende 1986 reichte Merck bei der Federal Drug Administration (FDA) eine unglaublich detaillierte Dokumentation ein – sie umfaßte mehr als 41 000 Seiten. (Das ist schon an sich interessant. Es ist eins der Ergebnisse des sorgfältigen Managements des teuren Entwicklungsprozesses bei Merck. Wenn ein Arzneimittel so weit gelangt ist, möchte Merck sicherstellen, daß keine Frage und keinerlei Bedenken der FDA unbeantwortet bleiben.)

Fortschritte in der Chemie, Biologie, Virologie, Mikrobiologie und Genetik münden in die Entwicklung konkreter Arzneimittel, wie etwa das Beispiel der Erforschung des Enzyms 5AR zeigt.

Am 31. August 1987 erhielt das Arzneimittel Mevacor die FDA-Zulassung. 1991 überschritt der Mevacor-Jahresumsatz die Milliardengrenze. Es war wirklich eine Tour de Force, sowohl vom forschungswissenschaftlichen als auch vom wirtschaftlichen Gesichtspunkt her.
Es ist kaum möglich, die Bedeutung dieses Ansatzes zu schätzen. Das andere Milliarden-Arzneimittel von Merck, Vasotec, wurde auf sehr ähnliche Art entwickelt. In diesem Fall war der Verdächtige das Enzym Renin, ein von den Nieren produziertes Protein, das dabei hilft sicherzustellen, daß der Körper den richtigen Blutdruck aufrechterhält. Die Wissenschaftler bei Merck und anderswo wußten, daß Bluthochdruck eng mit der Umwandlung von Angiotensin 1 in Angiotensin 2 korreliert. Bei Merck fing ein Team von Wissenschaftlern unter der Leitung von Dr. Arthur Patchett mit der Suche nach einem Arzneimittel an, das das diese Umwandlung katalysierende Enzym (ACE) blockieren würde.
Das Ergebnis war Vasotec. Es kam 1986 auf den Markt, und 1991 wurde damit ein Jahresumsatz von 1,75 Milliarden Dollar erzielt. Das Medikament war nicht nur bei der Senkung von Bluthochdruck sensationell wirksam, sondern es zeigte sich bei späteren Untersuchungen, daß es auch bei der Behandlung von Stauungsherzinsuffizienzen wirksam ist.
Dieser Ansatz der Designermoleküle bei der Arzneimittelforschung verspricht eine wesentlich bessere Wirksamkeit bei der Behandlung menschlicher (und tierischer) Leiden als alles bisher Bekannte. Das normale Verfahren zur Entdeckung eines entzündungshemmenden Mittels zum Beispiel bestand darin, Tieren einen Stoff zu injizieren, der eine Entzündung hervorrief. Dann wurden verschiedene Substanzen, mehr oder minder nach Gefühl, ausprobiert, um herauszufinden, was die Entzündung hemmte, wenn überhaupt. Im Jargon wurde das zynisch »screenen und

beten« genannt. Um Vagelos zu zitieren: »Die frühen Antidepressiva, Tranquilizer, Arzneimittel gegen Infektionskrankheiten, Magengeschwüre, [und] Schmerzen ... basierten auf dieser Art von Experimenten ...«[3]

Mit der neuen Art von Ansatz, wie Merck ihn verfolgt, sollten die nächsten 25 oder 50 Jahre erfüllt sein mit medizinischen Durchbrüchen eines Ausmaßes und einer Häufigkeit, wie sie die Menschheit noch nie erlebt hat. In einer 1991 veröffentlichten Studie sagte das Battelle Memorial Institute voraus, daß die pharmakologischen Fortschritte in den nächsten 25 Jahren die Zahl der jährlichen Todesfälle in den USA aufgrund von Leukämie um 80000, aufgrund von Lungenkrebs um 400000 und die aufgrund von Herz-Kreislauf-Erkrankungen um 4,4 Millionen senken werden.

Die Pharmaceutical Manufacturers Association (Verband der Pharmahersteller) sagt kühn folgendes voraus: »Bei vielen Krankheiten wie Aids, Alzheimer und Arthritis wird wahrscheinlich die pharmazeutische Forschung und Entwicklung für den gesamten medizinischen Fortschritt verantwortlich zeichnen.« Der Verband schätzt, daß im Laufe der nächsten 25 Jahre Herzerkrankungen – die häufigste Todesursache in den Vereinigten Staaten – und die damit zusammenhängenden Todesfälle um zwei Drittel zurückgehen werden. Fast die Hälfte dieses Rückgangs wird durch Arzneimitteltherapien erreicht werden (die andere Hälfte durch einen besseren allgemeinen Gesundheitszustand, bessere Operationstechniken und die verbesserte Fähigkeit, Menschen mit hohem Risikofaktor zu identifizieren).

Krebs, heute Ursache von 22 Prozent der Todesfälle in den USA, ist ein schwierigerer Fall. Das Problem liegt darin, daß Krebs nicht eine einzelne Krankheit ist, sondern in mehr als hundert Erscheinungsbildern auftritt, von denen jedes durch das unkontrollierte

Mit den innovativen Ansätzen von Merck sollten in den nächsten fünf Jahrzehnten medizinische Durchbrüche möglich sein, wie sie die Menschheit – in diesem Tempo – noch nicht erlebt hat.

Wachstum verrückt spielender Zellen charakterisiert ist. Die Bekämpfung des Krebses erfordert normalerweise Chemotherapie, Bestrahlungen und chirurgische Eingriffe. Jetzt bieten medikamentöse Ansätze Hoffnung. Zwar werden die Fortschritte langsamer vonstatten gehen, als wir alle uns das wünschen, aber die Arzneimittelforschung steht vor entscheidenden Durchbrüchen. So führen zum Beispiel Injektionen mit einem gentechnologisch hergestellten Arzneimittel, Alpha-Interferon genannt, bei Nierenkrebs und Patienten mit Melanomen zu einer Schrumpfung des Tumors um 15 bis 20 Prozent. Die gleiche Behandlung schlägt auch bei 90 Prozent der Patienten mit einer bestimmten Art von Leukämie an.

Ben Shapiro, als Executive Vice President verantwortlich für die Grundlagenforschung weltweit, wird bei der Aussicht auf die medikamentöse Behandlung verschiedener Formen von Krebs richtig aufgeregt: »Wenn wir das Wachstum des Brustkrebses nur um 20 Prozent verlangsamen könnten, hätten wir einen Riesenschritt nach vorne getan.« Er erklärt, daß Brustkrebs sowieso eine relativ langsam fortschreitende Form des Krebses ist. Eine weitere Verlangsamung würde weniger radikale Behandlungen ermöglichen und die Wahrscheinlichkeit der häufigen und oft tödlichen Ausbreitung über den restlichen Körper verringern.

Forschung ist billig

Merck wird als riesiges Unternehmen gesehen, das mit höchster Disziplin daran arbeitet, neue Medikamente auf den Markt zu bringen. Man geht davon aus, daß die Unternehmenskultur durch diese Faktoren zwangsläufig bürokratisch geprägt wird. Gleichzeitig wundert man sich, wie Merck es schafft, so kreativ zu sein.

Die Antwort ist darin zu finden, daß sich Merck in seiner Grundlagenforschung von einigen allgemeinen Richtlinien leiten läßt, innerhalb dieses Rahmens können die Wissenschaftler so ziemlich machen, was sie wollen. Dies ist sogar die erste Richtlinie, denn Merck erwartet von den Wissenschaftlern, daß sie die Initiative bei der Entscheidung darüber, woran sie arbeiten werden, selbst übernehmen.

Die Auswahlmöglichkeiten sind nicht so groß, wie Wissenschaftler sie in der akademischen Welt vorfinden mögen. Alle Bemühungen sind darauf gerichtet, Krankheiten zu lindern oder zu heilen. Nach Ed Scolnick, dem Präsidenten der Forschungslaboratorien bei Merck, tendieren die Wissenschaftler deshalb dazu, Bemühungen in der Grundlagenforschung auf die Gebiete zu fokussieren, bei denen vier Kriterien gegeben sind. Erstens: Gibt es einen signifikanten medizinischen Bedarf? Zweitens: Kann man diesen Bedarf womöglich medikamentös befriedigen? Das dritte Kriterium ist ein biologisches: Wissen wir genug, um eine Hypothese über ein Ziel aufstellen zu können, das die Biochemie der Krankheit hemmen würde? Und zum Schluß ein chemisches Kriterium: Kann man vernünftigerweise bei dem, was bereits bekannt ist, von den Wissenschaftlern bei Merck erwarten, die Chemie hierfür in den Griff zu bekommen?

Wenn diese vier Kriterien mehr oder minder erfüllt sind – und manchmal ist es wirklich minder –, kann bei Merck ein Projekt auf verschiedenste Art anlaufen. Vielleicht hat ein junger Akademiker in einem Forschungslabor eine gute Idee. Dann zieht er oder sie ein oder zwei andere entweder auf Teilzeit- oder auf Vollzeitbasis hinzu. Simsalabim. Ein Projekt ist auf dem Weg.

Scolnick kommentiert dies mit den Worten: »Sie bedürfen hierzu nur weniger bürokratischer Genehmigungen.« Er und andere erklären, daß dieses Ingangbringen von Projekten im Grunde

Schwerpunkte der – langfristig erstaunlich billigen – Forschung werden Herzerkrankungen, Arthritis, Krebs, Aids und Alzheimer sein. Die Wissenschaftler entscheiden selbst, woran sie gerade arbeiten.

genommen ihre Arbeitsplatzbeschreibung ist, wenn sie zu Merck kommen. Für die Wissenschaftler bei Merck bedeutet das normale Prozedere, neue Wege einzuschlagen. Sie brauchen nur wenige formale Genehmigungen. »Von vielen dieser Dinge höre ich vielleicht nie etwas«, bemerkt Scolnick, wobei ihn die Freiheit, die das System bei Merck seinen Wissenschaftlern gewährt, offensichtlich mit Freude erfüllt.

Andere Projekte laufen an oder gewinnen an Schwung, weil vielleicht ein Abteilungsleiter, der Forschungsdirektor oder sogar der Vorstandsvorsitzende glaubt, daß das Unternehmen mehr tun sollte. Scolnick weist darauf hin, daß manchmal während einer Sitzung oder auch in der Literatur etwas auftaucht, was vielversprechend scheint. Wenn Merck bisher noch nicht in dem Gebiet aktiv war, versucht das Management, ein Team von Spezialisten zusammenzustellen. Scolnick: »Wir machen es mit wenigen oder vielen Mitarbeitern, je nachdem, für wie wichtig wir das Projekt halten.«

Die Geschichte von Proscar ist ein bißchen von beidem. Das Projekt wurde Ende der sechziger Jahre geboren, als Dr. Gary Rasmusson von einem Postdoctorate- Programm an der Stanford-Universität zu Merck kam. »Ich arbeitete ungefähr eineinhalb Jahre an Antibiotika und Bakteriziden. Dann wurde ich versetzt, um für diese Dr. Glen Arth zu arbeiten, die meine Mentorin wurde.« Arth gehörte zu jenem Zeitpunkt zu den wenigen Wissenschaftlern bei Merck, die noch aktiv Steroidforschung betrieben. Die meisten anderen hatten das Gebiet aufgegeben, weil die Steroide, obwohl hochwirksam, ausnahmslos starke und unerwünschte Nebenwirkungen verursachten.

In Stanford – und auch früher schon am MIT – hatte sich Rasmusson auf die Steroidchemie spezialisiert. Arth und Rasmussen hatten das Gefühl, sie könnten möglicherweise einen Wirkstoff entwickeln, der sich für die Behandlung von Akne eignen würde. Trotz ihres Enthusiasmus machte das Projekt bis und während der Mitte der siebziger Jahre keine großen Fortschritte. Das oberste Management sah keine allzu großen Chancen in ihrer Arbeit und war nicht bereit, weitere Ressourcen zur Verfügung zu stellen. Andererseits, und das ist der Punkt, der alle innovativen Unternehmen charakterisiert, stoppte das Unternehmen das Projekt aber auch nicht ganz.

Und dann fiel Arth, Rasmusson und Vagelos das Imperato-McGinley-Papier in die Hände. Sie erkannten sofort einige Parallelen zwischen ihrer Arbeit und Prostatatherapien. Jetzt, da sie nicht nur die Unterstützung, sondern auch die Begeisterung des obersten Managements hinter sich hatten, verlagerten sie ihre Fokussierung von der Akne zur Prostatabehandlung und bildeten ein größeres Team, um das Problem anzugehen.

Dies ist ein weiteres Beispiel für den »informierten Opportunismus«, von dem ich schon sprach. Scolnick unterstreicht das Konzept: »Das ist der Grund, warum wir in die Grundlagenforschung investieren. Man muß keine großen Anstrengungen in einem Gebiet unternehmen, um obenauf zu bleiben.« Wenn jemand nicht auf dem Gebiet arbeitet, sieht man vielleicht die sich bietende Gelegenheit nicht – oder ergreift die Gelegenheit nicht so schnell, wie Merck es tat. Wenn man die Möglichkeiten jedoch sieht, »können Sie immer Laborplatz auftreiben, ein größeres Team zusammenstellen und das Projekt aggressiv angehen«, bemerkt Scolnick.

Den Big Bang managen

Dr. Elizabeth Stoner kam 1985 zu Merck. Sie ließ ihre Arbeit bei der Fakultät am Medical Center der Cornell-Universität hinter

Die Flexibilität wechselnder Teams und die Verzahnung mit der universitären Forschung sind zwei wesentliche Grundvoraussetzungen für die erreichten und die sich noch abzeichnenden Erfolge.

sich, brachte aber Spezialkenntnisse auf dem Gebiet Störungen der geschlechtlichen Differenzierung mit. Sie wechselte zu Merck, um ganz speziell am Proscar-Projekt zu arbeiten, verbrachte jedoch bis zu ihrem zweiten Jahr bei Merck nicht viel Zeit damit. Das Unternehmen konzentrierte sich gerade darauf, den FDA-Antrag für Mevacor wasserdicht zu machen, und das zuständige Team brauchte jede nur mögliche Unterstützung. Außerdem war es in Stoners Augen von besonderem Wert, ein anderes Projekt in voller Fahrt gesehen zu haben, ehe sie beim Proscar-Team eine führende Rolle übernehmen würde.

Merck legt ein rasantes Tempo vor. Nach ihrem ersten Jahr fand Stoner sich als Verantwortliche für das Proscar-Team wieder. Zu der Zeit, als sie es übernahm, bestand es gerade aus einem Dutzend Mitgliedern. Sie bestätigt, daß sich bei Merck die entsprechenden Teams schon früh formieren und dann größer werden, sobald das Projekt Erfolg verspricht. Damals hatte sich Finasterid – das aktive Molekül in Proscar – im Labor und in ersten Tierversuchen als wirksam erwiesen. Die klinischen Versuche mit Menschen waren jedoch noch nicht eingeleitet worden.

Stoner mag die Art, wie Merck die Teams organisiert. Zusätzlich zu dem erfindenden Chemiker kann eine Gruppe weitere Organiker, Mikrobiologen, Spezialisten für den Stoffwechsel nach Arzneimitteleinwirkung, Virologen, Biophysiker, Tierärzte und sogar Marketingmitarbeiter umfassen. Stoner: »Als ich hierherkam, war es für mich faszinierend, wie sich diese Gruppen mit Menschen sehr unterschiedlicher Interessen zusammenfanden. Selbst bevor wir wirklich wußten, ob das Projekt erfolgreich sein würde, konnten sie sich zusammensetzen und schwierige Punkte besprechen, und wenn eine Abteilung etwas von einer anderen brauchte, wurde es einfach gemacht. Es war erstaunlich.«

Stoner, Shapiro und andere entdeckten, daß diese disziplinübergreifenden Teams, so einfach das Konzept auch klingt, zu den bemerkenswertesten Charakteristika der Forschung bei Merck gehören. Stoner dazu: »Das ist anders als in der akademischen Welt, in der die Menschen doch sehr in ihren Elfenbeintürmen leben und selten funktionsübergreifend arbeiten. Ich war am Anfang sehr skeptisch.«

Am Anfang dachte sie, es müsse eine Art politisches Spiel in der Geschäftswelt sein, das sie bisher noch nicht mitbekommen hatte. Sie kam jedoch schnell zu dem Schluß, daß es kein Spiel war. »Es geht hier wirklich darum, daß alle zusammenarbeiten, um ein gemeinsames Ziel zu erreichen.«

Meiner Erfahrung nach ist es nicht nur der Unterschied zwischen Industrie und Alma mater. Vor langer Zeit arbeitete ich im Bereich geophysischer Explorationen. Während meiner beruflichen Laufbahn habe ich mich mit einer ganzen Reihe von High-Tech-Unternehmen und Abteilungen beraten. Eines der größten Probleme, das alle zu haben scheinen, ist es, dieses scheinbar einfache Konzept – *Adhocratie* (bürokratische Grenzen überschreitende Teams) – wirklich umzusetzen.

Vagelos erklärt, es sei einfach ein Teil der Forschungstradition von Merck. »Die besten unserer Wissenschaftler sind praktisch unkontrollierbar in ihrem Wandem über Abteilungsgrenzen hinweg. Für sie gibt es keine Wände. Sie gehen von einem Labor ins andere, von einer Abteilung in die andere. Sie werden so von dem getrieben, was sie tun wollen, daß man sie nicht stoppen kann. Ich liebe das.«

Für den Chemiker Gary Rasmusson, Wegbereiter und Verfechter von Proscar, sind die funktionsübergreifenden Teams ein absolutes Muß. Als Chemiker, der versucht, ein Medikament zu entwikkeln, ». . . müssen Sie lernen, was der Biologe macht, was es bedeutet, wenn er oder sie ein Ergebnis erzielt, und dann auch,

Derartige Teams können beispielsweise Chemiker, Mikrobiologen, Stoffwechselspezialisten, Virologen, Biophysiker, Tierärzte und Marketingfachleute umfassen. Bürokratische Hindernisse sind abzubauen.

wie man darauf reagieren kann. Das hält Sie in Trab. Aus den Bemühungen des Teams und dem gegenseitigen Lernen ergibt sich ein gewisser Antrieb.«

Rasmusson erklärt, daß das Team in der Anfangsphase recht klein war: »Zwei oder drei Chemiker und zwei oder drei Biologen.« Nach seinen Worten verlangte das Projekt nach einer sehr engen Koordinierung zwischen den beiden Disziplinen. »Ich lernte ziemlich viel Biologie, und die Biologen lernten Chemie. Es ist eine Art Synergie. Die Biologen ließen mich ihre Probleme wissen, und ich ließ sie wissen, ob wir ihnen die Chemie, die sie benötigten, liefern konnten.«

Warum ist es so schwer, in anderen Unternehmen funktionsübergreifend zu managen? Zum Teil ist es Stolz. Stoner: »Wir glauben, wir können diese Aufgabe am besten selbst erledigen, und wir können es nicht.« Ein anderer Teil – ein großer Teil – ist Belohnung. Wie wir noch sehen werden, häuft Merck überschwenglich Lob und auch Geld auf diejenigen, die neue Medikamente auch verwirklichen.

Wenn ein Projekt wie Proscar in das Stadium der klinischen Versuche eintritt, wachsen die Investitionen fast exponential. Scolnick berichtet, das sei der Zeitpunkt, an dem sich der Managementstil von recht locker zu streng verändert. »Wir haben ein sehr formales Verfahren zur Überprüfung und Untersuchung von Projekten, wenn sie diese Stufe erreicht haben.«

Diese Stufe zu erreichen kann ganz schön lange dauern. Einige der Medikamente von Merck (und anderer pharmazeutischer Unternehmen) stammen aus dem Hexenkessel verschiedener natürlicher Mikroorganismen. Mevacor ist ein Beispiel. Das Medikament ist die hochgereinigte Form eines Moleküls, das in der Natur vorkommt (wenn auch viel chemische Arbeit notwendig ist, um dieses hochgereinigte Molekül herzustellen).

Bei Proscar war es anders. Das Molekül mußte im Labor geschaffen werden. Scolnick nennt es »eine wirkliche Tour de Force für die medizinische Chemie«. Das Papier, das sie auf die richtige Spur brachte, war 1975 veröffentlicht worden. Und es dauerte bis zum Anfang der achtziger Jahre, bis den Labors die ersten vielversprechenden Verbindungen entsprangen. Bis zu diesem Punkt blieb das Programm relativ klein.
Selbst an diesem Punkt konnte bei Merck aber niemand sicher sein, daß man auf der richtigen Spur war. Man wußte, man hatte etwas, was 5AR im Reagenzglas blockieren würde. Man wußte, daß Männer mit einem 5AR-Mangel kleine Prostatadrüsen hatten. Was man aber nicht wußte war, ob die neuentwickelte chemische Zauberei das Wachsen der Prostata bei älteren Männern aufhalten oder besser noch umkehren konnte.
Glücklicherweise gibt es im Tierreich ein Modell für diese Krankheit – nicht genau identisch, aber doch sehr ähnlich. Ältere Hunde haben das gleiche Problem. Das Projekt kam wirklich in Schwung, als Merck Finasterid an älteren Hunden testete und feststellte, daß es a) eine Schrumpfung der Prostata bei den Hunden bewirkte und b) keinerlei verhängnisvolle Nebenwirkungen hatte.
Das war ungefähr der Zeitpunkt, an dem Stoner zu dem Projekt stieß und alle bei Merck fürchterlich gespannt waren. Man schrieb das Jahr 1987, und begrenzte Tests mit freiwilligen Versuchspersonen hatten begonnen. Die Ergebnisse zeigten, daß Finasterid nicht nur das Prostatawachstum beim Menschen hemmte, sondern auch zur Schrumpfung von bereits vergrößerten Prostatadrüsen führte. Es hatte keine offensichtlichen Nebenwirkungen, und es verringerte das unangenehmste Begleitsymptom einer vergrößerten Prostata: die Unfähigkeit, normal zu urinieren.
Merck fing jetzt an, wirklich großes Geld in ein sehr umfassendes klinisches Versuchsprogamm zu stecken. »Das ist der Moment, in

Die Effizienz derartiger Gruppen zeigt sich deutlich am Beispiel der Entwicklung von Proscar, einem künstlich im Labor geschaffenen Molekül, das anschließend in Tierversuchen getestet wurde.

dem man den Atem anhält«, erklärt Scolnick. »Viele Ressourcen und sehr hohe Erwartungen.« Das Unternehmen versucht sein Bestes, den Mitteleinsatz zu diesem Zeitpunkt so gut wie möglich zu steuern. Stoner: »Normalerweise würden wir uns einmal im Monat einen halben Tag lang treffen. Wir haben dann versucht, uns einen ganzen Tag zu treffen, als der Schwung zunahm. Verschiedene Mitglieder des Teams saßen in zwei verschiedenen Einrichtungen, die neunzig Meilen voneinander entfernt lagen, so daß wir alle viel Zeit auf dem New Jersey Turnpike verbrachten – nicht gerade sehr produktiv. Jetzt haben wir Videokonferenzen, die unser Leben wirklich revolutioniert haben (auch wenn wir uns gelegentlich immer noch persönlich treffen müssen).«

Zu diesem Zeitpunkt standen alle Systeme auf Fahrt: Es sah so aus, als ob der Einsatz bei Proscar den Sieg bringen würde.

Der richtige Stoff

Eine der wichtigsten Botschaften, die man bei Merck überall klar und deutlich vernimmt, lautet: »Investiere in Geistkapital.« Um Vagelos zu zitieren: »Ein Low-Value-Produkt kann von jedermann überall gemacht werden. Sind Kenntnisse enthalten, zu denen sonst keiner Zugang hat – dann ist das Dynamit.«[4]

Die meisten Manager haben nur wenig Ahnung vom Wert der Menschen, die bei ihnen beschäftigt sind. Es ist wesentlich einfacher, einer Fraktionierkolonne in einer Raffinerie einen Wert zuzuordnen, als dem verspielten Geist eines Wissenschaftlers, der vielleicht in der Zukunft eine wichtige Entdeckung macht oder auch nicht. Nach den Berichten von *Fortune* versucht Merck jedoch, seine Investitionen in Geistkapital in harten Zahlen auszudrücken.

Die oberste Finanzchefin von Merck, Judy Lewent, hat es geschafft, zwei Bereiche zusammenzuschmieden, die in anderen Unternehmen meistens gegeneinander kämpfen: langfristiges Denken (wie bei großen Investitionen in Forschung und Entwicklung) und die unternehmerische Finanzanalyse. Lewent hat jahrelang an einem Finanzplanungsmodell gearbeitet, das die forschungsorientierte Unternehmenskultur bei Merck unterstützt.

Lewent argumentiert, daß die Forschungsausgaben bei Merck genauso behandelt werden müssen wie Investitionen in Sachanlagen. Für langfristigen Erfolg und ein langfristiges Überleben sind große Ausgaben in beiden Bereichen notwendig. Der wichtigste Unterschied liegt darin, daß Buchhaltungs- und Bilanzierungsrichtlinien dazu führen, daß Investitionen in Sachanlagen aktiviert und über einen bestimmten Zeitraum hinweg abgeschrieben werden können. Die Ausgaben für Forschung, die zweifelsohne Mercks größter Aktivposten sind, können aber nicht aktiviert werden und können deshalb nicht als Aktivposten in der Bilanz ausgewiesen werden.

Nach der üblichen Bilanzierung erzielte Merck im Jahre 1990 eine Gesamtkapitalrentabilität von schwindelerregenden 22,2 Prozent. Um die Relationen zu sehen, sollte man bedenken, daß die durchschnittliche Gesamtkapitalrentabilität für die 500 größten von der Zeitschrift *Fortune* aufgeführten Unternehmen bei 4,8 Prozent liegt. Die meisten Unternehmen stehen außergewöhnlich gut da, wenn sie eine Eigenkapitalrendite von mehr als 20 Prozent erzielen. IBM beispielsweise erzielte in seinen glücklichen Tagen eine Eigenkapitalrentabilität, die der Gesamtrentabilität von Merck heute entspricht.

Von außen gesehen scheint Mercks Ertragskraft außergewöhnlich hoch. Betrachtet man die riesigen Forschungs- und Entwicklungsausgaben – mehr als 800 Millionen Dollar im Jahre 1990 und eine

Merck versucht, zwei Bereiche zusammenzuschmieden, die in anderen Unternehmen meistens gegeneinander kämpfen: langfristige Visionen und die unternehmerische Finanzanalyse des Machbaren.

Milliarde Dollar im Jahre 1991 – als Investitionsaufwendungen, erhält man ein ganz anderes Bild.

Für diese Rechnung zieht Merck die DCF-Analyse heran *(discounted cash flow)*. DCF ist normalerweise der Feind von Investitionen in Bereichen wie Forschungsausgaben. Die Zeithorizonte sind meist nicht lang genug, und die konservativen Finanzfachleute unterschätzen normalerweise das Potential an der »oberen« Seite. Konsequenterweise sehen hohe F+E-Ausgaben durch die typische DCF-Linse gesehen fragwürdig aus.

Merck – wie sollte es anders sein – sieht das Ganze anders. Mit der DCF-Rechnung ermittelt das Unternehmen den Nettozeitwert seiner Patente. Dadurch werden die Produktlebenszyklen eingerechnet, die ja immer kürzer werden. Wenn Merck nun die resultierenden Zahlen auf der Aktivseite verbucht, liegt seine Gesamtkapitalrentabilität im Rahmen des Üblichen.

Wie in der Zeitschrift *Fortune* zu lesen war: »... Merck und andere Arzneimittelhersteller würden es gern sehen, wenn die Kritiker ihrer ›Habgier‹ begreifen würden, daß sie [die Kritiker] die Kosten des Wissens, das solche teuren Arzneimittel schafft, ignorieren.« Aber Mercks Art der Aktivierung der Kosten für Forschung und Entwicklung ist mehr als nur ein Mittel der Lobbyarbeit. Das Unternehmen nutzt diesen Ansatz als Unterstützung zur aktiven Entscheidungsbildung darüber, ob genug in Forschung und Entwicklung gesteckt wird, damit die Investitionen in das Geistkapital weiter blühen und gedeihen können.

Bei Merck wird besonderer Wert darauf gelegt, die besten Mitarbeiter zu gewinnen, zu halten und zu fördern. Dr. Ben Shapiro, erst seit kurzer Zeit bei Merck, erklärt, daß seiner Meinung nach der Erfolg von Merck von seinem Engagement für hervorragende Mitarbeiter, die hervorragende Arbeit leisten, herrührt.

Gary Rasmusson, der Erfinder von Proscar, sieht es genauso. Er sagt, daß bei Merck Innovationen einfach in der Luft liegen. »Das kommt daher, daß man im ganzen Unternehmen der Personalbeschaffung Aufmerksamkeit zollt«, erklärt er. Der Ruf des Unternehmens hilft auch. Was zog ihn vor zwanzig Jahren zu Merck? »Sie schienen in der Wissenschaft ganz vorne zu sein.« Ein Satz, den ich immer wieder hörte.

»Die Menschen wollen stolz auf das sein, was sie tun«, bemerkt Rasmusson. Sie mögen es gerne, mit dem Glanz von Merck in Verbindung gebracht zu werden. Ein weiterer Anziehungspunkt ist der Erfolgskurs des Unternehmens in puncto Entdeckungen. Rasmusson erklärt, viele junge Wissenschaftler im Gesundheitsbereich glaubten, daß sie bei Merck mehr bewirken können als »zum Beispiel an Universitäten oder ähnlichen Einrichtungen«.

Auch wenn die neuen Mitarbeiter viel über die Entwicklung von Arzneimitteln lernen müssen, tragen sie doch fast sofort zur Arbeit bei. Rasmusson: »Allein dadurch, daß wir intelligente Universitätsabsolventen dabeihaben, bleiben wir in der Chemie auf dem laufenden. Wir machen ihnen Vorschläge, und sie antworten: ›Das macht man heute so.‹« Rasmusson hat ein Lächeln auf den Lippen, als er fortfährt: »Da bleibt man bescheiden, und wir lernen ständig hinzu.«

Shapiro bezeichnet Mercks Einstellung zur Entwicklung neuer Arzneimittel als »berückend«. Das und die Möglichkeit, dazuzugehören, brachte ihn zu Merck. Shapiros Geschichte vermittelt uns ein Gefühl für die Anziehungskraft, die Mercks Verpflichtung zu Investitionen in Geistkapital ausübt.

Fast unabhängig davon, welchen Maßstab man anlegt, kann man sagen, daß Shapiro es schon geschafft hatte, bevor er 1990 zu Merck kam. Er war Leiter der Biochemie-Abteilung der University of Washington in Seattle. Er war zwanzig Jahre an der Universität gewesen, fünf davon als Leiter der Abteilung. »Es ging mir sehr

Die Investition in Geistkapital hat absolute Priorität. Das führt auch dazu, daß man die besten Wissenschaftler aus den Universitäten mit verlockenden Angeboten abzuwerben versucht.

gut in Seattle. Ich habe sogar noch immer eine Wohnung am Puget Sound. Wir hatten eine hervorragende Biochemie-Abteilung. Wir verstanden uns alle gut. Die Forschungsarbeiten gingen wahnsinnig gut voran, und wir waren finanziell gut ausgestattet. Ich hatte eine phantastische Zeit.«

Dann hielt er bei Merck ein Seminar, und man bot ihm an, für Scolnick zu arbeiten und die Forschung weltweit zu koordinieren. Seine erste Reaktion war negativ. Warum einen guten Job und ein angenehmes Leben in Seattle aufgeben? Aber er erkannte: »Wenn ich nicht ja sagte, hätte ich mir selbst nicht mehr ins Gesicht sehen können.«

Er überlegte sich, daß hier eine einmalige Chance war, im wahrsten Sinne des Wortes teilzuhaben an der Veränderung der Zukunft der Medizin. (Von der Ausbildung her ist Shapiro Arzt, wenn er auch zum größten Teil in der Grundlagenwissenschaft gearbeitet hat.) Er erklärt, daß sich das ganze Gebiet der Biologie in der Umwälzung befinde. Durchbrüche bei fast allen wichtigen Krankheiten scheinen möglich zu sein, und Merck weiß, wie man neue Arzneimittel entdeckt. »In einem akademischen Umfeld lernt niemand, wie man Medikamente entdeckt.«

Für viele der Wissenschaftler, mit denen ich gesprochen habe, regt Merck geistig mehr an als die akademische Welt. Viele finden bei Merck weniger Bürokratie und »Politik«, als sie bisher in der Wissenschaftswelt erlebt hatten. Andere sagen, daß sie gern bei Merck sind, weil sie sich auf die Forschung konzentrieren können und ihre Zeit nicht zwischen Forschung und Lehre aufteilen müssen. Viele mögen die Tatsache, daß sie – wenn sie wollen – auch lehren und Gastvorlesungen halten können. Alle scheinen die Kombination aus Freiheit und Verantwortung zu genießen, die Merck ihnen gewährt, damit sie auf dem neuesten Stand der Technik bleiben. Sie werden aktiv dazu angehalten, zu veröffentlichen,

zu lesen und mit ihren Kollegen in der Welt der Wissenschaft in Kontakt zu bleiben.
Ich stellte Vagelos die auf der Hand liegende Frage: »Wie schaffen Sie es, daß die Menschen kreativ bleiben, vor allem in so einer großen Organisation?«
Er kam mit seiner Antwort sofort zum Kern der Sache: »Wir fangen mit sehr kreativen Mitarbeitern an. Wir rekrutieren sehr vorsichtig und sehr genau.« Während seiner zehnjährigen Amtszeit als Leiter der Forschung führte Vagelos die Einstellungsgespräche mit allen Wissenschaftlern und allen Ärzten, die eingestellt wurden, persönlich. Scolnick hält es heute genauso.
Außerdem lädt Merck Spitzenwissenschaftler in das Unternehmen ein. Vagelos weist darauf hin, daß es in der Forschung zwei Arten von Menschen gibt. Einige arbeiten am besten alleine und erzielen gelegentlich einen Durchbruch. Merck jedoch sucht Mitarbeiter, die etwas tun wollen, was – wie Vagelos es nennt – »noch schwerer ist«. Sie suchen Mitarbeiter, die ganz gezielt Krankheiten angehen und die neuesten wissenschaftlichen Erkenntnisse dazu nutzen wollen, diese Krankheiten zu lindern oder zu heilen.
Vagelos erklärt, daß dieser kreative Zirkelschluß noch dadurch verstärkt wird, daß man oft genug einen »Hit« landet und so den Mitarbeitern zeigt, daß so etwas möglich ist. Es ist ein bißchen wie bei Stoner, die von Cornell kam. Sie wollte die Merck-Geschichte glauben, hegte aber doch eine gewisse Zeit lang ihre Zweifel. Dann sah sie als Mitglied des Teams, das Mevacor schuf, was tatsächlich möglich war.
Ein weiterer Ansporn zur Kreativität ist der, daß die Mitarbeiter, die sich auf wissenschaftliches Arbeiten konzentrieren wollen, genau das auch weiterhin tun können. »Einige unserer hervorragendsten Chemiker sind in ihren Sechzigern«, sagt Vagelos mit offensichtlicher Freude. »Es gibt keine Entschuldigung [wie Lehre

Die so gewonnenen Mitarbeiter stehen nicht unter dem Zwang, »schnelle Erfolge« haben zu müssen. Im Gegenteil, sie dürfen ihre wissenschaftlichen Ansätze weiterverfolgen.

oder Verwaltung] dafür, wissenschaftlich nicht auf dem laufenden zu sein. Es werden keine anderen Anforderungen an sie gestellt. Sie verfolgen die Literatur, nehmen an Sitzungen teil, treffen junge Leute und sind einfach unglaublich produktiv.«

Trotz der Vielfalt und der Generosität seiner Entlohnungssysteme ist Merck fest dem Leistungslohn verpflichtet. Stromer erklärt, daß man sich bemüht, Programme wie Bezugsrechte und Tantiemen, die in vielen Unternehmen für das Management reserviert sind, bis in die untersten Ebenen der Organisation hineinzutragen. »Aber wir sind sehr gegen eine Philosophie des ›Geben-wir-jedem-etwas‹. Bei allen Programmen betonen wir sehr stark die Tatsache, daß sie leistungsbezogen sind.«

Die einzige Ausnahme war das Jahr 1991, als alle Mitarbeiter hundert Aktien als Sondergratifikation erhielten – aus Anlaß des hundertjährigen Firmenjubiläums.

Wenn der Big Bang zischend verlöscht

Alle, mit denen ich bei Merck sprach, waren sich darin einig, daß die schwierigste und wichtigste Managemententscheidung im Bereich Forschung und Entwicklung die ist, zu wissen, wann ein großes Projekt, das zu nichts führt, eingestellt werden muß. Das Problem liegt darin – wie schon früher erwähnt –, daß große Projekte umfangreiche Ressourcen verschlingen. Wenn Projekte ohne Erfolgsaussichten nicht schnell aufgegeben werden, werden viel Geld und viel Talent vergeudet. Problematisch wird es dadurch, daß zu dem Zeitpunkt, an dem ein Projekt groß geworden ist, viele Menschen viele Jahre einen großen Teil ihres Selbst und ihrer beruflichen Laufbahn in das Projekt investiert haben.

Ein gutes, wenn auch entmutigendes Beispiel war es, als Merck vor kurzem die Entwicklung eines Mittels zur Bekämpfung von Aids einstellen mußte. »Wir waren sehr niedergeschlagen«, erzählt Scolnick. »Jeder glaubte, daß wir mit diesen Bemühungen wirklich etwas gegen Aids machen könnten. Wir konnten nicht. Es war für uns alle emotional sehr schwierig.«

»Wir entwickelten ein Medikament, aber das Virus war schlauer«, erzählt Vagelos. Merck war sicher, auf dem richtigen Weg zu sein. Das Team hatte zwei eng miteinander in Verbindung stehende Kombinationen mit der Bezeichnung Reverse Transkriptase Inhibitors (RTIs) erfunden. Die Verbindungen beeinträchtigen die Aktivität eines Enzyms mit der Bezeichnung Reverse Transkriptase, das vom Aidsvirus produziert wird und für sein Wachstum notwendig ist.

Unglücklicherweise mutiert das Virus mit alarmierender Geschwindigkeit. Versuche zeigten, daß das Medikament zwar das Virus angriff, aber dadurch auch die rasche Bildung von mutierten Formen beschleunigte. Das Medikament, das so vielversprechend erschien, machte alles nur noch schlimmer.

Am Beispiel der Einstellung des Aids/RTI-Projekts bekommen wir ein gutes Gefühl für die Verantwortlichkeit, mit der Merck große Projekte steuert. Dreh- und Angelpunkt sind die monatlichen Teamkonferenzen, über die uns Stoner berichtete. Sie sagt, sie nutze diese Konferenzen als eine Art Forum. »Wir versuchen, alle positiven Punkte *und* alle negativen Punkte aufzunehmen und als Team zu einem Entschluß zu kommen.« Nicht alle Punkte können während der Teamkonferenz gelöst werden, aber doch die meisten.

Zusätzlich zu den regelmäßigen Konferenzen setzen die Teams bestimmte Meilensteine. »Wir arbeiten mit sehr engen Fristen«, erklärt Stoner. Von jedem, der etwas zu einem bestimmten Zeitpunkt fertig haben muß, wird erwartet, daß er bzw. sie diese Verpflichtung einhält. »Ich glaube, das ist Teil der ungeschriebenen

Eine weitere Stärke von Merck ist auch das Management der Mißerfolge, wie das Beispiel der eingestellten Aids-RTI-Forschung belegt. Man hatte nicht mit der Bildung mutierter Formen gerechnet.

Kultur hier. Wir sind alle Teil der Pyramide, und wenn irgendwo ein Stück fehlt, können wir nicht weitermachen.«

Wenn die Geschwindigkeit des Projekts dann wirklich zunimmt, nimmt auch die Häufigkeit der Konferenzen zu. Kurz bevor die klinischen Versuche mit RTI gestoppt wurden, wurde nach den Worten Scolnicks das Projekt wöchentlich verfolgt. Er schüttelt den Kopf, als wenn er das Ganze noch mal erlebe, und sagt: »Wir haben das Protokoll der klinischen Versuche von Woche zu Woche verfolgt. Wir mußten versuchen, die Antwort zu bekommen, auch wenn die Daten fragmentiert waren.« Das Problem und das Projekt waren so wichtig.

Bei Proscar war das Vorgehen ähnlich intensiv. »Wenn ein wichtiges Projekt wie dieses, das enorme wirtschaftliche Konsequenzen für Merck hat, unerwarteten Problemen gegenübersteht, treffen wir uns so oft wie nötig, um das Problem zu lösen: alle zwei Wochen, vielleicht auch jeden Tag«, erklärt Scolnick. Und Shapiro fügt hinzu, daß eine der größten Stärken von Merck in seiner Fähigkeit liegt, Ressourcen auf Prioritätsprojekte zu verlagern. Scolnick stimmt dem zu. »Wenn wir die doppelte Zahl von Mitarbeitern brauchen, ziehen wir sie einfach woanders ab.« Er fügt hinzu, daß das Unternehmen keine Schwierigkeiten damit hat, Prioritäten und Schwerpunkte neu zu setzen.

Teil dieses Schwerpunktsetzens ist – wie wir bereits in anderen Kapiteln gesehen haben –, wie die oberste Managementebene ihre Zeit einteilt. Scolnick: »Vom Herbst 1991 bis zum Beginn des Winters 1992 verwandte ich 90 Prozent meiner Arbeitszeit auf dieses eine Projekt.« Er weist darauf hin, daß es weniger darum ging, daß er etwas technisch Sensationelles zu dem Projekt hätte beitragen können.

»So konzentrieren sich alle. Alle haben immer fünfzig andere Dinge, die ihre Zeit beanspruchen. Wenn aber der Leiter des Unternehmens sagt: ›Das ist egal, vergessen Sie alles andere, und machen dieses eine wirklich gut«, dann folgen wir und machen es. Jeder geht jeden Abend nach Hause und hat Proscar im Kopf, und morgens kommen wir wieder und denken wieder nur an Proscar.«

Und wie steht es mit Aids? Zwar wurde der RTI-Ansatz fallengelassen, aber das Aids-Forschungsprogramm ist das ehrgeizigste, das es jemals gab. Scolnick schätzt, daß ihre disziplinierte Vorgehensweise bei der Einstellung der RTI-Tests dem Unternehmen ein ganzes Jahr Arbeit beim nächsten Ansatz erspart habe.

Vagelos stimmt dem zu: »Die Zahl der Mitarbeiter, die an diesem neuen Ansatz arbeiten, ist enorm. Genauso wie das Gefühl der Dringlichkeit.« Die Dringlichkeit rührt aus der epidemischen Natur der Krankheit und der einfachen, wettbewerbsbestimmten Wahrheit, daß Merck gern der erste sein würde. »Wir haben uns im Grunde verpflichtet, so lange am Ball zu bleiben, bis wir Erfolg haben oder versagen.«

Vagelos grinst: »Wir versagen nicht gerne.«

*

Wird Merck bei dem zunehmenden Druck auf die Arzneimittelpreise auch in Zukunft noch so gut sein? Wer weiß.

Einerseits betragen die Arzneimittelkosten schätzungsweise nur 7 Prozent der gesamten Kosten des Gesundheitswesens. Hier liegt also unbedingt der erste Ansatzpunkt für Kosteneinsparungen. Andererseits stellen notorisch gewinneinfahrende pharmazeutische Unternehmen herrliche Angriffsziele dar, und weder die Politik noch die Öffentlichkeit scheinen gewillt oder in der Lage zu sein, Mercks anderen Ansatz zur Bemessung der Rentabilität (durch den seine Renditekennzahl bescheidener aussieht) zu begreifen.

Eine der wichtigsten Aufgaben der Führung und der Mitarbeiter von Merck ist das interne Handling des Zeitmanagements. Prioritäten müssen ständig neu gesetzt und wieder umgeworfen werden.

Für mich ist das überzeugendste Argument dafür, ein Unternehmen wie Merck nicht zu sehr zu kontrollieren, sehr einfach. Medikamente wie Proscar, Mevacor oder Vasotec ersparen jedes Jahr Ausgaben in Millionenhöhe, die ansonsten für chirurgische Eingriffe und Krankenhausbehandlungen ausgegeben werden müßten.

Außerdem gibt Merck ein wundervolles Beispiel als Unternehmens-Bürger. Vor mehreren Jahren begrenzte Merck freiwillig seine Gewinne, indem es festlegte, daß die Preisanstiege für Arzneimittel unter der Inflationsrate bleiben sollten. Heute führt das Unternehmen die Bewegung zur Steigerung des Einsatzes von Generika an. Unter bestimmten Bedingungen gibt Merck Medikamente kostenlos ab, wenn die Menschen sie nicht bezahlen können: Impfstoffe in den Elendsvierteln, eine Tablette zur Heilung der Fluß-Blindheit in den Ländern im Bereich der Sahara, ein Hepatitis-B-Impfstoff in China.

Merck hat Gewinne erzielt, weil Merck innovativ ist. Wir müssen die Kosten im Gesundheitswesen unbedingt in den Griff bekommen. Das allerletzte wäre jedoch ein Vorgehen, das den innovativen Geist in einem Unternehmen wie Merck zur Strecke bringen würde.

Anmerkungen

1 *Discover Magazine,* Juni 1992, S. 74.
2 Vagelos, P. Roy, *Are Prescription Drug Prices High?,* Science, 24. Mai 1991, S. 1083
3 *Values and Visions: A Merck Century,* S. 166.
4 *Fortune,* 3. Juni 1991, S. 44.

Kapitel 11

Unsere Qualität stinkt zum Himmel

11

Motorola: Durchwursteln, antizipieren und sich engagieren

Wie Bob Haas von Levi's bemerkt, kann Strategie etwas Kaltes, Analytisches und Gefühlloses sein – aber hören Sie sich Patty Barten von Motorola an, wenn sie über die Strategie des Unternehmens spricht, die Kunden soweit wie möglich zufriedenzustellen: »Ehrlich gesagt, habe ich nie in meinem Leben so hart gearbeitet. Aber das ist es auf jeden Fall wert. Ich gehe spätabends mit dem Gefühl nach Hause, etwas bewirkt zu haben. Und es macht nicht nur einen Unterschied beim Mobiltelefon, nicht nur einen Unterschied für Motorola, sondern auch einen Unterschied für mein Land.«

Patty Barten ist Schichtführerin in einem Motorola-Werk, nicht weit von der Unternehmenszentrale in Schaumburg/Illinois entfernt, in dem das Innenleben für Mobiltelefone hergestellt wird. Woher kommt ihre Begeisterung und die vieler tausend anderer Motorolaner? Sie entspringt einer Reihe von Programmen, die 1981 in Gang gesetzt wurden. Das war zwei Jahre nachdem ein Verkaufsleiter einem verblüfften Vorstandsvorsitzenden – Bob Galvin – gesagt hatte, daß seiner Ansicht nach Motorolas Qualität zum Himmel stinke.

Durch die Begrenzung der Gewinne und die kostenlose Abgabe von Medikamenten in Dritte-Welt-Länder – z. B. Impfstoffe in Elendsvierteln – versucht Merck auch ethischen Forderungen zu genügen.

Wir können von Motorolas Bemühen, mit aller Macht die grausige Qualität zu verbessern, lernen, wie »strategisch« das Bemühen zu massiven Qualitätssteigerungen sein kann. Und das sind die wohl wichtigsten Lektionen:

- Umfassende Qualität und umfassender Service sind ein und dasselbe. Sie summieren sich zu einem wirklich strategischen Vorteil, zur »umfassenden Kundenzufriedenheit«, wie Motorola es nennt.
- Drastische Qualitätsverbesserungen kosten mehr Zeit und Mühe, als man denkt. Das ist das Kennzeichen einer guten Strategie: Die meisten Wettbewerber haben nicht die Geduld oder – um es mit dem Vorstandsvorsitzenden George Fisher zu sagen – »den Willen«, einen nachzuahmen.
- Umfassende Qualität *(»total quality«),* in Gefahr, der neueste Schrei zu werden, muß nicht sein. Strategisch muß das Ganze sein. Motorola weist uns den Weg: Zeit, Bemühungen und unermüdliche Aufmerksamkeit des Topmanagements. Von äußerster Bedeutung ist, daß Motorola seine Bemühungen nach außen richtet (auf die Kunden und Lieferanten) und nicht nach innen (in Richtung auf die Zufriedenheit des Chefs).
- Trotz des Gewirrs an Instrumenten und Gurus im Umfeld des amerikanischen Vorstoßes auf umfassende Qualität und umfassende Dienstleistungen sind die grundlegenden Konzepte recht einfach und geradlinig. Die jeweilige Anpassung der Konzepte ist jedoch alles andere als einfach. Wie andere Unternehmen, die mit umfassender Qualität erfolgreich waren und sind, hat auch Motorola seinen eigenen unverwechselbaren Ansatz entwickelt.
- Umfassende Qualität ist einträglich. Die alte Annahme, die immer noch von vielen Managern vertreten wird, besagt, daß

Qualitätsverbesserungen Geld kosten. Philip Crosby verdrängte diese Vorstellung mit dem Titel seines wundervollen Buches: *Quality is Free*. Übrigens hat Crosby untertrieben. Die Investitionen in umfassende Qualität bei Motorola erhöhten das Betriebsergebnis zwischen 1987 und 1991 um willkommene 2,2 Milliarden Dollar.

- Am Anfang der meisten großen Programme für umfassende Qualität stehen außerordentlich ehrgeizige Ziele. Sie werden umgesetzt, und Einsparungen der oben genannten Art sind möglich, weil Unternehmen wesentlich mehr Fehler machen, als sich die meisten von uns je träumen lassen würden. Die meisten von uns würden außerdem die Kosten für das Ausbügeln begangener Fehler ganz beträchtlich unterschätzen.
- Verfahren zur Qualitätsverbesserung und Verfahren zur Verkürzung der Zykluszeiten (z. B. der Zeit zwischen Auftragseingang und Warenauslieferung) sind untrennbar miteinander verknüpft.
- Praktisch alle Interessengruppen eines Unternehmens profitieren von den Bemühungen um umfassende Qualität. Motorolas Anteilseigner profitieren sowohl von den Kosteneinsparungen als auch von dem enormen strategischen Vorteil, der sich aus einem Programm für umfassende Qualität ergibt. Motorolas Mitarbeiter profitieren, weil die Bemühungen um umfassende Qualität so vielen grundlegenden menschlichen Bedürfnissen entgegenkommen. Stolz, Herausforderung, Lernen und Handwerkskunst werden wieder zu Bestandteilen der Arbeit. Die Kontrolle wird in der Organisationsstruktur weit nach unten verlagert. Die Kunden profitieren, weil das Programm Motorola zwingt, Qualität als das zu definieren, was den Kunden zufriedenstellt. Manager auf allen Ebenen profitieren durch das sogenannte Benchmarking-Verfahren, das sie ermutigt, nicht

»Total Quality« steht bei der Firma Motorola im Mittelpunkt aller Strategieeinsätze. Qualitätsverbesserung, die sich auf die Kunden und die Lieferanten richtet, und verkürzte Lieferzeiten werden angestrebt.

nur aus ihren eigenen Fehlern, sondern von den Besten der Welt zu lernen. Die Lieferanten profitieren, weil diejenigen, die am besten in der Lage sind, dem Unternehmen Qualitätsprodukte zu liefern, anfangen, partnerschaftlich mit Motorola zu arbeiten, was ihnen eine gewisse langfristige Sicherheit gibt. Sie werden nicht durch den ständigen Kampf mit weniger fähigen Wettbewerbern, die sie im Preis unterbieten, abgelenkt. Und schließlich: Die Gemeinden an den Motorola-Standorten profitieren, da Motorola immer mehr in Aus- und Weiterbildung investiert.

- Umfassende Qualität als Strategie hat also nicht nur mit Qualität oder Service zu tun. Qualität als Strategie ist die Entwicklung von Beziehungen – Beziehungen, die die Wettbewerber nur sehr schwer untergraben können.

Es braucht Zeit

Bei der Frage nach einem speziellen Ereignis, das der Auslöser für Motorolas eifriges Streben nach Qualität war, würden die meisten Insider auf ein mittlerweile legendäres Treffen Anfang 1979 verweisen. Bob Galvin, ehemaliger Vorstandsvorsitzender: »1978 hatten wir eine ganze Reihe von Problemen. Die Situation war so, daß ich eine Konferenz aller Führungskräfte des Unternehmens ansetzte.« Daran ist nichts Revolutionäres. Wie die meisten Unternehmen hatte auch Motorola eine lange Tradition von Führungskonferenzen. Diesmal würden jedoch zum ersten Mal alle achtzig Mitglieder des Führungskreises drei ganze Tage zusammen in einem Hotel im Zentrum Chicagos verbringen.
»Wenn Sie daran teilgenommen hätten«, sagt Galvin, »würden Sie sagen, daß Sie schon auf tausend anderen Konferenzen dieser Art

waren. Eine gute Tagesordnung, sehr viele gute Vorträge, viel Zeit für Diskussionen und viele Fragen, die für uns zwar einzigartig, ansonsten aber nicht von weitreichender Bedeutung waren.«
Zumindest nicht auf den ersten Blick. Man beachte jedoch den Grund für die Tagung. In Anlehnung an einen Merksatz seines Vaters, des Motorola-Gründers Paul Galvin, sagt Galvin, der eigentliche Zweck der Tagung sei gewesen, »um der Bewegung willen in Bewegung zu bleiben«. Das klingt trivial, ist es aber nicht. Es ist ein fundamentaler strategischer Grundsatz.
Wenn wir in den letzten zwei Jahrzehnten eines über Strategie gelernt haben, so ist es die Zwecklosigkeit von Voraussagen. Wie geht man also vor, wenn man eine Strategie braucht, sich aber auf die Prognosen nicht verlassen kann? Man probiert etwas aus, und wenn es nicht funktioniert, probiert man etwas anderes. Sich um der Bewegung willen in Bewegung zu halten ist mit anderen Worten eine Form der Planung. Wie wir in *Auf der Suche nach Spitzenleistungen* schrieben: »Auf die Plätze. Feuer. Zielen.«
Bei Motorolas Führungstagung im Jahre 1979 hat Bewegung um der Bewegung willen zu einer Kursänderung des Unternehmens geführt.
Kurz vor Ende der Tagung stand ein Verkaufsleiter namens Art Sundry, der drei Tage fast wortlos dagesessen hatte, auf und sagte: »Gute Tagesordnung. Wir machen Fortschritte. Aber wir sprechen nicht über das richtige Thema. Unsere Qualität stinkt zum Himmel. Meine Kunden sagen mir, daß sie mit unserer Qualität unzufrieden sind.«
Diese einfache Aussage traf die Tagungsteilnehmer wie ein Schlag. Weder Galvin noch sonstjemand, mit dem ich bei Motorola sprach, schien sich ganz sicher zu sein, warum Sundrys Aussage eine so durchschlagende Wirkung hatte. Viele von uns haben schon einmal eine Person wie Sundry leidenschaftlich zu Veränderungen

Qualität als Strategie heißt also in diesem Falle die Entwicklung von Beziehungen – Beziehungen, die der Wettbewerber nur sehr schwer untergraben kann. So entstehen partnerschaftliche Netzwerke.

aufrufen sehen, aber dann wurde sie nicht beachtet oder ging im Schwung der Tagesordnung unter.
Sundry war ein gewichtiger Kritiker. Verkaufsleiter des Unternehmensbereiches von Motorola, der am schnellsten wuchs, die höchsten Gewinne einfuhr und den größten Anteil am Weltmarkt hatte. Meiner Meinung nach war für die Auswirkung von Sundrys Bemerkung (sie sollte zum Wendepunkt für die Geschicke des Unternehmens werden) der Zeitpunkt, an dem sie gemacht wurde, von entscheidender Bedeutung: Motorolas Führungskräfte waren bereit zuzuhören.
Zum besseren Verständnis folgt daher jetzt ein kurzer Abriß der Schlüsselrolle, die Service und Qualität in Motorolas Geschichte immer schon innehatten.
Motorola entstand im September 1928, als Paul Galvin und sein Bruder Joe in einem gemieteten Dachzimmer an der Chicagoer West Side begannen, Anodennetzanschlüsse (Geräte, die Batterien in den frühen Radios überflüssig machen sollten) herzustellen. Anfang der dreißiger Jahre erahnte Paul, der Visionär, Parallelen zwischen dem Radio und der großen Liebe der Amerikaner, dem Auto. 1930 beschlossen sie, Autoradios zu bauen, und gleichzeitig wurde der Name von Galvin Manufacturing in Motorola geändert. Ein Name, der die Assoziation von Musik in Bewegung hervorrufen sollte. Musik auf Rädern war ein gutes Konzept. Bei der Umsetzung machte Motorola jedoch seine erste Bekanntschaft mit dem, was wir heute als massives Qualitätsproblem bezeichnen würden.
Autohändler und Vertragshändler waren für den Einbau oder die Reparatur von Autoradios nur schlecht ausgerüstet. Paul Galvin erkannte das Problem fast unmittelbar und baute selbst eine Serviceorganisation zur Schulung von Händlern auf. Die Rechnung ging auf. Motorolas Geschäfte kamen richtig in Schwung.

Er tat genau das, was in etwas anderer Aufmachung die Programme zur umfassenden Qualität heute so wichtig macht. Der Kunde kauft nicht nur das Produkt. Er kauft ein Paket von Eigenschaften, zu denen das Produkt, der Ruf der guten Qualität, der Service und natürlich auch der Preis gehören. Tatsächlich sind die meisten Kunden bereit, für Qualität einen höheren Preis zu bezahlen: für ein funktionierendes Produkt oder für eins, das sich gegebenenfalls leicht reparieren läßt.
Es war kein weiter Weg vom Autoradio bis zu dem Produkt, das Motorolas Glanzzeit einläutete. Bei seinen Reisen durch Europa in den dreißiger Jahren spürte Paul Galvin den unmittelbar bevorstehenden Krieg. Er erahnte eine große Nachfrage nach einem Produkt, das Motorola für die Polizeibehörden herstellte: dem tragbaren Funksprechgerät.
Zunächst als »Handie-talkie« 1940 auf den Markt gebracht und dann seit 1943 unter dem vertrauteren Namen *Walkie-talkie* verkauft, katapultierte dieses Produkt Motorolas Umsätze von knapp 10 Millionen Dollar im Jahre 1940 auf weit über 80 Millionen Dollar im Jahre 1944. (Das Ende des Krieges verursachte einen ebenso krassen Rückgang. Ende 1946 war Motorolas Umsatz auf 23 Millionen Dollar zurückgesunken. Aufgrund des Erfolgs mit Fernsehgeräten lag der Umsatz jedoch 1949 wieder bei 80 Millionen Dollar.)

Antizipieren und sich engagieren

»Antizipieren« und »sich engagieren« sind zu den Leitlinien von Motorolas Strategie geworden. Wie ein roter Faden durchzieht dieses »antizipieren und sich engagieren« heute Bob Galvins Geschäftsgespräche. Dieses Konzept begründete schließlich den

Das Umdenken bei Motorola begann 1979 mit einer »Palastrevolution«, als man den Ursachen einer rückläufigen Geschäftsentwicklung nachging. Frei nach dem Motto: »Auf die Plätze. Feuer. Zielen.«

Erfolg des Unternehmens. Motorola hatte die Nachfrage nach Musik auf Rädern antizipiert und Ressourcen zur Lösung des Serviceproblems eingesetzt. Es hatte den Bedarf für das Handietalkie vorausgesehen. Motorola hatte auch den schnellwachsenden Fernsehmarkt vorausgesehen und 1947 das erste Fernsehgerät zu einem Preis von unter 200 Dollar präsentiert.

Von besonderer Bedeutung ist, daß Motorola nach der Erfindung des Transistors am Ende jenes Jahres begann, sich in großem Stil zu engagieren. Über einen Zehnjahreszeitraum hinweg investierte es Millionen in Halbleiter. 1992 war Motorola der zweitgrößte Halbleiterhersteller in Nordamerika und der viertgrößte in der Welt.

Während sich die Produkte bei Motorola jahrelang logisch von einem zum nächsten entwickelten, bedeuteten die Halbleiter einen technischen Bruch. Den meisten Unternehmen gelingt ein solcher Sprung nie. Sie haben zuviel in ihre alten Produkte investiert. RCA, Westinghouse und General Electric, alle drei stark im Geschäft mit Vakuumröhren, haben den Sprung zu Transistoren versucht, aber nie geschafft.

Dies ist ein allgemeines Phänomen, und in Richard Fosters Buch *Innovation – The Attacker's Advantage* wird es ausführlich beschrieben. Einem Unternehmen, das bereits Erfolg mit einer Technologie hat, werden weitere Investitionen in diese Technologie immer rentabler und weniger riskant erscheinen als etwas Neues. Der Grund dafür ist, daß unsere normalen Bewertungskriterien für alternative Investitionen eher kurzfristig ausgerichtet sind, auch wenn dies eigentlich nicht so sein sollte.

Beinahe wurde Motorola wie alle anderen in das Röhrenvakuum hineingesogen. Weder Paul Galvin noch sein Sohn Bob waren von Investitionen in Festkörper besonders begeistert. Begeistert war aber einer ihrer wichtigsten Wissenschaftler – Dan Noble. Noble hatte von der Erfindung des Transistors durch AT&T gelesen und erkannte dessen Bedeutung. Er war hartnäckig, und Galvin war klug genug zuzuhören. Bob Galvin erzählt die Geschichte immer noch gerne. So läßt er jeden wissen, daß die Chefs nicht immer die Cleversten sind, daß auch die Mitarbeiter gehört und ernst genommen werden sollten und daß sogar der Gründer und Vorsitzende eines Unternehmens herausgefordert werden sollte.

Dennoch hätte man Art Sundry bei der schicksalhaften Führungstagung vielleicht niemals zugehört, wenn es nicht eine Entwicklung gegeben hätte, die Motorola *nicht* antizipiert hatte – den Siegeszug der Japaner in der Unterhaltungselektronik.

Entsprechend den Erfahrungen aus den Tagen des Autoradios, stellte Motorola 1967 sein Quasar-Fernsehgerät vor. Es war damals nicht ungewöhnlich, daß ein neuer Fernsehapparat, gerade gekauft, angeschlossen und angeschaltet, schon in den ersten Stunden kaputtging. Frühes Versagen bei Gebrauch war bei allen Elektronikprodukten so gängig, daß es als dazugehörig angesehen wurde. Daher der Aufstieg des teuren, oft dilettantischen, aber scheinbar allgegenwärtigen Fernsehtechnikers.

Seiner Ansicht von Qualität und Service treu, beschloß Motorola, etwas dagegen zu unternehmen. Steve Allen und seine Frau Jane Meadows teilten dies der Öffentlichkeit in den Werbefilmen zur Einführung des Quasars mit. Der röhrenlose Fernsehapparat enthielt Festkörpermodule oder »Aufsteckteile in einer Schublade«. Wenn ein Teil einer Einheit kaputtging, konnte der Techniker es einfach entfernen und durch ein neues ersetzen. Schluß mit der Fummelei. Schluß damit, den Apparat ins Geschäft zurückschleppen zu müssen. Genau wie in den frühen Tagen des Radios hatte Motorola ein großes Problem der Verbraucher erkannt und gelöst. Dennoch sah niemand der Mitarbeiter voraus, was in Japan geschah.

Ihres Rufes als Hersteller billiger Imitationen von Markenprodukten überdrüssig, bekehrten sich die japanischen Elektronikfirmen

»Antizipieren« und »sich engagieren« gehören seitdem zu den Leitlinien bei Motorola. Inzwischen ist die Firma der viertgrößte Hersteller von Halbleitern in der Welt – und das trotz japanischer Konkurrenz.

zu Jüngern der Amerikaner W. Edwards Deming und Joe Duran, damals wie heute Qualitätsgurus. Deming hatte immer die Theorie vertreten, es gleich beim ersten Mal richtig zu machen. In seinem Evangelium war kein Platz dafür, fehlerhaft funktionierende Geräte als etwas Normales zu akzeptieren.
Während Motorola also die Tugenden der einfachen Reparatur pries, konstruierten die Japaner Fernsehgeräte, die selten kaputtgingen. Schließlich gab Motorola die Unterhaltungselektronik auf.
Motorolas Vice President Paul Noakes stellt folgende Überlegungen an: »Ich bin der Ansicht, daß wir immer noch in den Vereinigten Staaten im Fernsehgeschäft wären, wenn wir den frühen Ausfall der Geräte nicht als normal angesehen hätten und in den Bereichen Konstruktion und Verarbeitungsqualität mehr getan hätten, um die latenten Defekte zu beheben.« Nicht alle sind seiner Meinung. Andere Motorola-Mitarbeiter argumentieren sehr schlüssig, daß Japans Handelspraktiken ohnehin zum Niedergang der Unterhaltungselektronik geführt hätten.
Meiner Meinung nach ist ein Hauptgrund für die gewaltigen Auswirkungen von Sundrys Aussage zur miserablen Qualität darin zu sehen, daß Motorola – ebenso wie andere Unternehmen in den Vereinigten Staaten – in der Unterhaltungselektronik unterlegen war. Ein Grund war unzureichende Qualität. Sie hatten nicht vor, das gleiche mit ihrem Geschäft im Bereich Industrieelektronik geschehen zu lassen.

Management by Durchwursteln

Galvin kann sich nicht genau daran erinnern, was in den ersten Monaten nach der schicksalhaften Tagung geschah. Es passierte jedoch viel, und nichts davon war gut und straff organisiert.

Motorolas Topmanagement beschloß, Qualität zu seiner obersten Priorität zu erklären – leider ein informelles Ziel. Galvin meinte: »Es wurden ein paar Dinge versucht; wir haben mit verschiedenen Ideen und Ansätzen herumexperimentiert. Hauptsächlich beschlossen wir, weiter daran zu arbeiten.« Wieder einmal Bewegung um der Bewegung willen. Management by Durchwursteln.

Die Idee klingt verrückter, als sie ist. Jim Adams, Professor an der Stanford University, beschäftigt sich mit dem Prozeß der Kreativität in Einzelpersonen und Organisationen und kommt zu dem Schluß, daß Durchwursteln Teil des Prozesses zur Entwicklung alles Neuen ist. Darauf will er in seinen Vorlesungen hinaus, wenn er die Studenten rhetorisch fragt, wie lange sie brauchen, um ein Referat zu schreiben, und wie lange sie dafür brauchen *sollten*. Die meisten Studenten stimmen ihm zu, daß sie fünf- bis zehnmal zu lange brauchen.

»Verlorene Zeit!« sagt Adams. Zu einem kreativen Prozeß, der in seinen Augen von der Erfindung neuer Produkte über das Verfassen einer Dissertation bis zur Neuausrichtung einer Organisation alles umfaßt, gehört fast immer viel verlorene Zeit, wodurch er folglich länger dauert, als er dauern »sollte«. Er erklärt, die Forschung zeige, daß verlorene Zeit unweigerlich mit jeglicher Art kreativer Veränderung einhergeht.

Verlorene Zeit bedeutet jedoch nicht, daß das Gehirn stillsteht. Die Mitarbeiter von Motorola sind nicht einfach eine Stufe zurückgegangen, haben sich einem alten Quasar zugewandt und auf die Erleuchtung gewartet. Sie starteten ein ganzes Feuerwerk von Initiativen, die alle in die allgemeine Richtung des Problems zielten.

Eine Initiative war die Ernennung eines »Unternehmensbeauftragten« für Qualität. Es mußte jemand sein, der diese Aufgabe glaubwürdig ausfüllen konnte. Sie dachten dabei ganz entschieden

Besonders schwerwiegend war, daß das Unternehmen während seiner selbstauferlegten Umorientierungsphase ständig dem Druck durch billige Konkurrenzprodukte asiatischer Anbieter ausgesetzt war.

nicht an einen Qualitätsfachmann. Statt dessen entschieden sie sich für Jack Germain, einen Linienmanager, der nicht viel von Qualität verstand, aber als stellvertretender General Manager von Motorolas erfolgreichem Unternehmensbereich Kommunikation sehr glaubwürdig war.

Das Unternehmen zog auch viele Berater hinzu, die eine ganze Reihe von Ideen präsentierten, von denen die meisten dem Management zu gefallen schienen. Kurz nachdem Germain sein neues Amt angetreten hatte, beraumten wichtige Mitarbeiter von Motorolas Geschäftsbereichen regelmäßige Treffen mit ihm an. Diese Besprechungen wurden später als »Qualitätsrat« des Unternehmens institutionalisiert. Bis Ende 1981 hatten die meisten Geschäftsbereiche »kleine Germains«, die direkt der Spitze des Unternehmensbereichs unterstanden. »Es war wie beim Schmücken des Weihnachtsbaums«, sagt Galvin zu all den Ideen und Initiativen. »Mit jeder Einzelheit wurde der Baum noch ein bißchen schöner.« Motorolas Mitarbeiter experimentierten herum, versuchten viele Wege, die sich als Sackgassen erwiesen, und rückblickend kann man sagen, daß viel Zeit verloren wurde.

Heutzutage müssen sich Unternehmen mit Instrumenten wie dem Benchmarking, Vorbildern wie Motorola und neuerdings ausgestattet mit den Leitlinien zur Erlangung der Qualitätsauszeichnung, des Baldridge Award, nicht mehr soviel durchwursteln. Ein bißchen ist jedoch unvermeidbar und bleibt auch weiterhin zu erwarten.

An einer Stelle gehen die Qualitätsanstrengungen jedoch oft schief. Trotz ihrer Beteuerungen »Sie ist kein Allheilmittel« schwören die Unternehmen doch weiterhin auf umfassende Qualität, als wäre dies die Zauberlösung. Manager eilen heran, um sich in diesen Zug einzureihen, und doch wissen sie nicht viel mehr, als daß sie, was auch immer »sie« sein mag, bei anderen funktioniert.

Jedes mir bekannte Unternehmen, das mit Programmen zur umfassenden Qualität Erfolg hatte – wie zum Beispiel Motorola, Federal Express oder Procter & Gamble –, hat seinen eigenen, höchst idiosynkratischen Ansatz entwickelt. Jedes Unternehmen muß seinen eigenen Weg finden. Das bedeutet, daß ein gewisses Maß an verlorener Zeit unumgänglich ist. Wer wartet, bis der Weg frei ist, oder wer die Unsicherheit des Durchwurstelns nicht akzeptieren kann, wird zu denen gehören, die den Anschluß verlieren werden.

Was ist umfassende Qualität?

Unsere derzeitige Fixierung auf Qualität ist verständlich. Schlechte Qualität in Relation zu dem, was möglich war, ließ das legendäre Loch offen, durch das man in den meisten amerikanischen Unternehmen mit einem Lkw hindurchfahren konnte. Japaner, Deutsche und andere ausländische Wettbewerber sprangen auf den Lkw auf und fuhren uns platt: in der Unterhaltungselektronik, in der Automobilindustrie – die Liste ist uns allen wohlbekannt.

Was verbirgt sich also hinter umfassender Qualität oder umfassendem Service? Es zu beschreiben ist einfach. Es zu erreichen ist hart.

In allen Ecken und Winkeln eines Unternehmens umgesetzt, ist umfassende Qualität/umfassender Service eine schwindelerregende Reihe langweiliger Verfahren, die sicherstellen, daß man es dem Kunden recht macht. Der Kunde kann sich darauf verlassen, daß das gelieferte Produkt funktioniert. Er kann sich darauf verlassen, daß die Rechnungstellung und andere Verwaltungsverfahren fehlerfrei ablaufen. Er kann sich auf außerordentlichen Service verlassen, wenn Service Teil dessen ist, was er kauft.

In einer derartigen Phase ist ein »Management by Durchwursteln« oftmals nicht nur akzeptabel, sondern geradezu lebensnotwendig. Zahlreiche Berater von außen entwickelten neue Konzepte.

Das Wort »langweilig« verwende ich in Anlehnung an den General Manager der Abteilung Integrated Process Control bei LTV Steel. In seinem hervorragenden Buch *Integrated Process Management: A Quality Model* schreibt Roger Slater:

»Es gibt im Leben fast nichts Langweiligeres und weniger Abwechslungsreiches als einen planmäßig ablaufenden Prozeß. [Im Gegensatz dazu] was ist aufregender als der katastrophale Ausbruch eines Hochofens, besonders bei Nacht? Oder das Feuerwerk eines defekten Stopfenläufers an einer Gießpfanne, der mehr geschmolzenen Stahl auf den Boden als in die Form tropfen läßt? Oder eine Störung, die im Hüttenjargon als rollierende »Fehlwalzung« bezeichnet wird, bei der rotglühende Metallbänder mit großer Wucht und unvorhersehbar an den Walzgerüsten hoch und über sie hinweg in die Gegend springen und sich vielleicht sogar ganz oben im Hüttenflur in den Dachpfetten verheddern?

Noch aufregender als diese unerwünschten Ereignisse selbst ist die gewöhnliche Reaktion darauf. Geniale Menschen werden schnell und entschlossen aktiv und wissen genau, was zu tun ist. Wieso auch nicht? So etwas ist Routine. Unter Aufbietung aller nötigen Kräfte beseitigen Mechaniker, Elektriker und andere Fachleute schnell das Problem und hinterlassen oft seltsame und wunderbar geformte Gebilde aus zerstörtem Material und zerstörtem Gerät ... Inzwischen schuften [japanische Wettbewerber] auf ihrem langweiligen Weg weiter. Und stehlen uns die Butter vom Brot.«[1]

Wie Slater, die Mitarbeiter von Motorola und andere ohne weiteres bestätigen würden, sind aufregende, außer Kontrolle geratene Arbeitsabläufe und heldenhafte Techniker und Manager, die den Tag retten, nicht auf die Fertigung beschränkt. »Denken Sie an ein schlecht geführtes Büro«, sagt Slater. »Was man hier vorfinden kann, würde man eher unterhaltsam als aufregend nennen, vielleicht als Komödie bezeichnen, wenn es nicht so tragisch wäre. Aber ein gut organisiertes Büro – das ist ein Ort, an dem es überhaupt nichts zu sehen gibt. Langweilig.«

Ich zitiere Slater ausführlich, weil man an Gegensätzen am besten sehen kann, was mit umfassender Qualität gemeint ist. Umfassende Qualität ist ein Prozeß, bei dem alles routinemäßig abläuft. Was daran neu ist? In der amerikanischen Industrie ist ein routinemäßiger Ablauf der Dinge die Ausnahme und nicht die Regel.

Die einzige Überraschung bei umfassender Qualität ist, daß Motorola und andere bewiesen haben, daß *snews* (situation normal, everything works – keine besonderen Vorkommnisse, alles funktioniert ordnungsgemäß) gleich *news* ist, also etwas Ungewohntes, Neues darstellt. Wir und unsere Kunden sollten erwarten, daß Fehlwalzungen und ähnliches bald auf der Liste der vom Aussterben bedrohten Arten stehen.

Mehr als ein Selbstzweck

1981 machte Motorola sich auf die Suche nach umfassender Qualität. 1992 hatte das Unternehmen seine Ziele fast, aber noch nicht ganz erreicht. Man braucht kein Sherlock Holmes zu sein, um daraus zu schließen, daß der Übergang zu »snews« gewaltiger Investitionen an Zeit und Geld bedurfte. Zahlt sich das für die Anteilseigner aus? Motorolas Erfahrungen zeigen, daß es sich fast sofort und in gewaltigem Umfang bezahlt machte.

Paul Noakes berichtet, daß Mitarbeiter des Unternehmens die Amortisation der Qualitätsinvestitionen seit 1983 zurückverfolgt haben. Sie haben ausgerechnet, daß die Gesamtkosten – berechnet in Prozent des Gesamtumsatzes – in der Zeit um etwas mehr als 5 Prozentpunkte gesenkt werden konnten, was ungefähr der

Es dauerte fast 12 Jahre, bis die Suche nach umfassender Qualität bei Motorola zum Ziel führte. Das Ergebnis zahlte sich auch für die Anteilseigner aus, vor allem, weil die Gesamtkosten gesenkt werden konnten.

Umsatzrendite nach Steuern entspricht. Das bedeutet, daß sich die Einsparungen aus dem Programm zur umfassenden Qualität im Jahre 1991 ungefähr auf 600 Millionen Dollar beliefen. Für die Zeit von 1987 bis 1991, als Motorola wirklich alles in eine »Six Sigma« genannte Qualitätsinitiative investierte, schätzt Noakes die gesamten Einsparungen auf fast 2,2 Milliarden Dollar! Er kommt zu dem Schluß, daß es einfach dem gesunden Unternehmerverstand entspricht, an der Qualität zu arbeiten.
Die Investitionsrentabilität bei Investitionen in Qualität entspringt verschiedenen Quellen. Einerseits sind da einfache Kosteneinsparungen der von Noakes erwähnten Art. Die Schätzungen variieren, aber die meisten Spezialisten für umfassende Qualität sind sich wohl einig: Jeder Arbeitsablauf, der nicht durch das Mikroskop der umfassenden Qualität betrachtet wurde, dürfte eine Fehlerquote von 20 bis 30 Prozent aufweisen. Dabei spielt es keine Rolle, ob es sich um Versand, Auftragsabwicklung, Rechnungstellung, Herstellung eines Produktes oder die Entwicklung von Röntgenaufnahmen in einem Krankenhaus handelt. Die Wahrscheinlichkeit, daß etwas schiefgeht, ist wesentlich höher, als wir wahrhaben wollen.
Ein einfaches Beispiel aus eigener Erfahrung: Meine Frau hatte vor kurzem einen Unfall. Sie wurde im Krankenwagen in ein renommiertes Krankenhaus gefahren. Röntgenaufnahmen wurden gemacht, dann sagte man ihr jedoch, daß die Aufnahmen noch einmal gemacht werden müßten. Man sagte ihr, die ersten Aufnahmen seien aufgrund ihrer zarten Knochen nichts geworden. (Um das festzustellen, braucht man kein Fachmann zu sein.) Dann verschlampte das Krankenhaus die zweiten Aufnahmen und wollte das Prozedere noch einmal wiederholen.
Etwa ein Jahr danach hatten ihre Eltern einen schweren Autounfall. Die Röntgenaufnahmen zeigten, daß ihre Mutter die Hüfte

gebrochen hatte und ihr Vater das Bein. Irgendwie wurden im Krankenhaus die Aufnahmen verwechselt. Ergebnis war, daß ihre Mutter am nächsten Tag entlassen werden sollte, während für ihren Vater eine Behandlung wegen der »gebrochenen Hüfte« anstand. Meine Frau bemerkte den Fehler zum Glück (genauso wie ich das andere Krankenhaus gezwungen hatte, die verlorenen Röntgenbilder wiederzufinden).

Fehler in Stahlhütten und Krankenhäusern sind immer plastische Beispiele, weil der mögliche Schaden riesig ist. Der Trend jedoch, daß Dinge routinemäßig vermurkst werden, findet sich überall. Vor kurzem nahm ich an einer Führungskonferenz eines Unternehmens teil, das die meisten von uns unter die erfolgreichsten amerikanischen Unternehmen einstufen würden. Die gute Nachricht war, daß die Fehler bei der Auftragsbearbeitung seit dem letzten Jahr drastisch zurückgegangen waren. Die schlechte Nachricht: 37 Prozent der bearbeiteten Aufträge waren immer noch in irgendeinem Punkt fehlerhaft: unvollständiger Versand, Fehler bei der Rechnungstellung, Falschlieferungen usw.

Von angesehenen Krankenhäusern bis zu renommierten Unternehmen – sicher ist nur, daß die Fehlerquote wesentlich höher liegt, als man sich jemals träumen lassen würde. Und das schlägt bei den Kosten zu Buche. Die Schätzungen variieren, aber Qualitätsexperten scheinen sich darin einig zu sein, daß es fünf- bis sechsmal teurer ist, Qualitätspannen zu beheben, als den Fehler von Anfang an zu vermeiden. Nach Meinung von Richard Buetow, als Motorola-Vorstandsmitglied verantwortlich für Qualität, werden in den Arbeitsabläufen eines durchschnittlichen Unternehmens 500- bis 2000mal mehr Fehler gemacht als beim besten Wettbewerber in der Branche, selbst wenn das durchschnittliche Unternehmen über die gleiche Ausstattung und Technologie verfügt und die gleichen Lieferanten hat wie das Spitzenunternehmen.

Diese Rentabilität kommt auch dadurch zustande, daß die Fehlerquoten in der Produktion, in der Auftragsbearbeitung, im Versand, in der Rechnungserstellung usw. drastisch reduziert werden können.

Motorolas Wettbewerbsvorteil ist sicherlich zu einem großen Teil auf die Kosteneinsparungen aus der Fehlervermeidung zurückzuführen. Motorola steht in den meisten Märkten, die es in der ganzen Welt bedient, an erster oder zweiter Stelle. Noakes und die anderen glauben nicht, daß sie ohne ihr Qualitätsprogramm überhaupt mitmischen könnten. Die Grundkosten wären zu hoch. Noakes' Untersuchungen zeigen, daß die Unternehmen, die wirklich weltweit in der Qualität führend sind, weniger als ein Prozent ihres Umsatzes (in Dollar) für Fehlerbehebung ausgeben, während das durchschnittliche Unternehmen 10 bis 15 Prozent für die Fehlerbehebung aufwendet.

Stolz, Kontrolle, Herausforderung und Lernen

Aber nicht nur der Kunde profitiert. Richtig durchgeführt, gehört umfassende Qualität zu den seltenen Managementprogrammen, die – ebenso wie Selbststeuerung – wirklich von Vorteil für die meisten Manager und Mitarbeiter auf der mittleren Ebene sein können.

Ein Grund hierfür ist: Umfassende Qualität ist typischerweise so organisiert, daß Herausforderung, Kontrolle und Lernen in den Unternehmen nach unten verfrachtet werden. Ein weiterer Grund: Sie unterstützt fast von selbst den Stolz auf die Arbeit. Menschen sind im Grunde ihres Herzens Künstler. Sie wollen Produkte herstellen und Dienstleistungen erbringen, auf die sie stolz sein können. Außerdem gehören sie gerne zu einem Team, das sich bei allem, was es tut, bemüht, sein Bestes zu geben.

In den meisten Firmen werden Programme zur umfassenden Qualität mehr oder weniger ähnlich organisiert. Zuerst wird die ganze Organisation in kleine Teams mit – sagen wir zwei bis sieben Mitarbeitern aufgeteilt. Ausgerüstet mit dem ehrgeizigen Ziel der Verbesserung und geschult in Qualitätstechniken und Gruppenarbeit, ermittelt jedes Team seine wichtigsten Produkte oder Dienstleistungen.

Zweitens ermitteln die Teams den oder die Kunden für ihre Produkte bzw. Dienstleistungen. Sie sprechen mit ihnen. Sie finden heraus, worauf der Kunde Wert legt. Wichtig bei dieser Annäherung an Qualität ist, daß sie dazu zwingt, Qualität so zu definieren, wie der Kunde sie sieht. Das ist ein entscheidender Punkt, der auch den engen Zusammenhang zwischen umfassender Qualität und umfassender Kundenzufriedenheit bei Motorola erklärt. In den Anfängen der Qualitätskontrolle wurde Qualität normalerweise von den Ingenieuren oder der Fertigung definiert. Dann wird Qualität teuer. Die Unternehmen bauen allerlei Schnickschnack ein, der den Kunden nicht interessiert, und verpassen dabei vollständig, was der Kunde wirklich wünscht.

Man muß bedenken, daß bei vielen von einer Einheit ausgeführten Tätigkeiten der Kunde im eigenen Unternehmen sitzt – eine Abteilung einer Organisation »dient« einer anderen. (Deshalb sprechen die Qualitätsanhänger auch von *internen* und *externen* Kunden.)

Als dritten Schritt analysieren die Teammitglieder dann, wie die Arbeit zur Zeit getan wird. Sie überlegen sich, wie dies drastisch verbessert werden kann. Zuerst werden die wichtigsten Gründe für Kundenreklamationen analysiert. Dann wendet man sich den geringeren zu. Dabei entdeckt man oft völlig unnötige Arbeit, häufig eine Möglichkeit zu beinahe sofortigen Kosteneinsparungen.

Nehmen wir als Beispiel dafür, wie so etwas in der Praxis funktioniert, Rick Chandler, der bei Motorola die »Mobiltelefon-Infrastruktur-Gruppe« leitet, und Hossein Rasoli, einen Techniker, der

Wie auch bei den anderen Beispielen sind der Stolz auf das Erreichte, nachvollziehbare Kontrollmechanismen, ständige Herausforderungen und lebenslanges Lernen wesentliche Motivationsfaktoren.

in der Gruppe arbeitet. Die Gruppe stellt Geräte her, die einen Anruf von einem Mobiltelefon aufnehmen und die gewünschte Verbindung mit wem auch immer herstellen.

»Wir verändern die Art und Weise, wie wir Qualität sehen«, sagt Chandler. Jetzt reduziert sich das Ganze immer wieder darauf, welche Auswirkungen unser Tun auf unsere Kunden hat. Wird der Kunde dadurch zufriedener mit uns sein? Können wir ihm das, was er tut, erleichtern?

Chandler stellt der alten Denkweise über Qualität die neue gegenüber. Er erzählte mir, daß Motorolas Mitarbeiter immer gewußt hätten, daß die Kunden die Produkte innerhalb von vier Wochen haben wollten. »Ich hatte firmeninterne Aufstellungen, die zeigten, daß wir das 4-Wochen-Ziel regelmäßig erreichten. Als wir jedoch anfingen, mit den Kunden zu sprechen, sagten sie uns, daß wir unsere Arbeit lausig verrichteten.«

Aus ihren Gesprächen mit den Kunden erfuhren Chandler und seine Mitarbeiter, daß Motorolas System vier Wochen brauchte, um den Auftrag vom Kunden zur Mobiltelefon-Infrastruktur-Gruppe weiterzuleiten. Chandler seinerseits brauchte weitere vier Wochen, um das Produkt zu bauen und es an den Kunden auszuliefern. Für Chandler sah es wie vier Wochen aus, aber »der Kunde hatte den Eindruck, es waren acht Wochen, und das ist das einzige, was zählt«.

Nach Chandlers Worten setzten sie am Anfang des Prozesses an, an dem Teil, auf den sie keinen direkten Einfluß hatten, und wurden etwas besser. »Wir konnten das Ganze auf 3,6 Wochen verkürzen.«

»Dann nahm ich mir unseren vier Wochen langen Herstellungszyklus vor [den Teil des Prozesses, auf den er direkt Einfluß nehmen konnte] und konnte ihn auf zwei Tage reduzieren. Heute kann ich binnen vier Wochen liefern. Jetzt sagt der Kunde: ›Herzlichen Dank.‹ Und genau das wollte ich erreichen.«

Das allgemeine Problem mit der Qualität in Amerika ist heutzutage, daß man allerlei Tabellen und Grafiken hat, die »beweisen«, daß die Ziele erreicht werden, klagt Chandler. Aber das sind firmeninterne Daten. »Man muß rausgehen und feststellen, was der Kunde wünscht.« Klingt logisch. Nach Chandlers Ansicht sind wir als Nation aber noch weit davon entfernt, uns das zur Gewohnheit zu machen.

Keiner meiner Gesprächspartner verkörpert Chandlers Vorstellungen besser als Hossein Rasoli. Bevor er bei Motorola in den Sog der umfassenden Qualität geriet, sagt Rasoli, »hat es mich immer interessiert, wie mein Produkt am Markt ankam, ich habe es aber nie wirklich gewußt. Noch vor fünf Jahren hatte ich nicht die leiseste Ahnung. Ich hatte keinerlei Grafiken oder sonstige verläßliche Informationen darüber, wie sich das Produkt machte.«

Vor einigen Jahren wurde Rasoli die Verantwortung für die Qualitätsverbesserung eines Leistungsverstärkers übertragen, der in Basisstationen für Mobiltelefone verwendet wird. »Ich nenne ihn mein Baby«, sagt er und zeigt auf den Leistungsverstärker. »Ich bin stolz auf dieses Produkt. Wenn es nicht fehlerfrei funktioniert, fühle ich mich verletzt oder deprimiert. Wenn manchmal eine Lieferung vom Kunden zurückkommt, sage ich zu unserem Team: ›Hört zu, das ist unser Problem, und wir müssen uns sofort daransetzen . . .‹«

Rasoli zeigt auf sein »Baby« und vergleicht es mit dem alten Produkt. »Das ist der Leistungsverstärker, dessen Produktion vor ungefähr vier Jahren anlief. Dies ist unser neuer. Bis auf die Kabel haben wir das gesamte Innenleben dieser Leistungsverstärker verändert, genaugenommen haben wir sogar ein paar Kabel geändert.«

Rasoli ist kein Ingenieur. Nach der alten Managementlehre – selbst bei der alten Motorola – wäre ihm eine solche Verantwor-

Alle firmenintern aufgestellten Zielsetzungen bleiben natürlich nur Papier, wenn nicht eine ständige Rückkopplung mit den Kunden erfolgt. Der Produzent muß sich selbst als Kunde begreifen.

tung niemals übertragen worden. Aber unter dem System der umfassenden Qualität stellte ihm das Management die grundlegenden Daten über die Fehlfunktionen der Leistungsverstärker zur Verfügung; außerdem wurde er ausgiebig geschult und mit dem Auftrag versehen, alles zu tun, um das Problem zu beseitigen.

»Zuerst einmal bin ich raus zu den Kunden gegangen, um von ihnen Informationen zu erhalten«, sagt Rasoli, »und dann ging ich mit der Komponententechnik an die Arbeit, die Fehler zu analysieren.« Seine Schulungen über Problemlösungen und statistische Verfahrenssteuerung trugen dann dazu bei, daß Rasoli die für die meisten Fehler verantwortlichen Teile fand. Dazu gehörten für »Explosionen« anfällige Kondensatoren, unter thermischer Belastung springendes Silicium und Probleme mit Lötstellen. Er wandte sich also an die Entwicklungstechnik, besprach die Ausfälle und bat um Neuentwicklung der Teile.

Heute verfügt Rasoli über eine Datenbank. Er untersucht jeden Leistungsverstärker, der zurückkommt. »Und«, fährt er fort, »wir erstellen Grafiken, allwöchentlich, die zeigen, das ist unser wichtigstes Problem, das ist das zweitgrößte und dieses das drittgrößte. Dann gehen wir die Probleme einfach eins nach dem anderen an.«

Rasoli arbeitet eindeutig für den Kunden und nicht für das System. Er spricht ganz offen über seine Probleme mit der Bürokratie, die es in jedem großen Unternehmen gibt, auch in einem vom Format Motorolas. »In manchen Fällen mußte ich den offiziellen Weg wegen der hier herrschenden Bürokratie einfach verlassen«, sagt er. »Hier wird von einem erwartet, daß man sich erst eine Genehmigung besorgt, bevor man ein Teil aus einer Abteilung in eine andere bringt. Aber ich brauchte einmal dringend ein paar Teile, und das Management durfte nicht wissen, wo und wie ich sie beschaffte.« Der findige Rasoli handelte einen Deal mit einem Techniker in einer anderen Abteilung aus, der vor einem ähnlichen Problem stand. Rasoli steckte sich die Teile, die sein Partner brauchte, in die Tasche, ging hinüber zu ihm und machte den Handel ganz nebenbei. Er gibt zu, daß er die gleichen Teile wohl auch auf normalem Wege hätte bekommen können. »Aber ich wußte, daß der offizielle Weg Zeit kosten würde. Und wenn es Zeit kostet, schadet es dem Kunden. Wir wollten die qualitativ hochwertigeren Teile so schnell wie möglich zum Einsatz bringen. Um die Bürokratie zu umgehen, mußte ich andere Wege einschlagen.«

Rasoli ist ein ausgezeichnetes Beispiel dafür, wie Bemühungen um umfassende Qualität auf ihrer Grundebene unweigerlich mit der richtigen Behandlung von Menschen verknüpft sind. Rasoli erhielt Verantwortung und Unterstützung und konnte so Erfolge erzielen. Der Erfolg motivierte ihn wiederum, nach noch mehr zu streben und noch mehr zu erreichen. Er hat seine Fähigkeiten erweitert, seine Selbstachtung ist gestiegen, und im Laufe all dessen hat Motorola ein besseres Produkt und zufriedenere Kunden gewonnen – und höhere Gewinne erzielt.

Verwegene Ziele

Chandler und Rasoli heben die entscheidende Rolle der Mitarbeiter am unteren Ende der Hierarchie für das Funktionieren der umfassenden Qualität hervor. Aber auch die Spitze muß hart daran arbeiten. Eine Mischung aus unermüdlicher Unterstützung durch das Management, ungeheuer ehrgeizigen Verbesserungszielen und ständiges Benchmarking wirken bei Motorola zusammen, damit das Programm schnell voranschreitet.

Schwerpunktmäßig untersucht werden die »Rückläufer«, also die Produkte, die von Kunden wegen mangelnder Funktionsfähigkeit, wegen Materialschäden oder anderen Gründen zurückgesandt wurden.

Motorola hätte sich nach Ansicht Galvins niemals auf Qualität konzentriert, wenn das oberste Trio Galvin, Bill Weisz und John Mitchell nicht beharrlich und unzweideutig gezeigt hätte, daß es ihm sehr ernst damit ist. »Wenn wir raus in die Produktion gingen, zwangen wir uns, niemals nach der Produktivität zu fragen«, erinnert sich Weisz. »Wir fragten nach Qualität. Wie kann man dies hier verbessern? Wie repariert man das?« Sie lernten, mindestens sechsmal »Warum?« zu fragen. »Wenn etwas nicht funktioniert, fragt man: ›Warum?‹« sagt Weisz. »Man erhält eine verallgemeinernde Antwort und fragt wieder: ›Warum?‹ Am Schluß dringt man zum wahren Grund vor.«

Man muß auch den Eindruck vermitteln, daß man wirklich und wahrhaftig an Qualität interessiert ist. »Das ist das erste, was ich Führungskräften sage. Wenn Sie sie nicht, wo Sie gehen und stehen, selbst leben, dann wird sie scheitern«, sagt Weisz.

Schon früh gelang es Galvin, die Qualität auf die Tagesordnung des »Operating Committee« (Geschäftsausschuß) zu setzen, das bei Motorola nach dem Board das oberste Gremium mit Entscheidungsbefugnissen ist. Alle hielten dies für einen klugen Schachzug. Das Problem war jedoch, daß manchmal über Qualität gesprochen wurde und manchmal nicht. Die Sitzungen des Operating Committee begannen um 8 Uhr morgens mit dem, was Galvin das A und O nennt: Budget, Soll/Ist-Vergleiche usw. Bis man zu der Diskussion über Qualität vordrang, wenn man es tat, war es Mittag.

Am 1. Januar 1988 übergab Galvin den Vorstandsvorsitz an George Fisher. Er wollte jedoch weiterhin an der Qualität beteiligt sein, und das Operating Committee legte Wert auf seine Mitarbeit. Ihm war bewußt, daß Qualität für Motorolas Zukunft von größerer Bedeutung war als das momentane Budget. Und dann konnte er den Ausschuß überzeugen, Qualität ganz oben auf die Tagesordnung zu setzen. Auf diese Weise kann er (wenn er will) die Sitzungen mittags in der Gewißheit verlassen, an den Diskussionen über Qualität beteiligt gewesen zu sein. Was aber noch wichtiger ist: So fällt die Qualität niemals hinten von der Tagesordnung herunter.

1981 setzte das Operating Committee das erste deutliche Zeichen für Qualität, als es das erste von – wie sich herausstellen sollte – einer Reihe von ungeheuren Verbesserungszielen verabschiedete.

Der Ausschuß beauftragte jede Einheit des Unternehmens, die Qualität in den folgenden fünf Jahren um ein Zehnfaches zu verbessern. Getreu dem Geist der vom Kunden definierten Qualität oblagen die einzelnen Maßnahmen den Geschäftseinheiten und Teams. Unabhängig von der Wahl der Maßnahme war das Ziel eine Verbesserung in dieser Größenordnung bis 1986. Noakes spricht wahrscheinlich im Namen der meisten bei Motorola, wenn er sagt: »Ich konnte es nicht glauben, als dieses Ziel verkündet wurde.« Er erklärt, daß die alte Strategie Verbesserungen jeglicher Art in einer Größenordnung von 10 bis 15 Prozent pro Jahr für schwer genug gehalten hatte. (Mathematisch gesehen bedeutet eine Verbesserung um das Zehnfache in fünf Jahren eine jährliche Verbesserung um fast 60 Prozent. Kein Wunder, daß Noakes und den anderen dieses Ziel verrückt vorkam.)

Eine der ersten Entdeckungen war, daß die meisten Kunden Qualität an der Häufigkeit messen, mit der ein Produkt im Betrieb versagt. Das ergab zwar einen Sinn – der eigentliche Durchbruch im Denken erfolgte jedoch 1982, als Motorola den Zuschlag für ein Kommunikationssystem erhielt. Auftraggeber war die Pennsylvania State Police. Damit hatte man ausgezeichneten Zugang zu Zahlen über während des Betriebs der Geräte auftretende Fehler, und ein Qualitätsexperte von Motorola begann, die Fehler anhand der Seriennummern bis ins Werk zurückzuverfolgen. Er entdeckte

In solchen Fällen genügt nicht einfach ein Umtausch gegen ein intaktes Gerät, sondern man muß sich eingehend mit den Ursachen des Versagens der stornierten Produkte befassen.

eine faszinierende und sehr wichtige Korrelation. Während des Betriebs auftretende Fehler, so lernte man bei Motorola, standen in direktem Zusammenhang mit Pannen in der Herstellung. »Je mehr wir Fehler schon im Werk reparieren müssen«, sagt Noakes, »um so wahrscheinlicher werden schließlich während des Betriebs Fehler auftreten.«

Alles, was die Qualitätsexperten die ganze Zeit über gesagt hatten, erwies sich als wahr. Man kann Qualität keineswegs durch Überprüfung steuern. Qualitätsprobleme müssen an der Wurzel erfaßt werden, und das heißt: Fehler im Herstellungsprozeß selbst finden, ausmessen und beseitigen. Es ist nicht nur teurer, etwas zu reparieren, nachdem der Fehler einmal gemacht wurde, was Motorola bereits wußte, sondern man wird den Fehler ohnehin wahrscheinlich nicht wirklich beseitigen können. Und das war neu.

Dann kam der Schlag.

Motorola begann mit *Benchmarking.* Das Benchmarking-Verfahren läuft wie folgt ab: Wenn eine neue Herausforderung auftaucht – in der Fertigung, in der Konstruktion, in der Entwicklung, im Vertrieb oder bei der Buchführung –, fängt das für die Verbesserungen zuständige Team an festzustellen, welche Unternehmen diese Funktion am besten erfüllen. Es kann ein Unternehmen der gleichen Branche sein. Es kann aber auch aus einer anderen kommen. Wenn es keine Wettbewerbskonflikte gibt und das andere Unternehmen dazu bereit ist, wird ein Treffen organisiert, um zu lernen, was das »klassenbeste« Unternehmen erreicht hat – und wie.

Bis 1986 hatte Motorola das Ziel der zehnfachen Verbesserung erreicht. Zu diesem Zeitpunkt gab es bei Motorola nur noch 1,5 Pannen in der Herstellung eines typischen Produktes im Vergleich zu noch fünfzehn im Jahre 1981. Gar nicht so schlecht, dachten die Motorolaner, angesichts der vielen Teile und Schrit-

te, die zur Herstellung eines komplexen elektronischen Geräts notwendig sind.
Inzwischen leitete Richard Buetow, der schließlich Germains Amt des Vizepräsidenten und Director Quality übernommen hatte, ein Team, das Benchmarkings in Fernost durchführte. Sosehr Motorola auch glaubte, besser geworden zu sein, so fanden Buetow und seine Kollegen doch heraus, daß es viele Hersteller elektronischer Produkte gab, die ähnliche Herstellungsprozesse und praktisch die gleichen Komponenten verwendeten wie Motorola, jedoch nur eine Fehlerquote von 1 auf 1000 hergestellte Gegenstände aufwiesen.
»Es war erschütternd«, berichtet Noakes. »Da stehen wir nun. Wir haben uns gerade um das Zehnfache verbessert, nur um Unternehmen zu entdecken, die 1500- bis 2000mal besser arbeiten.«
Daraufhin wurde es der Führungsspitze wirklich ernst. Im Januar 1987 kündigten sie einige wirklich verwegene Ziele an:

- Nochmals eine zehnfache Verbesserung bis Anfang 1989.
- Eine hundertfache Verbesserung bis Anfang 1991.
- »Six-Sigma«-Qualität bei allem bis zum 1. Januar 1992.

»Six Sigma«? Der Begriff bezieht sich auf die Anzahl der Standardabweichungen von der Mitte einer normalen Fehlerverteilung. Für Nichtstatistiker: Six Sigma bedeutet im Grunde nicht mehr als 3,4 Fehler pro 1 Million Arbeitsgänge. Um ein Gefühl dafür zu bekommen, stellen Sie sich vor, sie hätten diesen Standard in der Schule erfüllt. Ihre durchschnittliche Leistung bei Arbeiten hätte bei 99,999667 Prozent gelegen.
Wie schlägt sich das Unternehmen? Anfang 1992 war Motorola bei manchen Produkten und Verfahren besser als Six Sigma, aber der Durchschnitt bei den Arbeitsgängen in der Produktion lag bei 40

Auf diese Weise gelang es, die »Versagerquote« von 15 Prozent (1981) auf 1,5 Prozent (1986) zu senken. Eine weitere Qualitätsverbesserung trat mit der Einführung des Benchmarking-Verfahrens ein.

Fehlern pro 1 Million Möglichkeiten. Ein Rückgang um 99 Prozent gegenüber der Fehlerquote von 1986, aber immer noch nicht das Six-Sigma-Ziel von 3,4 Fehlern pro 1 Million Möglichkeiten.
1992 bekräftigte Motorolas Führungsriege das Ziel, Six Sigma so schnell wie möglich erreichen zu wollen, erneut durch Einführung des kontinuierlichen Zieles, die Fehler alle zwei Jahre um den Faktor 10 zu reduzieren.
Inzwischen wurden folgende strategische Erfolge verzeichnet:

- Im April 1989 setzte sich Motorola mit dem MicroTAC, einem winzigen Telefon, das in die Manteltasche paßt, an die Weltspitze im Geschäft mit Mobiltelefonen. Bei seiner Einführung war es zuverlässiger und ein Drittel leichter als das nächstbeste Produkt auf dem Markt, ein von dem japanischen Konzern Matsushita hergestelltes Gerät. Eine renommierte japanische Zeitung, *Nihon Keizei Shimbun,* verleiht jedes Jahr Nikkei-Preise für Spitzenleistungen bei neuen Produkten. 1989 gehörte Motorolas Telefon mit zu den Gewinnern. (Die dritte Generation MicroTAC Ultralite wiegt nur noch 7,7 oz, ca. 218 g.)
- MITI, das japanische Ministerium für Internationalen Handel und Industrie und die integrierende Kraft hinter einem Großteil des japanischen Erfolgs, verlieh Motorola für das MicroTAC den Foreign Product Design Award.
- 1990 präsentierte das Unternehmen einen armbanduhrgroßen Piepser – die Art von Produkt, die sich der Erfinder von Dick Tracy, Chester Gould, vor Jahrzehnten ausgedacht hatte. Der Branchenexperte John J. Egidio sagt, daß Motorola mit diesem Produkt anscheinend der Welt um ein oder zwei Jahre zuvorgekommen sei.
- Ein von Motorolas Halbleiterabteilung hergestellter Mikroprozessor ist das Gehirn, das die von Sony hergestellten, höchst

erfolgreichen Videokameras für den privaten Gebrauch steuert. Sonys Handycam war 1990 auch ein Nikkei-Preisträger.

- Ein weiterer Motorola-Mikroprozessor ist das Kernstück der sehr erfolgreichen EOS-II-35-mm-Kamera von Canon.

Motorola ist besonders stolz auf seine Erfolge in Japan. Arnie Brenner, Vorstandsmitglied und General Manager für den Japan-Bereich, sagt, er werde oft gefragt, warum die Japaner im weltweiten Wettbewerb so erfolgreich seien. »Meiner Ansicht nach reduziert es sich auf eine Tatsache«, sagt er. »Die Japaner sind die anspruchsvollsten Kunden der Welt. Wenn man die Japaner zufriedenstellen kann, kann man jeden Kunden auf der Welt zufriedenstellen.« Motorolas Mitarbeiter wissen sehr wohl, daß das Unternehmen ohne das Streben nach Six-Sigma-Qualität nie in Japan Erfolg gehabt hätte und auch weltweit nicht so erfolgreich gewesen wäre.

Wie wir gesehen haben, besteht Motorolas Programm aus scheinbar simplen Bestandteilen: kleine, befähigte Teams, die Verfahren analysieren und umstrukturieren, Konzentration auf den Kunden, maßlos ehrgeizige Verbesserungsziele, ständiges Benchmarking, Engagement von seiten der Unternehmensspitze und ein nie endender Wunsch, zu verbessern. Die Ergebnisse sind beeindruckend: Kosteneinsparungen, bessere Produkte, langfristige Kundenbeziehungen und insgesamt ein schwer nachzuahmender strategischer Vorteil.

Überraschende Belohnungen

Während seines Strebens nach Six Sigma erhielt Motorola einige überraschende Bonbons, die 1979 keiner vorausgesehen hatte.

Neue Produkte (wie etwa Mikrotelefone, armbanduhrgroße Piepser, Mikroprozessoren als Gehirn für Videokameras) haben die Produktpalette von Motorola in den letzten Jahren grundlegend erweitert.

Zum einen eine verbesserte *Zykluszeit.* Noakes definiert Zykluszeit als Zeit zwischen dem Erkennen eines Bedürfnisses und dem Erfüllen des Bedürfnisses. Bei einem Kundenauftrag ist es die Zeit zwischen dem Abschluß des Geschäfts durch das Verkaufspersonal und dem Erhalt der Ware durch den Kunden. Bei der Neuentwicklung eines Produkts ist es die Zeit von der Festlegung eines neuen Produkts, bis Motorola es entwickelt, hergestellt und an den Kunden versandt hat.

Die Herstellung eines Mobilfunkgeräts dauerte normalerweise zwölf Wochen, und das ärgerte die Kunden. Nachdem das Unternehmen 1987 einen Schwerpunkt auf die Verbesserung der Zykluszeit gelegt hatte, steckten die Teams von Einkauf, Entwicklung, Fertigung und anderen Abteilungen ihre Köpfe zusammen. Heute sind sie in der Lage, das Produkt in vier oder fünf Tagen herzustellen, und die Qualität wurde trotzdem stark verbessert. Der gesamte Prozeß des Überdenkens, *design for manufacturability* (Konstruktion mit Blick auf die Herstellbarkeit) genannt – das heißt, ein Produkt neu zu entwickeln, damit es leichter herzustellen ist –, eliminierte viele Quellen immer wiederkehrender Fehler *und* verkürzte die Zykluszeit.

Diese Verknüpfung erweist sich als entscheidend. »Design for manufacturability« bedeutet normalerweise weniger Teile, die leichter zusammenzubauen sind. Weniger Teile und eine einfachere Montage bedeuten weniger Möglichkeiten, Fehler zu machen. Auch kann das Überdenken (das Modewort dafür ist heutzutage *reengineering,* neu entwickeln) des gesamten Prozesses von Anfang bis Ende großartige Ideen für Verbesserungen enthalten.

Noakes sagt, wenn man die engen Beziehungen zwischen Zykluszeit, Qualität und Kundenzufriedenheit erkannt hätte, hätte man wohl mit Bemühungen um eine Verkürzung der Zykluszeit begonnen, als man das Programm zur umfassenden Qualität startete.

Motorolas wohl beeindruckendste Demonstration von Benchmarking, kurzen Zykluszeiten und engen Kundenbeziehungen findet sich in Boynton Beach/Florida. Dort betreibt Motorola wohl eines der fortschrittlichsten Werke in der Welt. Dort werden Piepser »massenproduziert« – jedoch in Losgrößen von nur einem Stück.

Beim Eintreffen im Werk erhalten die Aufträge einen Strichcode, der die stark variierenden individuellen Anforderungen jedes einzelnen Kunden widerspiegelt. Im Werk liest ein ausgeklügeltes Computer- und Robotersystem den Strichcode. In zwei Stunden wird das Produkt hergestellt und auf den Weg zum Kunden gebracht.

Ein zweiter unerwarteter Vorteil aus der Six-Sigma-Initiative waren die verbesserten Beziehungen zu den Lieferanten. Bruce Bendhoff leitet Craftsman Custom Metal Fabricators, Inc. Sein Unternehmen ist ein »freier Lieferant« von Motorola und liefert Blechwaren und Metallprägeteile.

Bendhoff berichtet, mit anderen Lieferanten 1989 an einem Motorola-Seminar über Qualität teilgenommen zu haben, als Bob Galvin hereinkam und den Anwesenden mitteilte, daß das »Operating Committee« soeben eine revolutionäre Entscheidung getroffen habe: Künftig müsse sich jeder Lieferant, der auch in Zukunft mit Motorola Geschäfte machen wolle, um den Baldridge Award, also um Zertifizierung, bewerben. »Wir waren alle total geschockt«, sagt Bendhoff. Als Galvin seine Ausführungen beendet hatte, machte die Gruppe eine nicht geplante Kaffepause. Bendhoff nennt es »eine Pause zum Luftschnappen für einige von uns«. Meinte Galvin es ernst?

Völlig ernst! Galvin sagt, er sei zu dem Schluß gekommen, daß das Unternehmen sich nicht weiter verbessern könne, wenn die Lieferanten ihrerseits nicht besser würden. Er ist überzeugt, daß es

Entscheidend war die Erkenntnis, daß es eine enge Beziehung zwischen Zykluszeit und Kundenzufriedenheit gibt. Die neuen Piepser beispielsweise werden nur noch in Losgrößen von einem Stück produziert.

einen guten gemeinsamen Standard gibt: den des Baldridge-Wettbewerbs. »Wenn unsere Lieferanten dafür sorgen, daß sie würdig sind, sich um diese Auszeichnung zu bewerben«, sagt er, »dann werden sie sich auf der gleichen Qualitätsstufe bewegen wie wir.«

Wie aber bringt man die Lieferanten dazu, diese Verpflichtung einzugehen? »Per Dekret wahrscheinlich«, antwortet Galvin mit einem wehmütigen Lächeln. »Es war für uns kein Vergnügen, diese Entscheidung zu fällen, und für die Lieferanten, sie zu hören. Aber wir mußten das Problem sofort angehen.«

Für diejenigen, die wie Bendhoff die Verpflichtung eingingen, ist alles gut gelaufen. Seine Firma steht auf einer kurzen Liste »bevorzugter Lieferanten«, bei denen sich Motorola darauf verlassen kann, daß sie Qualität liefern. Die Zeiten sind lange vorbei, in denen Motorolas Einkauf unter einer langen Reihe Lieferanten ausgeschrieben wurde, von denen jeder versuchte, den Zuschlag hauptsächlich über den Preis zu bekommen.

Mit diesem Status des »bevorzugten Lieferanten« entstand eine fast familiäre Atmosphäre zwischen Craftsman und Motorola. »Dies erreichen sie einerseits durch monatliche Treffen nicht nur der eigenen Mitarbeiter, sondern auch mit den Lieferanten«, sagt Bendhoff. Fragen zwischen den Lieferanten und Motorola werden jetzt schneller und mit weniger bürokratischem Aufwand gelöst. »Wenn die Fertigungsplanung und -steuerung in meinem Unternehmen etwas mit der Fertigungsplanung und -steuerung des Mobilfunks bei Motorola zu besprechen hat, ruft man sich einfach gegenseitig an. Oder wenn ein Konstrukteur bei Motorola mit meinen Programmierern über die Art und Weise, wie sie ein neues Teil entwickeln, sprechen möchte, greifen sie auch einfach zum Telefon.«

Eine letzte Überraschung für Motorola war, wie gut verschiedene

Verwaltungsfunktionen in die Rubik »total quality« passen. Als sich die Finanzabteilung zum ersten Mal mit der umfassenden Qualität beschäftigte, dachten deren Mitarbeiter, ihre Rolle würde darin bestehen, alle anderen zu controllen.

Eine eingehendere Beschäftigung mit dem Problem führte jedoch zu dem Schluß, daß sie ebenso umsatzbestimmt, fehleranfällig und langsam getaktet waren wie die Fertigung. Der Hauptunterschied bestand nur darin, daß sie Papier verarbeiteten und keine Elektronikteile.

Einer der größten Erfolge wurde beim Monatsabschluß erzielt. Früher brauchte man dazu zwölf Arbeitstage vom Monatsende an und heute nur noch vier. In Motorolas Finanzabteilung schätzt man, daß die Kombination aus Reduzierung von Fehlern und Reduzierung der Zykluszeit nur in diesem einen Bereich, dem Monatsabschluß, dem Unternehmen jedes Jahr Einsparungen von 20 Millionen Dollar einbringt.

Ein weiteres Beispiel ist die Rechtsabteilung. Nachdem Motorolas Mitarbeiter in der Rechtsabteilung herausgefunden hatten, daß sie Patentanmeldungen oft zu spät einreichten, untersuchten sie das Prozedere und stellten fest, daß sie sowohl die Qualität als auch die Zahl der Anträge drastisch verbessern konnten, wenn sie im Team arbeiteten und nicht die Patentanträge auf die einzelnen Anwälte aufteilten. Innerhalb von drei Jahren steigerte Motorolas Rechtsabteilung ihre Fähigkeit, Patente einzureichen, um den Faktor zwei, ohne zusätzliche Anwälte einzustellen.

*

Von der »zum Himmel stinkende[n] Qualität« zu »Six Sigma«, dem dazugehörigen Gedankengut und zu umfassender Kundenzufriedenheit war es ein langer und beschwerlicher, aber auch sehr loh-

Von großer Bedeutung ist auch die Zusammenarbeit mit den »bevorzugten Lieferanten«, die in die Fertigungsplanung und -steuerung mit eingebunden sind. Beide Partner profitieren gleichermaßen davon.

nender Weg. Und Motorola ist noch nicht am Ziel. Qualitätsgurus haben immer wieder gemahnt, wie wichtig »kontinuierliche Verbesserung« ist. Die Mitarbeiter von Motorola stimmen dem eindeutig zu.

Auf besagter Benchmarking-Reise nach Japan im Jahre 1986 teilten japanische Führungskräfte dem Motorola-Konzern mit, daß sie vierzig Jahre gebraucht hätten, um ihre derzeitigen Qualitätsstandards zu erreichen. Sie prophezeiten Motorola, es würde mindestens zwanzig Jahre dafür brauchen.

Ende 1992 hatte das Unternehmen dreizehn Jahre daran gearbeitet – eine Ewigkeit nach den Maßstäben der meisten amerikanischen Manager. Eine Quelle nachhaltigen Vorteils für Motorola.

Anmerkungen

1 Slater, Roger, *Integrated Process Management: A Quality Model,* McGraw-Hill, New York 1991, S. 54.

Kapitel 12

Das Potential in uns

12

Die Kunst des »Matchings«: anstoßen, aufwecken, aufrütteln

Marci Menconi von Apple Computer Inc. machte 1961 ihren High-School-Abschluß. Damals sah sie – wie viele Frauen in Amerika – für sich nur drei mögliche Berufe: Krankenschwester, Lehrerin oder Sekretärin.

Sie entschied sich für das letztere, wurde gut in ihrem Beruf, war Chefsekretärin in verschiedenen Unternehmensleitungen und landete 1987 bei Apple. Dort arbeitete sie als Sekretärin – oder »Bereichsassistentin«, wie die Stelle bei Apple heißt – für Betsy Pace, die damals im Marketing die K-12-Bildungsprogramme leitete.

Auch wenn Marci Menconi offensichtlich für die Sekretariatsarbeit begabt war, mochte sie die Tätigkeit niemals besonders und hätte sie beinahe aufgegeben, um als Kurier für Federal Express zu jobben.

Heute arbeitet sie immer noch für Apple. Seit dem 21. Oktober 1991 steht auf ihrer Visitenkarte Marcella Menconi, Elektromechanikerin. Sie sagt, sie sei niemals so glücklich gewesen. Ihr jetziges Glück sprudelt richtig aus ihr heraus: »Hurra! Ich darf heute arbeiten gehen.«

Doch einmal erreichte Ziele können nur Zwischenstationen sein, nie Endpunkte. Kontinuierliche Verbesserungen sind existenznotwendig, können aber nur mit dem nötigen »langen Atem« erreicht werden.

In einem Käfig gefangen

Einer meiner stärksten Eindrücke aus all den Jahren als Berater verschiedener Unternehmen ist der, daß viele Menschen mehr oder minder unzufrieden mit ihrer Tätigkeit sind, aber nicht wissen, wie sie ihr Schicksal ändern können. Für manche, auch in kleinen Unternehmen, wäre der richtige Job vielleicht schon im nächsten Stockwerk oder sogar im Büro nebenan zu finden. Darüber hinaus besteht die Möglichkeit, daß derjenige im Büro nebenan auch eine kleine Veränderung oder Neuerung gebrauchen könnte.

Selbst in den besten Unternehmen und gemeinnützigsten Organisationen findet sich eine beträchtliche Zahl von Mitarbeitern, die sich langweilen, ausgebrannt fühlen oder die spüren, daß ihnen etwas fehlt. Auch wenn in ihrem Umfeld sinnvolle Dinge geleistet werden, kommen sich diese Menschen vor wie in einem Käfig. Sie sehnen sich danach auszubrechen. Manche bleiben, wo sie sind, investieren ihre Zeit und stottern vor sich hin, wie ein Motor, der nur auf zwei Töpfen läuft. Andere geben die Stelle auf, um nochmals die Schulbank zu drücken oder um zu einem anderen Unternehmen oder in einen anderen Beruf überzuwechseln.

Unternehmen verlieren ständig Mitarbeiter. Die schlechten Unternehmen schreiben es der Fluktuation zu, sehen es als etwas Normales. Die guten machen sich Sorgen und versuchen durch Abschlußgespräche herauszufinden, was bei ihrem Unternehmen falsch läuft oder was bei dem einzelnen falsch läuft, was, wie man vermutet, typischer ist. Manchmal liegt das Problem klar auf der Hand: ein besseres Angebot, neue Horizonte, ein schlechter Chef. Sehr oft gehen Mitarbeiter jedoch auch, weil etwas fehlt, das sie nicht genau definieren können.

Bisher haben wir in diesem Buch von Dingen gesprochen, die uns im allgemeinen motivieren. Die Forschung über das menschliche Verhalten zeigt jedoch, daß es einen weiteren Punkt von herausragender Bedeutung gibt. Abgesehen von vereinzelten Beispielen, habe ich noch kein Unternehmen gesehen, das dieser mächtigen Kraft freien Lauf läßt. Einige werden es tun. Das ist so sicher wie das Amen in der Kirche.

Soviel wir als Individuen auch gemeinsam haben, genauso viele Unterschiede gibt es doch auch zwischen uns. Unterschiedliche Charakterzüge, unterschiedliche Fähigkeiten, unterschiedliche Interessen und – von einzigartiger Bedeutung – unterschiedliche Dinge, die uns von Natur aus motivieren.

Das Geheimnis zur Erschließung unglaublich viel besserer Leistungen beim Menschen und auch bei den Unternehmen liegt im *Matching,* darin also, Mensch und Arbeitsplatz optimal aufeinander abzustimmen, individuelle Fähigkeiten, Motivationen und Interessen mit den jeweiligen Arbeitsanforderungen in Gleichklang zu bringen. Das ist der Prozeß, durch den eckige und runde Stifte den Weg in die richtigen Löcher finden: anstoßen, aufwekken, aufrütteln.

Das ist ein Aspekt, den meiner Ansicht nach viele Unternehmen nicht sehen. Ich bin überzeugt, daß es sie teuer zu stehen kommt. Es entstehen Kosten für die Neueinstellung und Ausbildung der Beschäftigten, die an die Stelle derjenigen treten, die gegangen sind. Es entstehen Kosten durch den Verlust an Erfahrung und dem Unternehmen zur Verfügung stehendem Wissen. Es ist zwar nicht meßbar, aber die höchsten Kosten entstehen einem Unternehmen dadurch, daß seine Mitarbeiter sich nicht richtig ins Zeug legen. Es gibt daher keinen Grund, warum ein Unternehmen seinen Mitarbeitern nicht helfen sollte, neue berufliche Wege zu gehen, *ohne das Unternehmen verlassen zu müssen.*

Zugegeben: Die Vorstellung birgt einige praktische und auch logi-

Eines der großen Geheimnisse zur Erschließung besserer Leistungen ist das »Matching«, also Mensch und Arbeitsplatz optimal aufeinander abzustimmen. Das durchzusetzen, verlangt viel Phantasie.

stische Herausforderungen. Ich meine jedoch, daß es sich für Unternehmen, die eine Möglichkeit finden, diesen Prozeß des Matchings zu erleichtern, mehr als bezahlt machen wird. Ich kann mir gut vorstellen, daß kostenbewußte Personalmanager über die Kosten für die Inanspruchnahme externer Berater beunruhigt waren, als die Employee Assistance Programs (EAP – Beschäftigten-Unterstützungprogrammme) vor zwanzig Jahren ins Leben gerufen wurden. Sie stellten sich sicher vor, daß die Entlassung von Mitarbeitern mit unerfreulichen Eigenheiten wohl der billigste Weg sei. Heutzutage ist man sich weitgehend darüber einig, daß das Halten eines Mitarbeiters über ein EAP eine lohnende Investition darstellt. Unter moralischen Gesichtspunkten gilt dies ebenso.

Man bedenke, daß Motorola für jeden Dollar, den das Unternehmen in die Aus- und Weiterbildung steckt, eine Rendite von 33 Dollar erwartet. Mehr Unternehmen sollten, genauso wie Motorola, in der Dimension der »Dollarrentabilität« denken, und zwar derjenigen Dollar, die in Investitionen in Menschen – wie Aus- und Weiterbildung oder Matching – gesteckt werden. Wenn wir eine Million Dollar in eine neue Maschine investieren sollen, würden wir die Investition aufs genaueste prüfen. Normalerweise investieren wir im Laufe eines Berufslebens mindestens ebensoviel in einen Menschen. Unsere typische Einstellung zu dieser Art Investition ist jedoch, die Daumen zu drücken und zu hoffen.

Die Grundzüge dessen, daß sich ein Mensch für einen bestimmten Arbeitsplatz auch eignen muß, ist natürlich bei den Einstellungsprogrammen der Unternehmen reine Routine. Erinnern Sie sich an Fred Smith' Bemerkungen zum Dienstleistungsgeschäft, in dem Federal Express im Laufe der Jahre das Profil eines für den Kundenkontakt optimal geeigneten Mitarbeiters entwickelt hat. Fluggesellschaften führen das gleiche Screening für die Flugbegleiter durch, ein Beruf, in dem es außergewöhnlicher Fähigkeiten im Umgang mit Menschen und auch der Motivation bedarf, zu dienen. Andererseits schauen Bewerber sich normalerweise nur Bereiche und Stellen an, die sie auch interessieren. Sie selektieren also selbst.

Wie in einer jungen Ehe gibt es normalerweise ein Übermaß an sprühendem Enthusiasmus, wenn jemand eine neue Stelle antritt. Im Laufe der Jahre und Jahrzehnte können dann die Begeisterung und das Interesse – in Beziehungen und auch am Arbeitsplatz – nachlassen und sich ändern. Außerdem spielen bei der ursprünglichen Berufswahl viele Faktoren eine Rolle, u. a. der Einfluß der Eltern, was die Freunde machen und der Zwang, überhaupt etwas zu finden – irgendeine Arbeit, um Miete, Essen und Autoversicherung bezahlen zu können. Damit findet man vielleicht eine Arbeit, aber diese Sachzwänge können langfristig schädlich sein. Im allgemeinen überdenken Menschen ursprüngliche Entscheidungen nicht noch einmal, und selbst wenn sie es tun, handeln sie nicht danach. Kein Wunder, daß viele unzufrieden sind.

Die Art Matching, von der ich spreche, unterscheidet sich von der Personaleinstellung. Es geht dabei um die berufliche Erneuerung, jene *Richtungsänderungen mitten im Strom,* die einen Menschen neu beleben können. Und ich bin der Meinung, daß dies wiederum ein Unternehmen beleben kann.

Wenn Arbeitnehmer heutzutage das Gefühl haben, in einem Käfig gefangen zu sein und es nicht länger aushalten zu können, suchen sie, wenn sie es sich leisten können – und wenn sie von der Existenz dieses Service wissen –, Hilfe bei einem unabhängigen Karriereberater. Im großen und ganzen gehen die wenigen Unternehmen, die dieses Problem in Angriff nehmen, es in kleinem Stil an und greifen auf externe Berater zurück.

Personalfluktuationen sind kein unabänderliches Naturgesetz. Der einzelne Mitarbeiter muß das Gefühl haben, neue berufliche Wege zu gehen, ohne das Unternehmen deshalb verlassen zu müssen.

Es ist kein Geheimnis, daß ich bei der Beobachtung des erfolgreichen Aufstiegs der Karriereberatung einen Platz in der ersten Reihe hatte. Meine Frau ist Karriereberaterin und hat Menschen sechzehn Jahre lang geholfen, ihre Fähigkeiten und Interessen mit der richtigen Tätigkeit in Einklang zu bringen. Immer wieder hat ein bißchen professionelle Führung es desillusionierten Menschen ermöglicht, einen neuen und lohnenderen/einträglicheren Weg durch das Leben zu finden.

Einige Unternehmen versuchen sich am Matching, aber ihre Bemühungen sind nicht sehr systematisch. Kommen wir nochmals zu Apple und Marci Menconi zurück. Als sie herausfand, daß Betsy Pace, ihre Chefin bei Apple, in eine andere Position befördert worden war, und erfuhr, daß sie vielleicht nicht mitgehen könne, beschloß sie, ihre berufliche Laufbahn einmal genau unter die Lupe zu nehmen. Sie wollte definitiv von der Sekretariatsarbeit weg.

Durch Freunde hörte sie von Carol Dunne, einer ausgebildeten Karriereberaterin, die bei Apple arbeitete und eine Vielzahl von Berufsbildungsseminaren für die Mitarbeiter von Apple veranstaltete. Dunne sagt, daß sie den Großteil ihrer Zeit jetzt mit Outplacement-Arbeit verbringt, daß sie aber, wenn es ihr möglich ist, immer noch Seminare veranstaltet. Mehr oder minder ad hoc arbeitet sie mit Menschen wie Marci Menconi, wenn sie mitten in einem Karrieredilemma stecken.

Menconi nahm Kontakt zu Dunne auf, die sie bat, sich einer Reihe von Standardtests zu unterziehen. Dann traf sie sich mit Dunne zu einer Reihe ausgedehnter Gespräche. Viele Hinweise brachten die beiden auf Menconis jetzige Arbeit als Elektromechanikerin.

Im Oktober 1990 machte Marci Menconi bei Apple einen lateralen Schritt von der Bereichsassistentin »Stufe 27« zur Maschinentechnikerin »Stufe 27«. Heute sagt sie: »Ich bin unglaublich glücklich.

Ich trage Jeans, bin ein Gutteil der Zeit draußen und mache jeden Tag etwas anderes mit meinem eigenen Lieferwagen.«

Menconis Geschichte veranschaulicht einige Punkte. Erstens hätte sie vielleicht ohne Hilfe von außen niemals den Weg in einen Beruf gefunden, den sie liebt. Zweitens sind diese Persönlichkeitstests, die vielen von uns nicht viel besser erscheinen, als sich aus der Hand lesen zu lassen, wesentlich komplexer, als wir annehmen. Wichtig ist, sie aus dem Bereich der populärwissenschaftlichen Psychologie herauszunehmen und sie in Verbindung mit ausgebildeten Beratern einzusetzen, die sich viele Jahre damit beschäftigt haben, die Validität, die Stärken und Schwächen dieser Tests und die Interpretation der verschiedenen Instrumente zu begreifen. Drittens liegt die Antwort nicht in einem einzigen Test. Fast immer wird eine Reihe von Tests benötigt. Viertens kann auch eine ganze Reihe von Tests den persönlichen Kontakt und die Gespräche, die Marci Menconi mit Menschen wie Dunne und Krause geführt hat, nicht ersetzen.

Von allergrößter Bedeutung ist, daß *Interessen* ein besserer Schlüssel für die persönliche Motivation sein können als Fähigkeiten. Marci Menconi war qualifiziert in ihrem alten Beruf, hatte jedoch anfangs keine Fertigkeiten, wie sie sie für ihr neues Ziel brauchen würde. Nachdem sie ihre Interessen aber einmal erkannt hatte, spornten sie sie zum Handeln an. Durch Hilfe und Ausbildung konnte sie die erforderlichen Fertigkeiten für das erwerben, was sich als ihre wirkliche Leidenschaft erwiesen hat. Dies ist jedoch nicht immer möglich. Die meisten Menschen haben Interessen, die jenseits ihrer Fähigkeiten liegen. Ich würde wahnsinnig gerne Jazzmusik spielen. Keine Chance.

Man bedenke das Potential, das in den meisten Unternehmen freigesetzt werden könnte, wenn Menschen wie Marci Menconi Zugang zu den richtigen Ratschlägen bekämen.

Apple Computer Inc. ist in dieser Hinsicht vorbildlich. Dort ist es beispielsweise nicht verwunderlich, wenn eine Sekretärin sich zur Elektromechanikerin ausbilden läßt, weil dieser Job eher ihren Interessen entspricht.

Zurück zu den Wurzeln

Vielen Menschen reicht eine weniger krasse Veränderung als die Menconis, um neue Energie zu tanken. In manchen Fällen bedarf es nur eines neuen Hobbys oder einer Vereinstätigkeit in der Freizeit, um die Anregung zu erhalten, die einem die Arbeit nicht gibt. Für manche erfüllt eine Rückkehr zu den Wurzeln den Zweck. Dies ist bei einem Mann der Fall, den ich Sanford Neely nennen möchte, einem Projektmanager bei Hewlett-Packard Co., der in seinem Beruf und in seinem Privatleben sehr unglücklich war. Er hatte gerade seine Scheidung hinter sich. Er war drauf und dran, alles hinzuschmeißen, in den Nordwesten zu ziehen und ein einfacheres Leben zu führen, »vielleicht als Forstaufseher«. Ausschlaggebend war, daß Neelys Abteilung bei HP 1990 verkleinert wurde und man ihn bat, sich nach einer anderen Stelle innerhalb des Unternehmens umzuschauen.

Neely, der nicht wollte, daß sein richtiger Name genannt wird, begann, Vorstellungsgespräche für andere Positionen als die des Projektmanagers zu führen, aber er stand nicht dahinter. »Ich merkte, daß ich bei diesen Stellen zögerte, und das trat in den Vorstellungsgesprächen auch klar und deutlich zutage«, erinnert er sich. Aufgrund dieser Erfahrung begann er, über eine andere Laufbahn nachzudenken. Es ehrt HP, daß es seine Idee unterstützte, einen externen Karriereberater hinzuzuziehen.

Neely wandte sich an die in solchen Dingen erfahrene Maureen Shiells. In Tests und Gesprächen entdeckten Shiells und Neely mehrere Schlüsselpunkte für die in der Vergangenheit aufgetretenen Schwierigkeiten und für eine (möglicherweise) bessere Zukunft.

Projektmanager für die Durchführung bestimmter Softwareentwicklungsprojekte zu sein war für Neely eine außergewöhnlich auslaugende Tätigkeit, weil er ständig Kontakt mit anderen haben mußte. Darüber hinaus war er gewissermaßen ein Perfektionist. Diese Dualität machte ihn kaputt: einerseits eine Arbeit durch ständige Interaktion mit dem Team leisten zu müssen und andererseits das Ganze besonders gut machen zu wollen, um seinen eigenen Anforderungen zu genügen. Am Ende eines typischen 12-Stunden-Tages war er völlig gestreßt. Zu Hause wollte er sich nur noch in eine Ecke verkriechen und lesen. »Wenn ich zu Hause war, wollte ich einfach keinen Menschen mehr sehen«, sagt er, wohlwissend, daß das zu seiner Scheidung beigetragen hat.

Als sich die Beraterin und Neely mit seinen besten Erfahrungen in der Vergangenheit befaßten, stellten sie fest, daß sie fast alle aus den fünf Jahren stammten, ehe er Projektmanager wurde und in denen er als Ingenieur ohne Leitungsfunktion arbeitete. Eine Sache, an die er mit besonderer Freude zurückdenkt, ist die Befriedigung, die ihm die Erstellung von Software brachte. Die greifbaren Leistungen und das direkte Feedback fehlten in einer Managementposition. Nachdem er etwas in sich gegangen war, kam Neely zu der Erkenntnis, daß »Projektmanagement nicht der beste Platz für mich war« und daß »ich mich gerne mit der Technologie als solcher befasse«.

Er war jedoch sechs Jahre lang nicht im Bereich der Softwaretechnik tätig gewesen und würde wieder die Schulbank drücken müssen, um sein Wissen zu aktualisieren. Mit der vollen Unterstützung des Unternehmens nahm Neely im Laufe eines Jahres an mehreren Auffrischungsprogrammen teil. Zurück in den Kreisen der Softwareentwickler, fühlt er sich jetzt viel wohler. HP behielt einen fähigen Mitarbeiter und einen, der daraus eine wichtige Lehre gezogen hat. »Eines meiner Ziele ist«, sagt Neely, »alle paar Jahre eine Neubewertung meiner derzeitigen Position und meiner Ziele durchzuführen.«

Das bedeutet natürlich auch, daß ein Unternehmen bereit sein muß, Geld in Umschulungs- und Weiterbildungsprogramme der Mitarbeiter zu investieren. Die Bereitschaft, sie anzunehmen, ist groß.

Neelys Erkenntnis ist wichtiger, als sie auf den ersten Blick erscheinen mag. In einer idealen, perfekten Welt sollte eine Partnerschaft zwischen Arbeitgeber und Arbeitnehmer nur so lange dauern, wie sie für beide Seiten von Vorteil ist. Der Arbeitnehmer trägt zum Erfolg des Unternehmens bei und fühlt sich im Gegenzug gefordert und zufrieden. Wie wir gesehen haben, gibt es immer noch eine weitverbreitete Tendenz, in einem Job zu versauern und nichts dagegen zu tun. Langsam erkennen die Menschen jedoch – wie Neely und die anderen in diesem Kapitel Genannten es bereits getan haben –, daß es zum großen Teil an ihnen selbst liegt, ihre berufliche Laufbahn so zu gestalten, daß sie damit glücklich sind. Und langsam, entsetzlich langsam, erkennen einige Unternehmen, daß es auch zu ihrem Vorteil ist, wenn sie diesen Prozeß unterstützen.

Die perfekte Paßform

Die von mir hier verwendeten Beispiele deuten das Potential des Matching nur an. Unternehmen und einzelne sollten in diesem wichtigen Bereich auf weitere Fortschritte drängen. Meiner Meinung nach müßte die Idee so angegangen werden, wie Motorola die Aus- und Weiterbildung angeht. Bill Wiggenhorn, Präsident der Motorola-Universität, erklärt: »Wenn wir Sie einstellen, dann hoffen wir, daß Sie vierzig Jahre Mitglied unserer Gemeinschaft sein werden. Die Medaille hat jedoch zwei Seiten. Es ist unsere Pflicht, Ihnen die Möglichkeit zu geben, die Fähigkeiten zu erwerben, die Sie heute und morgen brauchen. Ihre Aufgabe ist es, zu lernen und diese Fähigkeiten anzuwenden. Wenn einer von uns den [ungeschriebenen] Vertrag bricht, würde unsere Investition in die Aus- und Weiterbildung nicht funktionieren.«

Dementsprechend trägt sowohl das Unternehmen als auch der einzelne Verantwortung bei der optimalen Abstimmung von Mensch und Arbeitsplatz. Auf seiten des Unternehmens sind es:

- Die gründliche Karriereberatung, über die ich gesprochen habe, allen Mitarbeitern leicht zugänglich zu machen, entweder indem externe Berater kostenlos zur Verfügung gestellt werden – oder indem ein internes Berufsbildungszentrum geschaffen wird.
- Ein sehr umfassendes innerbetriebliches Stellenausschreibungs- und Informationssystem aktuell, verfügbar und fair zu gestalten (zu oft werden die Kandidaten ausgesucht, bevor die Stelle ausgeschrieben wird).
- Diskussionen und Testergebnisse zwischen Arbeitnehmer und Berater privilegiert und vertraulich zu behandeln, es sei denn, der Arbeitnehmer möchte die Informationen mit anderen teilen.
- Fähigkeiten und professionelle Schulungen leicht zugänglich zu machen.
- Umfassende und rechtzeitige Warnungen aussprechen und Berufsplanungshilfe geben, wenn Stellen wahrscheinlich auslaufen.

Auf seiten des einzelnen:

- Die Verantwortung dafür zu übernehmen, neue Wege zu gehen. Wenn man ausgebrannt ist und nichts dagegen unternimmt, ist das jedermanns persönliches Problem und nicht das des »Systems«.
- Die Karriereberatung oder externe Hilfe in Anspruch zu nehmen, wenn man das Gefühl hat, daß dies angemessen sei.

Schritte, die dieses System unterstützen, können eine gründliche Karriereberatung, innerbetriebliche Stellenausschreibungen und das Eingehen auf besondere Bedürfnisse auf seiten der Arbeitnehmer sein.

- In seinem Unternehmen darauf zu drängen, daß die Idee der Karriereplanung und des Job-Matching unterstützt wird.
- Die Vorstellung zu akzeptieren, daß berufliche Laufbahnen nicht immer nach oben führen müssen. Sich nach vorne zu bewegen kann in vielen Fällen heißen, einige Schritte rückwärts zu tun, um Fähigkeiten und Erfahrungen zu erwerben.

*

Vor langer Zeit sagte Thoreau, daß die meisten Menschen in stiller Verzweiflung leben. Seine Worte sind heute noch so aktuell wie damals, als er sie zum ersten Mal aussprach, und sie gelten unter den Beschäftigten sowohl für Männer als auch für Frauen. Es schien immer von entscheidender Bedeutung zu sein, diese Situation zu ändern. Jetzt scheint es jedoch durchaus möglich.

Kapitel 13

Epilog: Spitzenleistungen sind machbar

13

Wenn ich zurückblickend die langen Jahre der Forschung betrachte, die nicht nur in dieses Buch einflossen, sondern auch in seine Vorgänger, bleibt eine irritierende und schwierige Frage unbeantwortet: Warum kommen einige große Unternehmen wie IBM böse ins Schleudern, während andere, wie z. B. Procter & Gamble, immer noch auf voller Fahrt voraus sind?

Meine spontane Antwort ist gewesen, daß ich nicht sicher bin, ob überhaupt jemand die Antwort auf diese Frage weiß – in gewisser Hinsicht bin ich mir noch nicht einmal sicher, ob es mich überhaupt interessiert. Mir ging es nur darum, von den Besten zu lernen, während sie gut sind, genauso wie wir es mit Spitzensportlern halten. Und wie bei Spitzensportlern kann man realistischerweise davon ausgehen, daß auch die besten Unternehmen älter werden und Speck ansetzen.

Trotzdem ist es eine gute Frage, und wenn sie auch in einem allgemeineren Sinn unbeantwortbar sein mag (was würden *Sie* GM raten?), will ich es dennoch versuchen. Ich habe den Eindruck, daß es einige Muster gibt, die bei den in diesem Buch untersuchten Unternehmen zu sehen sind und die schon bei früheren Untersuchungen auftauchten. Sie können dazu beitragen, langfristigen Erfolg zu erklären.

Zuallererst – und in meinen Augen vielleicht am wichtigsten – ist

Natürlich setzen auch Unternehmen Speck an. Wir können von Spitzenunternehmen daher realistischerweise nur lernen, solange sie »Top« sind und diese Spitzenposition auch verteidigen.

die Tatsache, daß diese Unternehmen sich in *kleine, recht autonome Einheiten* aufspalten. Dadurch wird der Marktmechanismus in bezug auf die Entscheidungsbildung in die Hierarchie eingeführt und hindert die Hierarchie daran, Blödsinn zu veranstalten. So fing General Motors an, vor langer Zeit, als es das erste Unternehmen nach du Pont war, das radikal dezentralisierte. Im Laufe der Zeit wurde dann jedoch nur die Form und nicht die Tatsache der Dezentralisierung aufrechterhalten.

In diesem Buch habe ich über kleine Einheiten vor allem in Zusammenhang mit Produktinnovationen gesprochen. Kleine Einheiten erhalten den innovativen Schwung eines Unternehmens auch in einem anderen Sinne – die Unternehmen erfinden sich selbst ständig neu.

Dies geschieht wahrscheinlich aus zwei Gründen. Kleine Einheiten, wie z. B. Rubbermaids Busineß-Teams, bleiben in viel engerem Kontakt mit ihren Kunden, als eine Abteilung eines großen Unternehmens es tun kann. Außerdem haben kleine Einheiten, die so organisiert wurden, daß sie relativ selbständig sind, mehr *Willen,* erfolgreich zu sein. Wenn sie sich selbst als verantwortlich für die eigenen Gewinne, Kosten oder auch beides fühlen, neigen sie nicht dazu, z. B. erster Klasse zu fliegen, nur weil die Muttergesellschaft anscheinend relativ groß und reich ist.

Sowohl radikale Dezentralisierung als auch heutzutage die Fremdvergabe von Aktivitäten, die ein anderes Unternehmen besser verrichten kann, sind Mittel zur Aufspaltung großer Unternehmen in kleine, unabhängige, marktorientierte Einheiten. Sie ziehen den Marktmechanismus in die Hierarchie hinein.

Der zweite Faktor, der die vortrefflichen Überlebenden von den anderen zu unterscheiden scheint, ist dem ersten vergleichbar und doch anders. Es ist der Wille und die Fähigkeit, *»von oben nach*

unten« – und nicht »von unten nach oben« – *zu organisieren.* Im Prinzip handelt das ganze Buch davon. Sich auf die konventionelle Art und Weise zu organisieren heißt für die meisten Mitarbeiter von Unternehmen: »Stell den Boß zufrieden!« Die gesund bleibenden Unternehmen organisieren sich so, daß sie die Kunden zufriedenstellen und ihre Mitarbeiter motivieren.
Im Bereich Verbrauchermarketing gibt es nur eine Business School weltweit, und das ist Procter & Gamble. Ich glaube, man kann wirklich sagen, daß im Laufe der Jahre kein Unternehmen und keine Organisation die Verbraucher besser verstanden hat als Procter & Gamble. Nur wenige investieren so viel Geld, Zeit und Energie in das Bemühen, die Verbraucher zu begreifen und zu verstehen. Wenn man Lima/Ohio als Maßstab nimmt, gibt es nur wenige Unternehmen, die die Bedürfnisse der Menschen so gut verstehen wie dieses Unternehmen.
Natürlich ist auch Procter & Gamble nicht fehlerfrei. Zu einer Zeit, da das Kraftbündel Wal-Mart damit beginnt, die Vertriebskanäle zu beherrschen, wäre Procter & Gamble unter den ersten, die zugeben würden, daß man beim Absatz an solche Verbraucher besser sein könnte. Von außen (und wahrscheinlich für viele auch von innen) gesehen, scheint das Unternehmen sehr steif, formal und rigide zu sein, weit entfernt von dem menschenfreundlichen Unternehmen, das ich in Lima beschrieben habe. Aber seine über 150jährige Firmengeschichte legt nahe, daß es in einem sehr gut ist: Ich glaube, daß es Procter & Gambles historische Konzentration auf die Bedürfnisse der Kunden und der eigenen Mitarbeiter ist. Das verbindet sich hervorragend mit seiner Version der selbständigen Einheiten: relativ selbständige und manchmal auch im Wettbewerb miteinander stehende Marken- und Produktkategoriemanager.

Ein dritter Faktor ist die Fähigkeit, leicht und reibungslos von der

Zu diesen Lernschritten gehören etwa folgende Faktoren: kleine, marktorientierte Einheiten arbeiten effektiver. Veränderungen werden meist von oben nach unten organisiert und nicht andersherum.

normalen Bürokratie (wobei ich das Wort hier in seiner positivsten Bedeutung meine) auf eine – wie ich es nenne – *»Adhocratie«* umzusteigen.

Das Problem ist folgendes: Aufgabe der Bürokratie, unserer historischen Form der Organisation, ist die Bewältigung der wiederkehrenden Probleme im täglichen Leben von Organisationen. Der Vertrieb ist für den Verkauf zuständig. Die Produktion stellt Dinge her. Die Liste ließe sich endlos fortsetzen. Solange sich die Geschäftswelt nicht sehr schnell verändert, sollte die Bürokratie die vorherrschende Organisationsform sein. Die Dinge verändern sich jedoch sehr schnell. Und Veränderungen haben die unangenehme Eigenschaft, sich wenig um organisatorische Grenzen zu kümmern. Wir brauchen also eine andere Form der Organisation, die die Veränderungen widerspiegelt. Normalerweise ist das das funktionsübergreifende Team oder die funktionsübergreifende Sondergruppe – eine Organisationsform, über die ich geschrieben habe und die ich Adhocratie nannte.

Die meisten Unternehmen sehen die Notwendigkeit der Adhocratie, kommen aber nur schlecht mit ihr zurecht. Das nötige Durchhaltevermögen werden die Unternehmen haben, die mit dieser Adhocratie genauso gut umgehen, wie die meisten anderen mit der Bürokratie. Die in diesem Buch besprochenen Unternehmen sind recht gute Beispiele hierfür. Nehmen sie z. B. Federal Express und seine »Qualitiy Action Teams« oder AES mit seiner »Familien«- und »Honigwaben«struktur auf der Betriebsebene. Motorola und seine Qualitätsteams sind ein perfektes Beispiel. Das trifft auch zu auf Levi's und auf seine Art, sich so zu organisieren, hohe Ansprüche an sich selbst zu stellen und ihnen gerecht zu werden.

Merck und Rubbermaid mit ihren funktionsübergreifenden Innovationsteams, die ihre Parallelen in anderen Teilen der Organisation haben, sind hervorragende Beispiele. Procter & Gambles

Werk in Lima mit seiner Möglichkeit des nahtlosen Übergangs von der On-line- zur Off-line-Arbeit und wieder zurück ist ein perfektes Beispiel. Wenn ich phantasievoll genug gewesen wäre, um es mir vorzustellen, wäre das Werk in Lima genau das gewesen, woran ich dachte, als ich *Adhocracy* schrieb.

Der letzte Punkt ist *reines Durchhaltevermögen* und der Wille, sich dem langfristigen Erfolg zu verpflichten. Denken wir an die dreißig Jahre, die Procter & Gamble darauf verwandte, die Selbststeuerung zu einem Way of Life zu machen. Denken wir an die vierzehn Jahre, die Motorola hart daran arbeitete, daß umfassende Qualität zu einer Realität wurde. Denken wir an die massiven Bemühungen, die Levi's in die »Aspirations« gesteckt hat, und die jahrelange Hartnäckigkeit von Haas. Großartige Fortschritte – aber Levi's wäre der erste zuzugeben, daß noch ein langer Weg vor ihnen liegt. Denken wir an die siebzehn Jahre, die Merck brauchte, um Proscar auf den Markt zu bringen.
In unserer hektischen Gesellschaft, in der alles schon vorgestern geschehen sein sollte, haben nur wenige Führungskräfte die Geduld für diese Art Engagement. Sie wollen umfassende Qualität hier und jetzt, Selbststeuerung ein Jahr später, und ganz *en passant* soll auch noch eben die Unternehmenskultur verändert werden. Die Unfähigkeit, sich der Zeit zu verschreiben, der es nun einmal bedarf, um große Dinge zu tun, ist genau der Grund, warum die meisten »Führer« keine großen Dinge zustande bringen.
Die von mir untersuchten Unternehmen scheinen dies zu begreifen. Das ist ein Grund, warum sie so offen sind. Sie wissen, daß die meisten anderen es ihnen nicht gleichtun werden, selbst wenn sie es ganz verstehen würden.

*

Notwendig ist ein Umsteigen von einer normalen Bürokratie auf eine »Adhocratie«. Und der letzte Punkt: Ohne den Willen durchzuhalten wird sich kein langfristiger Erfolg einstellen.

Bisher habe ich über die guten Nachrichten gesprochen, die sich aus Amerika und einigen ausgewählten amerikanischen Unternehmen in die Welt ergießen. Wir müssen es verstehen. Genauso wie Abraham Maslow die Psychologie zu revolutionieren begann, als er anfing, sich mit gesunden Menschen zu beschäftigen, müssen diejenigen unter uns, die sich um das Leben in Organisationen sorgen, sich anschauen, wie gesunde Exemplare aussehen. Das ist, beginnend mit *Auf der Suche nach Spitzenleistungen,* mehr als zehn Jahre die Stoßrichtung meiner eigenen Forschung gewesen.

Eine zentrale Frage bleibt jedoch bei dieser Art von Forschung unbeantwortet: Wenn wir so gut sind, warum *fühlen* wir uns dann so mies dabei?

Ein Grund hierfür wird plastisch in einer Geschichte dargestellt, die mir Lamar Alexandar, ehemaliger US-Bildungsminister und Gouverneur von Tennessee, erzählte: »Kentucky gewann beim Basketball ein Jahr nach dem anderen die Southeastern Conference. Dann gewann auf einmal Vanderbilt, dann Alabama und dann Tennessee. Jedermann in Kentucky glaubte, daß die eigene Mannschaft in der Versenkung verschwunden sei. In Realität aber war mit der Mannschaft Kentuckys nichts passiert, die Spiele waren einfach besser/hochwertiger geworden. Deshalb mußte Kentucky härter arbeiten und ständig auf Zack sein. Es war ein Schock, jedes Jahr um den Titel kämpfen zu müssen und manchmal auch zu verlieren.«

Die offensichtliche Parallele in der Wirtschaft ist darin zu sehen, daß es für Amerika ein Schock war, daß die Branchen, bei denen man gewohnt war, ganz vorne zu sein (in der Automobilbranche und der Unterhaltungselektronik), kämpfen und konkurrieren mußten und auch immer wieder verloren. Aber genau dieser *Zwang zum Wettbewerb* scheint der Grund zu sein, warum wir heu-

te so gut sind. Nehmen Sie nur Motorolas Reaktion auf die japanischen Wettbewerber – oder die Qualität amerikanischer Fahrzeuge heute im Vergleich zu vor zehn Jahren.
Der wahre Grund hinter unserem Unbehagen scheint für mich darin zu liegen, daß wir uns höchstwahrscheinlich schon voll in einer Revolution befinden, die genauso dramatisch ist wie jene, die die Menschen von den Bauernhöfen in die Fabriken strömen ließ. Vor jener Revolution bearbeiteten 70 Prozent der amerikanischen Arbeitsbevölkerung den Boden, damit alle zu essen hatten. Heute ernähren wir uns besser (einige würden sagen zu gut), und das bei nur 5 Prozent unserer arbeitenden Bevölkerung in der Landwirtschaft. Nennen Sie es die *Wissens- oder die Informationsrevolution.* Sie verändert das Wesen der Arbeit, und sie wird die Struktur unserer Gesellschaft verändern.
Ein Großteil unserer Unruhe liegt in der Natur der Revolution selbst begründet. Sie schafft ungeheure Veränderungen und Unsicherheit. Und die meisten Menschen haben Schwierigkeiten, mit großer Unsicherheit zurechtzukommen.
Ein anderer Grund für unser Unbehagen liegt in den Auswirkungen, die die Informationsrevolution auf unsere amerikanischen Arbeiter zu haben scheint. In den sechziger und siebziger Jahren haben wir die Folgen der Wissensarbeit, der Informationen und des Computers kaum beachtet. Jetzt aber fühlen wir sie. Von 1965 bis 1975 stiegen die Realeinkommen für die Ausgebildeten und auch für die Ungelernten um 30 Prozent. So weit, so gut. Wie aber sah es in den nächsten zehn Jahren aus, von 1975 bis 1985? Während dieser Zeit fiel das Realeinkommen für die Ungelernten um ein Prozent, während in derselben Zeit das Realeinkommen für die Ausgebildeten um 70 Prozent stieg.
Wenn das so weitergeht, wie viele glauben, befinden wir uns in der großen Gefahr, zu einer gespaltenen Gesellschaft zu werden –

Die in diesem Buch geschilderten Beispiele haben gezeigt, daß wir auf vielen Bereichen schon »gut sind« – und doch fühlen wir uns oft so mies dabei. Das scheint ein Grundphänomen unserer Zeit zu sein.

gespalten in die, die haben, und die, die nichts haben. Das wird den amerikanischen Traum von Gleichheit arg auf den Prüfstand stellen.
Das größte Problem dürfte wohl die Schaffung von Arbeitsplätzen sein. Halten wir uns die Bedeutung von Produktivität vor Augen: mehr Arbeitsergebnis mit weniger Menschen. Langweilige, schmutzige und gefährliche Arbeiten werden nun durch Maschinen verrichtet. Daran ist im Prinzip nichts falsch. Es ist die Quelle des Reichtums der Nationen, und bisher waren wir in der Lage, den unvermeidlichen Verlust von Arbeitsplätzen durch wirtschaftliches Wachstum auszugleichen.[1]
Das potentielle, sehr beunruhigende Problem liegt darin, daß Arbeitssysteme wie die Selbststeuerung bei Procter & Gamble, die Honigwaben bei AES, die SQI bei Federal Express und die Six Sigma bei Motorola drastisch die Art, wie Arbeit erledigt wird, verändern. Heute findet man in den meisten fortschrittlichen Unternehmen eines nicht: viele Mitarbeiter. Der Großteil der Kosten bei den meisten Industriegütern rührt von den indirekten Gemeinkosten her (Überwachung, Koordination, Buchhaltung, Forschung, Konstruktion, Design, Verkauf), also von allem anderen, nur nicht von direkter Arbeit.
Wie Peter Drucker immer wieder gern betont, muß in der Tat sogar etwas beim Herstellungsprozeß falsch laufen, wenn sich die direkten Arbeitskosten bei Industriegütern auf mehr als 5 Prozent der Kosten belaufen. (Deshalb haben wir keine Arbeitsplätze in der Fertigung an unsere ausländischen Wettbewerber verloren, wie ein Teil der Studie vom McKinsey Global Institute zeigt. Geringere Arbeitskosten spielen keine so große Rolle.)
Auf den Punkt gebracht, geht es darum, daß Arbeitssysteme wie die Selbstführung direkt auf die indirekten Kosten abzielen (Verringerung von Führungsebenen in der Produktion und Abbau von

Stabsstellen). Ein wirkliches System der umfassenden Qualität reduziert einen anderen Teil der Gemeinkosten drastisch: die Kosten für Fehlerbeseitigung. Es fällt nicht schwer, sich ein langes und kontinuierliches Anwachsen der Fertigungsgrundlage, verbunden mit einer fortgesetzten Abnahme der gewerblichen Arbeitsplätze, vorzustellen.

Die verarbeitende Industrie jedoch macht nur 20 Prozent der Wirtschaft aus. Wie steht es mit den Dienstleistungen? Genau das gleiche Phänomen. Für große Teile der Wirtschaft gibt es keine allzu großen Unterschiede zwischen Industrie und Dienstleistungsgewerbe. Levi's verarbeitet Jeans, und FedEx verarbeitet Post. Procter & Gamble verarbeitet Konsumgüter, die Banken Schecks und elektronische Transaktionen.

In der Tat geht Fred Gluck, Vorsitzender des Vorstandsgremiums bei McKinsey, davon aus, daß die Unterscheidung zwischen Industrie und Dienstleistungsgewerbe immer irrelevanter wird. »Wenn Sie in einem fertigenden Betrieb Software entwickeln, Kunden kontaktieren oder die Buchführung machen, dann zählt ihr Arbeitsplatz zur verarbeitenden Industrie. Auf der anderen Seite gilt: Alle Mitarbeiter von Microsoft zählen zum Dienstleistungsgewerbe – ungeachtet der Tatsache, daß die von ihnen erstellte Software genauso handelsfähig ist wie irgendeine Werkzeugmaschine.«[2]

Professor James Brian Quinn aus Dartmouth treibt einen großen Nagel in den Sarg der Unterscheidung zwischen Industrie und Dienstleistungsgewerbe. Seine Studien zeigen, daß Dienstleistungsunternehmen genausoviel Kapital einsetzen wie die verarbeitende Industrie. Oft sogar noch mehr! Denken Sie nur an Federal Express und seine Investitionen in Flugzeuge.

Bis vor kurzem veränderte sich der Produktivitätsanstieg bei den amerikanischen Dienstleistungsunternehmen nur wenig. Jetzt

Das allgemein verbreitete Gefühl in unserer Industriegesellschaft ist das eines allgemeinen Unbehagens.

Schuld sind – u. a. – die gegenwärtige Arbeitsmarktsituation und die explodierenden Kostenfaktoren.

scheint sich hier einiges zu tun. Wie Alan Greenspan, Vorsitzender des Federal Reserve Board, vor dem Congress formulierte: »Eine zunehmende Synergie von Hard- und Software-Anwendungen mag schließlich in einem bedeutenden Anstieg der Arbeitsproduktivität deutlich werden.« Wenn das stimmt, geht es hier wirklich um ein »Mensch-beißt-Hund«-Phänomen, um das *Wall Street Journal*[3] zu zitieren (so vernachlässigbar waren die bemerkbaren Auswirkungen der Computerisierung vorher gewesen). Im weiteren Text nennt das Journal dann zahlreiche Unternehmen – fast alle aus dem Dienstleistungssektor, bei denen in der letzten Zeit durch die Computerisierung große Produktivitätsgewinne erzielt wurden.

Bedenken Sie, daß sich die gesamte Studie des McKinsey Global Institute fast ausschließlich auf den Dienstleistungssektor konzentrierte und beträchtliche Produktivitätsunterschiede zwischen den einzelnen Ländern aufzeigte. Die allgemeine Ansicht, daß sich Dienstleistungsunternehmen Produktivitätszuwächsen widersetzen, muß falsch sein.

Ich kann keinen Grund finden, warum der Dienstleistungssektor in Zukunft nicht auch solche Produktivitätszuwächse erleben sollte wie die verarbeitende Industrie.

Normalerweise begrüßen wir solche Nachrichten mit großer Freude. Heute weiß ich nicht so ganz genau, wie darauf zu reagieren ist. Schwierig wird es in meinen Augen dadurch, daß wir heute weder in der Industrie noch im Dienstleistungsgewerbe etwas haben, das dem Ersatz der Arbeitsplätze in der Landwirtschaft durch die in der Industrie während der ersten Revolution vergleichbar wäre. Das Potential an sozialen Problemen ist im Dienstleistungssektor genauso groß wie in der Industrie.

Arbeitsplatzverluste müßten/sollten nicht sein. Wir sind eine reiche Nation und befinden uns in keiner allzu großen Gefahr, dieses

Merkmal zu verlieren. Ich glaube, wir sollten unseren Reichtum dazu nutzen, zweifach reich zu sein – reich an Geist wie an materiellen Gütern.
Diese Ansicht gründet auf einer der härtesten Fragen, die mir bei meinen Vorträgen im Ausland gestellt wurden, vor allem in Ländern, die sich bemühen, eine Marktwirtschaft zum Funktionieren zu bringen. Zu diesen Ländern gehören für mich in der letzten Zeit Brasilien, Rußland, Chile, Argentinien und Ecuador. Die Frage lautet ungefähr so: Warum können Sie in einem reichen Land wie Amerika Ihre Probleme mit der Bildung und Ausbildung, der Umwelt, den Drogen, der Gewalt, den Obdachlosen, dem Gesundheitswesen etc. nicht lösen? Die Liste kann sehr lang sein.

Warum eigentlich nicht?

Die allgemeine Antwort lautet, daß wir keinen Mechanismus haben, um unsere ökonomische Macht auf die Lösung dieser Probleme zu lenken. In unserer Gesellschaft ist der effiziente Mechanismus zur Lösung von Problemen die freie Marktwirtschaft. Sie ist nicht perfekt, aber immer noch besser als jedes andere System oder Instrument, besser jedenfalls als staatliche Lenkung.
Doch das Problem, das unser System der freien Marktwirtschaft löst, ist das der Schaffung materiellen Reichtums. Darin sind wir sehr gut. Das Problem ist jedoch, daß sich die meisten der heute vor uns liegenden Probleme *außerhalb* unserer konventionellen Definition von Reichtum bewegen.
Das heißt also, daß das wirkliche Problem nicht im Mangel an Arbeitsplätzen besteht. Im Prinzip – ich betone: im Prinzip – gibt es reichlich Arbeit. Unsere Gesellschaft ist reich an Problemen.
Wie aber verknüpfen wir unser spektakulär erfolgreiches Wirtschaftssystem mit den vor uns liegenden Problemen? Das ist die

Es gibt keinen automatischen Mechanismus, unsere ökonomische Macht zur Lösung dieser Probleme erfolgreich einzusetzen. Unser persönliches Engagement ist auch weiterhin gefragt.

Frage, die auf der Liste unserer nationalen Prioritäten ganz weit oben rangieren sollte. Ich weiß auch keine Antwort auf diese Frage; aber in einem weiteren Buch werde ich mich damit beschäftigen, wie einige – private und öffentliche – Unternehmen verschiedene Aspekte dieses allgemeinen Problems bewältigen.

Ein Großteil des Problems, und zwar ein Teil, der uns immer wieder in den Weg geraten wird, auch in der Wirtschaft, ist unser System der Verteilung von Reichtum. Wir verlassen uns auf unser altes System, wenn wir über Organisationen nachdenken. *Wir sind in der Pyramide begraben.*

Es ist mehr oder minder bis heute die Pyramide, die in den meisten Unternehmen definiert, wer was ist. Wenn der Titel auf Ihrer Visitenkarte signalisierte, daß Sie für irgend etwas verantwortlich waren, dann wurde Ihre Bedeutung kaum in Frage gestellt. Die einzige Frage bezog sich auf den akademischen Titel. Vizepräsident zu sein war besser als nur Manager, besser noch Gruppenvizepräsident, vielleicht sogar stellvertretender Vorsitzender. Am besten: Vorsitzender. Und dann die wahren Könige in Amerika: die *Chief Executive Officers* (CEOs).

Die Pyramide bewirkte wesentlich mehr, als nur die symbolische Bedeutung des einzelnen zu definieren, und das gilt auch heute noch. Sie bestimmt, wieviel Gehalt der einzelne bezieht. Bei den meisten Organisationen besteht immer noch eine enge direkte Verbindung zwischen der Anzahl der einer Führungskraft unterstellten Mitarbeiter und der Höhe ihres Gehalts und der Anzahl der kostenlosen Firmenaktien, die sie bekommen.

Diese Tatsache hat einen interessanten Nebeneffekt: Sie *produziert Manager.* Wohlmeinende Vorgesetzte, die auf dem normalen Weg der Leistungsbelohnung keine Gehaltserhöhung für ihre Mitarbeiter durchbringen können, haben einen einfachen Weg gefunden, dem System ein Schnippchen zu schlagen: Sie befördern sie.

Bei dieser interessanten Variante des Parkinsonschen Gesetzes werden Manager und organisatorische Ebenen nicht etwa eingeführt, weil sie benötigt werden, sondern weil anständige, hart arbeitende Mitarbeiter besser entlohnt werden müssen, denn sie verdienen es.
Außerdem – und das ist bei weitem nicht der unwichtigste Punkt – versorgt ein Platz in der Pyramide seinen Inhaber mit einem Schuß dessen, was für manche das letztliche Aphrodisiakum ist: *Macht.* Hatte man einen Untergebenen, hatte man Macht über ihn. So sollte das System zumindest funktionieren. Lassen Sie sich nicht durch die Tatsache irritieren, daß die meisten Menschen die meisten Dinge auf ihre Art und Weise tun – unabhängig davon, was ihnen ein Manager sagt.
Heute aber ist ein Großteil dieses Systems, an dem wir immer noch hängen, veraltet. Das ist das unumgängliche Ergebnis von Selbststeuerung und Delegation. Das erlaubt uns, die Dinge zu verschieben. Das ist es auch, was dem mittleren Management wahre Angst einjagt. Veraltete Arbeits- und Entlohnungssysteme. Keine neuen Systeme, die an die Stelle der alten treten können.

*

Wenn ich auch die Antwort nicht kenne, so weiß ich doch, *wo* ich suchen muß. Wir brauchen Lösungen, die die nachfolgenden Ideen miteinander verknüpfen.
Das Pro-Kopf-Vermögen der Amerikaner steigt kontinuierlich weiter an. Zwar bedroht die Produktivität Arbeitsplätze, sie schafft aber auch kontinuierliches Wachstum des Bruttosozialproduktes. Zumindest auf dem Papier hat jeder von uns mehr Geld. Das Problem ist, daß es anscheinend immer ungleicher verteilt ist. Unser altes System für die Umverteilung muß daher drin-

Das Grundübel ist, daß wir immer noch an alten Systemen hängen. Statt dessen sollten wir verstärkt nach neuen Lösungen suchen. Beispiele dazu habe ich in diesem Buch vorzustellen versucht.

gend überarbeitet werden. Ich spreche hier nicht von Sozialhilfe. Ich sorge mich besonders über die zunehmende Irrelevanz unseres alten Systems, das Menschen hauptsächlich auf der Grundlage ihrer Position in der Hierarchie bezahlt. Es sollte verschrottet werden. Unser System der Verknüpfung von Entlohnung und Leistung muß komplett überholt werden.

Wir müssen Wege finden, die *Entlohnungssysteme an unsere wirklichen Probleme zu binden.* In diesen schnellebigen Zeiten brauchen wir die Anerkennung und Verwendung dessen, was Procter & Gamble in Lima als »Off-line«-Arbeit bezeichnet und was ich Adhocratie nannte. Ein weitverbreitetes Gegenstück zu den Entlohnungssystemen von Procter & Gamble, die auf Arbeit und Fähigkeiten basieren, und zwar weit über die Ebene der Techniker hinaus, wäre ein guter Einstieg.

Wir sollten danach streben, *zweifach reich zu sein.* Um das zu tun, müssen wir das Wort Reichtum neu definieren. Wir sind so lange keine reiche Nation, bis unser Maßstab von Reichtum nicht den Fortschritt bei der erfolgreichen Bekämpfung der uns alle beschäftigenden sozialen Probleme einschließt. Sollten wir angesichts unseres mächtigen Inlandsprodukts pro Kopf zufrieden sein mit unserem Bildungswesen? Mit unserer verrottenden Infrastruktur? Mit dem Zustand unserer Umwelt? Mit dem Ausmaß des Drogenkonsums? Mit der Gewalt? Mit der inzwischen großen Armut?

Wir müssen uns zur *Lösung unserer gesellschaftlichen Probleme nach marktorientierten Systemen umschauen.* Ich habe keine Ahnung, wie sie aussehen könnten. Zu dieser Einsicht bin ich durch eine Art Negativbeweis gelangt. Staatliche Interventionen funktionieren nicht. (Teilweise überragen wir andere Nationen in der Produktivität, weil bei ihnen mehr von dem in staatlichem Besitz ist, was bei uns als Privatwirtschaft gilt – und weil andere Staaten Arbeitsplätze und ganze Industrien auf Kosten der Ver-

braucher schützen.) Stark konzentrierte Entscheidungsfindungen in großen Regierungen oder großen Unternehmen funktionieren auch nicht. Steueranreize funktionieren – sehen Sie sich nur an, wie wir das Immobiliengeschäft genährt und dann überfüttert haben, als wir diesem Gewerbe eine bevorzugte Steuerbehandlung zusicherten. Steueranreize schaffen nämlich ihr eigenes, anscheinend unaufhaltsames Momentum. Außerdem scheinen Steueranreize heute unpopulär zu sein.
Der Grund für das Funktionieren von Steueranreizen liegt im Funktionieren wohlregulierter Marktordnungen. Das funktioniert für die Wirtschaft als Ganzes. Das funktioniert für große Unternehmen, die sich in kleine Einheiten aufspalten. Es funktioniert sicher besser als eine Hierarchie. Wenn wir unsere grauen Zellen anstrengen, sollten wir in der Lage sein, den Marktmechanismus auf die sozialen Probleme des Tages zu lenken.
Wir müssen Wege finden, um unseren Reichtum besser mit unseren *wirklichen* Problemen in Einklang zu bringen. Wenn wir wirklich eine reiche Nation sein wollen – vom Geiste her wie materiell gesehen –, müssen wir eine Möglichkeit finden, unsere Worte mit Geld zu unterstützen. Wir beschweren uns lautstark über unser Bildungswesen – bezahlen aber unsere Lehrer nicht. Wir verwerfen unsere miserable Infrastruktur und stimmen gegen die Maßnahmen zu ihrer Verbesserung. Wir verwerfen die Gewalt und ziehen die Polizisten von den Straßen ab (und lassen so den Markt für Drogen und Handfeuerwaffen aus dem Ruder laufen). Wir verabscheuen die Umweltverschmutzung und verschwenden Milliarden Dollar für Super-Investmentfonds.

Die grundlegende Ironie unserer Tage liegt darin, daß alle Zutaten vorhanden sind. Wir haben *Arbeitssysteme und Technologien,* die uns außerordentlich produktiv machen. Viele Probleme bedürfen

Wir müssen endlich Wege finden, um unseren Reichtum mit unseren wirklichen Problemen in Einklang zu bringen. Die Mittel dazu sind vorhanden. Wir müssen sie nur erkennen und heute noch aufgreifen.

der Lösung, um Amerika und die Welt zu einem besseren Platz zu machen. Wir haben den Reichtum, um zumindest einige dieser Probleme anzugehen. Wir müssen Arbeitsplätze in der Nähe dieser Probleme schaffen. Die gesellschaftliche Besorgnis, die diesen Arbeitsplätzen Bedeutung verleihen wird, ist vorhanden.
Was uns jedoch fehlt, ist die Vorstellungskraft und der Wille, diese Zutaten zu einem mitreißenden Gemisch zu verschmelzen.

Anmerkungen

1 Zusammengenommen haben die in diesem Buch untersuchten Unternehmen Arbeitsplätze geschaffen. In den Jahren 1982 bis 1992 haben diese Unternehmen 110 000 neue Arbeitsplätze geschaffen – von 222 000 im Jahre 1982 stieg die Zahl der Arbeitsplätze auf 332 000 im Jahre 1992. Jedoch kann man nicht sagen, daß sich große Unternehmen im allgemeinen durch die Schaffung von Arbeitsplätzen auszeichneten, und es gibt auch keinerlei Anhaltspunkt dafür, daß die in diesem Buch behandelten Unternehmen auch in Zukunft Arbeitsplätze schaffen werden. Während des oben genannten Zeitraums wuchsen bei diesen Unternehmen die Umsätze wesentlich schneller als die Zahl der Arbeitsplätze, so daß der Umsatz pro Mitarbeiter – eine Meßgröße für Produktivität – um 90 Prozent anstieg.

2 Gluck, Frederick W., *Recreating the American Dream,* The Manhattan College, John J. Horan Endowed Lecture Series, 21. Oktober 1992, S. 12.

3 Wall Street Journal, 1. März 1993, *Computers Start to Lift U.S. Productivity,* S. B10.

Personen- und Sachregister

Lester Thurow

Kopf an Kopf

Wer siegt im Wirtschaftskrieg zwischen Europa, Japan und den USA.

gebunden, Schutzumschlag, 352 Seiten

Seit der (russische) Bär in den Wäldern verschwunden ist und die kalten Krieger ihre Waffen beiseite gelegt haben, eröffnet sich ein neues geopolitisches Panorama. Von dem Zeitpunkt an, als politisch Entwarnung signalisiert wurde, ringen die Triadenmächte um die Weltvorherrschaft. Immer mehr wird klar: Die militärische Kriegsführung wird durch die ökonomische ersetzt.
Europa, Japan oder die USA – wer wird das Rennen machen? Eindrucksvoll schildert Bestsellerautor Lester Thurow die Stärken und Schwächen jedes Landes: Europa sieht er als hochflexibles Wirtschaftsgebilde, Japan ist für den M.I.T.-Dekan die verbraucherfreundlichste Industrie. Seinen eigenen Landsleuten stellt Thurow ein eher kritisches Zeugnis aus. Er illustriert dies am Beispiel des Sports: Die Wendigkeit, die taktische Finesse und der lange Atem des europäischen Fußballs ist, so Thurow, dem hektischen und robusten Football der Amerikaner überlegen. Mit solch plastischen Beispielen bringt uns Lester Thurow die komplexe Materie des wirtschaftlichen Wettbewerbs zwischen den Nationen näher. Seine brillante und spannende Analyse wird durch einen eingängigen und abwechslungsreichen Stil lebendig.
Lester Thurow, Dekan an der amerikanischen Renommieruniversität Massachusetts Institute of Technology (MIT) in Boston, gilt als einer der herausragenden Wirtschaftsdenker weltweit. Er hat den Bestseller »Die Null-Summen-Gesellschaft« geschrieben. Auch »Kopf an Kopf« steht seit Monaten auf obersten Plätzen der amerikanischen Bestsellerliste.

ECON Verlag · Postfach 30 03 21 · 40403 Düsseldorf

Peter F. Drucker

Die ideale Führungskraft

gebunden, Schutzumschlag, 272 Seiten

Druckers hohe Schule des Managements

»Managementbücher handeln meist davon, wie andere Menschen geführt werden. Dieses Buch befaßt sich jedoch mit der wirksamen Führung der eigenen Person. Um im intensiven Wettbewerb Erfolg zu haben, muß man lernen, ein effektiver Manager zu werden«, schreibt Peter F. Drucker in seinem Vorwort. Als ideale, effektive Führungskraft wird man nicht geboren – man kann sich zu ihr entwickeln. Denn: Erfolgreiches Führen kann man lernen. Dies ist die zentrale Botschaft von Peter F. Druckers Klassiker »Die ideale Führungskraft«. Mit anschaulichen Beispielen und seiner weltumspannenden Erfahrung belegt er seine Ausführungen. Peter F. Druckers Standardwerk der Betriebs- und Unternehmensführung besitzt auch noch über ein Vierteljahrhundert nach der ersten Veröffentlichung große Aktualität. »Die ideale Führungskraft« ist ein leicht lesbares, profundes Managementbuch, das dem gesunden Menschenverstand huldigt.
Peter F. Drucker, gebürtiger Österreicher, hat bei ECON bereits 21 Bücher veröffentlicht. Er gilt im amerikanischen wie im europäischen Management als *der* Klassiker. Professor Drucker lebt und lehrt heute in Kalifornien.

Das Boston Consulting Group-Strategiebuch

Hrsg. von Bolko v. Oetinger

gebunden, Schutzumschlag, 635 Seiten

Die kompletten Managementstrategien in einem Band

Die Boston Consulting Group (BCG) ist eine der großen, renommierten Unternehmensberatungsgesellschaften weltweit. Geradezu Kultstatus in Managementkreisen erlangte die BCG durch die »Erfindung« der Portfolio-Analyse. Sie dient seit den 60er Jahren als Handwerkszeug zur Positionierung von Unternehmen und Produkten.
In diesem Band ist das komplette Managementwissen der BCG in kompakter und übersichtlicher Form veröffentlicht. Das Wichtigste aus der Betriebswirtschaft, dem Marketing und der Wettbewerbstheorie wird verständlich und anwendungsorientiert dargelegt und erläutert. Dem Fachmann dienen die BCG-Meisterstücke und Grundsatzanalysen zur Auffrischung seines Wirtschaftswissens. Für den Praktiker bilden die Management-Essays der bekannten Unternehmensberater das unverzichtbare Rüstzeug für die tagtägliche Arbeit. Und der Clou: Von Visionen über Marktsegmentierung bis hin zur Preispolitik wird das gesamte Managementspektrum in nur einem Band abgehandelt.

Titel der amerikanischen Originalausgabe: What America Does Right. Originalverlag: W. W. Norton & Co., New York. Übersetzt von: Ursel Reineke mit Christiane Ferdinand-Gonzalez und Angelika Haarkamp.

Wenn Sie Fragen, Anregungen oder Beschwerden haben, rufen Sie uns bitte an: Wolfgang Drescher, ECON Verlagsgruppe, Telefon 0211/435 96, Fax 0211/ 4359768

Die Deutsche Bibliothek – CIP-Einheitsaufnahme

Waterman, Robert H.: Die neue Suche nach Spitzenleistungen: Erfolgsunternehmen im 21. Jahrhundert / Robert Waterman. [Übers. von Ursel Reineke]. – Düsseldorf; Wien; New York; Moskau: ECON Verl., 1994. Einheitssacht.: What America does right ‹dt.›. ISBN 3-430-19499-7.

Lektorat: Wolfgang Drescher. Gesetzt aus der Times, Linotype. Satz: Lichtsatz Heinrich Fanslau, Düsseldorf. Papier: Papierfabrik Schleipen GmbH, Bad Dürkheim. Druck und Bindearbeiten: Bercker Graphischer Betrieb GmbH, Kevelaer. Printed in Germany. ISBN 3-430-19499-7.